21世纪应用型本科管理系列规划教材

U0674857

Human Resource Management
Theory and Practice

人力资源管理

理论与实务

施 杨 段新冉 主 编
薛 珠 周宗辉 副主编

东北财经大学出版社　大连
Dongbei University of Finance & Economics Press

图书在版编目（CIP）数据

人力资源管理：理论与实务 / 施杨，段新冉主编. —大连：东北财经大学出版社，2017.12

（21世纪应用型本科管理系列规划教材）

ISBN 978-7-5654-2764-0

Ⅰ．人…　Ⅱ．①施…②段…　Ⅲ．人力资源管理-高等学校-教材　Ⅳ．F243

中国版本图书馆 CIP 数据核字（2017）第 094752 号

东北财经大学出版社出版

（大连市黑石礁尖山街217号　邮政编码　116025）

网　　　址：http：//www.dufep.cn

读者信箱：dufep@dufe.edu.cn

大连东泰彩印技术开发有限公司印刷　　东北财经大学出版社发行

幅面尺寸：185mm×260mm　　　字数：445千字　　　印张：19.75

2017年12月第1版　　　　　　2017年12月第1次印刷

责任编辑：孙　平　章北蓓　　责任校对：田玉海　石真珍　周　晗

封面设计：冀贵收　　　　　　版式设计：钟福建

定价：38.00元

↘ 前言

"人力资源管理"课程是普通高校经济管理类本科生、专科生的专业基础课或专业核心课，具有知识性、技能性和实践性的特点。近年来，随着社会对人力资源管理从业人员需求的不断增加，"人力资源管理"课程教学不再仅仅停留在理论层面，对学生综合素质提出了更高要求。 "人力资源管理"课程旨在培养学生运用人力资源管理理论分析和解决实际问题的能力，提升学生人力资源管理综合实践水平，满足社会对应用型人才的需求，为学生毕业后走上社会从事人力资源管理工作打下坚实的基础。

本书紧紧围绕"人力资源管理"课程教学目标，立足"人力资源管理"课程教学体系，以提高课程教学效果和学生综合素质为导向，坚持"夯实学生理论基础、增强学生实践能力"的指导思想，贯彻"以课程教学为依据、以国家职业标准为依托、以综合实训为抓手"的三位一体教学原则，吸取国内外同行的先进经验，针对性强、内容实用，力争满足人力资源管理教学和实践的需要。本书具有如下特点：

1.侧重学习框架的全面把握。本书按照人力资源管理的理论框架，分基础理论、规划配置、任用开发、激励发展、劳动保障等五个篇章，涵盖人力资源管理的主要知识体系和内容，做到"学习有思路、知识有连贯、工作有递进"，帮助学生快速了解和掌握课程的主要内容。

2.侧重模块知识点的系统训练。本书包括"人力资源管理"课程教学中人力资源规划、员工招聘与配置、培训与开发、绩效管理、薪酬管理、劳动关系管理等六大模块，涵盖人力资源管理专业岗位需要掌握的主要知识和技能，并按模块顺序编排知识点解读、操作流程、实训项目、常用表格等内容，满足人力资源管理从业人员综合实训的需要。

3.侧重模块知识点的系统拓展。在全面、系统、准确地阐述人力资源管理基本原理的基础上，本书收录了《劳动合同法》《就业促进法》《劳动争议调解仲裁法》《个人所得税法》《社会保险法》等相关内容，满足人力资源管理从业人员提升理论素养的需要。

本书可作为普通高校尤其是应用型本科经济管理类"人力资源管理"课程教材，也可作为企业人力资源管理师职业资格考试辅导教材，同时可作为企业人力资源管理从业人员的业务参考书。

本书的编写人员都是高校从事人力资源管理教学工作的教师，具备丰富的人力资源管理实践工作经验，具体分工为：施杨负责编写第三章、第五章、第六章、第十章、第十一章；段新冉负责编写第四章、第七章、第九章；薛珠负责编写第一章、第二章、第八章；周宗辉负责编写第十二章、第十三章。最后由施杨、段新冉负责总纂和定稿。

在本书的编写过程中，编者得到了常熟理工学院经济与管理学院院长张国平教授、党总支书记周英副教授、科技与产业处处长范炳良教授，以及童举希教授、宋君副教授的大力支持和帮助。经济与管理学院王峥、尤建婷、吴文斌、陈季叶、江清华、钱佳敏、辛磊、文浩等同学协助完成了相关文献资料的收集和整理工作。本书责任编辑、东北财经大学出版社孙平先生对本书编写提供了很多指导意见和帮助。

编者在本书的写作过程中也参考了一些教材、网络资料，借鉴并吸收了许多人力资源管理专家和同行的经验和成果，限于篇幅，未能在书后参考文献中一一列出，在此一并表示感谢！

由于编者水平有限，本书难免存在一些疏漏和错误，不足之处恳请读者批评指正。

编　者

2017 年 12 月

↘ 目 录

第 I 篇　基础理论篇

第 II 篇　规划配置篇

第Ⅲ篇　任用开发篇

第IV篇　激励发展篇

第V篇　劳动保障篇

附录　相关政策法规

第 I 篇
基础理论篇

第一章

人力资源管理概述

学习目标

1. 掌握人力资源的基本概念
2. 掌握人力资源的构成、概念区分
3. 掌握人力资源管理的主要定义和内容

引导案例

东芝公司的人力资源观

热爱自己的员工是经营者之本。一个优秀的企业家，只有做到了让员工们认识到自己存在的价值和具备了充足的自信之后，才有可能做到与员工们产生内心的共鸣，事业才能迅猛发展。土光敏夫使东芝公司获得成功的秘诀是"重视人的开发与活力"。他在70多岁高龄的时候曾走遍东芝在日本的各分公司，有时甚至乘夜间火车亲临现场视察。有时，即使是星期天，他也要到工厂去转转，与保卫人员和值班人员亲切交谈，从而与员工建立了深厚的感情。他说："我非常喜欢和我的员工交往，无论哪种人我都喜欢与他交谈，因为从中我可以听到许多创造性的语言，使我获得极大收益。"例如，有一次，土光敏夫在去往东芝工厂的路上正巧遇上倾盆大雨，他赶到工厂，下了车，不用雨伞，和站在雨中的员工们讲话，激励大家，并且反复地讲述"人最宝贵"的道理，员工们很是感动。他们把土光敏夫围住，认真倾听他的每一句话。炽热的语言把大家的心连到了一起，使他们忘记了自己是站在瓢泼大雨之中。激动的泪水从土光敏夫和员工们的眼里流了出来，其情其景，感人肺腑。讲完话后，土光敏夫的身上早已湿透了。当他要乘车离去时，激动的员工们一下子把他的车围住了，他们一边敲着汽车的玻璃窗，一边高声喊道："社长，当心感冒！保重身体，更好地工作。您放心吧，我们一定会拼命地工作！"面对这一切，土光敏夫泪流满面，他被这些为了自己公司的兴旺发达而拼搏的员工们的真诚所打动，他更加想到了自己的职责，更加热爱自己的员工。

资料来源　佚名. 东芝集团：热爱自己的员工［EB/OL］.［2017-04-30］. http://www.795.com.cn/wz/45420.html.

第一节　人力资源基本概念

一、什么是资源

要谈人力资源，很自然要从资源这个概念讲起。从本意上讲，资源主要是指自然资源，如阳光、空气、水、土地、森林、草原、动物、矿藏等。事实上，资源是"资财的来源"（《辞海》）。在经济学上，资源是为了创造物质财富而投入于生产活动中的一切要素。

（一）资源的分类

（1）自然资源：用于生产活动的一切未经加工的自然物质，如土地、森林、矿藏等。联合国环境规划署也曾经指出："所谓资源，特别是自然资源，是指在一定时期、地点条件下能够产生经济价值，以提高人类当前和将来福利的自然因素和条件。"

（2）资本资源：用于生产活动的一切经过加工的自然物质，如资金、机器、厂房．设备等。

（3）信息资源：对生产活动及与之相关的其他活动的事物描述的符号集合。

前两种资源具有明显的独占性，而信息资源则具有共享性。

（4）人力资源：生产活动中最活跃的因素，也是一切资源中最重要的资源。由于该资源特殊的重要性，它被经济学家称为第一资源。

（二）资源的作用

众所周知，从经济学的角度来说，资源是与价值创造或财富创造联系在一起的。从这方面来看，我们可以将资源一词定义为生产过程中所使用的各种投入要素，因此资源从本质上讲就是生产要素的代名词。

显然，参与一个社会或经济的价值创造的生产要素绝对不是只有自然资源，除了自然资源，还有另外一类非常重要的资源，这就是社会资源。社会资源包括人力资源、技术资源、信息资源等诸多类型。因此，完整的资源概念应当是指在自然界和人类社会中可以用以创造物质财富和精神财富的、一切可被人类开发和利用的客观存在。

二、什么是人力资源

"人力资源"一词是由德鲁克于1954年在《管理实践》中首先提出并加以明确界定的。他认为人力资源拥有当前其他资源所没有的素质，即"协调能力、融合能力、判断力和想象力"；它是一种特殊的资源，必须通过有效的激励机制才能开发利用，并给企业带来可见的经济价值。

英国经济学家哈比森在《国民财富的人力资源》中写道："人力资源被视为国民财富的最终基础。资本和自然资源是被动的生产要素，人是积累资本，开发自然资源，建立社会、经济和政治并推动国家向前发展的主动力量。显而易见，一个国家如果不能发展人们的知识和技能，就不能发展任何新的东西。"

人力资源（Human Resources，HR）是指人类进行生产或提供服务，推动整个经济和社会发展的劳动者的各种能力的总和。从企业管理的角度看，人力资源是由企业支配并加以开发的、依附于企业员工个体的、对企业经济效益和企业发展具有积极作用的劳动能力的总和。广义上说，人力资源是指智力正常的人。狭义上看，人力资源存在若干定义：

——人力资源是指能够推动国民经济社会发展的、具有智力劳动和体力劳动能力的人们的总和，它包括数量和质量两个方面。

——人力资源是指具有智力劳动或体力劳动能力的人们的总和。

——人力资源是指具有为社会创造物质财富和精神财富、为社会提供劳动和服务的人。

——人力资源是指劳动力资源，即一个国家或地区有劳动能力的人口总和。

三、人力资源的划分

（一）人力资源的构成

根据我们的理解，人力资源由8部分人口组成（如图1-1所示）。

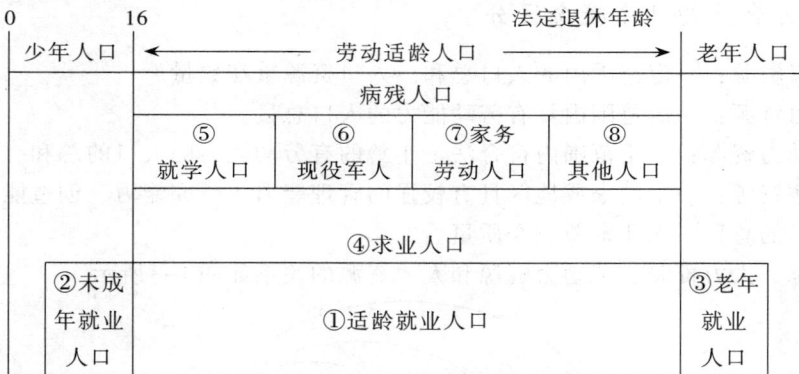

图1-1　人力资源的构成

（1）处于劳动年龄之内的社会劳动人口，即"适龄就业人口"。

（2）尚未达到劳动年龄实际已从事社会劳动的人口，即"未成年就业人口"。

（3）已经超过法定劳动年龄，实际仍在从事社会劳动的人口，即"老年就业人口"。

以上几部分相加为人力资源主体，亦称"就业人口"。

（4）处于法定劳动年龄以内，有能力、有愿望参加社会劳动，但是实际上并未参加社会劳动的人口，亦称"求业人口"。

（5）处于法定劳动年龄以内的就学人口。

（6）处于法定劳动年龄之内的现役军人。

（7）处于法定劳动年龄以内的家务劳动人口。

（8）处于法定劳动年龄以内的其他人口。

上述后四部分人口，由于未构成现实社会的劳动力供给，故可称之为"潜在人力资源"。人力资源由数量和质量两个方面构成。人力资源数量又分为绝对数量和相对数量两种。

（二）人力资源的质量

人力资源的质量是人力资源所具有的体质、智力、知识和技能水平，以及劳动力的劳动态度。人力资源质量是构成人力资源的单个劳动力的素质的集合，如图1-2所示。

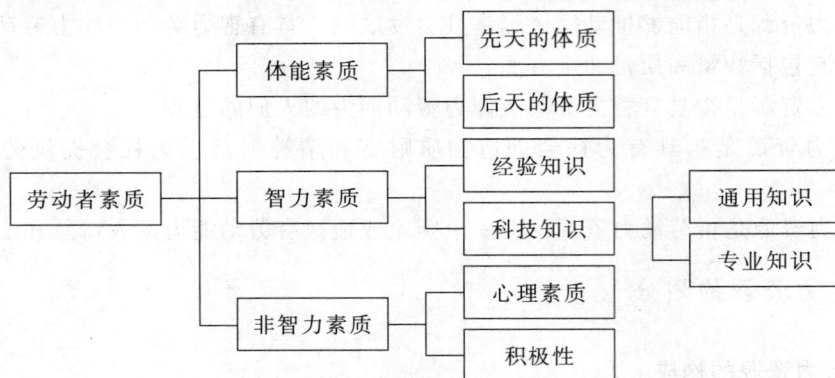

图1-2　人力资源质量构成

四、人力资源的几个概念区分

（1）人口资源：一定范围内的人口总和。人口资源重在数量。

（2）人力资源：一定范围内具有劳动能力的人口总量。

（3）劳动力资源：一定范围内符合法定年龄的有劳动能力的人口的总和。

（4）人才资源：一个国家或地区具有较强的管理能力、研究能力、创造能力和专门技术能力的人们的总称。人才资源重在质量。

人口资源、人力资源、劳动力资源和人才资源的关系如图1-3所示。

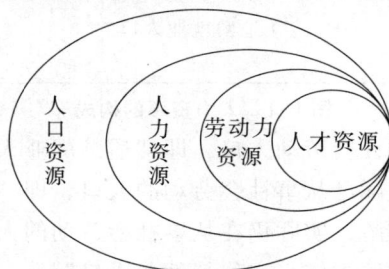

图1-3　人口资源、人力资源、劳动力资源和人才资源的关系

五、人力资源的特征

（一）能动性

所谓能动性，是指人是价值创造过程中最为主动的因素，人对自己的价值创造过程具有可控性，人的工作动机会直接影响到工作的结果以及实现的价值，包含既定人力资本存量的人力资源在同样的时间里所能够创造的价值可以相差很大。

（二）社会性

所谓社会性，即人力资源具有人性的一面和社会、道德的一面。人力资源的载体说到底是人，而不是一般的物力资源，所以不能将人力资源看成单纯的生产要素，而必须从人性的角度加深对人的理解，只有这样才能把握人的价值创造过程，妥善使用和开发人力资源，在满足人的经济需求的同时，满足人的各种社会需求。

（三）开发性

所谓开发性，即人力资源不是一种既有的存量，而是可以被开发的，即知识、技能、能力和经验等人力资源的核心要素是可以不断积累和更新的。只有通过人力资本投资等手段不断提升人力资源内在人力资本含量，才能保持和增加人力资源的价值创造潜能。

（四）时效性

所谓时效性，是指人力资源涉及时间的概念，即包含一定数量和既定人力资本存量的人力资源必须加以使用才能创造价值，人力资源没有投入到生产或价值创造过程中的那些时间是无法保存的，也不创造价值。它强调了在实践上充分利用人力资源的重要性。

以上这四种特点表明，人力资源是一种潜力巨大的资源，如果组织在人力资源的吸引、保留、激励以及开发等人力资源管理政策和实践方面进行适当的投资，那么很可能会使人力资源成为组织的一种核心竞争力来源。

第二节 人力资源管理的基本问题和含义

一、管理及相关问题

（一）管理的含义

综合各种管理学派的观点，我们可以得出管理的一般含义：管理就是在特定的环境下，对组织所拥有的各种资源进行计划、组织、领导和控制，保证以有效的方式实现组织既定目标的过程。

（二）管理活动中的效率和效果

在评价一项管理活动所取得的成绩，或者说衡量一项管理活动所达成的目标结果时，往往会涉及两个因素：效率和效果。对于企业的每一项管理活动来说，应该既要追求提高管理的效率，又要不断增进管理的效果。

效率（Efficiency）表明的是投入与产出的关系，组织的投入包括资金、技术、信息、劳动力、原材料、时间等，而产出指生产经营活动的结果，包括产品或服务的输出量，当然这些产品或服务必须是合格的或有效的。效率、投入和产出的关系可用下式表示：

$$效率 = \frac{产出（产品或服务）}{投入（资金、技术、人力等资源）}$$

从上式可以看出，效率的提高主要有三种方式：一是投入不变的条件下提高产出；二是产出不变的条件下减少投入；三是提高产出的同时降低投入。效率越高，表示资源的利用程度越高。

效果（Effect）则与组织的目标有关，是指实现的有效程度，当管理实现或有助于实现组织的目标时，我们就可以说它是有效果的；反之，管理就是无效果的。

可以看出，效率和效果关注的侧重点是不同的，效果涉及管理活动的结果，或者说达成和实现组织的目标，即评价管理活动是否"做正确的事"，而效率则涉及管理活动的方式或者说管理活动的方向，即评价管理活动是否"正确地做事"。一项管理活动只有在达到了管理的效果的同时，又提高了管理的效率，才能算是对企业组织目标起到了积极的促进作用，此时我们说该项管理活动是有效的管理活动。

（三）管理的职能

管理的职能就是它所要承担或履行的一系列活动，最早系统地提出管理职能的是亨利·法约尔（Henri Fayol）。1916年他在《工业管理和一般管理》一书中将管理分为计划、组织、指挥、协调和控制五项职能，此后管理学家们对管理的职能提出了各种不同的看法。

目前，国内通常将管理职能划分为四大职能：计划、组织、领导、控制。计划是指对组织的目标和达成目标的方式、途径做出决策和选择；组织是指管理者根据计划对组织拥有的各种资源进行合理的安排，以实现最佳的组合；领导是指对下属人员进行指导，激励他们的工作热情，协调他们之间的关系；控制是指对工作活动进行监控，发现并及时纠正偏差，以保证目标的实现。需要强调的是，实际情况通常是复杂多变的，要清晰地界定出计划、组织、领导和控制的起点及终点，几乎是不可能的。实际上，我们会发现，当管理者在改造他们的职能时，他们通常会同时在做着一些计划工作、组织工作、领导工作，以及一些控制工作，而且这些管理工作并非严格遵循计划、组织、领导、控制的顺序进行。

二、人力资源管理的基本问题

人力资源管理这一概念，是在德鲁克1954年提出人力资源的概念后出现的。1958年，怀特·巴克（Wright Bakke）出版了《人力资源职能》一书，首次将人力资源管理作为管理的普通职能来加以论述。此后，随着人力资源管理理论和实践的不断发展，国内外产生了人力资源管理的各种流派，它们从不同侧面对人力资源管理的概念进行了阐述，综合起来，可以将这些概念归纳为五类：

——主要是从人力资源管理的目的出发来解释它的含义，认为它是借助对人力资源的管理来实现组织的目标。

——从人力资源管理的过程或承担的职能出发来进行解释，把人力资源管理看成一个活动过程。

——主要揭示人力资源管理的实体，认为它就是与人有关的制度、政策等。

——主要是从人力资源管理的主体出发解释其含义，认为它是人力资源部门或人力资源管理者的工作。持这种观点的人所占的比例不大。例如，人力资源管理是指那些专门的人力资源管理部门中的专门人员所做的工作（余成凯，1997）。

——从目的、过程等方面出发综合进行解释。

三、人力资源管理的含义

人力资源管理，就是指运用现代化的科学方法，对与一定物力相结合的人力进行合理的培训、组织和调配，使人力、物力经常保持最佳比例，同时对人的思想、心理和行为进行恰当的诱导、控制和协调，充分发挥人的主观能动性，使人尽其才，才尽其用，岗得其人，人岗相宜，以实现员工和组织目标的过程。作为最主要的资源——人力资源必须得到科学而有效的开发和管理，才可能最大限度地造福社会、造福人类。

人力资源管理是一门相对复杂的综合性科学，需要综合考虑各种因素，如经济因素、政治因素、文化因素、组织因素、心理因素、生理因素、民族因素、地域因素等。它涉及经济学、社会学、人类学、心理学、人才学、管理学等多种学科。

（一）人力资源管理的要素

1.对人力资源外在要素——量的管理

凡社会化大生产都要求人力与物力按比例合理配置，在生产过程中人力与物力在价值量上的比例是客观存在的。对人力资源进行量的管理，就是根据人力和物力及其变化，对人力进行恰当的培训、组织和协调，使二者经常保持最佳比例和有机的结合，使人和物都充分发挥出最佳效应。

2.对人力资源内在要素——质的管理

就人的个体而言，主观能动性是积极性和创造性的基础，而人的思想、心理活动和行为都是人的主观能动性的表现。就人的群体而言，每一个个体的主观能动性，并不一定都能形成群体功能的最佳效应。因为这里有一个内耗的问题（1+1<1，1+1=0。一个和尚挑水喝，两个和尚抬水喝，三个和尚没水喝）。只有群体在思想观念上一致，在感情上融洽，在行动上协作，才能使群体的功能等于或大于每一个个体功能的总和。

3.人力资源管理的本质

人力资源管理本质上是一个过程，在这个过程中，采用现代化的科学方法，对人的思想、心理和行为进行有效的管理（包括对个体和群体的思想、心理、行为的协调、控制与管理），充分发挥人的主观能动性，在合适的时间、合适的岗位匹配合适的人，做到人岗的动态适应，以实现个人和组织目标。

（二）人力资源管理的地位和作用

人力资源管理在一个组织中所能够起到的整体作用，可以通过价值链分析来加以说明。价值链理论是哈佛大学商学院战略学教授迈克尔·波特于1985年提出的。波特认为，企业的任务是创造价值，而企业创造价值的活动可以分为主要活动和支持性活动两种，其中主要活动涉及企业的供应和内部物流、生产、销售、分销和外部物流、售后服务等，而支持性活动则涉及人力资源、财务、计划、研发等。从图1-4中可以清楚地看出，人力资源管理作为一种支持性活动，其主要作用在于为组织的核心价值创造流程提供支持，从而确保主要的价值创造活动得以顺利完成。

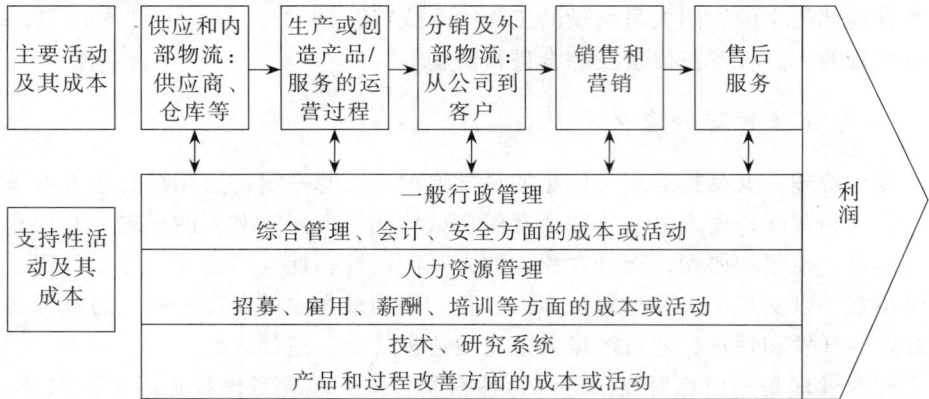

图1-4　价值链分析法

更为具体地说，人力资源管理对于一个组织的作用主要表现在以下几个方面：

1.帮助组织达成战略目标或经营要求

在帮助组织实现战略目标上，人力资源管理能够产生的作用主要在于两个方面：一是帮助组织获得正确的人，即确保雇用的员工具备工作所需要的知识、技能、能力以及工作经验等条件，同时还具备正确的工作动机和价值观。二是确保正确的人能够在正确的时间通过正确的工作方式为组织做出贡献，即确保员工个人、员工群体以及整个员工队伍不仅都在做正确的事情，而且都在高效地做事，即按照组织的战略和经营需要高效率地开展工作，而不是偏离组织目标各行其是。

2.有效利用组织中全体员工的技能和能力

人力资源管理应当使组织中人的力量得到有效的利用，同时能够真正为客户、股东和员工谋福利，而不是由于人和职位的不匹配或激励不当等原因而导致人才浪费，或者抑制员工的潜能释放。员工能否发挥潜能，为组织创造价值，很多时候并不仅仅取决于员工个人的知识、技能、能力、经验以及工作动机等因素，组织的岗位配置、技术配备、人员组合、工作流程设计、组织氛围与组织文化，以及组织对员工的培养开发、绩效管理系统、薪酬制度设计和薪酬支付等，都会对员工的工作积极性及工作绩效的提升产生影响，而组织的人力资源管理能够起到对员工的工作态度、行为以及绩效进行衡量、监控以及改善的作用，从而有利于组织有效利用员工的各种生产力因素，充分发挥员工的价值创造潜能。

3.使员工的工作满意度和自我实现感得到最大限度的提高

人力资源管理不能仅仅强调组织的需要，把员工视为一种单纯的生产要素甚至是机器设备。人际关系理论早就指出，人在工作中会受到很多心理和社会方面的影响，这些因素会直接影响到其工作绩效。因此，任何组织中的员工都是有自己的心理需求或社会需求的，要想使员工富有生产率，就必须让他们感觉到自己所做的工作是重要的、自己有能力完成工作，并且自己得到了公平的对待和尊重。这就要求人力资源管理职能能够帮助组织形成令人满意的管理和监督风格，为员工提供适当的工作自由度和决策自主性、令人满意的工作环境和工作的保障性、令人满意的工时安排以及有意义的工作任务等。

4.就人力资源管理政策与全体员工进行沟通

人力资源管理必须确保将各种人力资源管理的方案、政策以及程序充分告知员工，这既是进行有效激励和员工开发的要求，同时又是法律的要求。除了与员工进行沟通，了解他们的想法、意见以及感受，人力资源管理还必须尽可能充分地与高层领导者以及其他职能领域中的管理人员就人力资源管理问题进行沟通，从而确保人力资源管理支持组织战略和核心经营活动。在这方面，当组织准备实施新的人力资源政策或规章制度的时候，人力资源管理部门不仅通常会在制定政策或制度的过程中广泛征求广大管理人员或普通员工的意见，而且会在政策和制度正式实施之前，以内部通讯、员工大会、网络问答、小组宣讲等多种方式与员工进行沟通。此外，很多企业还会进行年度员工满意度或员工意见调查，以了解员工对公司各种规章制度等方面的看法。最后，人力资源部门还需要与相关政府机构、工会、外部求职者甚至社会公众接触，以一种相关公众能够理解的语言就组织的管理决策与他们进行沟通，从而维护组织的社会声誉和相关利益。

5.帮助组织维护伦理道德政策以及履行社会责任

在现代社会中，组织必须在公平对待员工、反歧视（如性别歧视等）、保护劳动者合法权益等诸多方面，保持自己的道德标准，履行社会公民责任。在这些方面，人力资源管理都能扮演非常积极的角色。从理论上说，一个组织的人力资源管理实践要想符合伦理道德的要求，必须满足以下三个基本标准的要求：一是人力资源管理实践必须能够为绝大多数人带来最大利益；二是必须尊重员工个人的隐私权、正当程序权、自由同意权以及言论自由权等基本人权；三是管理者必须公平、公正地对待员工和客户。西方发达国家的企业对于管理尤其是人力资源管理中的伦理道德问题往往非常重视，其中既有企业管理理念方面的原因，也有法律方面的原因。

相比较而言，我国企业在这方面给予关注的程度还不够，绝大部分企业都缺少关于这种管理伦理道德的明确描述。比如，纽约电话公司对于人力资源管理在这方面的作用就做了如下表述：培养和维护一支能够理解道德问题并且在道德决策以及道德实践方面受到良好训练的员工队伍；为员工提供一种正规的、保密性的渠道，使得他们既能够向组织报告自己的工作失误，同时还能向组织提出有关道德准则、政策以及规章制度方面的问题并且得到解释；确保所有的道德标准在整个组织中都能够得到一致的应用。

6.以一种统筹兼顾个人、群体、组织和公众利益的方式进行变革管理

竞争的激烈化以及市场的全球化使大多数组织都不得不经常进行各种变革，如果变革不当，不仅员工会受到不必要的冲击和伤害，而且整个组织乃至整个社会都会受到损害。而在变革过程中，人力资源管理对于确保变革的顺利进行，同时保护员工个人以及社会的利益，尽量减少风险和动荡，能够起到非常重要的作用。近年来，随着远程工作、人力资源管理职能外包、员工援助计划、福利成本分担等诸多人力资源管理领域的发展变化，组织的人力资源管理者还必须在不威胁组织生存的前提下，努力寻找并且有效利用一些新的更加富有弹性的人力资源管理方法。

复习思考题

1.人力资源的构成和特征是什么？

2.人口资源、人力资源、劳动力资源和人才资源的联系和区别是什么？

3.如何理解人力资源管理的基本问题？

4.如何理解人力资源管理的要素？

5.人力资源管理的地位和作用是什么？

第二章

人力资源管理的理论基础和发展历程

学习目标

1. 掌握人力资源管理的理论基础
2. 掌握人力资源管理的发展历程
3. 了解人力资源管理的发展趋势

引导案例

难改本性的蝎子

一只蝎子想过河，但它不会游泳，它找到一只青蛙想让它帮忙。青蛙说："如果我背你过河，你会用刺扎我，把我刺死的。"蝎子说："不会的，那样对我也没有好处，因为我在你背上，你死了，我也会淹死的。"青蛙想了想觉得有道理，于是让蝎子上了它的背。当青蛙游到一半时，突然感到身上一阵剧痛，它意识到蝎子还是扎了自己。当它们都沉向水底时，青蛙大喊："你为何扎我，蝎子先生，这样我们都要死了！"蝎子回答："我也没办法，这是我的本性。"

资料来源　杨沛霆. 用故事轻松领导［M］. 北京：机械工业出版社，2005.

从这个案例如何引申出人力资源管理的含义？

第一节　人力资源管理的理论基础

人力资源管理是对人进行的管理，因此对人性的基本假设将直接决定人力资源管理的具体管理方式与管理方法。如果不能根据人的本性来建立科学的人力资源管理模式，则会导致管理的混乱。本节将从人性假设理论、激励理论、人力资本理论、委托代理理论等方面来论述人力资源管理的理论基础。

一、人性假设理论

人性问题是管理心理学的重要研究领域，因为制定什么样的管理制度，采用什么样的管理方法，建立什么样的组织结构，都与如何看待人性问题有关。美国著名管理心理学家、麻省理工学院教授麦格雷戈认为："每一个管理决策或每一项管理措施的背后，都必然有某些关于人性本质及人性行为的假设。"因此，人性假设理论是人力资源管理的主要理论基础之一，是企业进行人力资源管理的出发点和依据。

（一）X理论与Y理论

1.X理论

麦格雷戈把传统的管理观点叫做X理论。X理论的主要观点是：①多数人天生是好逸恶劳的，工作对他们而言是一种负担，工作毫无享受可言。只要有机会，他们就尽可能地偷懒，逃避工作。②大多数人都没有雄心壮志，没有自己为之奋斗的大的目标，也不喜欢负什么责任，而宁可让别人领导。他们缺乏自信心，把个人的安全看得很重要。③大多数人的个人目标与组织目标是相互矛盾的，为了实现组织目标必须靠外力严加管制。必须用强迫、指挥、控制并用处罚、威胁等手段，使他们做出适当的努力去实现组织的目标。④大多数人都是缺乏理智的，不能克制自己，只凭自己的感觉行事，很容易受别人影响，而且容易安于现状。⑤大多数人都是为了满足基本的生理需要和安全需要而工作的，所以他们将选择那些在经济上获利最大的事去做，而且他们只能看到眼前的利益，看不到长远的利益。⑥人群大致分为两类，多数人符合上述假设，少数人能克制自己，这部分人应当负起管理的责任。

基于上述人性假设，应采取的管理措施可归纳为以下三点：

（1）管理工作的重点是提高生产率、完成生产任务，而对于人的感情和道义上应负的责任，则是无关紧要的。简单地说，就是重视完成任务，而不考虑人的感情。按照这种观点，管理就是进行计划、组织、经营、指导和监督。这种管理方式叫做任务管理。

（2）管理工作只是少数人的事，与广大员工无关。员工的主要任务是听从管理者的指挥，但由于其必须在强迫和控制之下才肯工作，所以在管理上要求由分权化管理回复到集权化管理。

（3）在奖励制度方面，主要用金钱来刺激员工生产的积极性，同时对消极怠工者采用严厉的惩罚措施。通俗些说，就是采取"胡萝卜加大棒"的政策。

2.Y理论

实践证明，以X理论为前提的管理模式造成人才创造性和奉献精神的不断下降、员工对工作绩效毫不关心等不良后果，日益使人怀疑X理论是建立在错误因果概念的基础上的。因此，与X理论消极的人性观点相对照，麦格雷戈提出了一个新的Y理论。其主要内容是：①一般人都是勤奋的，并不是天性就不喜欢工作的，工作中体力和脑力的消耗就像游戏和休息一样自然。对有的人来说，工作可能是一种满足，因而自愿去执行；而对另外的一些人来说，也可能是一种惩罚，因而只要可能就想逃避。到底怎样，要视环境而定。②没有人喜欢外来控制和惩罚，外来控制和惩罚并不是促使人们为实现组织的目标而努力的唯一方法。它甚至对人是一种威胁和阻碍，并阻挡了人前进的脚步。③人的自我实现要求和组织要求之间是没有矛盾的。如果给人提供适当的机会，就能将个人目标和组织目标统一起来，使得承担目标的程度与他们成绩联系的报酬大小成比例，这时个人的积极性就大得多了。④人类不仅是经济人，还是社会人，人在追求不断满足的同时，不仅学会了接受职责；而且还学会了主动承担职责。一般而言，每个人不仅能够承担责任，而且会主动寻求承担责任。逃避责任、缺乏抱负以及强调安全感，通常是经验的结果，而不是人的本性。人总希望自己在工作中取得成就及成功。⑤大多数人都有一种实现自我、发挥自己潜能的欲望，这样在解决组织的困难问题时，就会发挥较高的想象力、聪明才智和创造性。在现代工业社会，一般人的智力潜能只是部分地得到了发挥，只要管理者给他们一定的条件和环境，对他们进行激励，他们都会发挥很大的作用。⑥激励人们的最好办法是满足他们的成就感、自尊感和自我实现感等高层次的需求，而且，激励在每一个阶梯上都起作用。

Y 理论的各项人性假设，是对传统的管理思想和行为习惯的挑战。根据这种假设，必然会导致下述管理思想、原则和措施：

（1）任何组织绩效的低落都应归于管理的不利。在组织的舞台上，人与人之间的合作若有所限制的话，绝非人类本性所致，而是由于管理阶层的能力不足，未能充分挖掘和利用人力资源的潜力。

（2）人是依靠自己的主动性和自我督导去工作的，因而在管理上要由集权化管理回复到参与管理。在管理制度上给予员工更多的自主权，给员工更多的信任，实行自我控制，让员工参与管理和决策，并分享权力。

（3）组织的基本原则是融合原则，即创造一种环境，使组织中的成员在该环境下，既能达成各成员的个人目标，又能实现组织的目标。管理者的重要任务是创造一个使人得以发挥才能的工作环境，发挥出员工的潜力，并对员工进行合理的引导，使员工在为实现组织的目标贡献力量时也能实现自己的目标。

（二）超 Y 理论

鉴于 X 理论和 Y 理论的局限与不足，摩尔斯和洛斯奇提出了超 Y 理论。这一理论对人性的假设是：人们到组织中工作的需要和动机是多种多样的，但主要的需要是取得胜任感。胜任感是指组织成员成功地掌控了周围的世界，其中包括所面对的任务而积累起来的满意感；取得胜任感的动机尽管人人都有，但不同的人可用不同的方式来实现，这取决于这种需要与其他需要之间的相互作用；组织目标与个人目标的一致易于导致胜任感，而胜任感即使实现了仍会有激励作用；所有人都需要感到胜任，但由于人的个体差异的存在，因而用什么样的方式取得胜任感是不同的。

基于超 Y 理论的人性假设，在管理中应采用如下原则或措施：

（1）X 理论和 Y 理论都既非一无是处，也非普遍适用，应针对不同情况，将任务、组织、人员作最佳的配合，以激励人员取得有效的工作成绩。

（2）既要使组织的模式适合工作任务，也要使任务适合工作人员，以及使员工适合组织。

（3）管理人员可能采取的最佳的组织管理方法，就是整顿组织使之适合任务性质与人员。

（三）四种人性假设理论

在西方管理心理学研究中，另一种较有影响的人性假设理论是雪恩提出的四种与管理有关的人性假设，即"经济人"、"社会人"、"自我实现人"和"复杂人"的假设，展现了西方管理学界对人性看法的发展历程。

1."经济人"假设

"经济人"假设包括如下基本观点：职工基本上都是受经济性刺激物激励的，不管是什么事，只要向他们提供最大的经济利益，他们就会去干；由于经济刺激在组织的控制之下，所以职工在组织中的地位是被动的，他们的行为是受组织控制的；感情是非理性的，必须加以防范，否则会干扰人们理性地权衡自己的利益；组织能够而且必须按照控制人们感情的方式来设计。

2."社会人"假设

"社会人"假设又称"社交人"假设，这种假设认为，人的最大需要是社会性需要，人在组织中的社交动机，如想被自己的同事接受和喜爱等，远比对经济性刺激物的需要更加强烈。只有满足人的社会性需要，才能有最大的激励作用。

"社会人"假设可概括为如下几点：社交需要是人类行为的基本激励因素，而人际关系则是形成人们身份感的基本因素；从工业革命中延续过来的机械化，使工作丧失了许多内在的意义，这些丧失的意义现在必须从工作中的社交关系里寻找回来；与对管理部门所采用的奖酬和控制的反应比起来，职工更容易对同级同事所组成的群体的社交因素做出反应；职工对管理部门的反应能达到什么程度，取决于管理者对下级的归属需要、被人接受的需要以及身份感的需要能满足到什么程度。

3."自我实现人"假设

雷恩在总结了马斯洛、阿吉里斯、麦克雷戈等人的理论后，提出了"自我实现人"假设。"自我实现人"假设的基本内容是：当人们的最基本需要得到满足时，就会转而致力于较高层次的需要，寻求自身潜能的发挥和自我价值的实现；一般人都是勤奋的，他们会自主地培养自己的专长和能力，并以较大的灵活性去适应环境；人主要还是靠自己买激励和控制自己的，外部的刺激和控制可能会使人进入较不成熟的状态；现代工业社会条件下，一般人的潜力只利用了一部分，如果给予适当的机会，职工们会自愿地把他们的个人目标与组织的目标结合为一体。

4."复杂人"假设

雷恩在20世纪60年代末至70年代的调查研究中发现，人不只是单纯的"经济人"，也不是完全的"社会人"，更不可能是纯粹的"自我实现人"，而应该是因时、因地、因各种情况而具有不同需要和采取不同反应方式的"复杂人"。

"复杂人"假设的基本内容是：①人的需要是多种多样的，而且这些需要随着人的发展和生活条件的变化而发生改变，每个人的需要都各不相同，需要的层次也因人而异。②人在同一时间内有各种需要和动机，它们会发生相互作用并结合为统一的整体，形成错综复杂的动机模式。例如，两个人都想得到高额奖金，但他们的动机可能很不相同。一个可能是要改善家庭的生活条件，另一个可能把高额奖金看成是达到技术熟练的标志。③人在组织中的工作和生活条件是不断变化的，因此会不断产生新的需要和动机。这就是说，在人生活的某一特定时期，动机模式的形成是内部需要和外界环境相互作用的结果。④一个人在不同单位或同一单位的不同部门工作，会产生不同的需要。

二、激励理论

激励是心理学的一个术语，是指管理者通过某种内部和外部的刺激，激发人的动机，使人产生一股内在的动力，从而调动其积极性、主动性和创造性，使其朝向预定目标前进的一种管理活动。通过激励，能够激活人的潜能，产生更高的绩效。

（一）内容型激励理论

内容型激励理论主要是分析人的内在需求和动机是如何推动行为的。该理论重点研究激发动机的诱因，主要包括马斯洛的需要层次理论、ERG理论、三种需要理论、赫茨伯格的"双因素论"等。

1.需要层次理论

马斯洛的需要层次理论可以说奠定了激励理论不可动摇的基础。马斯洛分析了人的各种需要，并将它们从低到高归纳为五大类：生理需要、安全需要、社交需要、尊重需要和自我实现需要。

马斯洛的需要层次理论归纳起来主要有如下观点：

（1）五种需要像阶梯一样从低到高，按层次逐级递升，但这种次序不是完全固定的，也有例外的情况。

（2）需要的发展遵循"满足-激活律"。一般来说，某一层次的需要相对满足了，就会向更高一层次发展，追求更高一层次的需要就成为驱使行为的动力。相应地，获得基本满足的需要就不再是一股激励力量。

（3）需要的强弱受"剥夺-主宰律"的影响。某一需要被剥夺得越多、越缺乏，这个需要就越突出、越强烈。

（4）五种需要可以分为高低两级，其中生理需要、安全需要和社交需要属于低级需要，这些需要通过外部条件就可以满足；而尊重需要和自我实现需要则属于高级需要，它们只有通过内部因素才能得到满足，而且，一个人对尊重和自我实现的需要是无止境的。

（5）同一时期，一个人可能同时存在几种需要，任何一种需要都不会因为更高层次需要的发展而消失。但每一时期总有一种需要占支配地位，对行为起决定作用。这种占支配地位的需要被称为优势需要或主导性需要。

马斯洛的需要层次理论表明激励的基础是人的需要，他分析了人的各种需要，并指出不同的人或同一个人在不同阶段的需要有主次之分，而且在排除了环境和条件等干扰因素之后，这五种需要在具体的个体身上一般来说确实有一个从基本的生理需要到高级的自我实现需要的上升过程。但是，我们无法经验地证明每个人的需要都清晰地划分为这五个层次，更不能证明需要的满足是逐层递增的，即不能证明人只有满足了较低层次的需要才会追求更高层次的需要。他忽略了人的心理的复杂性和需要的多样性，忽略了特定的环境和条件等干扰因素对人的影响。

2.ERG理论

ERG理论试图克服需要层次理论的不足，它将人的需要分为生存（Existence）需要、关系（Relatedness）需要和成长（Growth）需要三类。它并不强调需要的层次划分，也不认同当低一层次的需要得到满足后，人们就必然会追求高一层次的需要。它认为一种需要在得到满足之后，该需要所引起的紧张不仅不会彻底消除，而且还很有可能更加强烈。它还提出当追求高层次需要受挫之后会转向追求低层次需要的"挫折-退化"理论。但ERG理论没能解决需要层次理论的根本问题，而且ERG理论对需要的解释也没能超出马斯洛需要层次理论的范围。

3.三种需要理论

麦克利兰认为人有三个主要的动机或需要：成就需要、权力需要和归属需要。成就需要看重的是成功本身的成就感而不是成功后的回报，权力需要更关心得到尊重和对他人的影响力，归属需要更关注相互理解和相互体察的关系。三种需要理论忽略了人的其他需要，事实上这三种需要经常同时存在于同一个个体身上，三种需要之间有很强的相关性，很难完全割裂开来。

4.双因素理论

赫茨伯格的双因素理论认为：保健因素，如工资、公司政策、工作环境、工作关系、工作安全等对应的是不满意或没有不满意；激励因素，如提升的机会、个人成长的机会、认可、责任、成就等对应的是满意或没有满意。他的研究方法和理论的可靠性都受到了质疑，人们在顺利时会归因于自己，在失败时会归咎于外部环境，所以并不能证明这些保健因素和激励因素的划分；他的理论必须首先假定满意与生产率之间有很强的联系，但一个人即使不完全喜欢他的工作，也可能会努力做好这项工作，所以我们无法证明保健因素没有激励性；他的研究忽视了环境尤其是环境变化等的影响，我们无法证明这种保健因素与激励因素的区分在不同环境下、对不同的人都是适用的。

以上的激励理论实际上都是在马斯洛的需要层次理论的基础上提出的，虽然它们都力图克服马斯洛需要层次理论的不足，但并没有本质上的超越，它们始终无法解决一个共同的问题：它们都认为激励的基础和前提是人的需要和动机，但是无法确认人的具体需要，尤其是无法确认最有激励力的需要（最主要的需要）。既然它们无法向人们提供确认主要需要和行为动机的方法，这些理论的实用价值就受到了极大的限制。

（二）行为改造理论

行为改造理论是从分析外部环境入手来研究如何改造并转化人的行为，包括强化理论、归因理论等。

1.强化理论

强化理论认为人的行为后果对人的后续行为会产生影响，如果某种行为得到肯定和奖励（正强化），这种行为的动因就会被加强，相同的行为就会重复出现；如果某种行为受到批评、否定甚至惩罚（负强化），相同的行为重复出现的可能性就会很小；如果某种行为既得不到肯定和奖励，也没受到批评和惩罚，而是完全被忽视（零强化），则激情会消退，动力也会消失。

2.归因理论

归因理论最早是由海德（F.Heider）提出的，它是指人们通过对行为的因果推论来改变自我感觉、自我认知，并改变自己的行为。对于成功和失败的行为，人们通常都会分析成功和失败的原因。一般来说，人们将成功或失败归结为以下四种原因：个人的努力程度、个人能力的大小、工作任务本身的难易程度、个人运气与机会的好坏程度。不同的归因对主体的自我效能感和对后续行为的影响是非常大的。如果归因于个人的努力程度，努力会得到继续（成功）或加强（失败）；如果归因于个人能力的大小，自信心会增强（成功）或丧失信心（失败），但也可能会加强学习，提高自己的能力；如果归因于工作任务本身的难易程度或运气与机会，成功了成功感不强，失败了推卸责任，因为非自己所能掌控，所以对个人努力程度的影响不会太大，但有时会影响自信心。

（三）过程型激励理论

过程型激励理论注重动机与行为之间的心理过程，包括弗洛姆的期望理论和亚当斯的公平理论。

1.期望理论

期望理论是美国学者弗洛姆在1964年所著的《工作与激励》一书中提出的一种激励理论。这一理论通过考察人们的努力行为与其所获得的最终奖酬之间的因果关系，来说明激励的过程。这一理论认为，当人们有需要，又有实现目标的可能，其积极性才高。人们对工作积极性的高低，取决于他对这种工作能满足其需要的程度及实现可能性大小的评价。期望理论要求必须把握如下三种关系：其一，努力与绩效的关系；其二，绩效与奖酬的关系；其三，奖励与满足个人需要的关系。

2.公平理论

美国心理学家亚当斯（S.Adams）的公平理论认为：报酬对积极性的影响不仅来自绝对报酬（即实际收入），还来自相对报酬（即与他人或自己以往相比较的相对收入）。人们总是自觉不自觉地拿自己与他人进行比较，衡量自己的付出和所得与他人的付出和所得，以此来判断自己是否得到了公平的待遇；人们还会经常将自己目前的付出和所得与自己过去的付出和所得进行比较，判断自己的状况是得到不断改善还是今不如昔。这种比较的结果对人的态度和行为的影响是非常大的。

❖ **相关链接**

郑濂碎梨：于细微处见公平

　　明朝时有一个读书人叫郑濂，他家里总共有上千口人居住在一起，家中七代同堂，而且家庭和睦，200多年间，家族中没有一个人外迁出去谋生。这样的千口之家如何能够相处得好，这可是个大学问。皇帝听了很欢喜，就御赐一块"天下第一家"的匾额。御封之外，皇帝送了他两个大水梨，还派锦衣卫跟在后面，看看他如何把两个大水梨分给上千个人。郑濂则不慌不忙，吩咐人运来两个大水缸，一边放一个梨，把梨捣碎，让梨汁流到水缸里，混合在一起。然后他说："来，每人喝一碗。"如此大家都觉得非常公平。子孙中比较亲的人，见郑濂能如此公平，就会肃然起敬；比较疏远的后代，见长辈能这样公平，也非常佩服和崇敬。所以，平等、公平是治家的第一重要条件。如今，我们拓展一下这句话的含义，就可以理解为一个领导者要想处事公平，就不可以偏听偏信，一个企业或团队要想管得好，就必须做到公平。我们看到，古人给我们做了很好的榜样，即使在极细微之处，也不会忽略公平的原则，这恰好契合了现代管理理论中"公平理论"的要义。

　　资料来源　佚名. 浅谈古代圣贤文化对现代企业管理激励理论的指导意义［EB/OL］.［2017-12-16］. http://blog.sina.com.cn/s/blog_4dac29cd0100ef1g.html.

三、人力资本理论

人力资本理论是现代经济学中新兴的研究领域。自从20世纪50年代末以舒尔茨、贝克尔、明塞尔等人为代表的一些经济学家系统地将传统的资本理论的概念与方法应用于人力因素及其相关行为的分析以来，这一理论领域便迅速地发展起来，并日益显示出勃勃的生机。这从有关人力资本研究的文献与日俱增以及数位涉足此领域的学者荣膺诺贝尔经济学奖的事实可见一斑。

❖ **小资料**

人力资本

20世纪60年代，被称为"人力资本之父"的美国经济学家舒尔茨首次系统地提出了人力资本理论，开辟了人类关于人的生产能力分析的新思路。人力资本（Human Capital）是指劳动者受到教育、培训、实践经验、迁移、保健等方面的投资而获得的知识和技能积累的人力资本价格模型，亦称"非物力资本"。由于这种知识与技能可以为其所有者带来工资等收益，因而形成了一种特定的资本——人力资本。

舒尔茨用投资收益率法研究了美国1929—1959年的经济增长贡献，结果表明，教育投资对经济增长的贡献为33%。而美国人力资本经济分析专家爱德华·丹尼森对舒尔茨的研究做了一定的修正，用因素分析法论证得出：1929—1957年的美国国民经济增长中，有23%的贡献份额来自于教育的发展。两位学者的研究都表明：人力资本在经济的增长中扮演着重要的角色。

资料来源　佚名. 人力资本理论［EB/OL］.［2018-01-01］. https://baike.baidu.com/item/人力资本理论/786327.

（一）人力资本增长论

在传统经济学中，经济增长被看做两种单纯的要素——资本和劳动力投入的结果，自从舒尔茨首次论证了人力资本是实现经济增长的重要因素这一现代增长观，20世纪80年代西方出现了"新经济增长论"，其代表人物为罗默和卢卡斯。

1986年，罗默在他的博士论文《外部因素、收益递增和无限增长条件下的动态竞争均衡》中建立起一个"知识推动模型"。在这个框架下，罗默除了保留资本和劳动力两个基本要素之外，又引入了第三个要素——知识，使得对经济增长的解释更为合理。他认为：①知识能够提高投资效益，从而能够说明增长率的非收敛性。②知识也是一种生产要素，在经济活动中必须像投入其他生产要素一样投入知识。③特殊的知识和专业化的人力资本不仅能自身形成递增的收益，而且使资本、劳动力等生产要素也产生递增的收益，从而整个经济规模是递增的并保持经济的长期增长。

后来，罗默进一步发展了自己的研究，把知识细分为人力资本（以劳动力受教育的年限来衡量）和新思想（以专利或知识产权来衡量），使其人力资本理论更趋完善。

无独有偶，卢卡斯也在1988年用人力资本来解释持续的经济增长率，他把人力资本作为独立的因素纳入经济增长模型，将舒尔茨的人力资本与索洛的技术进步概念结合起来，具体化为"专业化的人力资本"，认为这是经济增长的原动力。卢卡斯强调智力投资是经济增长的关键因素，他认为：①人力资本的生产比物质资本的生产更重要。②拥有大量人力资本的国家会取得较快的经济增长速度。③人力资本低下是欠发达国家增长速度较慢的原因所在。

卢卡斯的模型与罗默的模型的不同是显而易见的：后者的贡献在于直接把技术内生化，而前者的贡献则是把原来外生的技术因素转变为人力资本来研究，从而根据贝克尔的理论把人力资本内生化。它们的共同之处是都充分强调人力资本投资，并把它作为经济增长的关键因素，这就是后人把罗默模型和卢卡斯模型统称为新经济增长理论的原因。

> ❖ 相关链接
>
> 由中国人力资源开发研究会、中国人民大学劳动人事学院主办的"2015人本中国论坛"2015年5月28—29日在北京举行。本届论坛的主题是"人力资本的价值管理"，专家指出，中国已全面进入人力资本时代，人力资本的管理、运营成为当前人才开发领域的重要课题。国家发改委秘书长李朴民表示，社会已进入人力资本时代，人才而非资本才是21世纪最有效连接创新、竞争力和经济增长的关键纽带。高素质的人力资源正在成为我国经济持续健康快速发展的重要推动力。他强调，随着科学技术的进步和商业模式的创新，城市化进程的提速，经济全球化程度的加深，我国人力资源的基本状况与基本走向都在发生转变，而人力资源管理也在发生巨大的变革，组织结构的扁平化和组织的去中心化成为新的趋势。在这样的背景下，人力资源作为一种资本正在取代物质资本占据社会和经济体的主导地位。企业一改由物质资本说了算的局面，而由拥有大量人力资本的主体牢牢掌控。
>
> 资料来源　佚名. 中国已全面进入人力资本时代 [EB/OL]．[2015-06-01]．http：//finance.china.com/fin/lc/201506/01/2802885.html.

（二）人力资本投资论

像物质资本一样，人力资本的形成也是投资的结果。1957年，雅各布·明塞尔在他的博士论文《人力资本投资与个人收入分配》中，率先运用人力投资方法研究收入分配，并首先建立了人力投资收益率模型，提出了人力资本获利函数，并在考察在职培训对终生收入模式的影响时，提出了"追赶"时期的概念。明塞尔把一个人看做在生命周期的每一刻都在做出人力资本投资的选择。在人力资本收益率模型中，用参加培训或受教育的年数表示人力投资量，那么，一个选择较多人力投资的人，年轻时只能获得较低的收益，但到年老时，则会获得较大的收益回报。模型表明，人力投资量越大的人年收入越高。值得一提的是，在建立人力资本获利函数时，明塞尔便明确地将人力投资区分为正规学校教育投资和学校后的教育投资（如在职培训）。

以后，贝克尔在明塞尔人力投资收益率模型的基础上发展起完备的人力资本理论。贝克尔结合事实，提出人与人之间在才能和家庭环境等方面存在的差异使事实中的人力资本投资存在差异性。

当然，贝克尔及其后的人力资本学家也补充了明塞尔的人力资本投资内容，即除了必要的教育与在职培训，人力资本投资还包括卫生医疗保健、劳动力流动甚至向境外移民等方面的投资。这其中，教育是起决定作用的投资形式。

（三）人力资本配置论

人力资本形成之后，它作为一种生产要素，就存在"配置"问题。配置是指一个经济社会或经济主体在既定的经济体制下，对所拥有的资源（或要素）在产出过程中进行的合理分配或安排。人力资本的配置包括部门（或产业）配置、区域配置和技术配置等内容。假定人力资本的形成是均衡的，并处于完全竞争市场之中，则人力资本的供需双方能自由选择，人力资本会自由流动，直至经济达到均衡状态，即前两种配置可在市场中自然完成。至于人力资本的技术配置，是指按照生产（或劳务）的性质和配比的物质资本的技术特征来分配人力资本，简单地说，就是"人尽其才"。可见，这种配置可转换为人力资本与物质资本的配比-契约均衡。人力资本配置的目的是使其效用最大化，即实现人力资本效率。无论物质资本配置还是人力资本配置，说明其是否最优的一个通用理论仍是新古典经济学的资源配置理论。

人力资本配置，实质上是两个所有者之间的契约关系，即现代经济学中的委托人和代理人的关系。其核心内容是委托人在与代理人订立合约时，选择哪些"条款"（信号）才能获得代理人的主要信息（如道德水准、潜在能力等私人信息）；签订合约后，用什么样的约束、激励机制将代理人的行为诱导到委托人希望的轨道：努力工作，从而解决"如何使位置上的人不偷懒"的问题。这又涉及劳动者的劳动努力程度、劳动行为和劳动质量等问题，最终归结为劳动绩效的高低问题。

❖ **相关链接**

千里马的悲剧：人力资本错置

一个农场主买了一匹千里马，回到家中发现实在没有什么大事需要千里马去完成，便把马养在那里。时间长了，家里人开始埋怨农场主，说他好草好料养了一匹没用的马。农场主也觉得大家说得有道理，便决定给千里马安排工作。可农场里除了耕田、拉车、拉磨外，根本没有其他工作可以用到马，于是农场主决定用千里马去耕田。

千里马驰骋惯了，一到田里便开始奔跑，把扶犁的农人摔了好几个跟头，再没有人愿意用千里马耕田了。

农场主又用千里马去拉车，可千里马跑得太快，很快就把车轮子拉掉了。看来千里马也不适合拉车。

农场主没有办法，就把千里马送到了磨坊，让它和一头驴子一起拉磨。开始千里马总是走得太快，驴子根本就跟不上，农场主就让伙计们用鞭子抽打千里马。只要千里马走得稍快了一点，伙计的鞭子就落到了千里马身上。慢慢地，千里马适应了拉磨，和那头驴子配合得非常默契了。

农场主看到千里马终于派上了用场，很高兴。可不久他又觉得千里马既然干着和驴子相同的活儿，就要享受与驴子同样的待遇。于是千里马好草好料的特殊待遇没有了，每天吃着和驴子同样的草料。

千里马越来越老实、温顺了，拉磨时也不再高昂着头了。

有一天，农场主上山巡视，不慎被猎人布置的打狼的夹子夹住了一条腿，随从的人好不容易把他弄回家里。当地的医生说农场主伤势很重，需要立即送到城里救治。农场主当即想起了那匹千里马，他让家人从磨坊里拉出那匹千里马，由医生护送自己去城里救治。

　　千里马终于又有了驰骋的机会，一上路便开始奔跑，虽然身上载着两个人，但它的速度还是很快的。可没跑出多远，千里马就因为体力不支而放慢了速度，最后索性在原地转起圈来了。

　　等医生回去找了别的马把农场主送到城里，因为延误了治疗，农场主的那条腿只能被截掉了。从城里治疗回来的农场主做的第一件事情就是宰掉了那匹千里马，把它下了汤锅。

　　千里马的悲剧也是农场主的悲剧。因为没有合适的岗位，农场主亲手把一匹千里马调教得像驴子一样成了拉磨的役畜，可当需要的时候才想起它是一匹千里马，殊不知因环境及待遇等方面的影响，它已经失去了千里马的特质，成了一匹只会拉磨的马。在日常的企业管理过程中，这种悲剧时有发生。这既是人才的悲剧，也是企业的悲剧。

　　资料来源　佚名. 管理寓言故事：千里马的悲剧［EB/OL］.［2017-12-26］. https://www.ruiwen. com/wenxue/yuyan/163814.html.

第二节　人力资源管理的发展历程

一、人力资源管理在西方的产生与发展

　　人力资源管理诞生于从农业社会向工业社会转型时期出现的工业生产和工业管理过程的需要，而西方现代企业制度的发展和成熟过程以及市场经济的不断深化，则是促进人力资源管理理论和实践不断趋于繁荣的催化剂。进入20世纪90年代之后，网络经济、知识经济时代的到来及其所导致的人才争夺战终于将人力资源管理的地位和作用推向了一个新的高度。从历史的角度可以清楚地看到，人力资源管理这一学科的起源和发展，与西方企业管理实践的产生与发展是相随相伴的，同时也与整个管理学的奠基和发展过程是一个密不可分的整体。

（一）萌芽阶段

　　人力资源管理的前身称为人事管理，人事管理的发展是伴随着18世纪后半叶工业革命的到来而产生的。15—18世纪盛行于欧洲的行会制度是以家庭式管理来处理学徒培训和雇佣问题的。工业革命的兴起则导致工作性质和雇佣关系发生了根本性变化，机器大工厂的建立需要大量的人集中到工厂来做工。这样，当时的所有问题都归结为：如何吸引农业劳动力放弃原有的生产和生活方式到工厂来工作，然后将工业生产所需要的一些基本技能传授给他们，同时使他们能够适应工业文明的行为规则，从而最大限度地发挥劳动分工和生产协作所带来的巨大生产率潜力。这些本来都是现代人事管理的主要内容，但在当时是企业经营者的主要工作内容。尽管当时已经有了人事管理的概念，但是早期的人事管理与现代意义上的人事管理在工作内容上是大相径庭的，因为当时的人事管理主要承担的是福利方面的工作。

　　美国全国现金公司在1897年首次设立了一个叫做"福利工作"的部门，此后，"福利部""福利秘书""社会秘书"等名称相继出现。设立这些部门或职位的主要目的是改善工

人的境遇，听取并处理工人的不满，提供娱乐和教育活动，安排工人的工作调动，管理膳食等。总之，这种关心工人福利的主张是现代人事管理思想的来源之一。

（二）科学管理阶段

从19世纪开始的科学管理运动成为现代人事管理发展的另外一条线索。著名的科学管理之父弗雷德里克·泰勒在1878—1890年担任伯利恒钢铁公司的工程师，为了解决他所认为的工人存在的消极怠工问题，他对工人的工作效率进行了研究，试图找到一种"最好的工作方法"以及一种能够最快地完成工作的方法。他在对工作进行动作研究和时间研究的基础上，制定了公平日工作标准，并且进一步强调要挑选一流的工人，对工人进行培训，倡导劳资合作等，他还发明了著名的差别计件工资制。所有这些观点对于现代人事管理理论与实践的发展都起到了非常积极的作用，许多观点直到今天仍然具有十分显著的现实意义。

在泰勒提出科学管理思想四五年之后，企业中便开始出现了人事部门，该部门负责企业员工的雇用、挑选和安置工作，而在此之前，人事职能是基层管理人员（比较典型的是工长）工作的一部分。由于对改进人事工作日益重视，所以，当时有一个"雇佣部门"甚至成为企业地位的一个标志，即使那些规模较小的企业，也设立了专门的雇佣经理。1922年，美国全国人事协会成立，这标志着企业界对雇佣工作以及雇佣工作中的关系已经普遍开始重视起来。

不过，与福利主义的人事管理思想不同，泰勒所强调的是操作的规范化和差别计件工资制以及科学地挑选和训练工人，他并不认为福利是激发工人工作积极性的主要因素。然而，看似相互冲突的两种人事管理观点却共同成为现代人事管理的基础。事实上，早期的雇佣经理或雇佣部门除了雇用、选拔工人以及在各个部门之间调配工人的工作，还要搞一些娱乐活动和其他福利项目，当然这一时期的职能极其有限。

（三）人际关系运动阶段

人际关系学说和人际关系运动是对人力资源管理的发展做出贡献的另外一支力量。它起源于1924—1933年哈佛大学的两位研究人员埃尔顿·梅奥和弗雷兹·罗尔西斯伯格在位于芝加哥郊外的西方电气公司所属的霍桑工厂中所进行的一系列研究。研究的目的本来是确定照明对于工人及其产出所产生的影响。但研究最后得出的结论是，社会互动以及工作群体对于工人的产出以及满意度有着非常重要的影响。

人际关系学说推动了旨在博取工人忠诚的各种福利计划如火如荼地发展起来。人成了企业最为重要的资产，人们认识到，关心员工的福利就能够提高他们的劳动效率。一个典型的口号就是，满意的工人就是生产率最高的工人。人际关系运动最终在20世纪60年代中期成为后来的组织行为学的一个分支，并且对其发展做出了自己的贡献。

在人际关系学说不断发展的这一时期，工会主义也开始崛起，这导致劳资关系成为美国企业人事管理职能的一个中心内容。工会主义的盛行导致集体谈判成为劳资关系中最重要的一个方面，工会越来越多地进入原来属于资方特权的工资、工时、雇佣条件等领域。在这种情况下，劳资关系问题就成了人事管理的一个重要方面。

（四）人力资源管理阶段

人力资源管理的概念产生于20世纪五六十年代，然而，它在80年代中后期才受到企业的普遍重视。其中最主要的原因之一就是，在20世纪70年代末80年代初的日美企业管理制度比较研究热潮中，研究者发现，日本企业独特的人力资源管理制度与管理实践是造成日美企业生产率差异的最主要原因。比如，美国管理学家卡尔·佩斯格尔在他于1984年完成的《日本与西方管理比较》一书中，就将人力资源管理列为导致日美企业管理效率差距的首要因素。他指出，日美汽车行业成本差异的40%是人力资源管理效率的不同而导致的。

人力资源管理的出现标志着人事管理职能发展到了一个新的阶段。它的内容已经全面覆盖了人力资源战略与规划、职位分析、员工招募与甄选、绩效评估与管理、培训与开发、薪酬福利与激励计划、员工关系与劳资关系等各项职能。人力资源管理这一概念对人事管理概念的取代，并不仅仅是名称上的改变和内容上的进一步丰富，更是一种管理观念上的根本性变革。

（五）战略性人力资源管理阶段

人力资源管理对于一个组织的竞争和生存所具有的战略重要性，以及在帮助组织获取竞争优势方面的独特作用越来越明显地显露出来。人力资源管理逐渐开始与其他所有企业经营管理职能紧密合作，以帮助组织具备在本国乃至全球进行竞争所需的重要资源。随着人力资源管理与组织战略融合为一体，人力资源管理在明确组织中存在的人力资源问题以及寻找解决方案方面扮演着越来越重要的角色。企业越来越清醒地认识到，在缺乏有效的人力资源管理方案和管理活动的情况下，要想实现组织的有效性并且维持这种有效性是很困难的。

正因为如此，在20世纪90年代以后，"战略性人力资源管理"的概念越来越深入人心。战略性人力资源管理就是指有计划的人力资源使用模式以及旨在提升组织绩效、实现组织战略和具体的经营目标的各种活动。战略性人力资源管理观点的实质是，应当在将员工看成一种价值极高的资产的基础上，制订和执行一套完整的计划，从而借助一系列有助于组织总体经营战略实现的具有内部一致性的整体人力资源管理实践，来管理这些人力资产，以达到赢得并维持竞争优势的目的。战略性人力资源管理通常需要满足两个方面的基本要求：其一是能够推动组织总体经营战略的实现；其二是包括一整套相互补充并且具有内部一致性的各种人力资源管理实践。

二、人力资源管理在我国的产生与发展

中国的人力资源管理经历了一个与西方不同的发展过程。尽管人力资源管理的概念是从西方传入的，而且人力资源管理的理念和实践在20世纪90年代以后才在中国大行其道，但是中国的人力资源管理实践发展很快，中国企业以及政府对人力资源管理的理解也越来越深刻。

（一）古代人事管理的思想

中国具有五千年的文明史，在古代文化典籍之中蕴藏着丰富的人事管理的思想，在有关人才的重要性、如何选拔人才、如何使用好人才等方面都有精辟的论述。春秋战国时期，百花齐放、百家争鸣，但在评价人才的重要性方面，各家各派的看法几乎是一致的。如孔子的"举贤才"，墨子的"尚贤"，孟子的"尊贤使能"，管子的"争天下者必先争人"，荀子的"尚贤使能"等。

《道德经》第三十六章讲"鱼不可脱于渊"，第三十九章讲"故贵以贱为本，高以下为基"，第四十九章讲"圣人无常心，以百姓之心为心"，这里"鱼""贵""高""圣人"可喻为企业人力资源管理者，与之相对应可理解为企业普通员工。普通员工是构成企业的基础，如果缺少了这个基础，高层管理者也就成为无根之木、无源之水。

在这些思想中，与人力资源管理有关的最为突出的思想，我们可以概括为两点：①在人的要素和物的要素相比较中，人特别是贤人的作用是第一位的。②重视教育，高度评价教育在培养人才中的重要作用。

（二）我国近代人事管理

鸦片战争后中国演变为半殖民地半封建的社会，这时的人事管理带有浓厚的封建色彩，大部分的人事管理处于相对被动的状态，多半由于雇主与员工的阶级差异比较大致使人力资源管理的形式状态偏向管理层。

（三）中华人民共和国成立以来人力资源管理的发展

中国现代意义上的人力资源管理是从20世纪80年代中期发展起来的。1984年，中国人力资源开发研究会的前身中国人力资源开发研究中心成立，任务是"组织研究中国人力资源开发问题的理论和政策，探索具有中国特色的人力资源开发和管理体系，开展有关人力资源研究和开发的国际合作，提供咨询服务等"。但是系统地研究人力资源管理理论实际上是从20世纪90年代初期开始的，一些学者出版了人力资源管理方面的专著。

目前，中国主要大学的经管院或商学院几乎都设有人力资源专业或研究方向；许多企业的人事部门也逐渐被人力资源部门所代替，因为不仅大公司意识到人力资源管理的重要性，小企业也不例外。越来越多的企业已经认识到"企业的成败最终归结为企业中的人"。

1.人力资源管理理念的导入期

20世纪80年代前，我国基本处于传统计划经济体制下的"劳动人事管理"阶段。80年代中期以后，人力资源管理被逐步引入中国。但是，当时中国对"人力资源管理"一词非常陌生，甚至误以为"人力资源管理"就是"人事管理"，这与当时中国社会经济管理体制改革的情况基本相一致。劳动者只是生产关系的主体，而非和土地、资本等其他资源一样被看做生产力的基本要素。人们对人力资源管理的认识仍停留在员工只是管理和控制的工具的观念上，人事管理部门的工作仅仅是如人事考核、工资发放、人事档案管理等日常的事务性工作。用工管理主要依靠行政调配的方式，工作岗位缺乏有效的考核，劳动合同的执行流于形式，缺乏有效的激励作用和竞争性用人机制。虽然这一时期的计划经济烙印明显，但西方的人力资源管理理念开始导入中国。

早期的研究主要集中在劳动人事管理和人才管理方面，对这些领域进行研究的学者主要有赵履宽（1998）和王通讯（1985）等人。王重明（1988）、张德（1990）、时勘（1990）等人则是国内较早将心理学理论引入人力资源管理领域的学者，他们的研究成果丰富了中国人力资源管理发展的理论基础。赵曙明（1991）提出人力资源管理是对人力这一特殊的资源进行有效的开发、合理利用和科学管理。从开发的角度看，它不仅包括人力资源的智力开发，也包括人的思想文化素质和道德觉悟的提高；不仅包括人的现有能力的充分发挥，也包括人的潜力的有效挖掘。从利用的角度看，它包括人力资源的预测与规划，也包括人力资源的组织和培训。这些研究成果对国内学术界和实践界具有较大的影响力。

2.人力资源管理的探索期

从20世纪90年代中期开始，中国开始探索人力资源管理在实践中的运用，人力资源管理实践已开始应用到企业和政府的人事管理工作中。全社会已经意识到人力资源管理需要不断改革和发展创新，人力资源管理实践在中国开始得到普遍运用，但当时企业管理体制和劳动力市场经济体制的改革尚不能够有力地支持现代人力资源管理制度规章的建立和健全。

赵曙明（1999）在全国范围内大规模地对中国企业集团的人力资源管理状况进行调查，研究结果发现，越来越多的企业开始试图从招聘、培训、绩效考核、薪酬等方面完善人力资源管理实践的各项职能，人力资源管理的各项专业技术有一定程度的提高。尤其是部分企业通过实施年薪制加大了对企业家激励的力度，强化对企业家经营行为的约束，并且在一定程度上限定企业家年薪收入的范围。而对于一般员工已基本实现基于绩效的付酬。然而，此阶段企业薪酬制度的改革还主要停留在分配方式改革的层面上，真正的薪酬管理体系还没有完全建立，企业薪酬管理的依据和基础还不明确，岗位分析、绩效考核体系、薪酬体系还没有系统建立起来（邓婷、刘兴阳，2007）。需要指出的是，由于市场发育程度不高，这一时期人力资源管理存在许多弊端。例如，模糊的企业产权制度导致企业内部管理权责不明确、国有企业内部管理机制的行政化和干部化、专业化的人力资源市场管理机制尚未建立等。

针对这些问题，廖泉文（1998）、常凯（1995）等学者进行了较为深入的研究，主要探讨国家人力资源法律和政策对人力资源管理的影响，试图从宏观层面分析企业人力资源管理问题。张一弛（1996）则重点关注了国有企业改革中的内部人控制与公司治理结构问题。张文贤（2002）、石金涛（1998）等人是国内较早关注经营者人才价值、人力资本价值计量与收益分配激励问题的学者，提出人力资本如何参与价值分配的问题。赵曙明（1998）所带领的团队在20世纪末期对中国企业人力资源管理模式进行调查时发现，国有、民营和外资三种不同所有制企业在人力资源指数的十五项因素方面存在明显的不均衡性，六个不同区域企业的人力资源指数也差异悬殊。

3.人力资源管理的系统深化期

从20世纪90年代末到21世纪初，中国人力资源管理改革得到了系统性的深化，国家对人力资源管理重视程度日益提高（熊通成、曾湘泉，2008）。企业对人力资源管理的认识已经发生本质变化，人力资源管理与开发水平大为提高。此阶段，中国劳动力市场发育较为充分，劳动法律逐步健全；政府人力资源管理水平提高；企业拥有了用人自主权，越来越重视人力资源管理实践。人力资源管理已经成为企业管理的重要内容，人力资源管理部门的职能由传统的人事行政管理职能转变为战略性人力资源管理职能，成为企业发展战略的参谋部、执行部和支持部。而随着基础管理模式的深刻变革，人力资源作为核心资源，以人为本的思想得到了广泛的认同。在此背景下，以人才测评、绩效评估和薪资激励制度为核心的人力资源管理模型得以确立。

与此同时，学术研究也取得了丰硕的成果。到20世纪90年代末期，中国学者的研究已经大有进步，开始从不同视角对人力资源管理进行研究。尤其是西方的战略性人力资源管理理念开始为国人所熟悉，人力资源成为组织核心竞争力的来源。学者们研究发现，人力资源管理与开发政策和方式只有与企业外在环境、经营战略和组织结构保持一种动态协调关系，才能提高组织的应变能力，创造持久的竞争优势（Barney，1991；Wright & Mc-Mahan，1992）。这一时期理论研究重点主要围绕人力资源管理与企业效益关系问题，如人力资源管理效益的概念，人力资源管理与企业效益的关系以及人力资源管理对企业效益的作用过程、作用方式等。孙建安等提出了6P模式，认为企业人力资源管理模式由契约、培训、职位、薪资、绩效以及奖惩等六个管理子系统构成（孙建安、李志铭，2000）。林泽炎提出了3P模式，认为可以从岗位职责、工作绩效考核以及工资分配等三个方面来规范中小企业的人力资源管理（林泽炎，1999）。肖鸣政在评析国外学者人力资源管理模式构成基础上，分别从人力资源管理的目的、过程、内容和方法出发，提出了四个不同角度的16种人力资源管理模式，但是他没有深入阐述这16种模式各自的分析框架（肖鸣政，2006）。此外，诸如企业发展演化与人力资源管理的关系、企业家薪酬制度、知识员工管理、高新技术企业和学习型企业的人力资源管理等新兴问题也成为学术界和实践界人士重点关注的问题（赵曙明，2015）。

4. 人力资源管理的变革期

21世纪初尤其是近10年来，随着外部环境的重大变革，人力资源管理改革进一步深化，正朝着国际化、市场化、职业化、知识化的方向发展。尤其是伴随着创新驱动带来的新业态、新组织、新技术的变化，需要我们把人才开发作为战略基点，通过促进管理创新、技术创新和劳动生产率提高，增强企业创新发展的内生动力。彭剑锋（2014）认为，我国经济目前正处于深层次变革时期，转型能否成功，从根本上来说取决于人的变革和转型，取决于人的观念的变革、行为能力的转型升级。

沈吉、朱必祥（2014）针对传统产业普遍存在的福特制实践，认为这些企业正面临人本理念的挑战、共同治理理念的挑战等问题，在后福特主义生产方式下，企业人力资源管理应该树立人本理念，努力让工作设计丰富化，追求工作-家庭平衡，提供能增加员工可雇佣性的培训和职业生涯管理，实行多元化的员工激励等举措。赵曙明（2016）认为，快捷时代的人力资源管理变革需要体现跨界意识、秉持包容理念、树立精益思想、遵循人本原则，增加人力资本、社会资本、心理资本，从而增强人力资源的快捷服务意识及服务能力，为移动互联网背景下企业快捷战略的实现提供人才支持。

三、人力资源管理发展趋势

（一）知识型员工管理

在21世纪，人力资源管理的重心是知识性管理，也就是人力资源管理出现了一种新的三角。所谓新的三角，就是我们要重新研究人力资源管理的对象，这个新的三角是由知识型员工、知识工作设计、知识工作系统构成的。企业人力资源管理的重心，将面向如何来开发管理知识型员工。知识型员工是指，一方面知识型员工能充分利用现代科学知识提高工作的效率，另一方面知识型员工本身具备较强的学习知识和创新知识的能力。

美国著名知识管理学家玛汉·坦姆仆在实证研究中发现，能够激励知识型员工的主要因素中，"个体成长""工作自主""业务成就"分别占据了33.74%、30.51%、28.69%的权重，而"金钱财富"仅占7.07%。1996年美国另一项对5 500名毕业生的调查中，得出知识型员工的主要激励因素分别是对工作的兴趣、运用技能的机会、个人发展、感觉做的事情重要，而报酬仅列第九位。这些结果是知识型员工群体特征的鲜明印证，从中我们也不难看出一个共性，金钱不是他们所看重的能够认可和衡量其工作价值的唯一方式，自由成长的空间和自我价值的实现对他们来说可能更为重要。

（二）人力资源管理的信息化、全球化、合作化、服务化

1.信息化时代的变革——人力资源管理信息化（EHRM）

随着互联网和信息技术的发展，信息化已成为国家和企业增强自身竞争力的重要手段，企业的信息化过程使得人力资源管理也通过计算机技术与网络技术改变工作方式、提高工作效率、规范业务流程，并向企业与员工提供增值服务。信息技术的飞速发展促使企业走向信息化，而企业信息化发展对传统模式下的人力资源管理提出了新的挑战和功能要求，需要与之相应的全新的人力资源管理理念和管理方式。

互联网的发展必将对传统的人力资源管理体系提出全新的挑战，具体体现在：①组织架构设计。电子商务的发展，使得人力资源管理需要面对一些全新的工作部门及职位，同时由于信息沟通及处理快捷，管理的中间层次必然减少，因而矩阵式、扁平式组织架构将成为一种趋势。②网络电子招聘系统。网上电子招聘虚拟了人力资源招聘的许多实际环节，提高了工作效率。③在线培训。远程教育技术的发展，不仅使得人力资源培训成本降低，而且员工的学习成为一个实时、全时的过程。④在线的薪酬福利政策，使得人力资源薪酬体系更加透明化，体现了市场原则、公平原则，也对人力资源薪酬设计和团队文化建设提出了更高的要求。⑤与员工沟通人性化。网络信息容量大，发布形式可以多样化，使得人力资源管理中的人际沟通更为直接、广泛并极具人性化。在自己企业的网站上，可以建有员工个人的主页，有BBS论坛，有聊天室、建议区和公告栏，以及管理层的邮箱，员工意见发表形式多样，弱化了一些面对面的直接冲突等。所以，人力资源管理要善于运用广泛的网络，创造共享、合作的企业文化，促进员工的沟通，建立合作与共享的未来人力资源管理工作新模式。

2.全球化时代的来临——国际人力资源管理（IHRM）

人力资源的全球化表现在员工与经理人才的全球观念的系统整合与管理、人才流动的国际化、人才市场竞争的国际化、跨文化管理等。

国际人力资源管理是在人力资源管理的基础上，加入跨文化、跨国的因素，具体是指在全球范围内，根据企业发展战略的要求，有计划地对人力资源进行合理配置，通过对企业中员工的招聘、培训、使用、考核、激励、调整等一系列过程，调动员工的积极性，发挥员工的潜能，为企业创造价值，确保企业战略目标的实现。

国际人力资源管理的新特点具体包括：①环境复杂性。经济、社会、自然环境的不同，造成跨国公司面对的环境更加不确定。跨国公司在充分了解当地环境的基础上，有针对性地调整管理思想和实践，提供差异化的人力资源管理。如跨国公司往往在政治环境不是很稳定，但市场前景看好的国家中选择建立合资企业，并根据当地习惯提供诸如招聘、培训、考核等不同做法。②文化多元性。文化多元性是跨国公司国际经营中面对的重大问题，因此有必要进行多元文化管理。这时跨国公司处理的主要问题是如何在使用原有的、已经证明有效的人力资源管理实践以保证公司绩效的基础上，适应当地文化，减少文化冲突的风险。比如，跨国公司对于女性任职、雇员民族化等问题必须遵守当地的习俗传统。③目标多重性。虽然跨国公司只不过是一般企业的特例，从人力资源管理职能来看，都执行人力资源计划、招聘、培训、绩效考核和报酬管理等职能，但其环境复杂性和文化多样性会影响到人力资源管理的目标。比如，有些跨国公司的培训目标不是单纯提高雇员技能、增强岗位适应性，也可能是对东道国征收工资税的一种回应。④雇员多样性。跨国公司的雇员可能来自母国、东道国、第三国，其种族构成也多种多样，这就使跨国公司人力资源管理涉及一系列的新问题。如外派经理的选拔与培训、绩效考核、薪酬设计、跨国调动及海外遣返等问题，这对跨国公司人力资源管理是一个严峻的挑战。

3.合作化时代的需求——人力资源业务合作伙伴

人力资源业务合作伙伴（HR Business Partner，HRBP）是企业派驻到各个业务或事业部的人力资源管理者，主要协助各业务单元高层及经理在员工发展、人才发掘、能力培养等方面的工作。其主要工作内容是负责公司的人力资源管理政策体系、制度规范在各业务单元的推行落实，协助业务单元完善人力资源管理工作，并帮助培养和提高业务单元各级干部的人力资源管理能力。要做好HRBP，需要切实针对业务部门的特殊战略要求，提供独特的解决方案，将人力资源和其自身的价值真正内嵌到各业务单元的价值模块中，这样才能真正发挥和实现HRBP的重要作用。

HRBP是伴随着人力资源部门职能分化和升级而出现的，与HRBP相伴随而生的还有人力资源共享中心（HR Shared Service Center，HRSSC）、人力资源专家（Human Resources Specialist，HRS），其中，人力资源专家是由公司内部在员工安置、员工发展、薪酬、组织绩效、员工关系和组织关系方面等方面的专家组成的，主要针对以上方面提出专业性的建议和设计有效的解决方案，为公司变革服务。人力资源共享中心则在招聘、薪酬福利、差旅费用报销、工资发放等基础工作方面为公司提供全方位的统一服务。

HRBP必须承担以下职能：①从HR视角出发参与业务部门管理工作。②与HR研发组（人力资源专家）和HR支持组（人力资源共享中心）合作，给出有效的HR解决方案。③向人力资源专家和人力资源共享中心反馈HR政策、HR项目和HR进程的实施有效性。④协调员工关系，调查培训需求。⑤制订并执行业务部门HR年度工作计划。⑥运作适应所在业务部门的HR战略和执行方案。⑦参与所在业务部门的领导力发展和人才发展通道建设。⑧支持企业文化变革并参与变革行动。⑨建立所在业务部门的人力资源管理体系。

4.服务化时代的发展——人力资源服务外包

人力资源服务外包（Human Resource Service Process Outsourcing，HRSPO）指的是企业为了降低人力成本，实现效率最大化，将人力资源事务中非核心部分的工作全部或部分委托人才服务专业机构管（办）理。

　　一般来说，人力资源外包包括人事服务外包、人力（劳务）外包和人力资源专业管理外包三种。目前，国外人力资源管理人员与员工的比例通常是1：100，而国内这个比例在1：30左右。

　　从20世纪90年代初开始，我国东南沿海地区的许多企业纷纷开展外包，从而增强了企业的灵活性，提高了对市场的反应速度，降低了企业的经营风险。由于人力资源是企业中重要的资源，并且已日益凸显出其在企业价值链中的重要作用，因此，做好人力资源管理工作具有非常重要的意义。

　　目前，人力资源外包机构一般是从事委托招聘、猎头服务、人才派遣、人事代理、培训等，为企业提供人力资源服务等的公司。

复习思考题

1. 人力资源管理的理论基础有哪些？
2. 如何理解人力资源管理的发展历程？
3. 简述人力资源管理在我国的产生与发展。
4. 如何理解新中国成立以来人力资源管理的主要特点？
5. 如何理解人力资源管理的发展趋势？

第 II 篇
规划配置篇

第三章

组织设计

学习目标

1. 掌握组织设计的基本概念
2. 掌握组织设计的内容、流程
3. 熟悉常见的组织结构类型和岗位配置的基本方法
4. 了解组织结构图和岗位配置图的编制方法

引导案例

通用汽车公司的事业部制管理模式——斯隆模型

美国通用汽车公司（GM）成立于 1908 年 9 月 16 日。自从威廉·杜兰特创建了美国通用汽车公司以来，先后联合或兼并了别克、凯迪拉克、雪佛兰、奥兹莫比尔、庞帝亚克、克尔维特等公司，拥有铃木（Suzuki）、五十铃（Isuzu）和斯巴鲁（Subaru）的股份，使原来的小公司成为它的分部，从 1927 年以来一直是全世界最大的汽车公司。通用汽车公司是美国最早实行股份制和专家集团管理的特大型企业之一，尤其重视质量把关和新技术的采用，因而其产品始终在用户心中享有盛誉。

20 世纪 20 年代初，通用汽车公司合并收购了许多小公司，企业规模急剧扩大，产品种类和经营项目增多，而内部管理却很难理顺。当时担任通用汽车公司总裁的斯隆参考杜邦化学公司的经验，以事业部制的形式于 1924 年完成了对原有组织的改组，使通用汽车公司的整顿和发展获得了很大的成功，成为实行事业部制的典型，因而事业部制又被称为"斯隆模型"。这一制度的建立与实施对公司员工产生了很大的激励作用。

资料来源　佚名．管理学理论之泰勒科学管理理论［EB/OL］．［2016-12-21］．http：//www.doc88.com/p-3778706669584.html.

第一节　组织设计概述

组织设计是以企业组织结构为核心，将组织内各要素进行合理组合，建立和实施一种特定组织结构的过程。组织设计是有效管理的必备手段之一，实质是对管理人员的管理劳动进行横向和纵向的分工。

一、组织设计的基本原理

组织理论的发展过程表明管理思想的变化和研究方法的变化，即经历了一个从注重"事"的研究到注重"人"的研究，进而发展到人与事研究并重，在方法论上则从规范研究转向实证研究。组织理论的形成和发展，是人类认识组织及其活动的规律的成果，使人们可以自觉地应用这一理论有效地管理组织，以适应人类自身的组织活动。

（一）古典组织理论

古典组织理论主要可分为科学管理理论、行政管理理论和官僚制理论三种学派。古典组织理论着重分析组织的结构和组织管理的一般原则，研究内容主要涉及组织的目标、分工、协调、权力关系、责任、组织效率、授权、管理幅度和层次、集权和分权等。

该理论盛行于20世纪10—30年代，代表人物有提出官僚制理论的M.韦伯，提出一般管理理论的H.法约尔，提出科学管理理论的F.W.泰勒。尽管泰勒的科学管理主要适用于企业组织，但其组织管理思想深刻地影响了行政组织管理和行政理论的研究。此外，美国学者L.厄威克及时综合和传播了古典组织理论的观点和主张，扩大了古典组织理论的影响。

古典组织理论的主要特征包括：①绝对的权力。权力被定义为命令的权力和强制他人服从的权势。权力的来源主要是考虑工作的需要，而行使权力的方法则是强迫人们绝对地服从。②高度集中的决策。决策权高度集中于最高领导的手中，只有他才有这种神圣地发布命令的权力。决策权的高度集中直接硬性规定了组织结构的形式和组织关系中的权责分配。③金字塔式的组织结构。决策权的高度集中而又以完成工作为主要目的，就必须设计一种能允许各级组织顺利行使权利和最有效地完成工作的结构。这种结构表现为上小下大、层次分明的金字塔式结构。它通过明确的上下级关系构成了命令链，又通过命令链使权力影响组织的各个角落。④严格的教条式监督。各级管理人员都是命令链的一部分，他们的任务是传达命令，并严格地监督下级执行命令，他们自身几乎没有任何决策的权力，也无权更改命令，他们只是高层决策者最高权利的代理人。⑤限制个人发展。组织中普通成员的作用犹如一部机器中的一些齿轮。他们的责任就是完成命令所规定的工作量，他们相互孤立，只对自己的上级负责。组织成员要忠于组织的目标，强调忍耐克己，最大限度地压抑个人发展的欲望。

总的来看，古典组织理论从静态的角度出发，以效率为目标来研究组织内部结构与管理的合理化，强调的是等级、命令和服从，并且用一种封闭模式的观点来对待组织，忽视了人的因素和环境的作用。

（二）近代组织理论

近代组织理论以行为科学为理论依据，研究组织行为和个人行为，并以人的行为为研究重点的管理理论。它是组织理论发展的一个重要阶段。

该理论产生于20世纪30年代，经历了从研究人际关系到应用行为科学的发展过程。该理论一反古典组织理论的静态研究方法，着重研究人和组织的活动过程，如群体和个体行为，人和组织的关系、沟通、参与、激励、领导艺术等。美国学者 G.E.梅奥等主持的霍桑实验所揭示的人际关系理论，C.巴纳德的均衡理论，H.A.西蒙的行政决策理论，A.马斯洛的需求层次理论，D.麦克格雷戈的 X 理论、Y 理论，F.赫茨伯格的双因素理论等都是具有代表性的行为科学的组织理论。

（三）现代组织理论

近代组织理论以权变管理理论为依据，既吸收了以前各种组织理论的有益成果，又强调应按照企业面临的内外部条件而灵活地进行组织设计。

该理论自 20 世纪 60 年代以来逐步发展，代表人物有巴纳德、西蒙、钱德勒、劳伦斯、洛希、维克和马奇等。巴纳德从人与人相互合作的系统来解释组织，提出了激励的新观点，认为经济收入不是唯一要素。西蒙认为组织是为了实现共同的目标而协作的人群活动系统，管理就是决策，其代表作为 1947 年出版的《行政行为：行政组织中决策程序的研究》一书。

现代组织理论的主要特征包括：①领导人的首要作用在于塑造和管理好组织的有共同价值观的人，强调不拘一格的个人创造精神，强调组织的战略。②对组织中人的基本需求的看法是：人们需要生活得有意义；人们需要对自己有一定的节制；人们在一定意义上把自己看做胜利者；在相当程度上行动和行为塑造了态度和信念。③不是把表面结构作为分析对象，而是把组织中人的行为作为分析对象。④不是把操作作为主要认识对象，而是把组织中人的行为作为认识对象。⑤强调领导不应当建立在权力的基础上，好的领导不要求人们为他个人服务，而是为共同目标服务，主张组织的事业内容是科学加服务。⑥注重信息沟通。

古典组织理论、近代组织理论和现代组织理论的理论依据与强调重点见表 3-1。

表 3-1　　　　古典组织理论、近代组织理论和现代组织理论的理论依据与强调重点

	古典组织理论	近代组织理论	现代组织理论
理论依据	行政组织理论	行为科学	权变管理理论
强调重点	刚性结构	人的因素	内外部条件、灵活

二、组织设计的主要原则

（一）拔高原则

在为企业进行组织结构的重新设计时，必须遵循拔高原则，即整体设计应紧扣企业的发展战略，充分考虑企业未来所要从事的行业、规模、技术以及人力资源配置等，为企业提供一个几年内相对稳定且实用的平台。

（二）优化原则

任何组织都存在于一定的环境之中，组织的外部环境必然会对内部的结构形式产生一定程度的影响，因此企业组织结构的重新设计要充分考虑内外部环境，使企业组织结构适

应外部环境，谋求企业内外部资源的优化配置。

（三）均衡原则

企业组织结构的重新设计应力求均衡，不能因为企业现阶段没有要求而合并部门和职能，在企业运行一段时间后又要重新进行设计，牢记一句话：职能不能没有，岗位可以合并。

（四）重点原则

随着企业的发展，会因环境的变化而使组织中各项工作完成的难易程度以及对组织目标实现的影响程度发生变化，企业的工作中心和职能部门的重要性亦随之变化，因此在进行企业组织结构设计时，要突出企业现阶段的重点工作和重点部门。

（五）人本原则

设计企业组织结构前要综合考虑企业现有的人力资源状况以及企业未来几年对人力资源素质、数量等方面的需求，以人为本进行设计，切忌拿所谓先进的框架往企业身上套，更不能因人设岗、因岗找事。

（六）适应原则

企业组织结构的重新设计要适应企业的执行能力和一些良好的习惯，使企业和企业员工执行起来容易上手，不能脱离企业实际进行设计，使企业为适应新的组织结构而严重影响正常工作的开展。

（七）强制原则

重新设计的组织结构必然会因企业内部认识上的不统一、权力重新划分、人事调整、责任明确且加重、考核细致并严厉等现象的产生而导致管理者和员工的消极抵制甚至反对，此时强制就成为推动力量。

三、现代组织结构类型

（一）直线制

直线制是一种最早也是最简单的组织形式。它的特点是企业各级行政单位从上到下实行垂直领导，下属部门只接受一个上级的指令，各级主管负责人对所属单位的一切问题负责。厂部（以工厂为例）不另设职能机构（可设职能人员协助主管人工作），一切管理职能基本上都由行政主管自己执行，如图3-1所示。

直线制组织结构的优点是：结构比较简单，责任分明，命令统一。缺点是：它要求行政负责人通晓多种知识和技能，亲自处理各种业务。

这在业务比较复杂、企业规模比较大的情况下，把所有管理职能都集中到最高主管一人身上，显然是难以胜任的。因此，直线制只适用于规模较小、生产技术比较简单的企业，对生产技术和经营管理比较复杂的企业并不适宜。

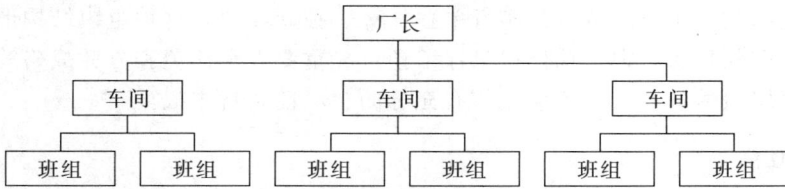
图3-1　直线制组织结构

（二）职能制

职能制在各级行政单位除主管负责人外，还相应地设立一些职能机构。各管理层之间设置职能部门，领导层指挥各职能部门而不指挥执行部门，而各职能部门对下级执行部门进行业务管理。这种方式强调管理专业化，提高工作质量，减轻领导负担。

（三）直线职能制

直线职能制吸收了直线制与职能制的优点，同样在各管理层之间设置职能部门，但职能部门作为同层次领导的参谋，不直接指挥下级，只在业务范围内做管理工作，职能部门的指令只能在获得领导的批准后下达，如图3-2所示。各管理层次之间按直线制的原理构成上下级关系。该结构保持了统一指挥的特点，又满足了职能的专业化分工，集中领导，职责清楚，有利于提高管理效率。

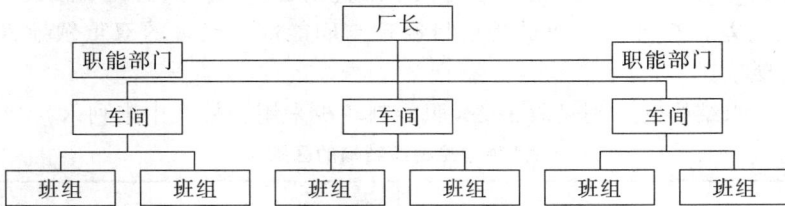
图3-2　直线职能制组织结构

（四）事业部制

事业部制最早是由美国通用汽车公司总裁斯隆于1924年提出的，故有"斯隆模型"之称，也叫"联邦分权化"，是一种高度（层）集权下的分权管理体制，如图3-3所示。它适用于规模庞大、产品品种繁多、技术复杂的大型企业，是国外较大的联合公司所采用的一种组织形式，近些年我国一些大型企业集团或公司也引进了这种组织结构形式。

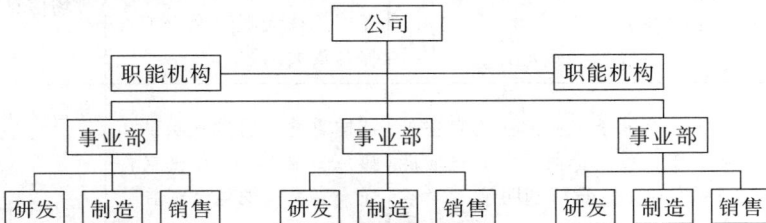
图3-3　事业部制组织结构

事业部制是分级管理、分级核算、自负盈亏的一种形式，即一个公司按地区或按产品类别分成若干个事业部，从产品设计、原料采购、成本核算、产品制造，一直到产品销售，均由事业部及所属工厂负责，实行单独核算、独立经营。这种组织结构形式按照政策制定与行政管理分开的原则，总公司只保留预算、重要人事任免和方针战略等重大问题的决策权，其他权利尽量下放，各事业部有充分的主动性和自主权。

（五）矩阵制

矩阵制是按职能划分的部门与按项目（产品）设立的管理机构，按矩阵的方式结合起来的组织结构，如图3-4所示。项目的管理人员从职能部门抽调，项目完成后管理人员又回归职能部门。

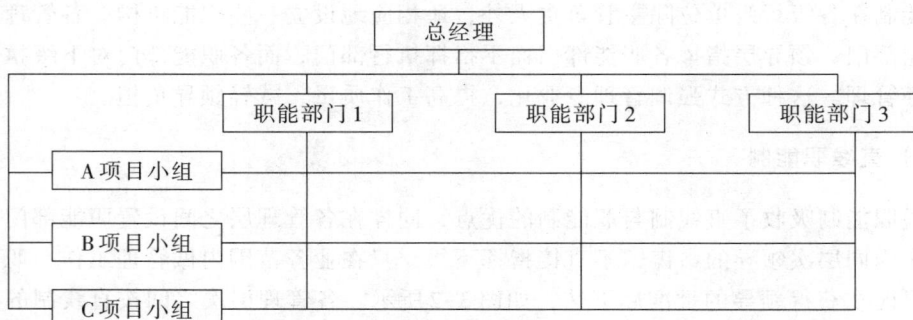

图3-4　矩阵制组织结构

该结构形式灵活性强，实现集权与分权的最优结合，但是人员调动频繁，组织结构经常变动，稳定性差，矩阵中的成员受项目经理与职能部门经理的双重领导，容易产生矛盾，出现扯皮现象。

以上各种组织结构的区别见表3-2（职能制较少采用，故表中未列入）。

表3-2　　　　　　　　　　　　几种常见组织结构的区别

结构模式	优点	缺点	适合类型
直线制	结构简单，指挥系统清晰、统一；责权关系明确；横向联系少，内部协调容易；信息沟通迅速，解决问题及时，管理效率高	缺乏专业化的管理分工	规模较小或业务活动简单、稳定的企业
直线职能制	集权制和分权制结合；在保留直线制统一指挥优点的基础上，引入管理工作专业化的做法	规模太大时，职能部门增多，部门间横向联系和协作变得更加复杂和困难；高层往往无暇顾及企业面临的重大问题	规模不太大，产品品种不太多，工艺较稳定，市场信息易掌握的企业
事业部制	权力下放；有助于事业部主管自主处理日常工作，提高企业经营者适应能力；高度专业化；责权利明确	结构重叠，管理人员队伍膨胀；各事业部独立性强，容易忽视整体利益	经营规模大，业务多样化，市场环境差异大，要求具有较强适应性（柔性）的企业
矩阵制	双道命令系统，纵横结合较好，有利于部门间协作和配合	组织关系比较复杂	适用于创新任务较多，生产经营复杂多变，以科研开发为主的企业

四、组织结构的变革与创新

（一）组织形式的变革——学习型组织

适应知识经济的发展要求，人力资源组织扁平化，造就学习型组织。所谓组织扁平化，是指现代企业的组织结构中只有高级经理和一般职员，而传统企业重要的中间管理层被弱化。在这样的组织结构中，人力资源管理由行政权力型转向服务支持型，人力资源职能部门的权力淡化，直线经理的人力资源管理和员工自主管理的责任增加。通过这种形式的变革与创新，引入新的团队合作，形成学习型、知识型组织。

（二）组织结构的变革——网络化、虚拟化

从直线制或直线职能制人力资源组织结构向网络式或虚拟化的人力资源组织结构转变。随着全球化和网络技术的发展，无论是最初的业主充当人事主管的原始人力资源组织结构，还是后来的行政事务"包裹"了人力资源管理职能的直线（或直线职能）制的结构，都无法适应当今社会人力资源管理职能复杂化的要求。网络化、虚拟化是未来组织结构变革的主要趋势。

（三）组织角色的变革——利润中心化

人力资源组织从成本中心转向利润中心。"成本中心"指的是不考核收入而着重考核成本费用的一类责任中心，"利润中心"指的是既要对成本负责又要对收入负责的一类责任中心，这一区别说明了现代人力资源组织职能的转变。总之，现代人力资源管理理论更要求我们拥有这样的观念：从企业长期目标出发，人力资源管理组织角色正从纯消费性的成本中心转变为能为企业带来巨大收益的利润中心。

第二节　组织设计方法

一、组织设计的主要思路

（一）确定组织设计目标

根据组织环境、组织规模、组织战略目标的要求，分析组织设计的影响因素。

（二）确定组织结构类型

结合组织的战略目标、主导业务流程、部门职能和协作关系等，参考直线制、直线职能制、事业部制、矩阵制、网络化的组织结构，选择最佳的组织结构模式。

（三）组织机构设置

按照分工明确、效率优先的原则，明确组织主导业务流程。根据生产岗位、专业岗位、监督岗位、管理岗位、决策岗位的划分标准，明确职能部门、辅助职能部门的设置原

则，确立部门协作关系，进行组织岗位配置，确定组织管理幅度与管理层次。

（四）绘制组织结构图

将各个部门组合起来，形成特定的组织结构。对组织结构设计方案进行评估与修改，编制组织结构手册。

二、组织设计的具体步骤

（一）工作划分

根据目标一致和效率优先的原则，把达成组织目标的总的任务划分为一系列各不相同又互相联系的具体工作任务。

（二）建立部门

根据组织的工作内容和性质，以及工作之间的联系，将组织活动组合成具体的管理单位，并确定其业务范围和工作量，进行部分的工作划分。把相近的工作归为一类，在每一类工作之上建立相应的部门。这样，在组织内根据工作分工建立了职能各异的组织部门。

（三）决定管理跨度

所谓管理跨度，就是一个上级直接指挥的下级数目。应该根据人员素质、工作复杂程度、授权情况等合理地决定管理跨度，相应地也就决定了管理层次和职权、职责的范围。

（四）确定职权关系

授予各级管理者完成任务所必需的职务、责任和权力，从而确定组织成员间的职权关系。设计组织的运作方式，包括：①联系方式的设计，即设计各部门之间的协调方式和控制手段；②管理规范的设计，即确定各项管理业务的工作程序、工作标准和管理人员应采用的管理方法等；③各类运行制度的设计。

（1）上下级间的职权关系——纵向职权关系：上下级间权力和责任的分配，关键在于授权程度。

（2）直线部门与参谋部门之间的职权关系——横向职权关系：直线职权是一种等级式的职权，直线管理人员具有决策权与指挥权，可以向下级发布命令，下级必须执行。

（五）通过组织运行不断修改和完善组织结构

组织设计不是一蹴而就的，是一个动态的、不断修改和完善的过程。在组织运行中，必然会暴露出许多矛盾和问题，也会获得某些有益的经验，这一切都应作为反馈信息，促使领导者重新审视原有的组织设计，酌情进行相应的修改，使其日臻完善。

组织设计的主要步骤如图3-5所示。

业务部门	人力资源部	人力资源经理	最高管理层	常见表单
			做出组织结构设计决策	工作流程图
	分析组织战略目标			组织结构图
	确定组织结构类型			
	确定管理层次和管理幅度			
	划分职能部门及其协作关系			
	编制组织结构图草案	审核		
提出意见和建议	征求部门意见,修改组织结构图	审核	审批	
	公布组织结构设计情况,调整部门设置			

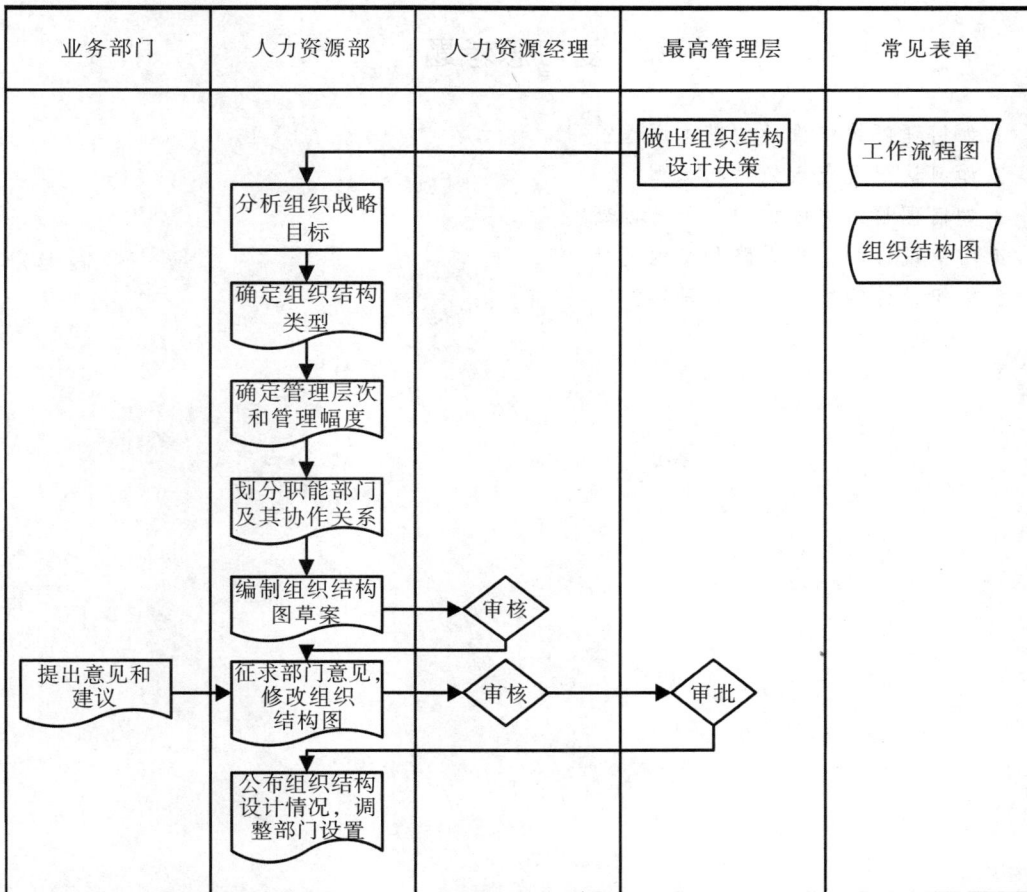

图 3-5　组织设计的主要步骤

三、组织设计的结果形式

(一) 组织图

组织图也称组织树,是用图形表示组织的整体结构、职权关系及主要职能。组织图一般描述下列几种组织结构及管理关系方面的信息:权力结构、沟通关系、管理范围及分工情况、角色结构和组织资源流向等。

(二) 职位说明书

职位说明书是说明组织内部的某一特定职位的责任、义务、权利及其工作关系的书面文件,包括职位名称及素质能力要求、工作内容和工作关系等。

(三) 组织手册

组织手册是职位说明书与组织图的综合,用以说明组织内部各部门的职权、职责及每一个职位的主要职能、职责、职权及相互关系。

复习思考题

1.如何理解组织设计的基本原理？

2.如何认识现代组织结构类型？

3.如何理解组织结构的变革与创新？

4.组织设计的主要思路和步骤是什么？

5.组织设计的结果形式有哪些？

第四章

工作分析和工作评价

学习目标

1. 掌握工作分析的基本概念
2. 掌握工作分析的内容、流程
3. 熟悉工作分析的主要方法
4. 掌握工作评价的主要内容和方法

引导案例

A公司的工作难题

A公司是一家大型家用电器集团公司。由于近年来公司发展过于迅速，人员也飞速增长，因此许多问题也逐渐暴露出来。表现比较突出的问题就是岗位职责不清，有的事情没有人管，有的事情大家都在管，但又发生推诿扯皮的现象。现在公司使用的岗位职责说明已经是几年前的版本了，可实际情况已经发生了很大变化，因此根本就无法起到指导工作的作用。由于没有清晰的岗位职责，因此各个岗位上的用人标准也比较模糊，这样人员的招聘选拔、提升就全凭领导的主观意见了，公司的薪酬激励体系也无法与岗位的价值相对等。员工在这些方面意见很大，士气也有所下降。

最近，A公司进行了一系列重组工作，年轻有为的新的高层团队也开始发挥作用，他们看到公司目前面临的问题，决定请专业的咨询顾问进行一次系统的人力资源管理诊断和设计工作。由于工作分析是各项人力资源管理工作的基础，因此专家建议首先从工作分析入手。

资料来源　佚名．工作分析——以万家公司为例［EB/OL］．［2017-12-26］．http://www.chinadmd.com/file/rvr6coeutvoz6eara6owutra_1.html.

第一节　工作分析

企业的愿景、使命和战略目标是通过有组织的生产经营活动实现的，而生产经营活动又是通过具体的工作来完成的，每一份工作又是由实实在在的人员来承担的。因此，首先要确定每个工作应该做什么，什么样的人来做最合适。

由于组织的总体任务过于庞大，任何个人都无法完成，那么如何把总体目标分解成个人力所能及的任务及责任？这些任务需要具备何种能力、技巧和个人特征的人员去完成？需要招聘多少人员？在挑选人员时，需要注意什么因素？如何训练员工？用什么标准测量员工的绩效？在做出这些决策之前，必须先对有关工作做出明确规定，然后进一步确定完成这些工作需要怎样的行为，这个过程就是工作分析。

一、工作分析概述

工作分析可被定义为完整地确认工作整体，以便为管理活动提供工作相关信息所进行的一系列工作信息的收集、分析和综合的过程。工作分析的结果形成工作说明书，主要包括工作描述和工作规范两块核心内容。

工作描述聚焦的是工作本身，研究每一个职位存在的原因、所承担的工作职责与任务，以及与其他职位之间的关系等；而工作规范关注的是人员特征，即任职资格，研究胜任该职位的任职者必须具备的资格与条件，如工作经验、学历、能力等。

（一）工作分析相关概念

微动作：构成工作的最简单单位，指触及、抓起、安置或放下一个物体等一些非常基本的动作。

要素：两个或两个以上的微动作的集合，是形成职责的基本单位和分析的基础，如拾起、运送一个对象，接听电话，从信息系统中调出客户名单，开启车床等。

任务：一组要素的集合，是为了达到某个目的而结合在一起的工作要素集合，是工作分析的基本单位，如客服人员回答客户的电话咨询，打字员打字等。

责任：为取得关键成果而完成的一系列相关联的任务集合，如打字员的责任包括打字、校对、装订、简单机器维护等一系列任务。

职位：是构成组织的基本单位。一定时期内，组织要求担任某一职位的个体完成一至多项任务。一般而言，职位与个体一一对应，有多少职位就有多少人，二者数量对等。例如，为了实现组织的生产目标，必须搞好生产管理，包括生产计划、生产统计、生产调度等，为此设置生产计划员、生产统计员、生产调度员、生产科长等职位。

职务：主要责任相同的一组职位的集合。一种职务可以有一至多个职位，如生产总监、销售总监、人力资源总监、财务总监等。

职业：一组相似的职务形成一种职业，即在不同组织、不同时间，从事相似工作的一系列工作的总称，有时与行业混用，如教师、医生、律师、销售员等。

工作族：一组相似的职业构成了工作族。工作族是以职位分类为基础的，如销售族包括销售总监、销售经理、销售代表等。

❖ 小资料

工作分析

工作分析（Job Analysis）的观念产生得较早，但是一直到泰勒提倡科学管理运动后人们才真正开始系统地对各项工作作以科学的分析，即"动作与时间研究"。泰勒从事生铁搬运、铲煤、砌砖、炼钢珠等工作研究，使得管理科学化、标准化，工作效率大增。

他还指出，"在现代科学管理中，最突出的一项要素，也许应该算是'任务'的概念"，"所谓的任务，不仅以'应该做些什么'为限，还应包括'应该怎么做'以及'需要多少时间'等项"。

其后，吉尔布雷斯夫妇将泰勒的工作研究继续发扬光大。他们见到建筑工人的手艺代代相传，而几乎没多大改变，于是对取砖砌墙进行动作研究，结果把原来的18种动作减为4种，工作效率提高了近3倍。吉尔布雷斯夫妇从提高生产工作的效率出发，对动作进行分解，使用节省体力的装备，这其实也是工作分析的内容。

第一次世界大战期间，由于参加欧战，美国设立了军队人事分类委员会（Army Committee on the Classification of Personnel）来实施工作分析，于是工作分析一词便开始使用。1920年，美国国家人事协会把工作分析定义为一种处理方法，其结果可以确定一种职务的构成及胜任该职务的人所必须具备的条件。随着企业管理的不断发展，工作分析也变得日益重要，正式采用工作分析的公司越来越多。据调查，1930年美国各大公司采用工作分析的仅占39%，而到1940年急增到75%。目前，美国联邦、州、地方政府和大中型企业，几乎都采用工作分析，对每一个职位不但拟定了职位说明书，还编制了大量的部门工作指南、职系说明等各种类型的其他工作规范。由于工作分析在人力资源管理方面可以发挥显著的作用，因而受到了世界各国的普遍重视和广泛应用。

资料来源　佚名．人力资源考试教材第三章职务分析第一节难点解析［EB/OL］．［2011-08-25］．https://www.233.com/hr/gls/fudao/20110825/103448955.html.

（二）工作分析内容

工作分析内容主要是指与工作相关的各种信息。只有明确了要收集哪些信息，才能有针对性地进行收集，效度和信度才会高。

1.工作存在的原因（Why）

（1）每一份工作为什么存在？对该问题的回答很有必要，如果一份工作没有存在的价值，就没有必要保留，更没有必要进行分析。特别是处于巨大变革中的组织，分析工作存在的原因可以据此裁并某些职务或职位。

（2）该项工作的使命是什么？如某企业华东区销售总监职位的主要使命是在激烈的竞争中提高本企业拳头产品的市场占有率。

2.工作做什么（What）

该工作具体做什么事情？承担哪些任务和责任？如某企业客服人员的工作任务和职责包括：处理客户投诉、协调客户与企业间的关系、为其他部门提供客户资料等。

3.工作由谁来做（Who）

该项工作由谁来做？应该具备什么样的资格或条件，如受教育程度、身体素质、工作经验等？

4.工作地点（Where）

在哪里工作？是否有外出（出差）要求，以及其他特定的工作环境和条件？

5.工作时间（When）

工作总时间和工作进度、班次等如何安排？每周工时多少？如何轮班？法定节假日如何安排？

6.服务对象（for Whom）

任职者与哪些人存在工作上的联系以及怎样的联系？如某企业销售部经理的直接主管是销售副总，下级是两名部门副经理和若干销售员，在外部与客户尤其是大客户有直接联系。

7.工作程序（How）

需要哪些具体的工具或设备？需要什么样的材料、数据或信息？在工作过程中需要遵循哪些工作步骤？

（三）工作分析的原则

1.重在分析而非罗列

将工作分解为几个重要的组成部分，审查后将其重新进行组合。工作分析绝不是任务的简单列举和罗列。

2.描述事实而非主观判断

工作分析人员的任务是尽可能地传递事实资料，判断的工作留给工作说明书的最终用户去做。

3.以当前工作为依据

工作分析的任务是获取某一特定时间内的职位的整体情况。工作说明书应与时俱进，保持更新，不能含糊不清或内容过时。

4.对象是工作而不是人

工作分析并不关心任职者的任何个人信息，它只关心职位，对事不对人。目前的任职者被选作信息调查对象，仅仅是因其通常最了解情况。

二、工作分析的地位和作用

（一）工作分析的地位

工作分析是整个人力资源管理工作的基础。一个企业对人力资源的管理是否规范，首先体现在这个企业的人力资源管理人员是否进行了工作分析。只有全面、深入地进行工作分析，企业才能充分了解各项工作的具体特点和对人的基本要求，从而为人力资源管理决策奠定基础。

西方发达国家在20世纪70年代把工作分析作为人力资源管理现代化的标志之一，而且即使是今天的美国，70%的企业仍然一如既往地重视和运用工作分析。怀勒·卡赛欧说："工作分析对于人力资源专家而言，就像钳子对于管道修理工。工作分析作为人力资源管理基础的地位不会动摇。"罗纳德·阿什说："工作分析仍将在人力资源管理的各项活动中扮演中心的角色，这是毫无疑问的！"

（二）工作分析的作用

1.它是预测人员需求、制定人力资源规划的基础

如根据现有工作分析的信息，预测未来工作的变化，重新设计工作，改变工作职责，

进而改变和确定未来一个时期所需员工的数量、质量和结构。还可将任职资格要求与现任职者的资格条件作比较，如其不能满足需要，则制定具体的人力资源规划来进行调整，如外聘、培训、工作再设计。

2.为招聘提供标准

工作分析为招聘人员提供招聘的标准，招聘者可据此进行甄选，求职者也可以通过依据工作分析信息编制的招聘广告来了解工作的职责、环境，以及所要求的知识、技能、能力、经验等方面的信息，还可以将此工作与市场上同种工作作比较，以便确定自己是否愿意接受该职位；否则，有可能造成就职后因对工作不满而跳槽。

3.有助于确定员工培训和开发的目标

工作分析的内容规定了任职者应该具备的资格条件，通过对比员工实际具备的知识、技能、能力、经验等，可以发现二者之间有无差距。此外，员工要想晋升必须考虑到不同职级和职位对任职者的不同要求，工作分析信息为员工的晋升提供了路线和标准，管理者也可据此向员工提供晋升的建议和指导。

4.为员工绩效评估确立依据

工作分析的成果在绩效评估中最直接的应用是绩效标准的确定，据此可检查员工是否完成了工作任务，完成得如何，是否达到了相应的标准。直接主管在对下属进行绩效评估时有了客观的评估依据，减少了主观性，评估结果更容易被接受，还可依据工作分析的成果对下属进行绩效指导和反馈。表4-1为某公司客户服务代表绩效评估标准。

表4-1　　　　　　　　　　　　　客户服务代表绩效评估标准

职务名称：客户服务代表　　　　　　　　　　　　　　　　　直接主管：客户服务主管

职责	绩效标准
与客户讨论没有支付的账单，并提醒客户没有支付即停止服务	根据与上级主管的讨论，在两天内对没有分离的数据进行标记
	至少在分离日期前五天给电子视频客户发送邮件
	使用前期历史记录来决定哪个账户需要动用信用押金
	与客户平静地讨论未支付账户的情况，并随同告知重新连接的选择
	以100%的准确率为没有支付客户分离和重新连接远程电话卡
接受并记录客户反映的问题，并将其传达给适当的个人	在问题报告系统中精确处理所有要求的问题信息，每年不超过五个错误
	以100%的准确率传递问题信息
	在电话故障技术员要求或需要的情况下，测试电话线路
┆	┆

5.有助于确定员工的薪酬

在职位工资制中，员工的薪酬水平取决于其职位价值，职位价值又取决于职位在企业中的相对重要性、工作职责、工作条件和安全程度、知识和技能要求等，这些都能从工作分析中获取。并且，以职位价值作为发放依据可提高员工对薪酬的接受度。

6.有利于劳动保护工作的开展

依据工作分析对工作环境的分析结果，可实现劳动保护工作的事前、事中和事后控制。工作分析可帮助企业预先发现可能发生危险的场所或设施，针对潜在危险采取适当预防措施，配合安全培训，消除或减少工伤和职业病的发生概率；在工作执行过程中，员工严格遵照工作说明书开展工作，同时，主管可依据工作说明书对下属的操作进行提醒和指导，避免发生安全事故；一旦发生安全事故，可以根据工作分析提供的信息查找原因，明确责任。

7.促进和谐劳资关系的形成

工作分析为劳资双方提供了一份契约，客观的职责描述有助于减少和处理与劳资相关的申诉和法律诉讼，如对薪酬不满、对选拔任用不满等，从而减少劳资纠纷，形成和谐的劳动关系。

三、工作分析的流程

工作分析的流程从本质来讲是一个信息的流动过程，从输入到分析再到输出，把工作岗位的复杂信息加工成为有序的信息。在工作分析过程中，应紧密遵循前文讲到的原则，这些原则看上去简单易懂，却贯穿于整个分析过程，在工作分析的每一个步骤上都能得到体现。

（一）准备阶段

1.确定工作分析目的

确定目的是工作分析的前提，是准备阶段最重要的工作。常见的工作分析的目的包括：对各种工作进行如实描述，正确认识这些工作；对工作进行设计或再设计，编制或修订工作说明书；明确工作对任职者资格、素质的要求，制定招聘标准和招聘测试方案；制订有关任职者的培训计划，提高培训的针对性和培训效果；明确工作任务、职责、权力及其与相关工作的关系，杜绝争权和推诿责任，实现协调合作；进行工作评价，确定薪酬待遇；提高绩效考评的客观性、公正性。

2.成立工作分析小组

工作分析是一个系统工程，不是人力资源管理部门单独能够完成的，必须获得各级管理者的支持，一般由高层领导任组长，部分核心职能部门和单位的负责人也必须参与，使得工作分析获得最大限度的支持。必要时也可邀请外部专家参与。外部专家的优点是专业、分析结果客观公正、信度和效度高，缺点是价格昂贵，而且可能因对企业情况缺乏了解而忽略工作中某些无形的方面。表4-2为人力资源部和直线经理关于工作分析的职责分配。

表4-2　　　　　　**人力资源部和直线经理关于工作分析的职责分配**

人力资源部	直线经理
协调工作分析活动	提供工作分析信息
制定工作描述和工作规范以供管理者审查	审查工作描述和工作规范，保证准确性
定期回顾工作描述和工作规范	随着工作变化，要求新的分析
参照直线管理者的意见以保证准确	利用工作分析信息来确定绩效标准
对于困难或不寻常的分析，求助外部专家	向外部专家提供信息

3.选择工作分析样本

当需要分析的职位很多又彼此相似时，例如，对流水线上的操作工的工作进行分析，如果一一进行分析，必然耗时费力，此时，选择具有代表性的职位进行分析显然是十分必要的，也是比较合适的。

4.选择合适的调查方法

采用有效的方法获取适量高质量的工作相关信息是工作分析的核心工作。应根据工作分析的目的，结合每种方法的利弊，针对不同的工作职位选择合适的方法。常用的方法有观察法、访谈法、问卷调查法、工作日志法、关键事件法等。

5.为工作分析的步骤安排时间表

由于工作分析是一项系统性工作，涉及多项资源的调配和使用，因此应制定一份详细的时间表，安排好步骤和所需的资源，确定各个时间节点和阶段性目标，使得工作分析人员和其他相关人员有章可循，相互配合，也能为工作分析的进度做好前馈控制。

6.向有关人员作宣讲、动员

工作分析涉及诸多部门和人员，因此还应事先协调好各部门及管理者之间的关系，做好员工的宣讲和动员工作，帮助员工建立正确的认识，借此消除员工由于工作分析会检查到自身的工作而产生的担忧和恐惧，尽量取得全体员工的支持与配合。需要解释清楚的内容包括：工作分析的目的、步骤、时间安排，各类人员如何参与，谁来进行工作分析，与谁联系等。

（二）调查阶段

1.收集工作的背景资料

其主要包括组织架构图、职位配置图、工作流程图、部门职能描述、原有工作说明书等。有效利用这些背景资料，不仅有助于工作分析人员很快地了解组织现状，更重要的是可以在很大程度上降低工作信息收集的难度和工作量。

组织架构图可以显示出当前职位与组织中的其他职位的关系，以及它在整个组织中的地位，谁向谁汇报工作，谁与谁进行信息交流等。

职位配置图能够清晰地反映出组织中现有工作的人员配置情况，有助于工作分析人员更好地对诸如一人多岗和一岗多人的问题进行判断和处理。

工作流程图可以提供比组织架构图更详细的有关工作方面的信息，可以清晰地反映出各工作输入与输出的关系，这对现有工作流程的优化和调整是非常重要的。

部门职能描述界定了部门的使命和职能，工作分析就是将部门职能分解到各个具体的职位上。

原有工作说明书是提取工作信息、审查并重新编写工作说明书的一个很好的起点。

2.职业分类标准

可以查阅我国《职业分类大典》、美国《职位名称词典》等文献资料，作为参考和借鉴。2015年我国职业分类见表4-3。

3.实际收集工作分析信息

在这一步，通过运用预先确定的调查方法，获取有关工作本身和任职资格的信息。

表4-3　　　　　　　　　　　　　　　2015年我国职业分类

序号	名称	中类	小类	职业
一	党的机关、国家机关、群众团体和社会组织、企事业单位负责人	6	15	23
二	专业技术人员	11	120	451
三	办事人员和有关人员	3	9	25
四	社会生产服务和生活服务人员	15	93	278
五	农、林、牧、渔业生产及辅助人员	6	24	52
六	生产制造及有关人员	32	171	650
七	军人	1	1	1
八	不便分类的其他从业人员	1	1	1

（三）分析阶段

1.共同审查、核对所获得的工作信息

工作分析小组与任职者及其直接主管核对信息，有助于确定信息是否准确、完整，也有助于确定信息能否被所有与被分析的职位相关的人所理解，同时也为任职者提供了一次修改工作描述的机会。

2.归纳总结出工作分析的必需材料和要素

根据核对的结果，按照编写工作说明书的各项要求进行分类整理，查漏补缺。若有遗漏，应返回调查阶段，继续收集信息。同时，应删除无用的信息，保证信息的有效性。

（四）完成阶段

1.编写工作说明书草案

根据分析阶段归纳总结出的材料和要素，草拟工作描述和工作规范。

2.与任职者及其主管一起审查草案

将工作说明书草案与任职者及其主管一起审查，将之与实际工作对比，认真检查其信息的完整性和准确性，听取反馈意见，查漏补缺。

3.反复讨论、修订，形成最终的工作说明书

经多次讨论和反复修订，直至形成最终的工作说明书。最后，总结整个工作分析过程，找出成功的经验和存在的不足，为今后再次进行工作分析提供经验教训。

工作分析流程图如图4-1所示。

四、工作分析的信息收集方法

工作分析的信息收集方法有多种，最常用的定性分析方法是访谈法、写实法、观察法和工作日志法。一般而言，在工作分析中很少单独使用一种信息收集方法，往往是将不同

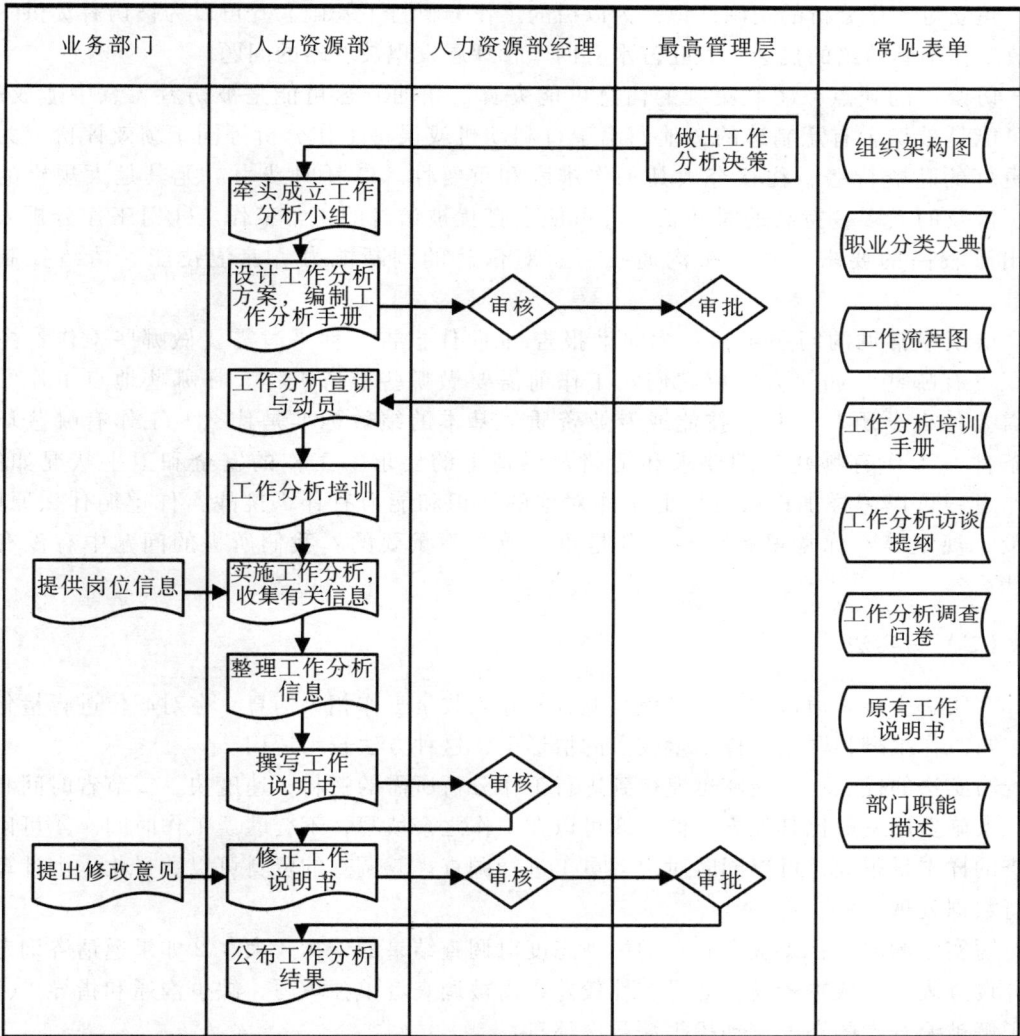

图 4-1 工作分析流程图

的方法组合使用，取长补短，以求更好地获得工作相关的信息。具体而言，每种方法都有其使用条件和操作时的注意事项。

（一）访谈法

访谈法也称面谈法，是应用最广的工作分析信息收集方法，是指工作分析人员与被访人员就工作相关内容进行面对面沟通以获得工作信息的方法。

这种方法对工作分析人员的语言表达能力和逻辑思维能力有较高的要求，针对的对象较适合于脑力工作者，如研发人员、设计人员、中高层管理人员等。该方法可以对访谈对象的工作态度、动机等深层次内容获得详细和深刻的了解。

访谈法的优点：①能够简单、迅速地收集工作分析资料，适用性强。②可以收集到一些平时不太可能了解到的工作活动和行为信息。③由任职者亲口讲出工作内容，具体而准确。④访谈者能够及时进行控制和引导。⑤有机会让被访者了解工作分析的目的和必要性，建立对工作分析的正确认识，为以后的工作分析打下基础。⑥可以为被访者提供一次释放工作不满情绪的机会，大吐苦水有助于管理层发现被忽略的问题。

访谈法的缺点：①收集到的信息可能失真、扭曲。这可能是被访者无意中造成的，更可能是被访者有意制造的，他们出于自利动机或误将工作分析等同于绩效评价，为获得更好的薪资待遇，往往夸大其工作难度和重要性。②耗时费力。尤其是大规模的访谈，涉及的人多，持续的时间长。③可能会打扰被访者的正常工作。④对工作分析人员提出了较高的要求，如口头沟通技巧、对信息的判断能力、速记技能、情绪控制能力等。

访谈中常见的问题包括：你向谁报告/谁向你报告？你平时需要做哪些工作？主要的职责有哪些？如何去完成它们？工作前需要做哪些准备工作？在哪些地点工作？工作需要什么学历、经验、技能或专业资质？基本的绩效标准是什么？工作有哪些环境和条件？工作有哪些生理要求和情绪及感情上的要求？工作的安全和卫生状况如何？工作过程可以怎样加以改善？此工作对你的知识和能力有什么挑战？你遵循什么原则、政策、规定等？你觉得有哪些任务是重要或者不重要的？我们所提的问题中有没有遗漏什么？

（二）写实法

写实法主要是通过被调查者填写调查问卷来收集工作相关信息。在对职位进行量化排序、与工作报酬相联系、样本量较大的情形下，这种方法较为适用。

写实法的优点：①能够迅速得到进行工作分析所需的资料，速度快。②节省时间和人力，实施费用一般比其他方法低。③可以在工作之余填写，不会耽误工作时间。④可以使调查的样本量很大，可以同时对很多员工进行调查。⑤调查的资料可以数量化，由计算机进行数据处理。

写实法的缺点：①被调查者的主观态度对调查结果的干扰较大。②如果邀请咨询专家设计调查表，则成本较高。③可控性较差，由被调查者单独填写，缺少沟通和指导。④难以了解被调查者的态度、动机等深层次信息。

最常见的写实法就是职务调查表法，它包含以下几个基本调查项目：基本资料、工作时间要求、工作内容、责任、任职者所需的知识和技能、劳动强度、工作环境。调查项目依据工作分析目的进行调整和设计。

注意事项：第一，确保问卷设计的质量，其直接关系到调查的成败；第二，发放问卷时给出具体的填写说明和指导、附上一个范例可以有效减少被调查者填写过程中的疑惑；第三，易引起被调查者兴趣的问题放在前面，注意问题排列的逻辑性。

工作分析调查问卷示例见表4-4。

（三）观察法

观察法指工作分析人员通过对员工的正常工作状态进行直接观察而获取工作信息的方法。观察法通常和访谈法结合使用：一种方式是先观察一个完整的工作周期，当信息积累到足够多时再进行访谈和确认；另一种方式是观察和访谈同时进行。前者的效果较好，可避免影响被观察者的正常工作，也便于观察者更专心地观察。

表4-4　　　　　　　　　　　　　　　**工作分析调查问卷示例**

姓名＿＿＿＿＿＿＿＿　　　　　　工作名称＿＿＿＿＿＿＿＿

部门＿＿＿＿＿＿＿＿　　　　　　工作编号＿＿＿＿＿＿＿＿

主管姓名＿＿＿＿＿＿＿＿　　　　主管职位＿＿＿＿＿＿＿＿

1.任务综述（请简单说明你的主要工作）

＿＿

＿＿

2.特定资格要求（说明你担任的职务需要什么学历、证书或许可）

＿＿

3.设备（列举为完成本职工作需要使用的设备或工具等）

　　设备名称　　　　　　　　　　平均每周使用小时数

　　＿＿＿＿＿＿＿＿＿＿＿　　　＿＿＿＿＿＿＿＿＿＿＿

　　＿＿＿＿＿＿＿＿＿＿＿　　　＿＿＿＿＿＿＿＿＿＿＿

4.日常工作任务（请你尽可能多地描述日常工作，并根据工作的重要性和每项工作所花费的时间由高到低排列）

＿＿

5.工作接触（请你列出在公司或公司外所有因工作而发生联系的部门和人员，并依接触频率由高到低排列）

＿＿

6.决策（请说明你的日常工作中包含哪些决策）

＿＿

7.文件记录责任（请列出需要由你准备的报告或保存的文件，并说明文件交给谁）

＿＿

8.工作条件（请描述你的工作环境与条件）

＿＿

9.资历要求（请描述胜任本工作的人最低应达到什么要求）

最低教育程度＿＿＿＿＿＿＿＿＿＿＿＿＿＿＿＿＿＿＿＿＿＿＿＿＿＿＿＿＿＿＿＿

专业或专长＿＿＿＿＿＿＿＿＿＿＿＿＿＿＿＿＿＿＿＿＿＿＿＿＿＿＿＿＿＿＿＿＿＿

工作经历＿＿＿＿＿＿＿＿＿＿＿＿＿＿＿＿＿＿＿＿＿＿＿＿＿＿＿＿＿＿＿＿＿＿＿＿

工作年限＿＿＿＿＿＿＿＿＿＿＿＿＿＿＿＿＿＿＿＿＿＿＿＿＿＿＿＿＿＿＿＿＿＿＿＿

特殊培训与资格＿＿＿＿＿＿＿＿＿＿＿＿＿＿＿＿＿＿＿＿＿＿＿＿＿＿＿＿＿＿＿＿

特殊技能＿＿＿＿＿＿＿＿＿＿＿＿＿＿＿＿＿＿＿＿＿＿＿＿＿＿＿＿＿＿＿＿＿＿＿

10.其他信息（请写出前面各项中没有涉及的，但你认为对本职务来说很重要的其他信息）

＿＿

＿＿

填表人：　　　　　　　　　　　　　日期：

资料来源　严新明. 人力资源开发与管理［M］. 南京：江苏科学技术出版社，2012.

　　观察法的适用条件是：以体力劳动为主，工作任务相对简单，重复性强、周期短且容易观察的工作，同时要求工作的外显行为特征较多，如保安、流水线操作工、护士。

　　观察法的优点：①观察到的信息较为客观、准确，耳听为虚，眼见为实。②信息全面，既能观察到工作行为，又能注意到现场情境。

　　观察法的缺点：①适用范围有一定限制，不适合脑力活动较多、工作周期较长的职位和处理紧急情况的间歇性工作，如研发人员、消防员、教师。②较难获得关于任职资格的信息。③要求观察者对职位预先有一定的了解或实践经验。④被观察者可能会刻意展示其更多的积极工作行为。

　　注意事项：第一，观察者应尽量避免影响被观察者的正常工作；第二，注意样本的代表性，选择合适的观察对象；第三，选择合适的时间和地点，观察的工作相对静止，避免在一段时间内的工作程序、工作内容、工作人员的要求和条件等发生明显改变。

　　工作分析观察法提纲示例见表4-5。

表4-5　　　　　　　　　　　　　工作分析观察法提纲示例（部分）

被观察者姓名：	日期：
观察者姓名：	观察时间：
工作类型：	工作部分：
观察内容：	
1.什么时候开始正式工作？ _____	
2.上午工作多少小时？ _____	
3.上午休息几次？ _____	
4.第一次休息时间从_____ 到_____	
5.第二次休息时间从_____ 到_____	
6.上午完成产品多少件？ _____	
7.平均多长时间完成一件产品？ _____	
8.与同事交谈几次？ _____	
9.每次交谈约多长时间？ _____	
10.室内温度为多少摄氏度？ _____	
11.上午抽了几支香烟？ _____	
12.上午喝了几次水？ _____	
13.什么时候开始午休？ _____	
14.出了多少次品？ _____	
15.搬了多少次原材料？ _____	
16.工作地噪音是多少分贝？ _____	

　　资料来源　马新建，孙虹，李春生. 人力资源管理理论与方法［M］. 上海：格致出版社，2011.

（四）工作日志法

在特殊情况下，如观察法中的观察者和被观察者合二为一时，观察就成为工作者的自我记录，也就出现了另一种方法——工作日志记录法，即工作者本人自行记录工作信息的信息收集方法，由工作者本人将其每天所从事的每项工作活动按时间先后顺序以日志的形式记录下来，包括工作任务、职责、方法、程序、权限及所花费的时间等，一般要连续记录10天以上。

观察法的适用条件：管理职位、周期短的工作或其他随意性大、内容复杂的工作。

观察法的优点：①信息完整详细。②工作者本人对工作最为了解。③对于有经验的工作者而言，即使某些工作任务没有在工作日志记录期内发生，他也可根据经验将其补充完整。

观察法的缺点：①刻意夸大或隐瞒某些行为等个人原因造成记录偏差。②员工素质参差不齐导致记录不规范。③记录过程较长且枯燥导致工作者推诿应付，甚至出现臆造的工作记录。④信息整理工作量大，归纳工作烦琐。

注意事项：第一，对记录工作日志的员工进行预先培训，帮助其掌握填写规范和要求，也便于事后对信息的整理归纳；第二，可通过主管上级的检查和校正来弥补信息记录的偏差；第三，采取定期检查等方式，尽量加强对过程的监控。

（五）工作实践法

工作实践法指工作分析人员直接参与到所要分析的工作中去，通过亲自从事工作来收集信息的方法。工作实践法适用于专业性不是很强、在短期内较易掌握的工作，不适用于需要经过大量培训才能掌握或工作环境有危险的工作。与观察法和写实法相比，工作实践法获得的信息更准确，便于获得任职资格要求。工作分析人员应切身参与到工作中去体会工作，而非仅仅模仿一些工作行为。

（六）关键事件法

关键事件法指通过实际工作中具有代表性的工作行为来收集信息的方法。比如，把文秘的打字、收发邮件等一系列行为收集起来进行归纳分类，得到工作相关信息。该方法的局限性在于需要耗费大量的时间和精力进行分类，也可能遗漏一些特征不显著的工作行为。

（七）文献资料分析法

文献资料分析法适用于比较常见且非常正规，并已有一定历史的工作，如保安、办公室主任、前台、会计等。

（八）专家讨论法

专家讨论法指邀请相关领域专家或经验丰富的员工进行讨论的方法。专家讨论法适合于发展变化较快，或工作职责还未定型的企业。由于企业内部没有现成的调查样本，只能借助专家的经验来规划未来希望看到的职务状态。

五、工作分析的结果表达

工作分析结果的主要表达形式是工作说明书，它综合了工作描述和工作规范两部分核心内容，顾及工作性质和人员特性两方面。工作说明书不仅为管理者做出决策提供依据，还可用于指导任职者的工作，明确其工作内容和要求。

（一）工作描述

工作描述，又称职位描述，是指用书面形式对职位的工作性质、工作内容、工作职责、工作环境等所作的统一要求，它回答的是"该职位应该做什么"。一般来说，工作描述包括以下几个方面：

1.工作标识

常见的工作标识包括：职位名称、职位代码、直接上级职位、所属部门、薪酬等级、薪酬水平、所辖人员、定员人数、工作性质、分析人、分析日期。

（1）职位名称。职位名称是工作标识中最重要的项目。职位名称应能较准确地反映其主要工作职责，比如"保健品设备管理员""动力机修班长""安全生产主管""输单员""人力资源部经理""大中华区销售总监"等。

职位名称还应指明其在组织中的相关等级位置，比如高级项目经理高于项目经理，执行艺术总监高于艺术总监。

（2）职位代码。职位代码亦称职位编号，目的是在所有的职位中快速查找目标职位。一般根据职位的重要特征进行编码，如薪资水平。一个职位对应一个编码。

（3）所属部门。所属部门是为了确定职位在整个组织结构中的地位和工作关系。

（4）分析日期。标明分析日期是为了避免使用过时的工作说明书。

2.工作概要

如人力资源部经理工作概要：在公司经营方针政策和人事行政总监的领导下，根据相关管理制度和业务流程要求，对公司的人力资源活动进行计划、组织、指挥、协调、控制与监督。

3.工作内容

工作内容包括：各工作活动基本内容、各活动内容占工作时间的百分比、权限、执行依据等。

4.工作职责

工作职责，又称工作任务，是工作描述的主体，逐项列出该职位所要求的工作职责，用一句话或若干词组描述，一般按照重要性和发生频率排序。

5.工作结果

工作结果即绩效标准，指任职者履行职责所应产生的结果。如集团总部财务副总裁在资金上保证企业的正常运转、预决算管理符合国家规定、没有纰漏；培训主管草拟公司的培训制度并提交部门经理，确保制度可行、完备、有效，制订新员工的入职培训计划并负责实施，保证新员工及时融入公司、节省培训费用、培训对象满意。

6.工作关系

工作关系指任职者与组织内外的其他人包括汇报对象、监督对象、工作合作对象、需接触的外部组织或人员之间的关系，以及晋升、转换关系等。

7.工作运用的设备和信息说明

如办公室主任要运用电话、电脑、复印机、扫描仪、打印机、汽车等。

8.工作环境

测定工作环境，重点关注有害因素和不良条件，包括：

（1）工作场所。在室内、室外还是其他特殊场所，如高空、深井、野外、水下作业。性质一般的工作可用部门、工作小组的名称来定义，如销售部助理在销售部工作；特殊职位如快递员、巡警则需标明工作地点特征标志。工作地点通常是与薪资待遇和工作满意度相关的重要因素，需要为在特殊地点工作的员工提供特别津贴。

（2）工作环境危险性说明。其包括危险存在的概率大小、对任职者可能造成伤害的程度和具体部位、已发生的记录、危险的成因等。

（3）职业病。其指可能患上的职业病的性质说明及轻重程度表达。

（4）工作时间要求。如正常工作时间、额外加班时间的估计等。

（5）工作均衡性。其指工作是否存在忙闲不均的现象及发生的频率。

（6）工作环境舒适程度。其指是否在恶劣环境下工作，工作环境给人带来的愉悦感如何。

（二）工作规范

工作规范，即任职资格要求，反映了承担某个职位的人必须具备的最基本的资格条件。它回答的是"什么样的人来做最合适"。任职资格存在显性和隐性之分。显性的包括教育背景、培训内容和时间、从事本职工作及相关工作的年限和经验、专业知识和技能、生理特征等。隐性的主要指工作能力、个人品格与行为态度等。

工作说明书可采用文字表述的形式，也可采用表格的形式，或者合二为一。企业应根据实际需要而定。表格型工作说明书示例见表4-6。

表4-6　　　　　　　　　　　　　　　**表格型工作说明书示例**

一、基本资料

岗位名称		所属部门	
直接上级		直接下级	
所辖人数		定员人数	

二、工作职责

	工作概要		
	编号		工作内容
工作职责	1		
	2		
	3		
	⋮		

续表

三、岗位关系图

四、工作协作关系

范围		接触岗位	工作内容	涉及流程
公司内部	部门内			
	部门间			
公司外部				

五、任职资格要求

因素	限定资料
教育背景	
专业领域	
知识技能	
培训经历	
工作经验	
其他条件	

六、工作环境

评价要素	特征描述
工作时间	
工作均衡性	
工作舒适度	

第二节　工作评价

一、工作评价的概念

工作评价也叫岗位评价、职务评价、职位评估。工作评价以工作分析为基础，以职位的相对价值为依据，对组织内的职位进行正式、系统的比较，得出一个由最高价值到最低价值的职位等级序列。一个科学的职位等级序列是对职位相关因素综合评价的结果，而非简单与职务挂钩。

二、工作评价的作用

工作评价主要是为了解决薪酬的内部公平性问题。大多数企业采用的是岗位工资制，以各职位之于企业的相对价值来给付薪酬，可以让员工产生较为公平的感觉。如果不同的工作需要付出相同的努力、能力和责任心，报酬就应该相同。如果要求提高，报酬也应相应增加。工作评价的目标是实现同工同酬。

工作评价也有助于实现薪酬的外部公平性。薪酬市场调查需要建立统一的职位评价标准，消除不同企业间由于职位名称不同，或即使职位名称相同但工作内容和要求不同所导致的价值差异，使职位之间具有可比性，为确保薪酬的外部公平性奠定基础。

三、工作评价的流程

（一）成立工作评价小组

明确组织开展工作评价的必要性、目的和用途，成立由工作评价专家、岗位在职人员、上级主管组成的工作小组，确定工作评价时间、对象，对相关工作评价人员进行培训。

（二）工作评价的准备

参照工作说明书和岗位分类，对岗位情况进行全面调查、梳理，了解组织的结构及岗位职责，依据岗位职责对岗位名称进行梳理，列出岗位名称目录。运用问卷调查法、访谈法、资料查阅法等方法收集有关岗位的资料、数据。

（三）确定工作评价要素

根据组织特点及发展战略，从工作责任、工作技能、工作强度、工作心理和工作环境等方面确定工作评价要素及其权重。

（四）确定工作评价的分级测定标准

建立工作评价要素的等级结构和标准。

（五）实施工作评价

依据工作评价要素、评价标准，运用要素比较法、分类法等工作评价方法，以部门为单位对岗位进行评价，计算各岗位得分。按照职类划分，确定各岗位相对价值，进行岗位归级，形成岗位等级结构并公布评价结果。

工作评价流程图如图4-2所示。

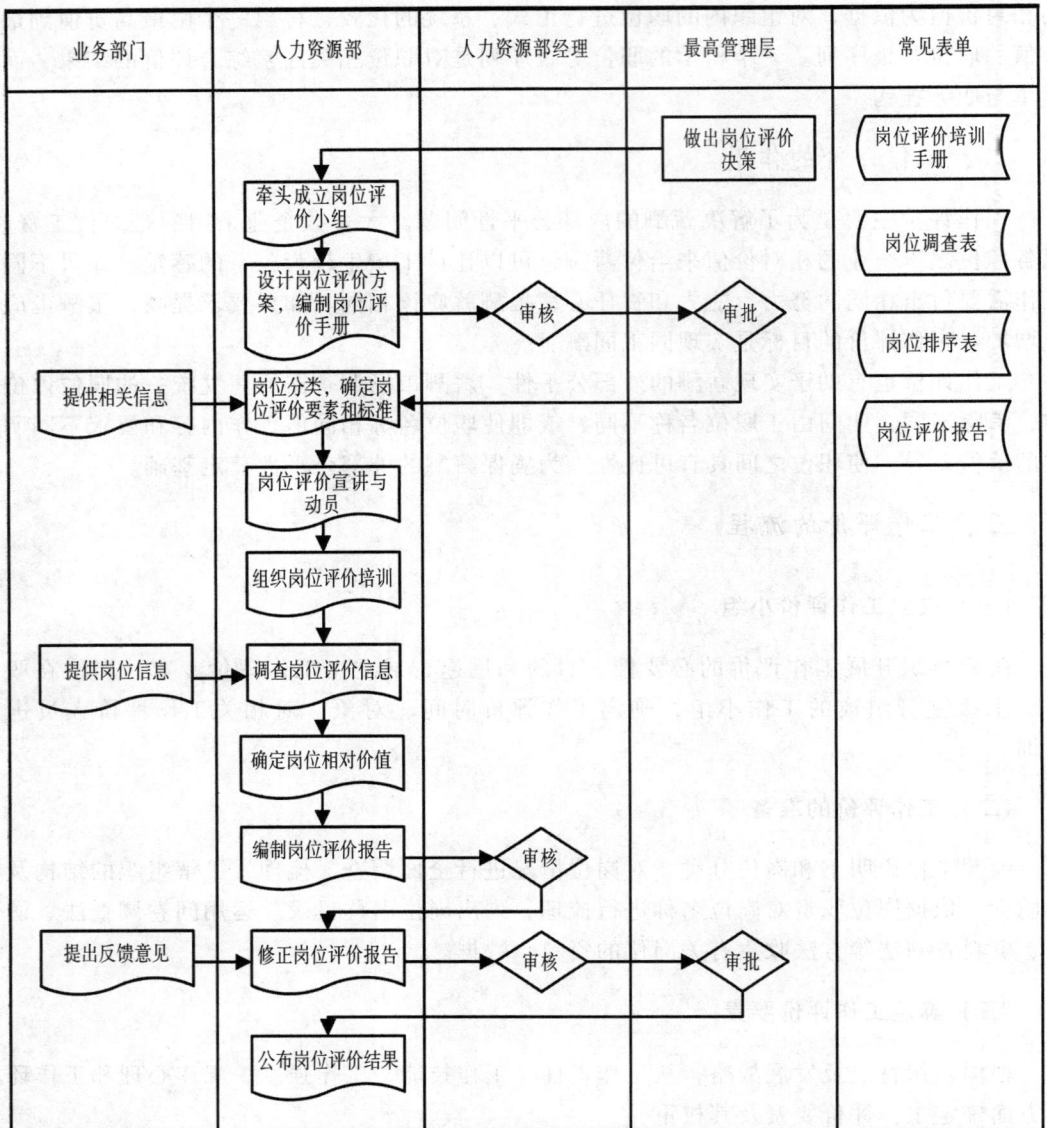

图 4-2　工作评价流程图

四、工作评价的常用方法

工作评价的方法分为定性评价法和定量评价法。常见的定性评价法有排序法和分类法；常见的定量评价法有要素计点法和因素比较法。

（一）排序法

排序法是一种最简单的工作评价方法。其做法是从整体上将各职位的价值进行比较后排序。排序法包括三种基本类型：直接排序法、交替排序法和配对比较法。

（1）直接排序法：根据各职位的价值从高到低或从低到高进行排序。

（2）交替排序法：又称两级排序法，将各职位按其价值从高低两极向中间排序。交替排序法示例见表4-7。

表4-7　　　　　　　　　　　　　　　　　　交替排序法示例

待排序的职位	排序结果
	价值最高的职位
剪切机工	焊工
电工	电工
冲床工	……
焊工	……
磨床工	……
接待员	接待员
	价值最低的职位

资料来源　张正堂，刘宁. 薪酬管理［M］. 北京：北京大学出版社，2007.

（3）配对比较法：将每个待评价的职位与其他待评价的所有职位分别加以比较，根据其最终得分来划分职位的等级顺序。评分标准是两两相比，价值较高者得1分，较低者得-1分，相同者各得0分，形成排列矩阵图。配对比较法示例见表4-8。

表4-8　　　　　　　　　　　　　　　　　　配对比较法示例

工作职位	A	B	C	D	E	F	总分
A		1	0	1	1	1	4
B	-1		-1	-1	0	-1	-4
C	0	1		-1	-1	0	-1
D	-1	1	1		0	1	2
E	-1	0	1	0		1	1
F	-1	1	0	-1	-1		-2

排序法的优点：易于理解和操作；将职位视为一个整体，无须把职位分解成各要素进行评价，减少了错误和争论，也容易与员工沟通；同时，与其他方法相比，该方法省时省力，成本较低。

排序法的缺点：准确性较差，完全凭借评价者的经验和认识主观地进行评价，尤其是当缺乏详细的评价标准时；缺少量化尺度，只能得出职位间价值孰高孰低，而无法得出具体的差距。

排序法的适用范围：仅适用于生产产品单一、职位数量较少的中小企业，不适合在大企业中应用。

（二）分类法

分类法又称等级描述法，是对排序法的改进。其思路是事先确定好类别等级，根据职位价值大小把职位放进不同的类别等级中。常见的做法是先分大类，再细分小类，再在各小类里划分等级。比如，把企业的所有职位分成营销、生产、研发、管理等大类，在研发下细分软件研发和硬件研发，在硬件研发下的机器维护小类里划分技术员、助理工程师、工程师、高级工程师、资深工程师。

分类法的优点：相对于排序法，更加客观、准确；由于建立了明确的等级标准，可在一定程度上减少主观影响。

分类法的缺点：界定等级的难度较大，无法完全避免主观偏差；依然不能明确衡量职位间的价值差距。

分类法的适用范围：企业的规模较小、工作不太繁复或种类不多，以及受到时间和财力的限制不能采用其他方式时。若评价要素恰当、等级划分合理、等级标准定义明确，大规模组织也可尝试此法。

（三）要素计点法

要素计点法又称薪点法，是一种比较流行的职位评价技术。其思路是预先确定与职位价值相关的若干要素，如体能、技能、知识、经验、判断力、努力、责任、压力等作为评价标准，在每个要素内部划分等级，再给每个要素赋予一定的点数和权重，将待评价职位的各个要素逐一评比、估价，求得点数，再加权求和，得到该职位总点数，最后按照各职位的总点数进行排序。具体做法如下：

第一步，职位分类；

第二步，确定职位评价的若干要素；

第三步，确定评价要素的等级数量并界定各等级水平；

第四步，确定各评价要素的相对价值；

第五步，确定各要素及各要素不同等级的点值；

第六步，评价待评职位；

第七步，按照点数高低排序。

生产管理职位类评价表见表4-9。车间某生产线线长职位的评价结果见表4-10。

要素计点法的优点：与定性评价法相比更精确，评价结果更容易被员工接受；运用可比性的点数可以具体衡量职位间的价值差距，还可对不相似的职位进行比较；由于明确指出了职位比较的依据即若干评价要素，并且体现出点数和权重差异，能够反映出组织独特的需要和文化，强调组织认为有价值的那些要素。

要素计点法的缺点：评价方案的设计和应用耗时；在评价要素的界定、等级定义和点数、权重分配等方面仍然存在主观性；当多位评价者参与时可能会出现意见不一致，加大了该方法的复杂性和难度。因此，该方法对人力资源专业管理水平的要求较高。

表4-9　　　　　　　　　　生产管理职位类评价表（可分配点值：500）

要　素		加权点值	等　级				
			一	二	三	四	五
智能（权重20%）	知识	20	5	10	15	20	—
	经验	40	8	16	24	32	40
	创造力	40	8	16	24	32	40
体能（权重15%）	体力	25	10	15	20	25	—
	注意力集中度	50	10	20	30	40	50
职责（权重50%）	材料产品检验	50	10	20	30	40	50
	仪器设备维护	40	8	16	24	32	40
	安全管理	80	16	32	48	64	80
	现场督导	80	16	32	48	64	80
环境（权重15%）	舒适度	35	7	14	21	28	35
	危险性	40	8	16	24	32	40

表4-10　　　　　　　　　　车间某生产线线长职位的评价结果

评价要素	所处等级	对应点值
知识	四	20
经验	二	16
创造力	二	16
体力	四	25
注意力集中度	五	50
材料产品检验	二	20
仪器设备维护	二	16
安全管理	三	48
现场督导	五	80
舒适度	二	14
危险性	四	32

（四）因素比较法

因素比较法是对上述三种方法的综合，可将其看成复杂的排序法。其思路是先确定评价因素，并根据这些因素对典型职位进行多次排序，以此排序结果作为参照标准，推算企业其他职位的职位等级和薪酬等级。具体做法如下：

第一步，确定职位评价的评价因素（与要素计点法相似）；

第二步，选取典型职位，从全部职位中选出15～20个关键基准职位，其他职位价值可以通过与这些典型职位之间的比较得出；

第三步，将每个因素在全部典型职位之间进行比较和排序（与排序法相似）；

第四步，评价小组对每个典型职位的基本工资额按照上述因素进行分解，找出对应的工资份额；

第五步，建立典型职位评价因素等级基准表；

第六步，使用典型职位评价因素等级基准表来确定其他职位的工资额。

典型职位评价结果见表4-11。典型职位岗位工资分配见表4-12。

表4-11　　　　　　　　　　　　　典型职位评价结果

职位 ＼ 因素	智能	技能	责任	体能	工作环境
职位 A	1	1	2	4	3
职位 B	2	4	1	5	4
职位 C	3	3	4	3	2
职位 D	4	2	3	2	1
职位 E	5	5	5	1	1

表4-12　　　　　　　　　　　　　典型职位岗位工资分配

岗位工资	智能		技能		责任		体能		工作环境	
	等级	工资额	等级	工资额	等级	工资额	等级	工资额	等级	工资额
A（125）	1	32	2	36	4	16	3	15	1	26
B（110）	2	21	1	40	5	15	4	14	4	20
C（100）	3	18	4	26	3	17	2	17	3	22
D（105）	4	9	3	28	2	19	1	26	2	23
E（65）	5	5	5	9	1	20	1	26	5	5

资料来源　张正堂，刘宁. 薪酬管理［M］. 北京：北京大学出版社，2007.

因素比较法的优点：比较精确；简单易行；说服力较强。

因素比较法的缺点：操作过程复杂；各评价因素在典型岗位之间的排序仍取决于评价

者的主观判断。

因素比较法的适用范围：职位种类多的大企业。

上述四种评价方法中，排序法和分类法是最常用的定性评价方法，要素计点法是最常用的定量评价方法，因素比较法则不是很常用。它们在被用于工作评价时，比较的标准和考察的角度存在差异，见表4-13。

表4-13 工作评价方法的分类与比较

比较标准 ＼ 考察角度	职位整体	职位要素
职位与职位比较	排序法	因素比较法
职位与标准比较	分类法	要素计点法

复习思考题

1. 工作分析的内容有哪些？
2. 简述工作分析的地位和作用。
3. 如何理解工作分析的结果表达形式？
4. 工作评价的流程是怎样的？
5. 工作评价的主要方法有哪些？

第五章

人力资源规划

学习目标

1. 掌握人力资源规划的基本概念
2. 掌握人力资源规划的内容、流程
2. 了解人力资源规划的主要程序
4. 掌握人力资源规划的主要方法

引导案例

苏宁"1 200工程"

从1990年的一间200平方米空调专营店发展成为中国最大的家电零售企业，苏宁的制胜法宝是人才战略。从1993年起，苏宁开始注重高素质人才的引进，从应届毕业生中招聘精英。2002年，苏宁电器进入新一轮高速发展期，迅速展开全国布局。在此过程中，苏宁意识到招聘零售人才的重要性和紧迫性，于是在2002年年底，苏宁电器董事长张近东亲自批示了一笔当时看来惊人的金额——3 000万元——作为首批大学生招聘的启动资金。当年共在全国范围内招聘了1 200名2003届本科毕业生，"1 200工程"也就由此而来，而通过"1 200工程"招聘来的大学生被称作"1 200人员"。

"1 200工程"是苏宁内部规模最大、管理最规范、引进和培养人才最多的专项人才工程，目标在于通过全面、系统、专业的培养，使大学应届毕业生在2~3年内成长为集团中层管理团队的核心骨干，成为苏宁未来发展的中流砥柱。为此，苏宁建立了从招聘选拔、轮岗实习、培训培养，到考核激励、晋升提拔的完善的制度和体系，专门成立"1 200工程"项目组，全面负责"1 200员工"的招聘、引进、培训、培养、选拔和任用，实现系统全面、专业专项的梯队和人员发展管理。

资料来源　佚名. 苏宁1 200工程［EB/OL］.［2017-01-28］. http://www.baike.com/wiki/%E3%8B%8F%E5%AE%811200%E5%B7%A5%E7%A8%8B&prd%3Dbutton_citiao2_search.

第一节　人力资源规划概述

一、人力资源规划的定义

人力资源规划，广义上指企业所有人力资源计划的总称，是战略规划与战术计划的统一；狭义上指为实施企业的发展战略，完成企业的生产经营目标，根据企业内外环境和条件的变化，运用科学的方法，对企业人力资源的需求和供给进行预测，制定相宜的政策和措施，从而使企业人力资源的需求和供给达到平衡，实现人力资源的合理配置，有效激励员工的过程。

二、人力资源规划的期限

人力资源规划可分为长期计划（5年以上的计划）、中期计划（规划期限在1~5年）和短期计划（1年及以内的计划）。

三、人力资源规划的目的

（一）规划人力发展

人力发展包括人力预测、人力增补及人员培训，这三者紧密联系，不可分割。人力资源规划一方面对人力现状予以分析，以了解人事动态；另一方面对未来人力需求做一些预测，以便对企业人力的增减进行通盘考虑，再据以制订人员增补和培训计划。所以，人力资源规划是人力发展的基础。

（二）合理运用人力资源

只有少数企业的人力配置完全符合理想的状况，在相当多的企业中，一些人的工作负荷过重，而另一些人的工作则过于轻松；一些人的能力有限，而另一些人则感到能力有余，未能充分利用。人力资源规划可改善人力分配的不平衡状况，进而谋求合理化，以使人力资源能配合组织的发展需要。

（三）配合组织发展的需要

任何组织都是不断地追求生存和发展，而生存和发展的主要因素是人力资源的获得与运用，也就是如何适时、适量及适质地使组织获得所需的各类人力资源。由于现代科学技术日新月异，社会环境变化多端，如何针对这些多变的因素，配合组织发展目标，对人力资源恰当规划甚为重要。

（四）降低用人成本

影响企业用人结构和数目的因素有很多，如业务、技术革新、机器设备、组织工作制度、工作人员的能力等。人力资源规划可对现有的人力结构作一些分析，并找出影响人力资源有效利用的瓶颈，使人力资源效能充分发挥，降低用人成本在总成本中所占的比率。

第二节　人力资源规划的编制

一、人力资源规划的内容

（一）战略规划

根据企业总体发展战略的目标，对企业人力资源开发和利用的大政方针、政策和策略加以规定，是各种人力资源具体计划的核心，是事关全局的关键性规划。

（二）组织规划

组织规划是对企业整体框架的设计，主要包括组织信息的采集、处理和应用，组织结构图的绘制，组织调查、诊断和评价，组织设计与调整，以及组织机构的设置。

（三）制度规划

制度规划是实现人力资源总规划目标的重要保证，包括人力资源管理制度体系建设的程序、制度化管理等内容。

（四）人员规划

人员规划包括人力资源现状分析、企业定员、人员需求与供给预测和人员供需平衡等。

（五）费用规划

费用规划包括人力资源费用预算、核算、审核、结算以及人力资源费用控制。

二、人力资源规划的流程

人力资源规划程序如图5-1所示。

（一）组织战略目标及内外环境分析

组织的战略目标包括组织关于未来发展的战略方向、战略任务；外部环境包括劳动力市场的供求状况、相关政策法规等；内部环境主要是指组织内各项经营活动状况，包括组织内部的生产设施状况、技术水平、产品结构及产品的销售额和利润等。

（二）人力资源需求分析

根据组织发展规划，确定各部门工作量、岗位编制和人员配置情况，收集组织现有及将来需要的职位信息，统计人员的缺编、超编情况以及不符合任职资格要求的情况，将现实的人力资源需求、未来可能流失的人力资源和未来增加的人力资源需求进行汇总，预测组织在未来发展中所需要的人力资源。

业务部门	人力资源部	人力资源部经理	最高管理层	常见表单

分析组织的战略规划 → 成立人力资源规划编制小组 → 盘点人力资源现状

提出人力资源需求 → 汇总部门需求，预测现实的人力资源需求 → 预测未来的人力资源需求 → 预测未来流失的人力资源 → 汇总需求预测结果，编制人力资源需求预测报告 → 审核

提出意见和建议 → 征求部门意见，修正人力资源需求预测报告 → 分析影响人力资源供给的因素 → 内部、外部人力资源供给预测 → 汇总供给预测结果，编制人力资源供给预测报告 → 审核

提出意见和建议 → 征求部门意见，修正人力资源供给预测报告 → 人力资源供求对比分析，确定人力资源净需求 → 编制人力资源规划，制定供求平衡政策 → 审核 → 审批

实施人力资源规划

常见表单：现有员工信息表、人员配置图、空缺岗位与人员统计表、人员增补申请表、人员异动统计表、未来人力资源流失预测表、未来人力资源需求预测表、现实人力资源需求预测表、人力资源内部供给预测表、人力资源外部供给预测表、人员净需求表

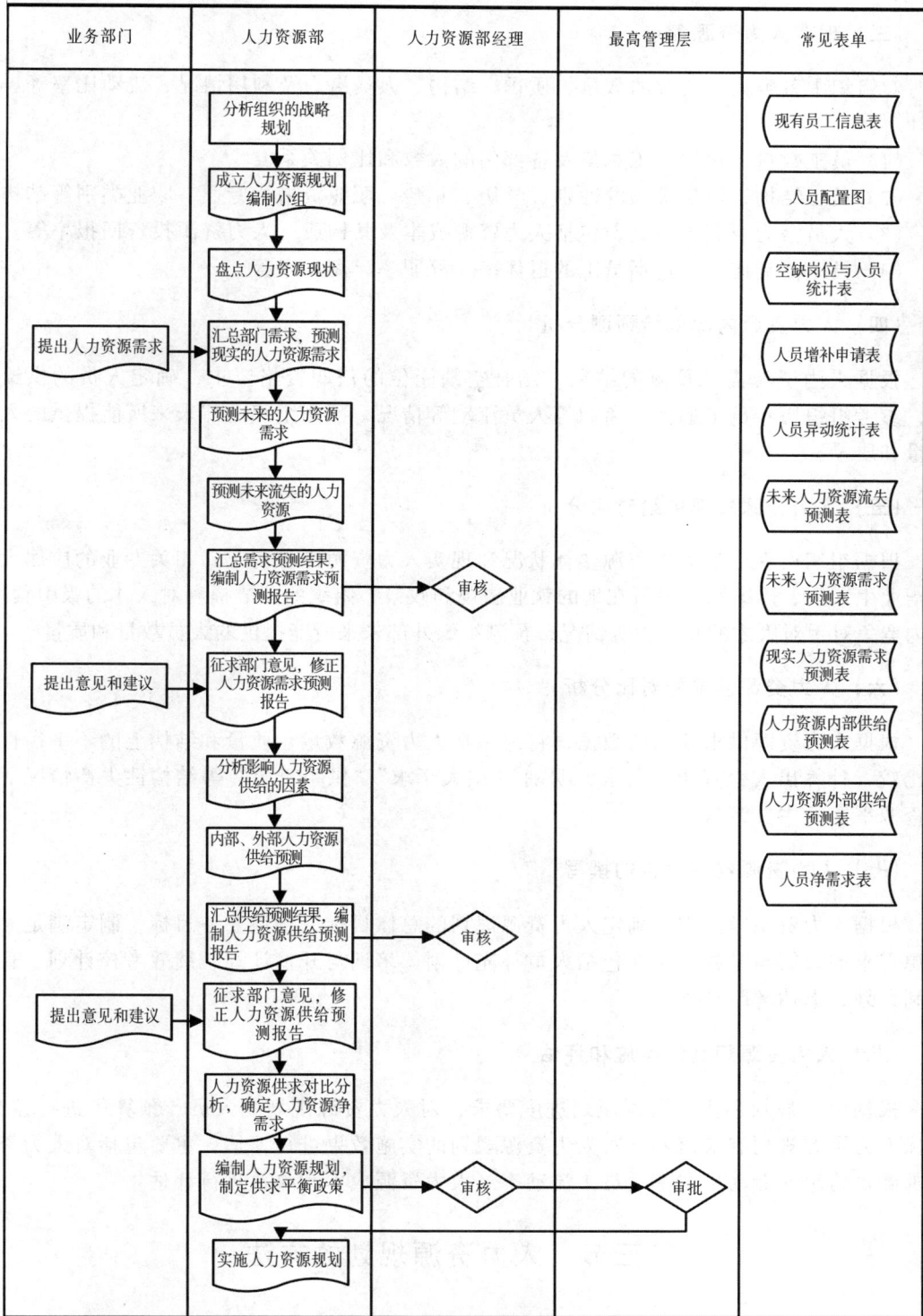

图 5-1　人力资源规划程序

（三）现有人力资源盘点

对组织中各类人力资源的数量、质量、结构、人员潜力及利用情况、流动比率等进行统计。

（1）员工数量，包括员工总量及各部门的人数和比例关系。

（2）员工结构，包括员工的性别、学历、年龄、职业资格、专业、职业类别等结构。

（3）人员潜力及利用情况，包括人力资源成本及其构成、人力资源投资回报率等。

（4）员工流动比率，包括员工的退休率、辞职率、淘汰率等。

（四）人力资源内部供给预测分析

根据人力资源需求预测的结果，结合空缺岗位的任职资格要求，确定人员的供给来源，参考组织历年员工退休、离职等人员流动等情况，预测组织内部未来所能提供的人员数量和质量。

（五）人力资源外部供给对比分析

根据组织所在地的人力资源整体状况和现实人力资源供求情况、相关专业的应届大中专毕业生人数、国家和组织所在地的就业法规和政策、组织的薪酬福利对人才的吸引程度、业内竞争对手对人才的吸引力等情况，预测组织外部未来所能提供的人员数量和质量。

（六）人力资源供求的对比分析

根据人力资源供求预测的数据，将组织在人力资源数量、质量和结构上的不平衡性进行比较，计算出人力资源净需求，明确"供大于求""供小于求"等结构性失衡情况下人力资源平衡的主要策略。

（七）人力资源规划报告的撰写

根据人力资源净需求，确定人力资源规划的总体目标、各项业务目标，制定满足人力资源需求的政策与措施，主要包括人员补充计划、培训与开发计划、绩效考核计划、薪酬福利计划、退休解聘计划等。

（八）人力资源规划的实施和评估

根据组织规划和人力资源规划进度要求，对人力资源规划的人员、预算等进行控制，确保人力资源规划有效落实。对人力资源规划的实施效果进行评估，主要包括对人力资源需求满足情况、劳动生产率、员工流动率、人力资源成本和收益进行评估。

第三节　人力资源规划的方法

一、人力资源需求预测

人力资源需求预测是指根据企业的发展规划和企业的内外部条件，选择适当的预测技术，对人力资源需求的数量、质量和结构进行预测。

（一）定性预测

1.现状规划法

人力资源现状规划法是一种最简单的预测方法，较易操作。它假定企业保持原有的生产技术和规模不变，则企业的人力资源也应处于相对稳定状态，即企业各种人员的配备比例和人员的总数将完全能适应预测规划期内人力资源的需要。在此预测方法中，人力资源规划人员所要做的工作是测算出在规划期内有哪些岗位上的人员将晋升、降职、退休或调出本组织，再准备调动人员去弥补就行了。

该方法用到的表格主要包括企业人力资源结构表、员工月度流动统计表、年度新进员工统计表、空缺岗位人员统计表和部门人力资源变动情况表，见表5-1至表5-5。

表5-1 企业人力资源结构表

部门	性别结构		学历结构				年龄结构		
	男	女	大专及以下	本科	硕士研究生	博士研究生	35岁及以下	36~50岁	51岁及以上

制表： 审核： 制表时间：

表5-2 员工月度流动统计表

部门	定员人数	现有实际人数	本月离职人数	本月报到人数	差额人数	现有人员服务情况					
						3个月以下	3~6个月	6个月~1年	1~2年	2~3年	3年以上

制表： 审核： 制表时间：

表5-3 年度新进员工统计表

姓名	性别	年龄	学历	部门	职位	入职时间	部门内绩效排名	备注

制表： 审核： 制表时间：

表 5-4   **空缺岗位人员统计表**

部门	职位	编制人数	实际人数	需补充人数	内部招聘人数	外部招聘人数
合计（人）						

制表：   审核：   制表时间：

表 5-5   **部门人力资源变动情况表**

部门	定员人数	年底实际人数	流失人数			内部招聘人数	外部招聘人数
			晋升	转岗	离职		
合计							

制表：   审核：   制表时间：

2.经验预测法

经验预测法就是企业根据以往的经验对人力资源进行预测的方法。该方法简便易行，但预测的效果受经验的影响较大。在有人员流动，如晋升、降职、退休或调出等的情况下，企业可以结合现状规划法来制定人力资源规划。经验预测法是最简单的一种方法。

3.德尔菲法

德尔菲法，又名专家会议预测法，它分几轮进行，第一轮要求专家以书面形式提出各自对企业人力资源需求的预测结果，人力资源规划人员对其进行整理、归纳、统计，再匿名反馈给各专家征求意见，再集中，再反馈，直至得到一致的意见。通过这种方法得出的是专家们对某一问题的看法达成一致的结果。

（二）定量预测

1.趋势预测法

趋势预测法是利用企业的历史资料，根据某些因素的变化趋势，预测企业相应的某个时期人力资源的需求。在使用趋势预测法时一般都要假设其他的一切因素都保持不变或者变化的幅度保持一致，往往忽略了循环波动、季节波动和随机波动等因素。常用的方法如下：

（1）散点图分析法。该方法首先收集企业在过去几年内人员数量的数据，并根据这些数据做出散点图，把企业经济活动中某种变量与人数间的关系和变化趋势表示出来，如果两者之间存在相关关系，则可以根据企业未来业务活动量的估计值来预测相关的人员需求量，同时，可以用数学方法对其进行修正，使其成为一条平滑的曲线，从该曲线可以估计出未来的变化趋势。

（2）幂函数预测模型。该模型主要考虑人员变动与时间之间的关系，其具体公式为：$R(t)=at^b$。式中，$R(t)$ 为 t 年的员工人数，a，b 为模型参数。a，b 的值由员工人数历史数据确定，用非线性最小二乘法拟合幂函数曲线模型算出。

2.统计预测法

统计预测法是指根据过去的情况和资料建立数学模型，并由此对未来的趋势做出预测的一种定量预测方法。

（1）比例趋势预测法。这种方法通过研究历史统计资料中的各种比例关系，例如部门管理人员与该部门工人之间的比例关系，员工数量与机器设备数量的比例关系，考虑未来情况的变动，估计预测期内的比例关系，进而预测未来各类员工的需要量。这种方法简单易行，关键在于历史资料和对未来情况变动的估计的准确性。

（2）一元线性回归预测法。当成对的变量数据的散点图呈现出直线趋势时，采用最小二乘法，找到两者之间的经验公式，根据自变量的变化来估计因变量的变化。常用的统计指标有平均数、增减量、平均增减量。

（3）经济计量模型预测法。这种方法首先用数学模型的形式表示出企业的员工需求量与影响企业员工需求量的主要因素之间的关系，然后依据该模型和主要的影响因素变量来预测企业的员工需求量。这种方法比较烦琐，一般只在管理基础比较好的大型企业里才会采用。

3.工作负荷预测法

工作负荷预测法是指按照历史数据、工作分析的结果，先计算出某一特定工作每单位时间（如一天）每人的工作负荷（如产量），然后根据未来的生产量目标计算出所需要完成的总工作量，再依据前一标准折算出所需要的人力资源数量。这种方法的考虑对象是企业工作总量和完成工作所需要的人力资源数量之间的关系，考虑的是每位员工的工作负荷和企业总体工作量之间的比率，可用公式表示为：

未来每年所需员工数=未来每年工作总量/每年每位员工所能完成的工作量

=未来每年的总工作时数/每年每位员工工作时数

因此，工作负荷预测法的关键是准确预测出企业总的工作量和员工的工作负荷。当企业所处的环境、劳动生产率增长比较稳定的时候，这种预测方法就比较方便，预测效果也比较好。

二、人力资源供给预测

人力资源供给预测是预测在某一未来时期，组织内部所能供应的（或经培训可能补充的）及外部劳动力市场所能提供的一定数量、质量和结构的人员，以满足企业为达成目标而产生的人员需求。

人力资源供给预测是对将来从内部和外部能得到的员工的数量和质量进行预测：①分析公司的员工状况，如部门分布、技术知识水平、工种、年龄构成等；②分析公司员工流动的情况及其原因，预测将来流动的态势；③掌握公司员工提拔和内部调动的情况，保证工作和职务的连续性；④分析工作条件如休息制度、轮班制度的改变和出勤率的变动对员工供给的影响；⑤掌握公司员工的供给来源和渠道。

（一）替换单法

此方法是在对人力资源进行彻底调查和对现有劳动力潜力进行评估的基础上，指出公司中每一个职位的内部供应源。具体而言，即根据现有人员分布状况及绩效评估的资料，在未来理想人员分布和流失率已知的条件下，对各个职位尤其是管理阶层的接班人预做安排，并且记录各职位的接班人预计可以晋升的时间，将其作为内部人力供给的参考。经过这一规划，由待补充职位空缺所要求的晋升量和人员补充量即可知道人力资源供给量。替换单法示例如图5-2所示。

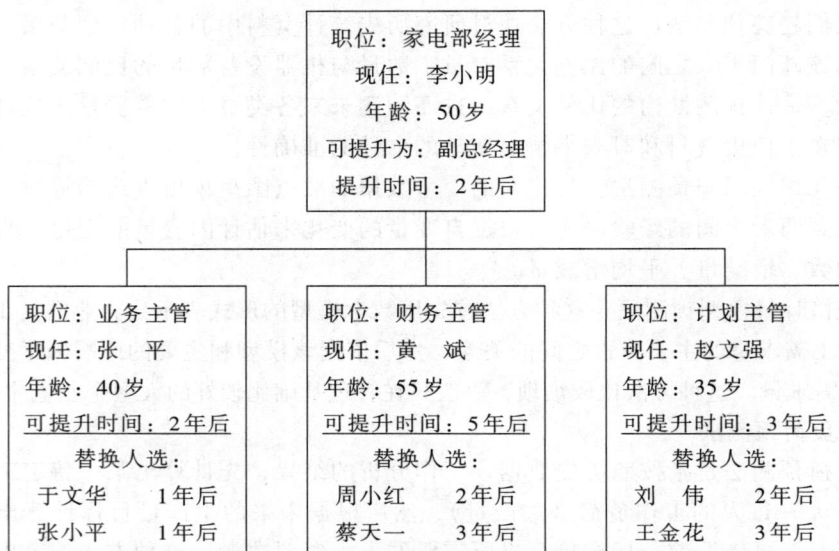

```
              ┌─────────────────────┐
              │ 职位：家电部经理      │
              │ 现任：李小明          │
              │ 年龄：50 岁          │
              │ 可提升为：副总经理    │
              │ 提升时间：2 年后      │
              └─────────────────────┘
       ┌──────────────┼──────────────┐
┌─────────────┐ ┌─────────────┐ ┌─────────────┐
│ 职位：业务主管│ │ 职位：财务主管│ │ 职位：计划主管│
│ 现任：张 平   │ │ 现任：黄 斌   │ │ 现任：赵文强  │
│ 年龄：40 岁   │ │ 年龄：55 岁   │ │ 年龄：35 岁   │
│ 可提升时间：  │ │ 可提升时间：  │ │ 可提升时间：  │
│   2 年后      │ │   5 年后      │ │   3 年后      │
│ 替换人选：    │ │ 替换人选：    │ │ 替换人选：    │
│  于文华 1年后 │ │  周小红 2年后 │ │  刘 伟  2年后 │
│  张小平 1年后 │ │  蔡天一 3年后 │ │  王金花 3年后 │
└─────────────┘ └─────────────┘ └─────────────┘
```

图5-2 替换单法示例

（二）马尔科夫模型

这种方法广泛应用于企业人力资源供给预测，其基本思想是找出过去人力资源变动的规律，来推测未来人力资源变动的趋势。模型的前提为：①假定$t+1$时刻的员工状态只依赖于t时刻的状态，而与$t-1$、$t-2$时刻的状态无关。②转移概率具有稳定性，即不受任何外部因素的影响。马尔科夫模型示例见表5-6和表5-7。

表5-6   马尔科夫模型示例1

初始人数	高层领导	中层领导	基层领导	一般员工	离职
10	0.8				0.2
20	0.1	0.7			0.2
40		0.05	0.8	0.05	0.1
500			0.01	0.89	0.1

表5-7　　　　　　　　　　　　　　　　马尔科夫模型示例2

初始人数	高层领导	中层领导	基层领导	一般员工	离职
10	8				2
20	2	14			4
40		2	32	2	4
500			5	445	50
合计	10	16	37	447	60

（三）目标规划法

这是一种结合马尔科夫模型和线性规划的综合方法，揭示在预定目标下为最大化所得将如何进行员工分配。目标规划法的基本思想源于西蒙的目标满意概念，即每一个目标都有一个要达到的标靶或目标值，然后使距离这些目标的偏差最小化。当类似的目标同时存在时，决策者可确定一个应被采用的优先顺序。

三、人力资源供需平衡

企业人力资源供给与需求的不平衡有三种类型，即人力资源供给不足、人力资源过剩和两者兼而有之的结构性失衡。

（一）人力资源的供给不足

人力资源的供给不足主要表现在企业扩张经营规模和开拓新的经营领域的时期，因而需要新的人员补充。补充的途径有外部招聘、内部晋升、人员接任计划、技术培训计划等。同时，企业人员净补充阶段也是企业调整人力资源结构的最好时机。企业在原有的经营规模和经营领域中也可能出现人力资源不足，比如人员的大量流失，这是一种不正常的现象，表明企业的人力资源管理政策出现了重大问题。

❖ 相关链接

高技能人才难求

领英与世界经济论坛联合发布的《2016全球人力资本报告》中指出：一方面，随着科技驱动新商业模式和工业4.0等产业升级拉开序幕，到2020年，全球将会有700万个工作岗位消失，包括一些基础白领和蓝领技工等；另一方面，计算机、数学、建筑等领域能够创造200万个新的工作机会，因此这中间将会产生500万个工作缺口。

在中国市场去产能的过程中，还会有越来越多的人才分流出来，成为劳动力升级的对象。同时，在高精尖产业领域，创新型人才和应用型人才供给跟不上变革步伐的现象会越发突出。为实现"中国制造2025"等战略目标，劳动力市场需要大量的高技能型和复合型人才。

资料来源　佚名. 领英报告："互联网＋"加速人才跨界流动［EB/OL］.［2017-05-26］. http://news.xinhuanet.com/tech/2016-07/13/c_129141060.htm.

（二）绝对的人力资源过剩

绝对的人力资源过剩主要发生在企业经营萎缩时期。一般的平衡办法有退休、辞退和工作分享。工作分享要以降低薪资水平为前提；辞退是最为有效的办法，但会产生劳资双方的敌对行为，也会带来众多的社会问题，需要有一个完善的社会保障体系作为后盾；提前退休是一种较易为各方所接受的妥协方案。

（三）结构性失衡

这是企业人力资源供需中较为普遍的一种现象，在企业的稳定发展状态中表现得尤为突出。平衡的办法一般有技术培训计划、人员接任计划、晋升和外部补充计划。其中外部补充主要是为了填补退休和流失人员空缺。

❖ 小资料

什么叫就业结构性失衡

就业是民生之本。国家有关部门表示，2016年新增毕业生就业人数约 1 500 万，需就业人数超过往年。2016年6月底，我国城镇登记失业率为4.05%，比上年同期和上季度末均上升0.01个百分点。更为明显的是，2016年第二季度调查失业率比第一季度略高，全国数据在5.2%左右。调查失业率高于城镇登记失业率，主要原因可能是前者更多地包含了农民工群体。虽然我国从长期看将进入人口老龄化社会，劳动力资源将从过剩转为不足，但是，在中短期内出现就业结构性失衡、找工作难的状况依然存在，须引起高度关注。

造成就业结构性失衡的主要原因大致有四点：一是受经济周期以及产业结构转型影响。当前，在世界三大经济体中，欧盟失业率居高不下，美国和中国的失业率持续走低，但也不能掩盖就业结构性矛盾。就业结构性矛盾主要表现为制造业用工数量不断降低，而我们知道，要使一国财富持续增长，还是要靠先进制造业和高附加值商品出口。二是企业负担没有得到根本减轻，致使招工意愿不足。尽管我国近年来出台了一系列减轻企业负担的政策法规，但是效果还有待观察，企业的呼声还有待进一步得到重视。大量企业关闭和转移海外，使就业岗位不断流失。从企业外部成本上看，人工、环保成本上升是大势所趋，如何把减税和促进招工结合起来需要政策引导。三是职业教育还不发达，劳动者技能适应不了市场需求。职业教育就是就业教育，我国当前的职业教育体系还不够接地气，客观上增加了"就业难"。四是涉及社会保障、劳动纠纷处理等的政策法规体系还不完善。比如，有的企业反映，按照劳动法，员工"炒"企业很容易，而企业"炒"员工却较难，这种不对等的权利义务关系也增加了企业的用工顾虑。

资料来源　张天明. 警惕就业结构性失衡［EB/OL］.［2016-08-30］. http：//business.schu.com/20160830/n466650942.shtml.

复习思考题

1.人力资源规划的内容有哪些？
2.人力资源规划的主要流程是什么？
3.人力资源规划的定性方法有哪些？
4.人力资源规划的定量方法有哪些？
5.如何理解人力资源供需平衡？

第Ⅲ篇
任用开发篇

第三編

自由共产论

[第六章]
招聘管理

学习目标

1. 掌握招聘的基本概念和内容
2. 熟悉招聘的主要流程
2. 掌握招聘的主要方法
4. 熟悉招聘评估的内容

引导案例

中兴通讯的人才招聘观

通信公司的最大特点就是高速发展。对中兴通讯这类的行业开拓者来说，这里的高速发展有两个方面的含义：一是企业业务的高度膨胀，市场份额不断扩大；二是技术的更新换代持续加快。高速发展的公司面临的首要问题就是人力资源的扩张。人力资源短缺往往是限制业务拓展的主要障碍之一。比如市场份额更大时，由于人手问题而无暇顾及一些客户就可能造成客户的流失。因此，中兴通讯一直非常重视招聘，并提出了"以一流的标准选聘和培训员工"的理念。

什么是一流人才？对此，中兴通讯的定位是"在某一个专业领域里的国内前5%"，这群人是一流人才。这在其每一次招聘中都得到了体现。随着招聘的积累，中兴通讯目前有1万多名员工，面试人员超过10万人，搜索的简历超过30万份。

员工选聘就是从一组求职者中挑选最适合特定岗位要求的人的过程，而企业招聘工作对选择过程的质量影响很大，如果符合条件的申请人很少，组织可能不得不雇用条件不是十分理想的人，企业就不得不加强培训工作，这增加了隐性成本。而且高能力员工和低能力员工之间生产率差别估计高达3∶1。因此，选择一流人才可以获得很大的益处。

在招聘中，中兴通讯都会重点考虑人才的背景，对其所受教育的要求一般锁定在重点本科院校。公司认为在重点高校范围内，优秀学生的比率会更高，更有利于中兴通讯选聘到一流的人才。中兴通讯的大部分岗位都要求员工有好的技术背景，因此对高校和专业都有一个较为明确的要求，此外，对工作经验及健康状况也要求较高。中兴通讯的面试非常严格，从技术能力和素质两个方面进行考核，被面试者须通过6~7关，把关极其严格，实行一票否决制，而且中兴通讯的面试官都是经过专业培训的。中兴通讯的要求很简单：

招聘到的人才既是优秀的人才，也是符合公司文化原则的人才。

资料来源　佚名. 招聘案例集选 [EB/OL]. [2012-03-01]. https://wenku.baidu.com/view/95d8b978a26925c52cc5bf68.html.

第一节　招聘管理概述

一、员工招聘的概念

员工招聘是企业根据人力资源规划和职务分析的数量和质量的要求，通过信息的发布和科学甄选，获得本企业所需要的合格人才，并安排他们到企业所需岗位工作的活动和过程。

企业为了适应经营环境的变化，会力求不断提高企业的竞争能力和发展新业务，而这些都对企业在人力资源的数量和质量上提出新的要求，这进而使得企业在发展中需要不断补充或更新员工。而招聘是企业补充人员的主要方法，也是保持企业生存与发展的重要手段，成功和有效的员工招聘意味着组织有更强的人力资源优势，从而为企业带来竞争优势；否则企业将因人才危机而使生产经营受挫，因为毕竟企业间的竞争终究是人才的竞争。

二、员工招聘的意义

（一）有助于改善组织的劳动力结构与质量

员工招聘以组织战略目标和战略计划为基础，根据人力资源计划确定人员需求数量和根据职务分析确定所需的人员的质量，然后在一定的时间和地点招聘所需要的员工。进而通过有目的、有计划地录用工作人员，组织可以控制人员类型和数量，改善组织人力资源在年龄、知识、能力等方面的结构和人力资源的总体质量。如高层管理人员和技术人员的招聘，可以为组织注入新的管理思想和理念，带来新的高级的生产技术，从而影响和提高人员的整体素质与质量。

（二）有助于员工充分发挥自身能力

员工招聘为员工提供了公平竞争上岗的机会，从而促进每个员工都能充分发挥自己的主动性和能力，以在公平竞争中取胜。因而，成功的招聘，一方面使组织外的劳动力能更多地了解组织，然后结合自己能力和发展目标决定自己是否参加组织与组织共同发展；另一方面使组织发现最合适的人选，即帮助员工找到适合自己的工作，从而减少人员任职后离职的可能性。

（三）有助于提高组织的管理效率

员工招聘是一项有成本的管理活动。一方面，高效率的员工招聘一定涉及事先进行招聘宣传、组织招聘活动以及录用等程序环节，这些环节都需要付出成本；另一方面，有效的员工招聘能保证组织落实人力资源计划、稳定人员，减少再次招聘的费用，从而使组织效益提高。

（四）有助于组织知名度的提高

员工招聘过程中所运用的大量招聘广告，能使外界更多地了解组织，从而提高组织的知名度。也正因为员工招聘广告有此功能，所以许多组织打出招聘广告，并在其中不失时机地宣传本组织。

第二节 招聘的基本程序

员工招聘的基本程序包括：确定招聘需求、制订招聘计划、发布招聘信息、应聘者申请和甄选、招聘录用决策、招聘活动评估等环节。

招聘计划制订流程如图6-1所示。

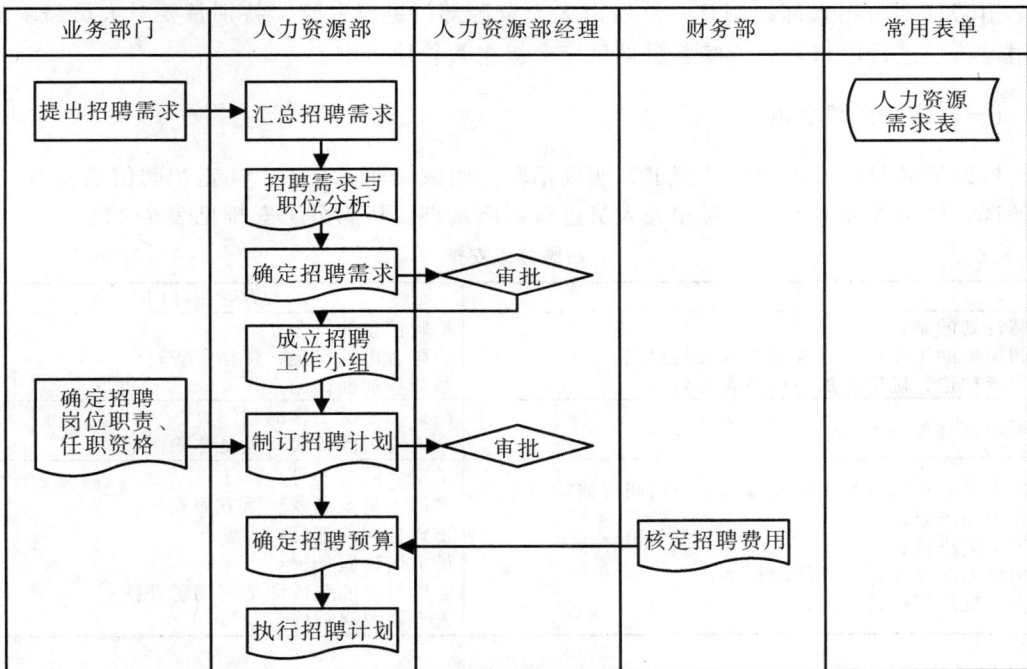

图6-1 招聘计划制订流程

一、确定招聘需求

根据组织招聘需求，明确招聘岗位名称、需求量、招聘渠道、录取方式。根据招聘岗位的工作说明书，确定招聘岗位的性质、特征和要求。

确定招聘需求时通常会用到部门人力资源需求申请表，见表6-1。

二、制订招聘计划

招聘计划是根据组织人力资源规划，在进行工作分析的基础上，通过分析与预测组织内岗位空缺及合格员工获得的可能性，制定的关于实现员工补充的一系列工作安排。

招聘计划的内容包括：①招聘的岗位、人员需求量、每个岗位的具体要求；②招聘信息发布的时间、方式、渠道与范围；③招募对象的来源与范围；④招募方法；⑤招聘测试的实施部门；⑥招聘预算；⑦招聘结束时间与新员工到位时间。

表6-1 部门人力资源需求申请表

申请部门	部门经理					
申请原因	□员工辞退 □员工离职 □新增业务 □新设部门					
	具体说明					
需求计划说明	职位名称	工作描述	所需人数	最迟上岗日期	任职条件	薪酬标准
部门经理意见						
人力资源部意见						
总经理意见						

招聘计划由用人部门制订，然后由人力资源部门进行复核，特别是要对人员需求量、费用等项目进行严格复查，签署意见后交上级主管领导审批。

（一）确定招聘小组分工

根据招聘时间安排和招聘要求，明确招聘小组成员职责分工，确定招聘信息发布、简历筛选、面试等环节人员，对相关人员进行招聘培训。招聘分工安排见表6-2。

表6-2 招聘分工安排

用人部门	人力资源部门
招聘计划的制订与审批； 招聘岗位的工作说明书及录用标准的提出； 应聘者初选，确定参加面试的人员名单	招聘信息的发布； 应聘者申请登记，资格审查； 通知参加面试的人员
负责面试、考试工作	面试、考试工作的组织； 个人资料的核实，人员体检
录用人员名单、人员工作安排及试用期间待遇的确定； 正式录用决策； 员工培训决策； 录用员工的绩效评估与招聘评估； 人力资源规划修订	试用合同的签订； 试用人员报到及生活方面安置； 正式合同的签订； 员工培训服务； 录用员工的绩效评估与招聘评估； 人力资源规划修订

（二）制订招聘实施方案

确定招聘工作小组的组成人员，制定招聘章程、考核方案和录用条件，拟定招聘简章，明确招聘工作进度。

招聘工作时间的选择要能保证新聘人员准时上岗。

招聘日期=用人日期-准备周期=用人日期-培训周期-招聘周期

（三）制定招聘费用预算

招聘费用的具体内容包括：

（1）招聘前的调研费用、广告发布费用、招聘会入场费用。

（2）招聘中的选拔测试方案制订与实施费用、宣传资料费用、考试场地费用、试题印刷费用、测试工具使用费用、通信费用、招聘差旅费用、背景调查费用、招聘人员工资费用。

（3）招聘后的录取费用、体格检查费用、签订劳动合同费用、分析招聘结果费用。

制订招聘计划时通常会用到部门人力资源招聘计划表，见表6-3。

表6-3　　　　　　　　　　　　　**部门人力资源招聘计划表**

部门名称：　　　　　　　　　　　填表日期：

招聘计划	岗位名称	人员数量	人员要求		
时间安排	招聘信息发布时间				
	初选时间				
	复试时间				
	到岗时间				
发布渠道	发布方式	□报纸　□网站　□专业/行业杂志 □人才中介机构　□人才市场　□猎头　□其他			
招聘工作预算	项目	金额		备注	共计
招聘小组成员分工	职务	姓名	所属部门	工作职责	

三、发布招聘信息

招聘信息的发布是指利用各种传播工具发布岗位信息，鼓励和吸引人员参加应聘。

（一）招聘信息发布原则

（1）面广原则。发布招聘信息的面越广，接收到信息的人越多，应聘的人也越多，这样招聘到合适人选的概率越大。

（2）及时原则。在条件许可的情况下，招聘信息应该尽量早地向人们发布，这样有利于缩短招聘进程，而且有利于使更多的人获取信息，使应聘人数增加。

（3）层次原则。招聘的人员都是处在社会的某一层次的，要根据招聘岗位的特点，向特定层次的人员发布招聘信息。例如，招聘科技人员的企业可以在《科技日报》上刊登招聘广告。

（二）招聘信息发布的注意事项

（1）信息发布的范围。信息发布的范围必须考虑到费用支出预算。

（2）信息发布的时间。信息发布的时间必须考虑到竞争者的动态和企业自身的用人情况。

（3）招聘对象的层次性。招聘对象的层次性必须考虑到专才与通才的差异性。

四、应聘者申请和甄选

应聘者在获取招聘信息后，向招聘单位提出应聘申请。应聘申请通常有两种：一是通过信函向招聘单位提出申请；二是直接填写招聘单位应聘申请表（网上填写提交或到单位填写提交）。应聘者应提供的资料包括：应聘申请表、个人简历、各种学历的证明、获得各种奖励的证明（复印件）、身份证（复印件）等。

五、招聘录用决策

招聘单位对入选者发出录用通知书，通知书中通常应写明入选者开始上班的时间、地点与向谁报到。

六、招聘活动评估

对本次招聘活动作总结和评价，并将有关资料整理归档。评价指标包括招聘成本核算和录用人员评估。

第三节　招聘渠道

企业人员的补充有内部补充和外部补充两个方面的来源，即通过内部和外部两个渠道招募员工。

一、内部招聘

内部招聘主要是通过内部晋升、工作调换、工作轮换、人员重聘等方法，从企业内部人力资源储备中选拔出合适的人员补充到空缺或新增的岗位上去的活动。

（一）内部招聘的特点

内部招聘的优点：①为组织内部员工提供了发展的机会，有利于激励、稳定员工队伍，调动员工的积极性，给职工以更多的发展机会。②简化招聘程序，为组织节约了时间，员工适应较快。③由于对内部员工有较为充分的了解，准确性高，提高了招聘质量。④对那些刚进入组织时被迫从事自己所不感兴趣的工作的人来说，提供了较好的机遇，使他们有可能选择感兴趣的工作。⑤组织可节约大量的费用。

内部招聘的缺点：①因处理不公、方法不当或员工个人原因，可能会在组织造成一些矛盾，产生不利影响。②容易抑制创新，可能造成"近亲繁殖"现象。

（二）内部招聘的方法

1. 推荐法

推荐法可用于内部招聘，也可用于外部招聘。推荐法通常较有为效，成功的概率较大，企业内部最常见的是主管推荐。但缺点是比较主观，容易受个人因素的影响。主管们可能提拔自己的亲信而不是一个胜任的人选。

2. 布告法

招聘信息通过墙报、布告、内部报刊、内部网公布，企业中的全体员工都能了解到哪些职务空缺，需要补充人员，使员工感觉到企业在招募人员这方面的透明度与公平性。布告法用于非管理层人员的招聘，特别适合于普通员工的招聘。布告法的缺点是花费时间较长，可能导致岗位较长时期的空缺，影响企业正常运营。

3.档案法

档案法是利用现有人员技术档案中的信息，这些信息可以帮助招聘人员确定是否有合适的人选，然后，招聘人员可以与他们接触以了解他们是否想提出申请。这种方法可以和布告法共同使用以确保岗位空缺引起所有有资格申请人的注意。

利用技术档案的优点是可以在整个组织内发掘合适的候选人，同时技术档案可以作为人力资源信息系统的一部分。如果经过适当的准备，并且技术档案包含的信息比较全面，采用这种方法比较节省成本和时间。

内部招聘程序如图6-2所示。

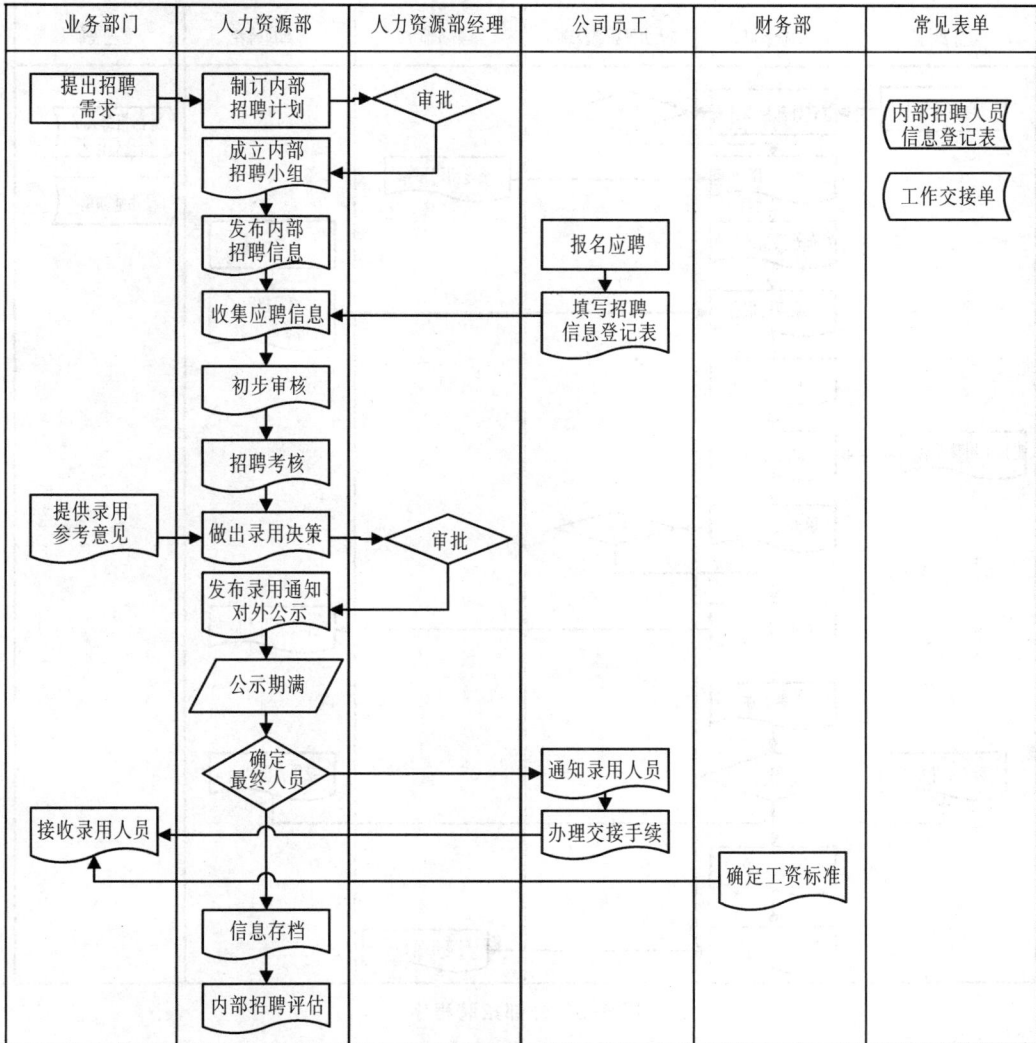

图6-2 内部招聘程序

二、外部招聘

外部招聘是根据一定的标准和程序，从外部众多的候选人中选拔符合空缺职位工作要求的人员的方法。

（一）外部招聘的特点

外部招聘的优点：①带来新思想和新方法。②有利于招聘到一流人才。③树立形象。

外部招聘的缺点：①筛选难度大。②进入角色慢。③招募成本高。④决策风险大。⑤影响企业内部员工的积极性。

外部招聘程序如图6-3所示。

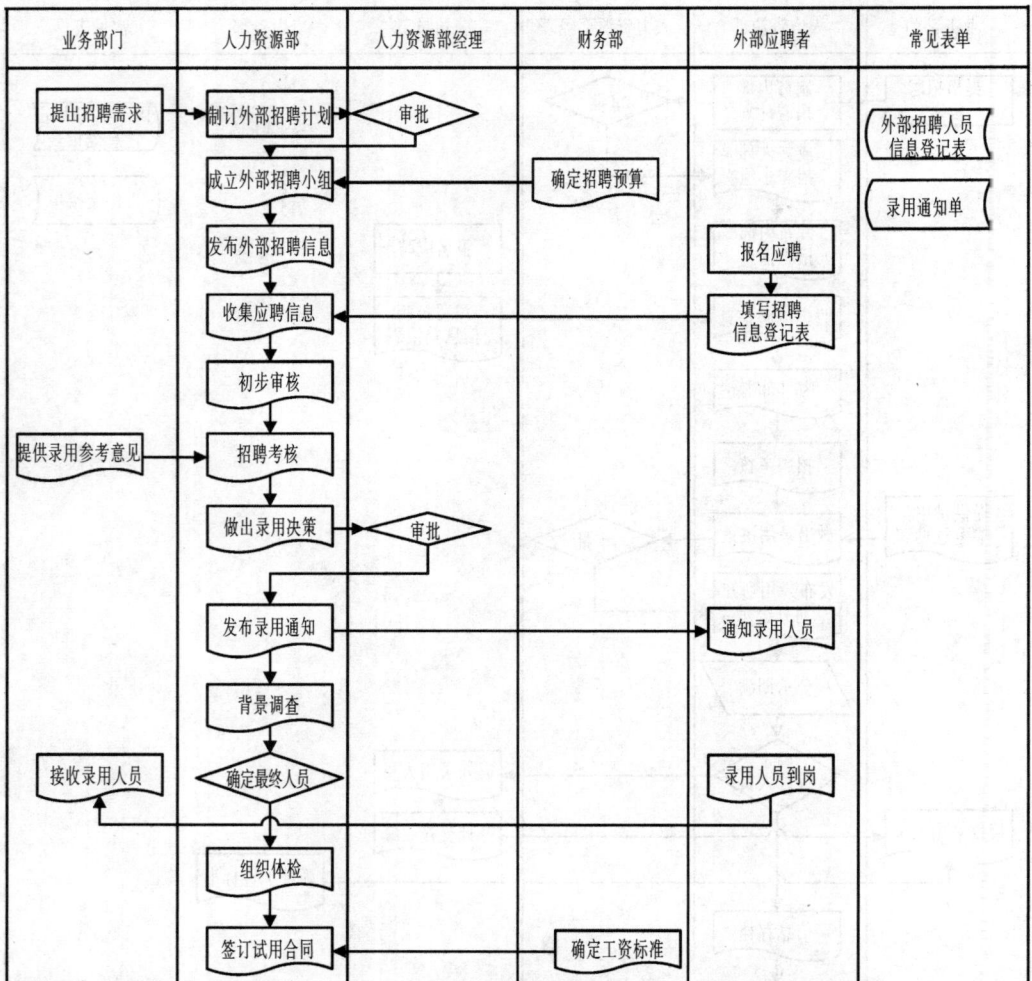

图6-3 外部招聘程序

（二）外部招聘的方法

外部招聘的主要方法包括发布广告、借助中介、校园招聘、网络招聘、熟人推荐等。

1.发布广告

广告招聘是应用很广泛的一种方法，它可以比较容易地从劳动力市场中招聘到所需的人才。其传播媒体可以是大学校园里的布告栏、专业技术杂志、报纸和电视等。广告的作用：一方面是可将有关工作的性质、要求，雇员应该具备的资格等信息提供给潜在的申请人；另一方面是可向申请人宣传公司或企业的优势。广告的内容应该真实，虚假的广告会引起雇用时的不满和日后的跳槽。

（1）招聘广告内容。

一般来说，招聘广告包括以下内容：①企业基本情况，涉及企业规模、性质、所在地、工资收入、福利设施等；②招聘岗位的基本要求，涉及工作内容、工作时间、工作地点、工作条件与工作环境等；③招聘人员的基本要求，涉及招聘专业、人数、年龄、学历、工作经验等；④报名方式、时间、地点、所带证件。

（2）招聘广告要求。

一份好的招聘广告是引起人们注意的一种简捷有效的方法，主要要求包括：①要有使人过目不忘的广告词；②突出企业徽志；③尽可能使用鼓励性、刺激性用语。

——直入主题型。例如，诚聘销售人员。

——强调企业型。例如，请您加入××行列。

——强调商品型。例如，与您共创超群的××。

——劳动条件强调型。例如，月薪××元。

——强调个性型。例如，××企业为您搭起成功的舞台。

——理由强调型。例如，本企业最关注的是人才投资。

（3）招聘广告注意事项。

①对于工作职位的条件和待遇，无论是好的方面还是不利的方面，都应对应聘者作真实的介绍，这样可使应聘者的期望值比较符合实际情况，从而提高录用者对工作的满意程度。

②合理确定招聘条件。招聘条件是考核录用的依据，也是确定招聘对象与来源的重要依据。能否合理地确定招聘条件，关系到能否满足企业的需要，也关系到人力资源能否得到充分、合理的利用。如果招聘条件定得过高，脱离了人力资源供给的实际，势必难以招到或招满员工，使企业需要的人力资源得不到及时补充；如果招聘条件定得过低，则不利于提高员工素质，不利于组织的发展。

③招聘简章的语言必须简洁清楚，另外，还要留有余地，使应聘者的人数比所需求的人数多一些。

2.借助中介

企业可以利用各种人才市场、劳务市场、职业介绍所进行招聘，也可以委托各类学校的毕业生分配部门推荐。这种招聘方法具有选择面大、可信性高、工作量少的特点。

（1）公益性中介。企业可以参加定期或不定期举办的人才交流会、人才市场、人才集市。通过人才交流中心选择人员的优点是针对性强、费用低廉。

（2）社会性中介。猎头公司的一大特点是推荐的人才素质高。对于高级人才和尖端人才，用传统的渠道往往很难获取，但这类人才对公司的作用是非常重大的。通过人才猎取的方式可能更加有效，但需支付昂贵的服务费。

3.校园招聘

校园招聘的主要方式有招聘张贴、招聘讲座、毕业分配办公室推荐，适合用于选拔专业化初级人员。

（1）制订校园招聘计划。根据招聘人员需求，确定招聘对象、人数和到岗时间、预期招聘目标。

（2）确立目标学校。根据企业自身规模、发展阶段、薪酬水平、需求专业、需求的人才层次、企业社会形象等因素，选择目标学校、目标专业。与校方沟通确认招聘具体行程、宣传途径、地点安排、双方联系人。

（3）落实校园招聘准备工作。① 按照招聘计划，确定招聘主题、宣传海报、具体人员分工、费用预算等。② 编制、印刷介绍公司概况及校园招聘手册。③ 确定简历筛选标准、初试标准、考核要求、面试方法和标准。④ 安排业务部门负责人校园招聘行程。

（4）实施校园招聘。根据校园招聘进场时间安排，组织企业招聘宣讲会，介绍企业基本情况、人力资源政策、专业要求、相关注意事项，发放校园应聘表。

（5）组织校园招聘考核。根据校园应聘表回收情况，进行简历初筛，确定参加笔试和面试人选，与校方确认考场的时间和地点，通知相关人员参加考试。根据考核标准，确定拟录用人员，签订实习协议，安排实习、培训等后续环节。

（6）总结校园招聘工作。从校园招聘进度安排、目标学校配合情况、校园招聘信息发布情况、录用人员入职情况、校园招聘费用支出情况等方面总结校园招聘工作。

校园招聘程序如图6-4所示。

校园招聘应注意的问题包括：①要注意了解大学生就业方面的一些政策和规定；②一部分大学生在就业中有脚踩两只船或几只船的现象；③学生往往对走上社会的工作有不切实际的估计，对自己的能力也缺乏准确的评价；④对学生感兴趣的问题做好准备。

4.网络招聘

网络招聘，也称为电子招聘，是指通过技术手段的运用，帮助企业人事经理完成招聘的过程，即企业通过自己的网站、第三方招聘网站等机构，使用简历数据库或搜索引擎等工具来完成招聘过程。网络招聘的主要优点是：

（1）覆盖面广。互联网的覆盖面是以往任何媒介都无法比拟的，它的触角可以轻易地延伸到世界的每一个角落。网络招聘依托于互联网的这个特点，达到了传统招聘方式无法获得的效果。

（2）时效性强。网络招聘的双方通过交互式的网上登录和查询完成信息的交流。这种方式与传统招聘方式不同，它不强求时间和空间上的绝对一致，方便了双方时间的选择。互联网本身不受时间、地域限制，也不受服务周期和发行渠道限制。它不仅可以迅速、快捷地传递信息，而且还可以瞬间更新信息。这种基于招聘双方主动性的网上交流，于无声无息之间，完成了及时、迅捷的互动。

（3）成本低。网络招聘在节约费用上有很大的优势。对于毕业生来说，通过轻点鼠标即可完成个人简历的传递，原本一个月才能完成的信息整理、发布工作，现在可能只要半天就能够完成。对用人单位来讲，网络招聘的成本更低。

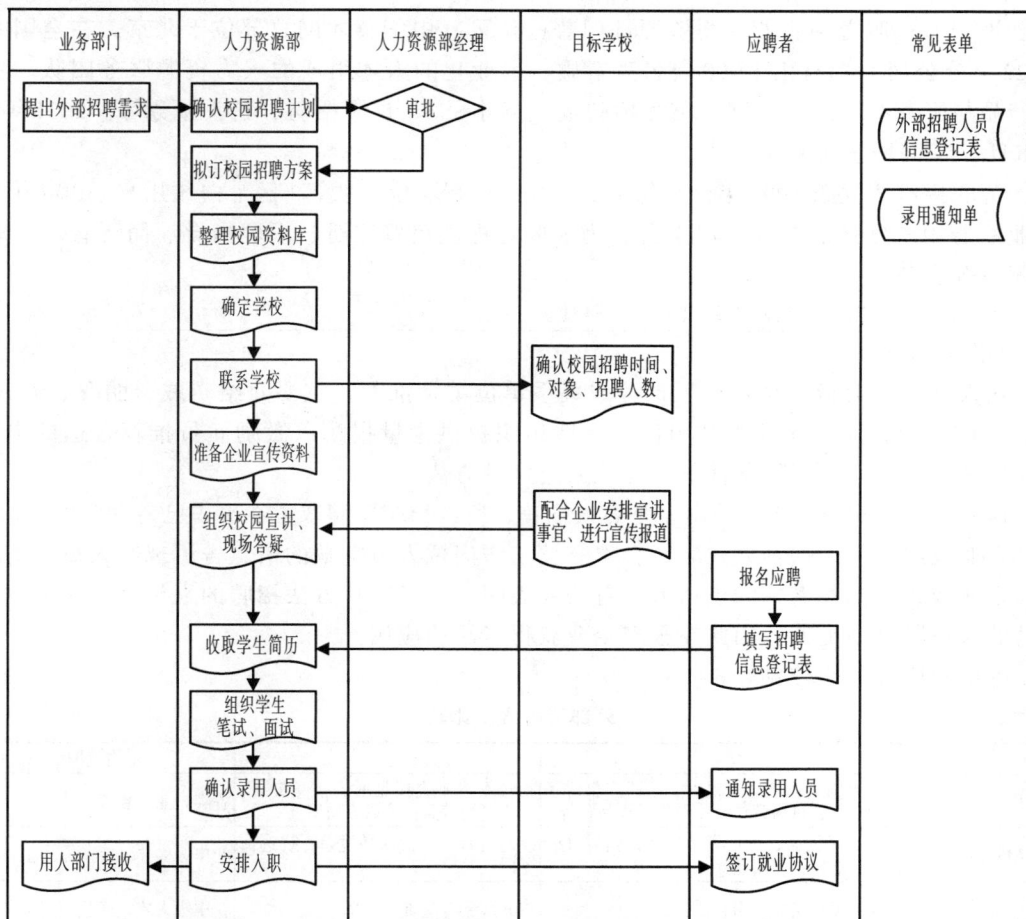

业务部门	人力资源部	人力资源部经理	目标学校	应聘者	常见表单
提出外部招聘需求	确认校园招聘计划 → 审批				外部招聘人员信息登记表
	拟订校园招聘方案				录用通知单
	整理校园资料库				
	确定学校				
	联系学校 →		确认校园招聘时间、对象、招聘人数		
	准备企业宣传资料				
	组织校园宣讲、现场答疑 ←		配合企业安排宣讲事宜、进行宣传报道	报名应聘	
	收取学生简历 ←			填写招聘信息登记表	
	组织学生笔试、面试				
	确认录用人员			通知录用人员	
用人部门接收 ←	安排入职 ←			签订就业协议	

图6-4 校园招聘程序

（4）针对性强。网络招聘是一个跨时空的互动过程，对供求双方而言都是主动行为，无论是用人单位还是个人都能根据自己的条件在网上进行选择。这种积极的互动减少了招聘和应聘过程中的盲目行为。目前，一些大型的人才招聘网站都提供了个性化服务，如快捷搜索方式、条件搜索引擎等，这进一步加强了网络招聘的针对性。

（5）具有筛选功能。目前，构成网民主体的是一个年轻、高学历、向往未来的群体。通过上网，招聘者就已经对应聘者的基本素质有了初步的了解，相当于已经对他们进行了一次小型的计算机和英文的测试，对应聘者作了一次初步筛选。

❖ **相关链接**

网络招聘市场发展格局

目前，网络招聘市场被前程无忧、中华英才网以及智联招聘三分天下，还有其他国内知名招聘网站及众多区域性招聘网站紧随其后，竞争日益激烈，市场风云变幻。

前程无忧成立于1999年，是中国具有广泛影响力的人力资源服务供应商，是在美国上市的中国人力资源服务企业，创立了网站+猎头+RPO+校园招聘+管理软件的全方位招聘方案。目前有效注册用户超过1亿人，日招聘职位超过500万个，日浏览页面超过3亿次。

中华英才网成立于1997年，是国内最早、最专业的人才招聘网站之一，其品牌和服务已被个人求职者和企业人力资源部门普遍认可。中华英才网总部位于北京，在全国共有22家分公司，拥有由1 000余名高素质、专业化的人才组成的人力资源服务团队。主要产品与服务有：网络招聘、英才招聘宝、英才SSS、校园招聘、猎头服务等。2015年5月8日，58同城宣布并购中华英才网。

智联招聘成立于1997年，是每天350万个高端职位在线，1亿个白领用户、300万个企业注册用户优选的职业发展平台，为求职者提供免费注册、求职指导、简历管理、职业测评等服务。

资料来源　根据三大招聘网站公开信息整理。

5.熟人推荐

熟人推荐一般指本企业员工推荐或关系单位主管推荐，主要介绍亲戚、朋友、熟人、同乡、校友到企业工作并为其担保。一些组织提供少量报酬以激励雇员推荐合适的申请人，尤其是在劳动力短缺条件下，往往采用这种方法。

这种招聘方式的优点是，由于是熟人推荐，所以招聘应聘双方在事先已有一定的了解。

企业或组织采用这种方式时，会将有关工作岗位人员空缺的信息告诉现有人员，请他们向企业或组织推荐潜在的申请人。有研究表明，通过这种方法招聘的人员比用其他方法招聘的人员跳槽率更低，因此在很多企业获得广泛的应用。

外部招聘方法比较见表6-4。

表6-4　　　　　　　　　　　　　　　　　**外部招聘方法比较**

	优点	缺点	适用范围
发布广告	传播范围大，挑选余地大；招聘广告留存时间较长；可附带作企业形象、产品宣传	初选双方不直接见面，信息失真；广告费用较高；录取成功率低	各类企业、各类人才
人才招聘会	双方直接见面，可信程度较高；当时可确定初选意向；费用低廉	应聘者众多，洽谈环境差；挑选面受限	初中级人才，或急需用工
职业介绍所与就业服务中心	介绍速度较快，费用较低	中介服务普遍质量不高	初中级人才，或急需用工
委托猎头公司	能找到满意人才，比企业自己招聘质量好，招聘过程保密、不事声张	招聘过程较长，各方反复接洽谈判；招聘费用昂贵，须按年薪的一定比例支付猎头费	高级人才
校园招聘	双方了解较充分；挑选范围和方向集中，效率较高	应聘者流动性过大，有时需支付其旅费和实习费	发展潜力大的优秀人才
网络招聘	成本较低，方便快捷；选择的余地大，涉及范围广；不受地点和时间的限制，在网上距离感似乎已经不复存在；使应聘者求职申请书、简历等重要资料的存贮、分类处理和检索更加便捷和规范化	信息真实度低，技术和服务体系不完善，信息处理的难度大，招聘成功率较低	各类企业、各类人才
熟人推荐	对候选人的了解比较准确；候选人一旦被录用，顾及介绍人的关系，工作也会更加努力；招募成本很低	较难做到客观评价和择优录用；容易形成小团体和裙带关系	初级人才和核心人员

第四节　招聘方法

一、人员初步筛选

人员初步筛选通常通过个人简历和应聘申请表进行，两者的比较见表6-5。

表6-5 人个简历和应聘申请表比较

	个人简历	应聘申请表
优点	体现应聘者的个性 允许应聘者强调自认为重要的东西 允许应聘者点缀自己 费用较小	直截了当 结构完整 限制了不必要的内容 易于评估
缺点	允许应聘者略去某些东西 难以评估	限制创造性 设计、印刷、分发费用较高

（一）简历筛选

1.简历内容

简历的内容大体可以分为两部分：主观内容、客观内容。在筛选简历时注意力应主要放在客观内容上。

客观内容主要分为个人信息、受教育经历、工作经历、个人成绩四个方面。受教育经历包括上学经历、培训经历；工作经历包括工作单位、起止时间、工作内容、参与项目；个人成绩包括学校、工作单位的各种奖励。主观内容包括应聘者对自己的描述。

2.简历筛选的注意事项

注意事项包括：①分析简历结构；②审查简历的客观内容；③判断是否符合岗位技术和经验要求；④审查简历中的逻辑性；⑤对简历的整体印象。

表6-6是求职简历示例。

表6-6 求职简历示例

应聘职位： 填表日期：

姓名		性别		年龄		出生日期	
籍贯		民族		身高		体重	
学历		职称		健康状况		婚姻状况	
毕业院校				所学专业			
第一外语		级别		第二外语		级别	
联系方式				身份证号			
期望工资		上岗时间		其他要求			

所受教育	起止时间	学校名称	专业	学历

工作经验	起止时间	公司名称	所担任职务	相关证明人

培训经历	培训时间	培训机构	培训内容	所获得的相关证书

所受过的奖励及处分	
兴趣和爱好	
个人特长及自我评价	

（二）申请表筛选

筛选申请表时应判断应聘者的态度，关注与职业相关的问题，注明可疑之处。

表6-7是公司应聘申请表示例。

表6-7　　　　　　　　　　　　　　**公司应聘申请表示例**

姓名		性别		出生年月		政治面貌			
学历		毕业院校				专　业			贴照片处
职称		现从事的专业/工作							
现工作单位				联系电话					
通信地址				邮　编					
家庭地址				身份证号码					
掌握何种外语			程度如何　有无证书						
技能与特长			技能等级						
个人兴趣			身高	米	体重	千克	健康状况		
个人简历									
欲离开原单位的主要原因					现在的工资				
欲加入本单位的主要原因									
收入期望		元/年	可开始的工作日期						
晋升期望（职位、时间）									
培训期望（内容、日期、时间）									
其他期望									
家庭成员情况									
备　注									

自愿保证：本人保证表内所填写内容真实，如有虚假，愿受解职处分。

申请人签名：　　　　　　　　　日期：

二、笔试

（一）笔试的概念

笔试是最古老又最基本的选择方法，主要通过纸笔测验的形式对被测试者的知识广度、知识深度和知识结构加以了解的一种方法，主要测试应聘者的基础知识和素质能力，判断该应聘者对招聘岗位的适应性。目前，笔试是各类人才招聘、选拔的主要方法。

一般来说，笔试主要包括三个层次：一般知识考试、专业知识考试、相关知识考试。

（二）笔试的特点

笔试的优点：①一次考试能提出十几道乃至上百道试题，由于考试题目较多，可以增加对知识、技能和能力的考查信度与效度；②可以对大规模的应聘者同时进行筛选，花较少的时间达到高效率；③成绩评定比较客观。

笔试的缺点：不能全面考查应聘者的工作态度、品德修养以及管理能力、口头表达能力和操作能力。

为提高笔试效果，需要注意的事项包括：一是命题是否恰当；二是确定评阅计分规则；三是阅卷及成绩复核。

三、面试

面试是用人单位最常用也是必不可少的测试手段，要求被试者用口头语言来回答主试提问，以便了解被试者的心理素质和潜在能力。根据应聘者在面试中的行为表现，观察衣着外貌、风度气质以及现场应变能力，判断应聘者是否符合应聘岗位的标准和要求。

（一）面试的主要目的

1.面试考官的目标

（1）创造一个融洽的会谈气氛，使应聘者能够正常发挥自己的实际水平；

（2）让应聘者更加清楚地了解应聘单位的现实状况、应聘岗位的信息和相应的人力资源政策等；

（3）了解应聘者的专业知识、岗位技能和非智力素质；

（4）决定应聘者是否通过本次面试等。

2.应聘者的目标

（1）创造一个融洽的会谈气氛，尽量展现出自己的实际水平；

（2）有充分的时间向面试考官说明自己具备的条件；

（3）希望被理解、被尊重，并得到公平对待；

（4）充分地了解自己关心的问题；

（5）决定是否愿意来该单位工作等。

（二）面试的主要程序

面试的主要程序如图6-5所示。

1.面试前的准备阶段

面试前的准备阶段主要包括确定面试目的、科学地设计面试问题、选择合适的面试类型、确定面试的时间和地点等。

（1）成立面试评价小组。明确面试分工、面试对象、组织形式、面试程序、面试时间和地点安排。

（2）面试材料准备。设计面试提纲，建立基于胜任素质模型的结构化面试评价标准。

一份理想的面试提纲包括：①开头语；②关于企业目前状况及前景的介绍；③对空缺职位和其需要条件的描述；④与工作、个人有关的问题。

（3）面试人员培训。明确面试岗位职责，协调配合并注重岗前模拟训练，了解应聘者个性、社会背景、工作经历、工作态度等基本信息。

2.面试开始阶段

应从应聘者可以预料的问题开始发问，然后过渡到其他问题，以消除应聘者的紧张情绪。

3.正式面试阶段

采用灵活提问和多样化的形式，进行面试提问，综合考查面试人员行为举止、应变能力、语言表达能力、人际关系处理能力、求职动机、薪资期望等情况，记录结构化面试记录表。

4.结束面试阶段

在面试考官确定问完了所有预设的问题之后，应该给应聘者一个机会，询问应聘者是否有问题要问，是否有要加以补充或修正之处。

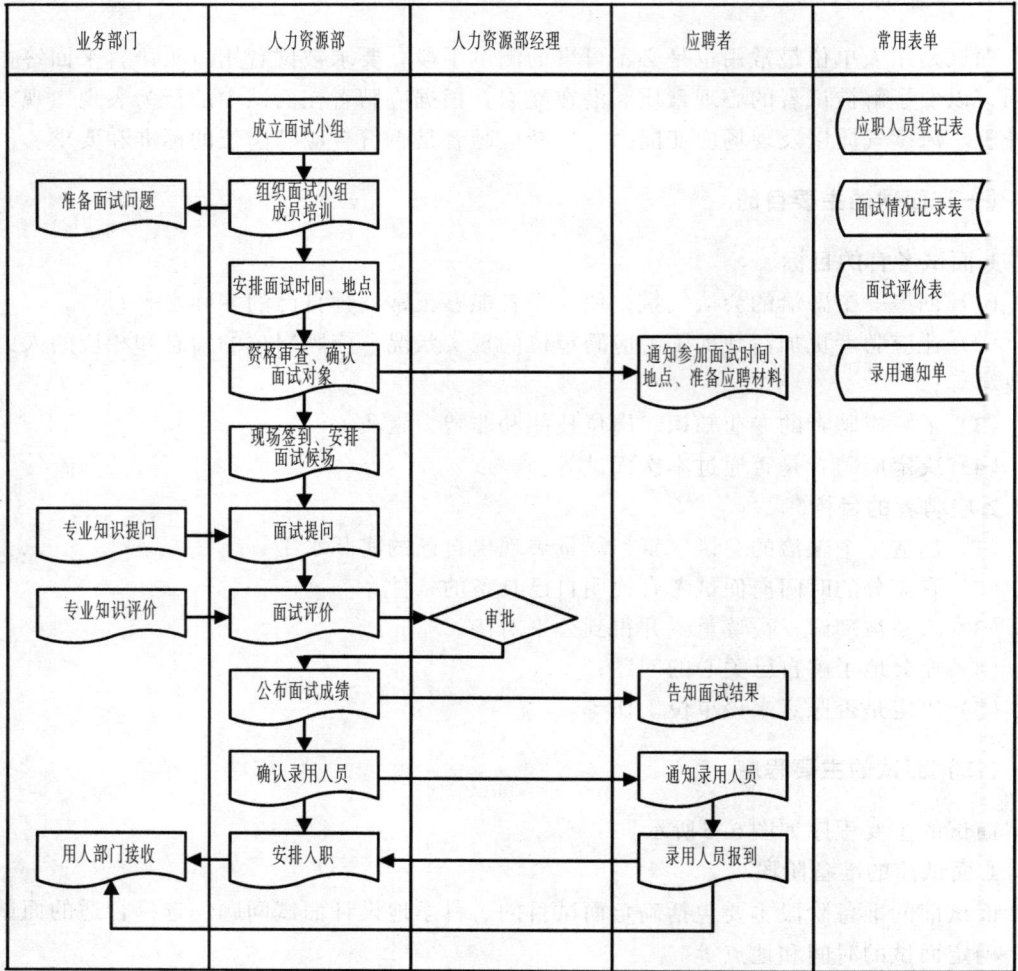

图6-5　面试的主要程序

5.面试评价阶段

根据考生回答情况以及岗位要求，对考生进行打分，填写面试评价表。

（1）评语式评估。可对应聘者的不同侧面进行深入的评价，能反映出每个应聘者的特征，但缺点是应聘者之间不能进行横向比较。

（2）评分式评估。对每个应聘者相同的方面进行比较，其特点正好与评语式评估相反。

6.面试总结阶段

对面试的组织安排、人员分工、面试问题设计和评价标准、面试人员综合表现做出评价。根据招聘需求和参加面试人员情况，确定通过面试的人选。

面试流程中通常会用到面试通知单、面试记录表和面试评价表，见表6-8、表6-9和表6-10。

表6-8 　　　　　　　　　　　　　**面试通知单**

_____先生/女士：

　　您好！

　　首先感谢您对本企业的信任和大力支持。

　　经过初次接触，我们认为您基本具备加盟本企业的能力，因此特别通知您于以下时间、地点到本企业进行正式面试，具体要求如下：

面试时间	年　　月　　日（星期　　）　　午　　时　　分			
面试地点			面试时限	小时　　分钟
行车路线				
个人准备	1.携带个人身份证及复印件、学历证书及复印件、职称证书及复印件； 2.资格证书及复印件、获奖证书及复印件； 3.个人一寸免冠彩色照片　　张； 4.男士着装要求： 5.女士着装要求：			

单位名称：（盖章）　　　　　　　　　　　　　　　　　　　　　　　　年　　月　　日

表6-9 　　　　　　　　　　　　　**面试记录表**

单位名称：　　　　　　　　　　　　　　　　　　　　　　　填表日期：

申请人姓名		性别		年龄		最高学历	
应聘岗位		主试人		面试时间	月　日	面试地点	

面试项目	优	良	好	可	差	备注	

面试总体评价				
现行工资		期望工资		
可提供待遇		确认工资		
拟受聘岗位		拟确定级别		拟聘用开始时间
面试小组意见				年　　月　　日
人力资源部门意见				年　　月　　日

填表人：　　　　　　　　　　　　　　　　　　　　　　　　审核人：

表6-10   **面试评价表**

姓名：   性别：   年龄：   编号：

应聘职位：   所属部门：

评价要素	评 价 等 级				
	1（差）	2（较差）	3（一般）	4（较好）	5（好）
1.个人修养					
2.求职动机					
3.语言表达能力					
4.应变能力					
5.社交能力					
6.自我认识能力					
7.性格内外向					
8.健康状况					
9.掩饰性					
10.相关专业知识					
11.总体评价					
评价	□建议录用　　□有条件录用　　□建议不录用				

用人部门意见		人事部门意见		总裁（总经理）意见	
	签字：		签字：		签字：

（三）面试主要方法

1.按面试效果来分，可分为初步面试和诊断面试

初步面试有助于增进用人单位与应聘者的相互了解，在这个过程中应聘者对其书面材料进行补充，组织对其求职动机进行了解，并向应聘者介绍组织情况，解释岗位招募的原因及要求。

诊断面试是对经初步面试筛选合格的应聘者进行实际能力与潜力的测试，目的在于招聘单位与应聘者双方补充深层次的信息。

2.按面试内容来分，可分为结构化面试和非结构化面试

结构化面试指在面试前，已设立面试内容的固定框架或问题清单，主考官按照这个框架对每个应聘者分别作相同的提问，并控制整个面试的进行。结构化面试由于对所有应聘者均按同一标准进行，因而能减少面试的主观性；但由于结构化面试过于僵化，难以随机应变，因而所收集信息的范围受到限制。在进行结构化面试时，应注意以下问题：①工作技能需求分析；②面试问题的准备；③对面试过程的引导与控制；④对面试结果的评价。

非结构化面试前无须作面试问题的准备，主考官只需掌握组织、职位基本情况，因而灵活自由，问题可因人、因情境而异，可得到更有用的信息。在面试中往往提一些开放式的问题，如"谈谈你对某件事情的看法""你有何兴趣与爱好"等。这种面试的主要目的在于给应聘者充分发挥自己能力与潜力的机会，但由于此方法缺乏统一标准，因而易带来偏差，同时对主考官要求较高，要求主考官具备丰富的经验与很高的素质。

3.按面试的形式来分，可分为压力面试和BD面试

压力面试在面试一开始就向应聘者提问攻击性问题，用于了解应聘者承受压力、情绪调整及应变等能力。压力面试一般用于招聘销售人员、公关人员、高级管理人员。

BD面试即行为描述面试。这种面试是基于行为的连贯性原理发展起来的，面试主考官通过行为描述面试要了解两方面的信息：一是应聘者过去的工作经历，判断他选择本组织发展的原因，预测他未来在本组织中发展所采取的行为模式；二是了解他对特定情境所采取的行为模式，并将其行为模式与空缺职位所期望的行为模式进行比较分析。

在面试过程中，主考官往往要求应聘者对其某一行为的过程进行描述。如主考官会提问："你能否谈谈你过去的工作经历与离职的原因？""请你谈谈你昨天向你们公司总经理辞职的经过。"在BD面试的提问过程中，所提的问题经常是与应聘者过去的工作内容与绩效有关的，且提问的方式更有诱导性。

（四）面试提问技巧

合理安排提问内容，合理运用简单提问、递进提问、比较式提问、举例提问等方式。

（1）你为何要申请这项工作（了解应聘者的求职动机）？

（2）你认为这项工作的主要职责是什么？如果你负责这项工作你将怎么办（了解应聘者对应聘岗位的了解程度及态度）？

（3）你认为最理想的领导是怎样的？请举例说明（据此可了解应聘者的管理风格及行为倾向）。

（4）对你来应聘你家庭的态度怎样（了解其家庭是否支持）？

（5）你的同事当众批评、辱骂你时，你怎么办（了解应聘者在现场处理棘手问题的经验及处理冲突的能力）？

（6）你的上级要求你完成某项工作，你的想法与上级不同，而你又确信你的想法更好，此时你怎么办（了解应聘者在困境中能否冷静处理问题）？

（五）影响面试效果的主要因素

（1）过早地做出录用决策。面试者常在见面后的几分钟，凭印象已有录用决策的意向。

（2）过分强调面试表中的不利内容，以致不能全面了解个人。

（3）面试者本人对空缺岗位的任用条件不了解，无法以正确的标准去衡量应聘者。

（4）面试者本人缺乏面试经验。

（5）面试过程中，面试者本人讲得太多，未让应聘者多讲，失去了招聘面试的意义。

（6）由于招聘时间紧迫，为完成招聘任务，不得不加快速度，急于求成。

（7）第一印象、晕轮效应、群体定见、趋中效应、以貌取人、个人偏见等常见心理偏差。

四、心理测试

（一）心理测试的概念

心理测试主要集中于对应聘者潜力的测试，具体包括职业能力倾向测试、个性测试、价值观测试和职业兴趣测试等。

（二）心理测试的内容

1.职业能力倾向测试

职业能力倾向测试是指测定从事某项特殊工作所应具备的某种潜在能力的一种心理测试（见表6-1）。它能预测应聘者在某职业领域中成功和适应的可能性，或判断哪项二作适合他。职业能力倾向测试包括普通能力倾向测试、特殊职业能力测试、心理运动机能测试。

2.个性测试

通过个性测试，组织有望找到一个具有才干，但更具个性魅力的候选人；对应聘者个人而言，可以发现自己具备的个性和与之相适应的工作性质。个性测试主要有自陈式测试和投射测试。

3.价值观测试

价值观测试是指通过对应聘者道德方面如诚实、质量和服务意识等价值观的测试，来深入了解应聘者的价值取向，作为选拔录用的一种补充性依据。

4.职业兴趣测试

从艺术取向、习俗取向、经营取向、研究取向、现实取向、社交取向等方面测定应聘者的职业兴趣，从而了解应聘者想做什么和喜欢做什么。

（三）心理测试的注意事项

注意事项包括：一要注意对应聘者的隐私加以保护；二要有严格的程序；三是心理测试的结果不能作为唯一的评定依据。

五、情境模拟测试

（一）情境模拟测试的概念

情景模拟测试是根据被试者可能担任的职位，编制一套与该职位实际情况相似的测试项目，将被试者安排在模拟的、逼真的工作环境中，要求被试者处理可能出现的各种问题，用多种方法来测试其心理素质、实际工作能力、潜在能力的一系列方法。

与笔试、面试方法相比，情境模拟测试主要针对被测试者明显的行为、实际的操作以及工作效率进行测试。

表6-11　　　　　　　　　　　测试你的择业倾向（职业能力倾向测试）

从心理学上讲，选择一个适合自己的职业，涉及性格、气质、兴趣、能力、教育状况等许多方面。下面两组20道题，只要在题后回答"是"或"否"，就可以获得一些帮助。

第一组

1.就我的性格来说，我喜欢同年轻人而不是同年龄大的人在一起。

2.我心目中的爱人应具有与众不同的见解和活跃的思想。

3.对于别人求助我的事情，总乐意帮助解决。

4.我做事情考虑较多的是速度和数量而不在精雕细琢上下功夫。

5.总之，我喜欢新鲜这个概念，如新环境、新旅游点、新朋友等。

6.我讨厌寂寞，希望与大家在一起。

7.我读书的时候就喜欢语文课。

8.我喜欢改变某些生活习惯，以使自己有一些充裕的时间。

9.不喜欢那些零散、琐碎的事情。

10.我进入招聘职员经理室，经理抬头瞅了我一眼，说声"请坐"，然后就埋头阅读他的文件不再理我，可我一看旁边并没有座位，这时我没站在那里等，而是悄悄搬来个椅子坐下等经理说话。

第二组

11.我读书的时候很喜欢数学课。

12.看了一场电影、戏剧后，喜欢独自思考其内容，而不喜欢与人一起谈论。

13.我书写整齐清楚，很少写错别字。

14.不喜欢读长篇小说，喜欢读议论文、小品文或散文。

15.业余时间我爱做智力测验、智力游戏一类题目。

16.墙上的画挂歪了，我看着不舒服，总要想法将它扶正。

17.收录机、电视机出了故障，喜爱自己动手摆弄、修理。

18.做事情愿做得精益求精。

19.我对一般服装的评价是看它的设计而不大关心是否流行。

20.我对经济开支能控制，很少有"月初松月底空"的现象。

评分方法：

1.共20题，前10题为第一组，后10题为第二组。

2.从第1题起依次写出"是"与"否"的答案，然后算出两组各有几个"是"。

3.比较两组答案：第一组中答"是"比第二组多为A；第二组中答"是"比第一组多为B；两组回答"是"相等则为C。

评析：

A.你最大的长处是思想活跃，善与人交往。你喜欢把自己的想法让别人去实现，或者与大家共同去实现。适合你的职业是记者、演员、导游、推销员、采购员、服务员、节目主持人、人事干部、广告宣传人员等。

B.你具有耐心、谨慎、刻苦钻研的品质，是个稳重的人。你适宜于选择编辑、律师、医生、技术人员、工程师、会计师、科学工作等职业。

C.你具备A、B两类型人的长处，不仅能独立思考，也能维持、处理良好的人际关系。供你选择的职业包括教师、教练、护士、秘书、美容师、理发师、公务员、心理咨询员、各类管理人员等。

情境模拟测试的优点有：可从多角度全面观察，分析、判断、评价应聘者；由于被测试者被置于其未来可能任职的模拟工作情境中，而测试的重点又在于实际工作能力，因此通过这种测试而选拔出来的人员往往可直接上岗，或只需有针对性地培训即可上岗，这为组织节省了大量的培训费用。

（二）情境模拟测试的内容

1.语言表达测试

语言表达测试侧重于考查语言表达能力，包括演讲能力测试、介绍能力测试、说服能力测试、沟通能力测试。

2.组织能力测试

组织能力测试侧重于考查协调能力，如会议主持能力测试、部门利益协调能力测试、团队组建能力测试。

3.事务处理能力测试

事务处理能力测试侧重于考查事务处理能力，如公文处理能力测试、冲突处理能力测试、行政工作处理能力测试。

（三）情境模拟测试的主要方法

情境模拟测试的方法有公文处理模拟法、无领导小组讨论法、决策模拟竞赛法、访谈法、角色扮演法、即席发言法、案例分析法等。最常用的是公文处理模拟法、无领导小组讨论法。

1.公文处理模拟法

公文处理模拟法，又称公文筐测试，它是经过多年实践检验的一种有效的管理人员的测评方法。最常见的考评维度有个人自信心、企业领导能力、计划安排能力、书面表达能力、分析决策能力、敢担风险倾向与信息敏感性。

公文筐测试程序如图6-6所示。

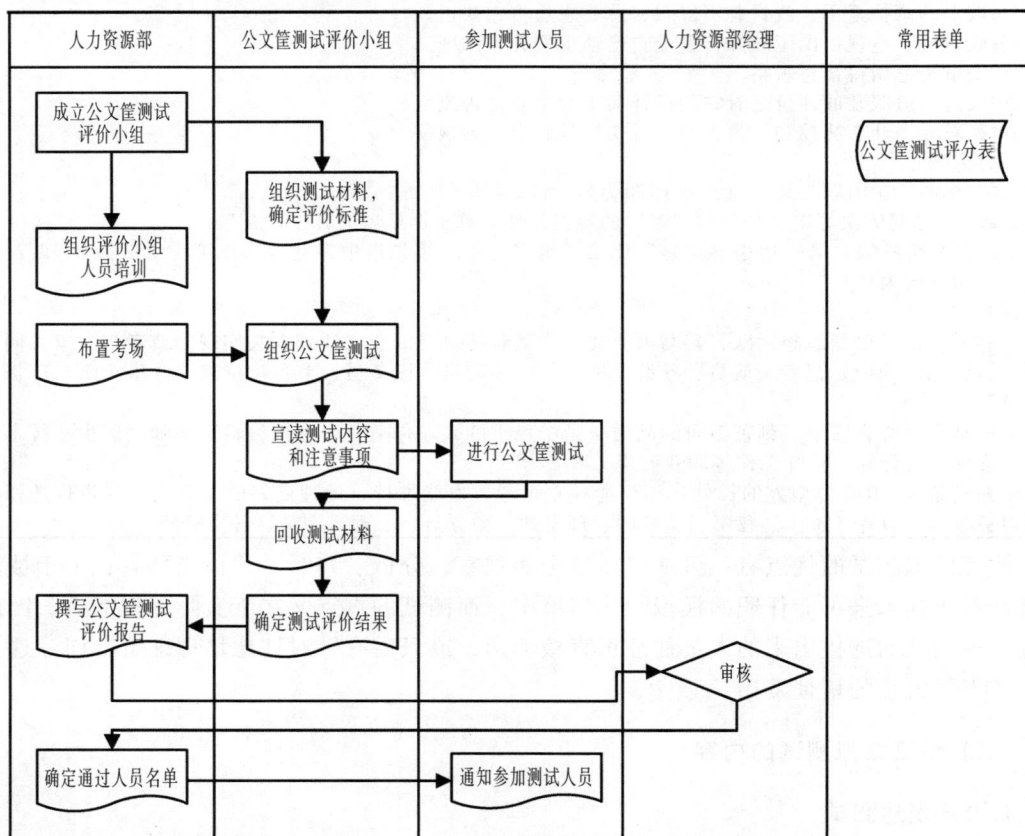

图6-6　公文筐测试程序

（1）成立公文筐测试评价小组。明确测试分工、测试对象、组织形式、测试程序、测试时间和地点安排。

（2）公文筐测试的材料准备。明确测评对象候任岗位及岗位特征，设计测试材料。测试材料包括提供给测评对象的背景材料和待处理的各种测验资料。背景材料包括测评对象的特定身份、工作职能和组织结构等具体情境。各种测验资料包括信函、报告、备忘录等，一般由15～25个文件组成。

（3）确定公文筐测试的评价标准。根据测试材料的内容，从资料分析能力、信息处理能力、计划组织能力、问题分析能力、分派任务能力、协调沟通能力等方面明确公文筐测试的评价标准，设计具体测试评价指标。

（4）公文筐测试评价人员培训。明确公文筐测试的观察方式、评分方法，协调配合并注重岗前模拟训练，确定测试实施过程、评价标准。

（5）组织公文筐测试。对参加测试人员进行分组，发放公文筐测试题目，介绍有关背景材料，宣布测试纪律和注意事项，引导测试对象尽快进入测试情境。

（6）正式开始公文筐测试。观察考生测试表现，记录公文筐测试评分表（见表6-12）。

表6-12　　　　　　　　　　　　　　　　公文筐测试评分表

被测人员编号		姓名		性别			
现任岗位/竞聘岗位		文化程度		年龄			
测评要素	胜任素质定义					满分	得分
统筹计划能力	1.能够有条不紊地处理各种公文和信息材料，并根据信息的性质和轻重缓急，对信息进行分类处理 2.在处理问题时，能提出及时、可行的解决方案，能系统地安排和分配工作，注意到不同信息之间的关系，有效地利用人、财、物和信息资源 3.能确定正确的目标以及实现目标的有效举措和行动步骤，制定有效的行动时间表					15	
洞察问题能力	能觉察问题的起因，把握相关问题的联系，归纳综合，形成正确判断，预见问题的可能后果					10	
解决问题能力	能提出解决问题的有效措施并付诸实施，即使在情况不明朗时也能及时果断地做出决策					10	
任用授权能力	1.给下属分派与其职责、专长相适应的任务 2.为下属提供完成任务所必需的人、财、物的支持 3.调动下属的力量，发挥下属的特长和潜能					20	
指导控制能力	为下属指明行动和努力的方向，适时地发起、促进或终止有关工作，维护组织机构的正常运转，监督、控制经费开支及其他资源					15	
组织协调能力	协调各项工作和下属的行动，使之成为有机的整体，按一定的原则要求，调节不同利益主体的矛盾冲突					15	
团结合作能力	理解、尊重下属，倾听下属意见，激发下属的积极性，帮助下属适应新的工作要求，重视并在可能条件下促进下属的个人发展					15	
合　计						100	

测评人员评语

签字：　　　　　　　　　　　　　　　　　　　　　　　　　　日期：

（7）公文筐测试评价。根据参加测试人员文件处理结果以及测试标准，对考生进行打分，确定最终结果。

（8）撰写公文筐测试评价报告。对公文筐测试的组织安排、人员分工、测试题目设计及评价标准、参加测试人员综合表现做出评价。根据招聘需求和参加测试人员情况，确定通过公文筐测试人选。

2.无领导小组讨论法

无领导小组讨论法是评价中心技术中经常使用的一种测评技术，其采用情景模拟的方式对考生进行集体面试。它通过给一组考生（一般是5~7人）一个与工作相关的问题，让考生们进行一定时间（一般是1小时左右）的讨论，来检测考生的组织协调能力、口头表达能力、辩论能力、说服能力、情绪稳定性、处理人际关系的技巧、非言语沟通能力（如面部表情、身体姿势、语调、语速和手势等）等各个方面的能力和素质是否达到拟任岗位的要求，由此来综合评价考生的胜任能力。

无领导小组讨论法的优点：①具有生动的人际互动效应；②能在被评价者之间产生互动；③讨论过程真实，易于客观评价；④被评价者难以掩饰自己的特点；⑤测评效率高。

无领导小组讨论法的缺点：①题目的质量影响测评的质量；②对评价者和测评标准的要求较高；③应聘者表现易受同组其他成员的影响；④被评价者的行为仍然有伪装的可能。

（1）无领导小组讨论的程序。

无领导小组讨论法的主要程序如图6-7所示。

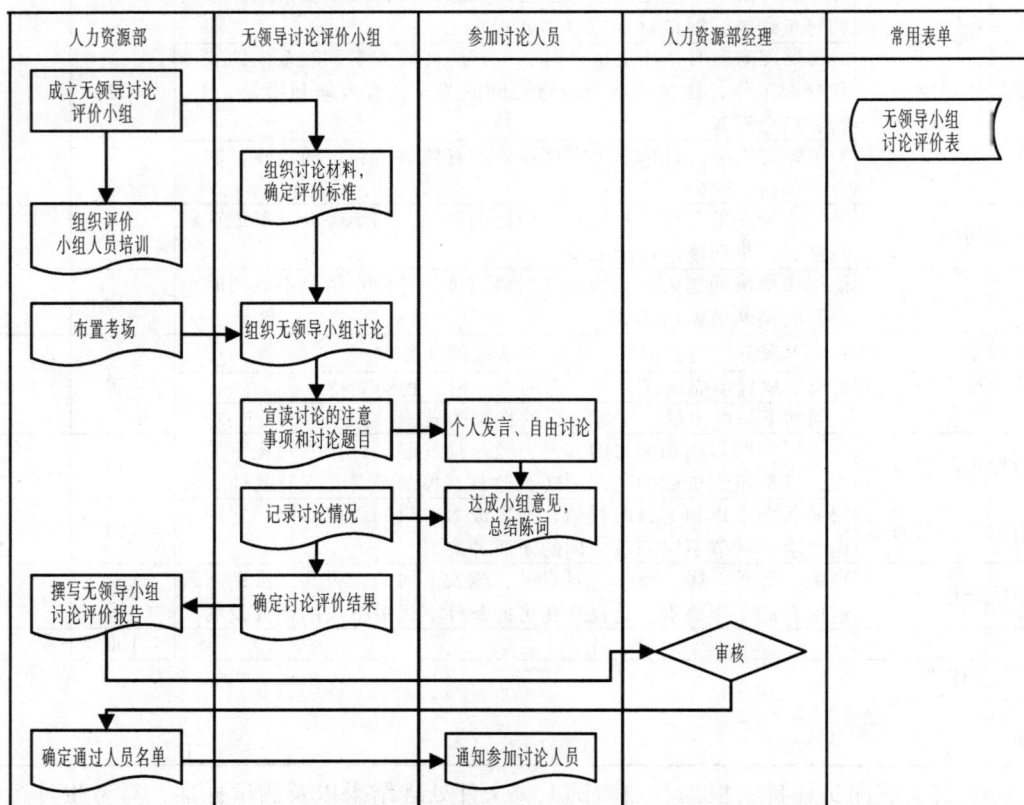

图6-7 无领导小组讨论法的主要程序

①前期准备：具体包括编制讨论题目、设计评分表、编制计时表、对考官的培训、选

定场地（圆桌会议）、确定讨论小组（6~8人为宜）。

②具体实施阶段：具体包括宣读指导语（规范）、构思讨论发言提纲（5~10分钟）、小组讨论（40~60分钟）、阐述观点（每人5分钟）。

③评价与总结阶段：对无领导小组讨论的组织安排、人员分工、讨论题目设计及评价标准、参加讨论人员综合表现做出评价。记分员按歌唱比赛方法去掉一个最高分、一个最低分，然后得出平均分的方式，计算出最后得分。根据招聘需求和参加讨论人员情况，确定通过无领导小组讨论人选，主考官在成绩单上签字。

无领导小组讨论评价表见表6-13。

表6-13　　　　　　　　　　　　　　　　无领导小组讨论评价表

素质得分	成员1	成员2	成员3	成员4	成员5
仪容仪表（5）					
口头表达能力（10）					
发言主动性（15）					
发言说服力与引导性（25）					
应变与沟通能力（20）					
创新思维（15）					
组织协调能力（10）					
总分					

（2）无领导小组讨论试题的主要类型。

试题类型主要包括开放式问题、两难问题、多项选择问题、操作性问题、资源争夺问题等。

第五节　招聘录用和评估

一、招聘录用

招聘录用是依据选拔的结果做出录用决策并进行安置的活动。其中最关键的内容是做好录用决策。录用决策是依照人员录用的原则，避免主观武断和不正之风的干扰，把选拔阶段多种考核和测试结果组合起来，进行综合评价，从中择优确定录用名单。

（一）招聘录用的原则

1.公开原则

将招考单位、招考的种类和数量、招考的资格条件，以及考试的方法、科目和时间均面向社会公告周知，公开进行招聘。一是将考试录用工作置于社会的公开监督之下，防止不正之风；二是有利于给予社会上人才以公平竞争的机会，达到广招人才的目的。

2.平等原则

对所有报考者应当一视同仁，不得人为地制造各种不平等的限制，努力为社会上有志之士提供平等的竞争机会。

3.竞争原则

通过考试竞争和考核鉴别，以确定成绩的优劣。

4.全面原则

录用前的考试和考核应该兼顾德、智、体诸方面，对知识、能力、思想、品德进行全面考核。这是因为劳动者、各类干部的素质，不仅取决于文化程度，还有智力、能力、人格、思想上的差异，而且往往非智力素质对日后的作为起决定作用。

5.择优原则

择优是广揽人才，选贤任能，为各个岗位选择第一流的工作人员。因此，录用过程是深入了解、全面考核、认真比较、谨慎筛选的过程。做到"择优"必须依法办事，用纪律约束一切人，特别是有关领导必须注意。

6.量才原则

招聘录用时，必须考虑有关人选的专长，量才录用，做到"人尽其才""用其所长""职得其人"。

（二）招聘录用的主要策略

在做出最终录用决策时，应当注意的问题是尽量使用全面衡量的方法，减少做出录用决策的人员，不能求全责备。招聘录用具体可以采取多重淘汰式、补偿式、结合式三种策略。

1.多重淘汰式

将多种考核与测验项目依次实施，每次淘汰若干低分者。

2.补偿式

在补偿式中，不同测试的成绩可以互为补充，最后根据应聘者在所有测试中的总成绩做出录用决策。

3.结合式

在采用结合式进行录用决策分析时，在全部测试中，有些测试是淘汰性的，有些是可以互为补偿的，应聘者只有通过淘汰性的测试之后，才能参加其他项目的测试，某些项目的测试成绩可以互为补充。

（三）招聘录用的主要程序

招聘录用的主要程序如图6-8所示。

（1）新员工录用材料准备。完善员工基本信息表、试用期总结考核表等表单。

（2）新员工录用。明确岗位职责，做好试用期管理及试用期培训。

（3）正式定岗后，做好员工档案建立、社保办理等相关工作。

招聘录用中会用到员工报到通知书、试用合同书和试用员工考核表，见表6-14、表

6-15 和表 6-16。

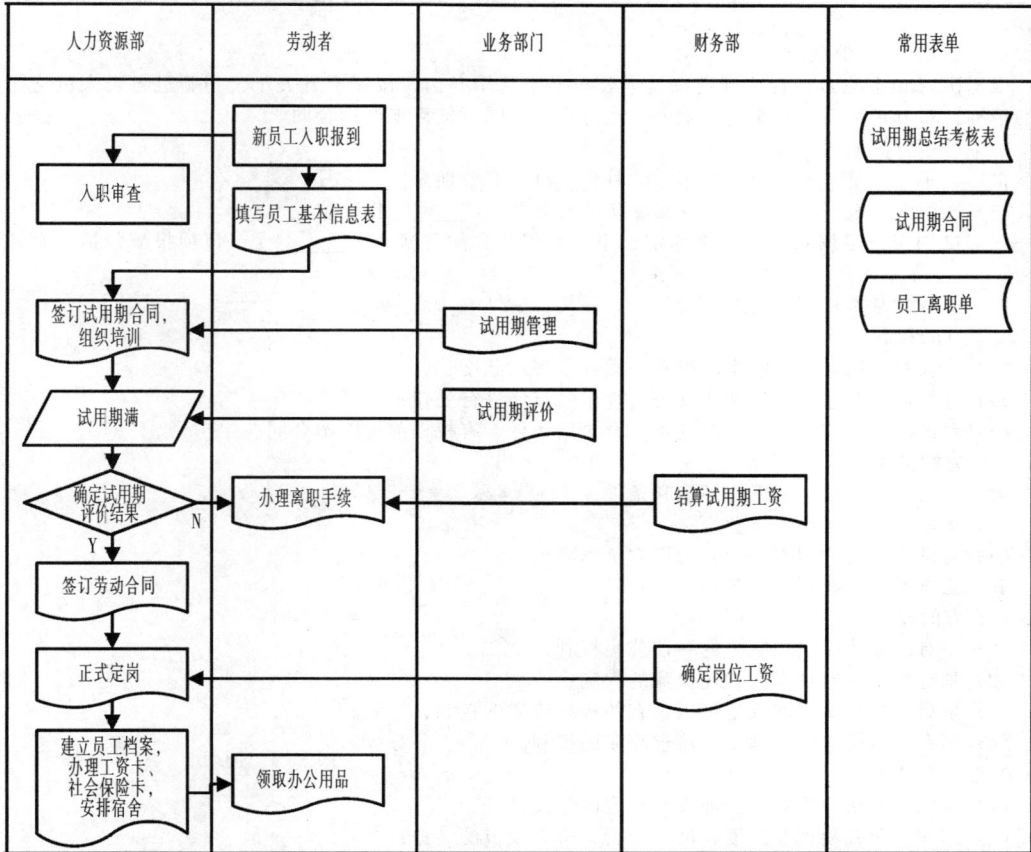

图 6-8　招聘录用的主要程序

表 6-14　　　　　　　　　　　　　员工报到通知书

_____先生/女士：

您好！

首先感谢您对本企业的信任和大力支持。

您应征本公司_____之职，经复审结果，决定录用，因此特别通知您于以下时间、地点到本企业报到，具体要求如下：

报到时间	年　　月　　日（星期　　）　午　　时　　分
报到地点	
行车路线	
个人准备	1. 身份证复印件； 2. 个人履历表； 3. 体检表； 4. 学历证明； 5. 2寸半身照片　　张
入职待遇	按本公司规定新进员工必须先行试用　　个月，试用期间暂支月薪　　　元

单位名称：（盖章）

表 6-15   **试用合同书**

甲方：
乙方：　　　　　　（身份证号：　　　　　　　　　　　　　　　　　）

　　根据国家和本地劳动管理规定以及本公司员工聘用办法，按照甲方关于公司新进各类人员均需试用的精神，双方在平等、自愿的基础上，经协商一致同意签订本试用合同。

　　一、试用合同期限：
　　自＿＿＿年＿＿＿月＿＿＿日至＿＿＿年＿＿＿月＿＿＿日，有效期为＿＿＿个月。
　　二、试用岗位根据甲方的工作安排，聘请乙方在＿＿＿＿＿＿＿＿工作岗位。
　　三、试用岗位根据双方事先之约定，甲方聘用乙方的月薪为＿＿＿＿＿＿＿＿元，该项报酬包括所有补贴在内。
　　四、甲方的基本权利与义务：
　　1.甲方的权利。
　　（1）有权要求乙方遵守国家法律和公司各项规章制度；
　　（2）有权对乙方违法乱纪和违反公司规定的行为进行处罚；
　　（3）对试用员工不能胜任工作或不符合录用条件，有权提前解除本合同。
　　2.甲方的义务。
　　（1）为乙方创造良好的工作环境和条件；
　　（2）按本合同支付给乙方薪金。
　　（3）对试用期乙方因工伤亡，由甲方负担赔偿。
　　五、乙方的基本权利与义务：
　　1.乙方的权利。
　　（1）享有国家法律法规赋予的一切公民权利；
　　（2）享有当地政府规定的就业保障的权利；
　　（3）享有公司规章制度规定可以享有的福利待遇的权利；
　　（4）享有对试用状况不满意，请求辞职的权利。
　　2.乙方的义务。
　　（1）遵守国家法律法规、当地政府规定的公民义务；
　　（2）遵守公司各项规章制度、员工手册、行为规范的义务；
　　（3）维护公司的声誉、利益的义务。
　　六、甲方的其他权利与义务：
　　（1）试用期满，乙方不符合录用条件，甲方有权不再签订正式劳动合同；
　　（2）对员工有突出表现，甲方可提前结束试用，与乙方签订正式劳动合同；
　　（3）试用期乙方的医疗费用由甲方承担＿＿＿＿＿＿＿＿，乙方承担＿＿＿＿＿＿＿＿；
　　（4）试用期甲方一般不为乙方办理各项保险手续，如乙方被正式录用，可补办有关险种，从试用期起算；
　　（5）试用期，乙方请长病假超过＿＿＿＿＿＿＿＿天、事假超过＿＿＿＿＿＿＿＿天，试用合同自行解除。
　　七、乙方的其他权利与义务：
　　（1）试用期满，有权决定是否签订正式劳动合同；
　　（2）乙方有突出表现，可以要求甲方奖励；
　　（3）具有参与公司民主管理、提出合理化建议的权利；
　　（4）反对和投诉对乙方试用身份不公平的歧视。
　　八、一般情况下，试用期间乙方岗位不得变更。若需变更，须事先征求乙方的同意。
　　九、本合同如有未尽事宜，双方本着友好协商原则处理。
　　十、本合同一式两份，甲、乙双方各执一份，具同等效力，经甲、乙双方签章生效。

甲方：　　　　　　　　　　　　　　　　　乙方：
法定代表人：　　　　　　　　　　　　　　签字：
签约日期：　　　年　　　月　　　日　　　　签约日期：　　　年　　　月　　　日
签约地点：

表6-16　　　　　　　　　　　　　　　**试用员工考核表**

姓名		岗位名称	
部门		直属上级	
试用时间		考核时间	
员工自评 （来公司后在遵守公司规章制度、工作适用程度、工作态度等方面的表现，今后的打算）			
主管评语			
试用期得分			
人力资源部意见			

二、招聘评估

招聘评估是指对招聘过程的每个环节进行跟踪，以检查招聘是否在数量、质量以及效率方面达到了标准。

（一）招聘评估的目的

1.有利于组织节省开支

招聘评估包括招聘结果的成效评估（具体又包括招聘成本与效益评估、录用员工数量与质量评估）和招聘方法的成效评估（具体又包括招聘的信度与效度评估），因而通过招聘评估中的成本与效益核算，就能够使招聘人员清楚费用支出情况，对于其中非应支项目，在今后的招聘中加以去除。

2.检验招聘工作的有效性

通过对招聘评估中录用员工数量的评估，可以分析招聘数量满足与不满足之原因，有利于改进今后的招聘工作和为人力资源规划修订提供依据。

3.检验招聘工作成果与方法的有效性程度

通过对录用员工质量评估，可以了解员工的工作绩效、行为、实际能力、工作潜力与招聘岗位要求之符合程度，从而为改进招聘方法、实施员工培训和进行绩效评估提供必要的、有用的信息。

4.有利于提高招聘工作质量

通过招聘评估中招聘信度和效度的评估，可以了解招聘过程中所使用方法的正确性与有效性，从而不断积累招聘工作的经验与修正不足，提高招聘工作的质量。

（二）招聘评估的流程

（1）招聘计划评估。招聘计划评估主要包括对招聘岗位需求情况、招聘渠道选择情况、招聘小组成员参与情况、招聘预算制定情况等进行评估。

（2）招聘进程评估。招聘进程评估主要包括对招聘信息发布情况、应聘人员投递简历情况、应聘人员选拔情况、录用人员到岗情况等进行评估。

（3）招聘结果评估。

（4）撰写员工招聘评估报告，主要对招聘计划、招聘进程、招聘结果、招聘经费、招聘效果进行评定，提出招聘建议。

招聘评估的主要程序如图6-9所示。

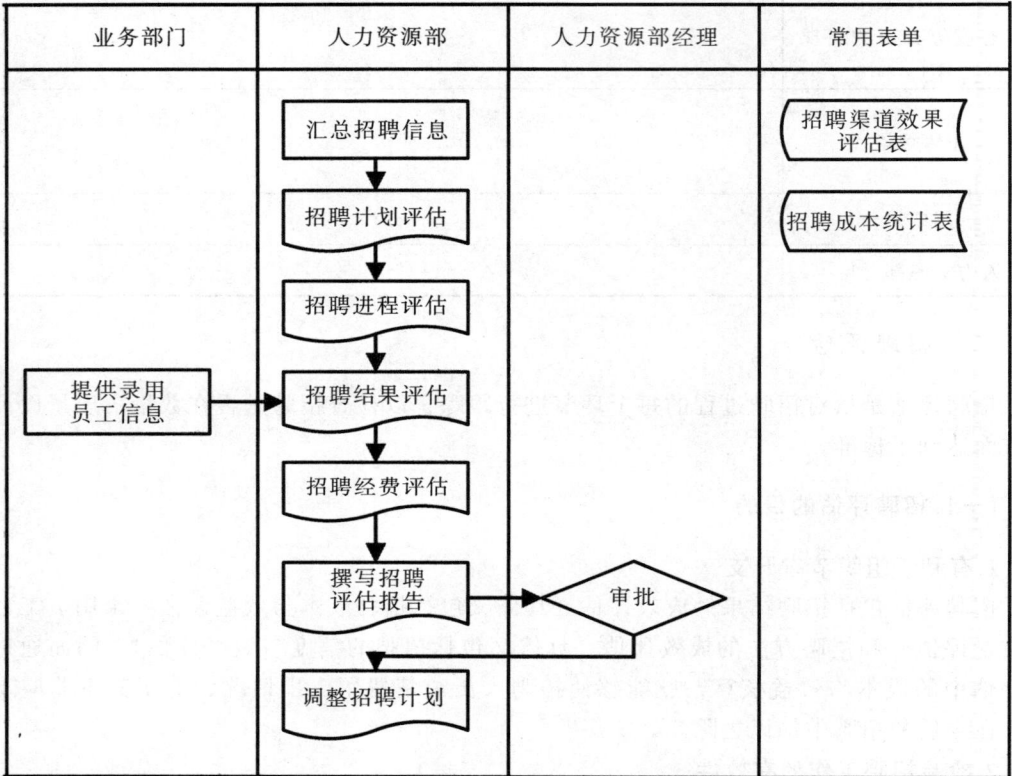

业务部门	人力资源部	人力资源部经理	常用表单
	汇总招聘信息		招聘渠道效果评估表
	招聘计划评估		招聘成本统计表
	招聘进程评估		
提供录用员工信息	招聘结果评估		
	招聘经费评估		
	撰写招聘评估报告	审批	
	调整招聘计划		

图6-9 招聘评估的主要程序

（三）招聘评估的内容

1.成本效益评估

招聘成本效益评估是鉴定招聘效率的一个重要指标。其中成本方面主要对招募成本、甄选成本、录用成本等直接成本，以及内部提升费用、工作流动费用等间接费用进行评估。

（1）招聘成本。

招聘成本分为招聘总成本与招聘单位成本。招聘总成本是指人力资源的获取成本，由直接成本、间接费用两部分组成。计算出招聘总成本后，就可以通过下式计算出招聘单位成本：

招聘单位成本=招聘总成本/实际录用人数

招聘成本统计表见表6-17。

表 6-17　　　　　　　　　　　　　　**招聘成本统计表**

招聘时间		录用人数	
招聘成本分类	费用科目	内容	费用明细
直接成本			
间接费用			
总额			
平均录用成本			

（2）成本效用。

成本效用评估是对招聘成本所产生的效果进行的分析。它主要包括招聘总成本效用分析、招募成本效用分析、人员选拔成本效用分析、人员录用成本效用分析。

总成本效用=录用人数/招聘总成本

招募成本效用=应聘人数/招募期间的费用

人员选拔成本效用=被选中人数/选拔期间的费用

人员录用效用=正式录用的人数/录用期间的费用

（3）招聘收益成本比。

招聘收益成本比=所有新员工为组织创造的总价值/招聘总成本

招聘收益成本比越高，说明招聘工作越有效。

2.数量质量评估

根据招聘人员录用情况，主要从招聘录用人员数量和质量两方面进行评估，主要评估指标包括应聘比、录用比和招聘完成比。

（1）应聘比

应聘比=应聘人数/计划招聘人数×100%

应聘比越大，说明发布招聘信息的效果越好。

（2）录用比

录用比=录用人数/应聘人数×100%

录用比越小，相对来说录用者的素质就可能越高；反之，录用者的素质则可能越低。

（3）招聘完成比

招聘完成比=录用人数/计划招聘人数×100%

招聘完成比等于或大于100%，则说明在数量上全面或超额完成了招聘计划。

针对招聘数量质量评估，通常用到招聘渠道效果综合评估表，见表6-18。

表 6-18　　　　　　　　　　　　**招聘渠道效果综合评估表**

招聘渠道	招聘岗位	计划招聘人员	实际应聘人数	录取人数	招聘费用

复习思考题

1.招聘的基本程序是怎样的？

2.简述内部招聘的渠道和流程。

3.简述外部招聘的渠道和流程。

4.具体的招聘方法有哪些？

5.简述招聘评估的作用和方法。

[第七章]
培训管理

学习目标

1. 掌握培训管理的基本概念和内容
2. 熟悉培训管理的主要流程
2. 掌握培训管理的主要方法
4. 熟悉培训管理评估的内容

引导案例

苹果大学与员工培训

21世纪什么最重要？人才。在日新月异的科技行业，对员工的培养更为重要。未来企业超越竞争对手的唯一途径就是比竞争对手学得更快。重视培训计划、重视员工全面素质的提升和企业文化的认同，把企业建成学习型组织，通过提高企业核心竞争力，从而最终实现企业与员工"双赢"，是企业获得发展的最根本手段。

作为科技行业的代表之一，苹果公司员工培训计划最初由苹果创始人史蒂夫·乔布斯构思，苹果人力资源高级副主管，原耶鲁大学管理学院院长乔伊·波多利内于2008年正式开启，又被称为"苹果大学"。

2014年8月，《纽约时报》一篇文章《简单化公牛——看毕加索如何帮助苹果的产品设计》展示了部分苹果大学的教育方式。总体归纳起来，苹果大学的教育宗旨有三：第一，绝对的精英教育。和其他许多公司不同，苹果公司的内部培训常年开课。教学人员都是全职，其中包括教师、作家和编辑。有些教学人员来自耶鲁大学、哈佛大学、加州大学伯克利分校、斯坦福大学和麻省理工等全球顶尖高校，有些人在自己的学校保留教职，同时又在苹果公司授课。第二，全面的文化熏陶。苹果大学并不是传统意义上的大学，不是一个对外教书育人的机构，而是苹果公司内部的一个部门，主要目的是确保每一位员工都可以深入了解到苹果公司的文化与历史，特别是公司的发展和技术经济的变革。第三，综合能力的提升。在苹果大学，员工培训授课内容包括帮助苹果公司所收购的企业高管将业务整合到苹果公司的体系之中，以及传授苹果公司"简单即美"的设计理念。

资料来源　根据相关报道整理。

第一节　培训管理概述

一、员工培训的定义

培训是一种系统化的行为改变过程，这个行为改变过程的最终目的就是通过工作能力、知识水平的提高以及个人潜能的发挥，明显表现出工作上的绩效特征，而工作行为的有效改善是培训的关键所在。

培训是企业为了使员工获得或改进与工作有关的知识、技能、动机、态度和行为，以利于提高员工的绩效以及对企业目标的贡献的管理活动。

二、员工培训的作用

（一）适应环境的变化

现代社会复杂多变，发展日新月异。市场的不断开拓、科技的不断进步、社会价值观念的变化以及新的思维方式的不断出现，使得外部环境对于企业来说充满了机会和挑战。企业必须能够适应这种环境，而这就依赖于企业的高素质员工队伍。培训可以使员工更新观念，保持对于外界环境的警觉和敏锐反应，进而使得企业在环境变化之前做好准备和应对措施，始终处于市场的领先地位。

（二）满足员工自身发展的需要

培训一般目标包括诱导与指引、绩效的改进、拓展企业员工的自我价值。培训实质上是一种系统化的智力投资，有利于培养和增强员工的职业精神、提高和增强员工的专业水平和工作能力、培养员工的团队合作精神、培养员工适应和融入企业的文化精神。

（三）提高企业的效益

企业的长远发展不只是依靠设备先进、产品优质、技术领先，更依赖于具有创造力的高素质的员工，是企业长期生存并得以发展的根本。

三、培训遵循的原则

（一）有效激励原则

培训的对象既然是组织的员工，就要求把培训也看做某种激励的手段。在现代企业中，培训已作为一种激励手段，一些企业在招聘员工的广告中明确告之：员工将享受到培训待遇，以此来增加企业的魅力。

（二）个体差异化原则

公司从普通员工到最高决策者，所从事的工作、创造的绩效、能力和应当达到的工作标准各不相同，所以员工培训工作应充分考虑他们各自的特点，做到因材施教。也就是说，要针对员工的不同文化水平、不同的职务、不同的要求以及其他差异，区别对待。

（三）注重提供实践机会的原则

培训的最终目的就是要把工作干得更好，所以，不能仅仅依靠简单的课堂教学，更要为接受培训的员工提供实践或操作的机会，使他们通过实践，体会要领，真正地掌握要领，在无压力的情况下达到操作的技能标准，较快地提高工作能力。

（四）反馈培训效果

在培训过程中，要注意对培训效果的反馈。反馈的作用在于巩固学习技能、及时纠正错误和偏差，反馈的信息越及时、准确，培训的效果就越好。

（五）培训目标明确的原则

为接受培训的人员设置明确且具有一定难度的培训目标，可以提高培训效果。培训目标设得太难或太容易都会失去培训的价值。所以，培训的目标设置要合理、适度，同时与每个人的具体工作相联系，使接受培训的人员感受到培训的目标来自于工作又高于工作，是自我提高和发展的高层延续。

（六）促进员工个人职业发展的原则

员工在培训中所学习和掌握的知识、能力和技能应有利于个人职业的发展。作为一项培训的基本原则，它同时也是调动员工参加培训积极性的有效法宝。

（七）培训效果延续性的原则

公司对于那些已经接受培训的员工如何使用，以及如何发挥他们已经掌握的技能，其中最有效的办法是给他们更多的工作机会、更理想的工作条件。而对其中确有工作能力、真正优秀的员工，应委以重任，为他们提供晋升的机会。

四、员工培训的职责分工

员工培训的职责分工见表7-1。

表7-1 员工培训的职责分工

部门	职责
最高管理层	（1）提供培训与开发的总体政策与程序，以确保培训工作的有效推行； （2）提供行政上的监控，以确保管理人员和员工参与方案的制订； （3）提供权利上的保障，以确保培训管理的权威性； （4）提倡和建立适合培训的企业文化； （5）对培训与开发的理解和支持等
人力资源部门	（1）企业中长期培训开发规划与年度培训计划的编制与管理； （2）以专业知识和经验支持各个部门进行人员的培训开发工作； （3）提供培训资源上的保证； （4）培训管理，包括培训方案评估、培训过程监控、培训效果评估、培训档案管理等； （5）培训制度、程序的制定与监控； （6）培训成本与费用管理
直线管理者	（1）确保培训与开发工作的顺利进行； （2）鼓励所属员工自我开发； （3）安排时间和机会让员工去实现自我发展； （4）实施员工的职场培训； （5）对所属人员进行培训与开发需求评估，并制订所属人员的培训和职业计划； （6）对企业文化、培训政策和策略以及培训制度、程序和资源（时间、权利）方面的支持等

第二节　培训需求分析

一、培训需求分析的概念

培训需求分析具有很强的指导性，是确定培训目标、设计培训计划、有效实施培训的前提，是现代培训活动的首要环节，是进行培训评估的基础，是使培训工作准确、及时和有效的重要保证。

培训需求分析具有帮助企业充分认识现状与目标的差距、促进人事管理工作和员工培训工作的有效结合、提供解决工作中的实际问题的方法、能够获得大量员工培训的相关成果、决定培训的价值和成本等重大意义。

二、培训需求的种类

培训需求的产生不仅仅来源于企业中各个层次的员工个人的需要，它也同样来源于企业中的各个特定职能部门群体的需要，甚至企业作为一个组织整体都有可能产生培训需求。这就导致了培训内容和形式的多种多样，特点也各不相同。

（一）员工个人的培训需求

某些培训的需求来源于员工个人。例如，当企业的生存和发展取决于其领导者和手下员工对变化是否具有积极应对的意愿时，或者当企业转入一个新的行业中时，产生相关的培训需求是普遍的。

（二）企业中各个职能部门的培训需求

它是指来源于企业中特定群体的培训需求。这些群体可能是一个具体的单位、部门或者机构，比如财务部门、人事部门，也可能是居于一个特定层次的职能群体，或者是从事一种具体业务或者特殊任务的机构，如清洁部门和安全保卫部门。

（三）企业整体的培训需求

来源于企业整体的培训需求包括：企业转入新的经营领域所进行的准备，员工为新工作所做的调整和预备；员工和组织的各种自我发展和提高的活动；规范培训或对不达标行为的指导以及培训手段的现代化。

三、培训需求分析程序

培训需求分析主要程序如图7-1所示。

（一）前期准备阶段

1.成立培训需求调查小组

成立由培训专家、岗位在职人员、上级主管组成的工作小组，对相关调查人员进行培训。

业务部门	人力资源部	人力资源部经理	最高管理层	常见表单
		提出培训需求调查动议		培训需求申请表
	拟定培训需求调查计划 → 审核			培训需求调查表
	设计培训需求调查方案			培训需求报告
提供培训需求信息	开展培训需求调查			
	汇总培训需求			
	分析员工培训需求			
	编制培训需求草案 → 审核			
提供建议和意见	征求部门意见，确定培训需求报告 → 审核 → 审批			
	制定培训计划			

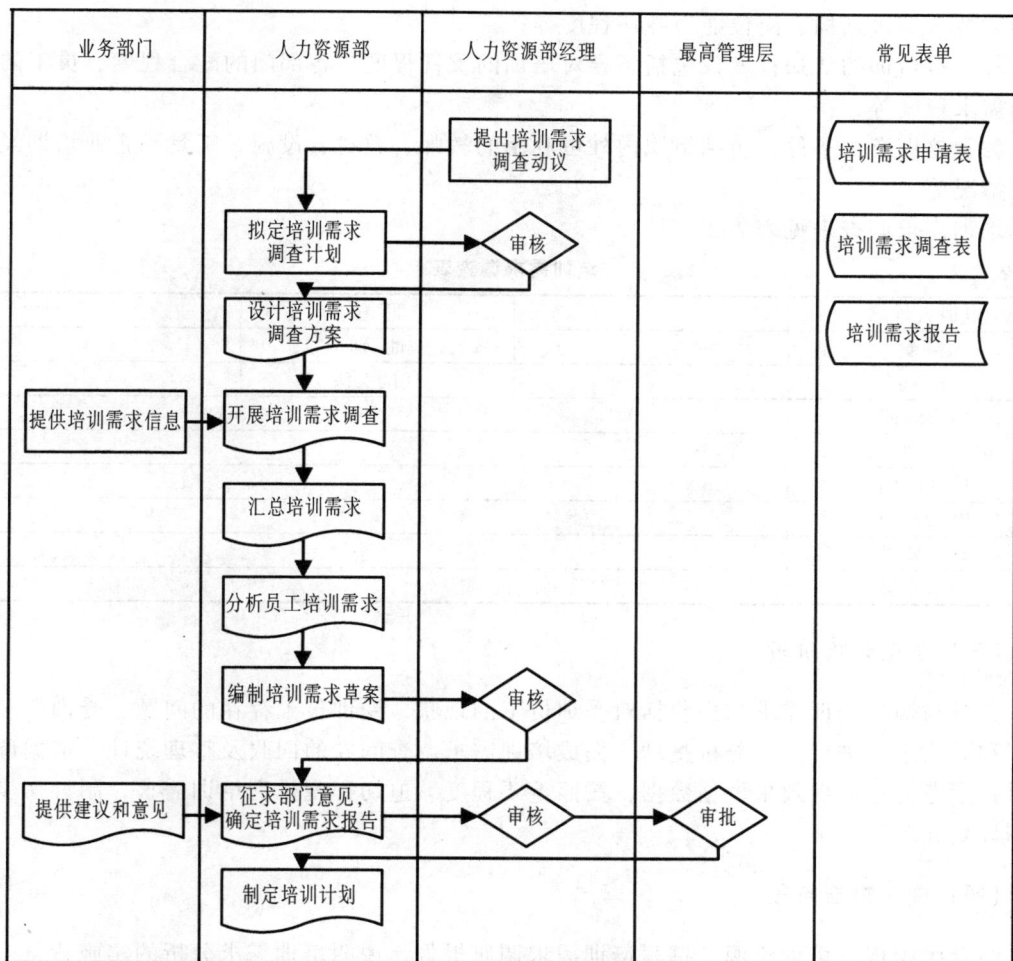

图7-1 培训需求分析主要程序

2.制订培训需求调查计划

明确调查目的、调查项目、调查方式、调查预算和调查进度安排。根据调查的目的、对象及选用的方法，设计培训需求调查问卷。

（1）调查项目包括需要获取的资料类型及调查途径等；

（2）调查方式包括调查地点、调查对象、调查样本数及调查方法等；

（3）调查预算包括文印资料费、调查人员的交通费及补贴等调查过程中所需要的费用等；

（4）调查进度安排包括调查步骤和起始时间。

（二）调查阶段

根据培训需求调查计划，选择培训需求调查对象。参考被调查职位的主要工作任务和任职者的知识技能要求，采用面谈、小组座谈、观察问卷调查等方法，收集培训需求调查有关信息，重点调查组织员工基本素质状况、对培训的认知程度、培训资源条件。

（1）组织员工基本素质状况，包括员工队伍的年龄、学历结构、管理人员与操作人员比例、技术等级结构、岗位能力胜任程度等；

（2）对培训的认知程度，包括领导对培训的重视程度、各部门的配合程度、员工的认可和需求程度等；

（3）培训资源条件，包括组织内外可利用的教师、教材、设施、工具和企业培训经费支持情况等。

培训需求调查表见表7-2。

表7-2　　　　　　　　　　　　　培训需求调查表

申请人姓名		职　位	
年　龄		性　别	
学　历		直接上级	
填表时间			
申请培训项目			
培训时间			
申请理由			
其他要求			
部门意见			

（三）总结分析阶段

分析与输出培训需求结果包括对受训员工的现状、受训员工存在的问题、受训员工的期望和真实想法进行归类分析整理，完成培训需求调查问卷的回收及整理统计。依据调查结果，参考历年培训效果评估数据，按照重要程度、迫切程度排列培训需求，制订初步的培训计划和预算方案。

（四）撰写报告阶段

结合组织现有培训资源，撰写培训需求调研报告，说明培训需求分析的实施背景、目的，确定培训目的、培训对象、培训目标、培训内容、培训时间、培训方式等，征求部门意见，对培训需求调研报告进行讨论与优化，最终定稿。

培训需求分析报告包括的内容有：①需求分析实施的背景；②开展需求分析的目的和性质；③概述需求分析实施的方法和过程；④阐明分析结果；⑤解释、评价分析结果和提供参考意见；⑥附录；⑦报告提要。

第三节　培训规划设计及实施

培训规划的主要内容有培训项目的确定、培训内容的开发、实施过程的设计、评估手段的选择、培训资源的筹备、培训成本的预算。培训规划的主要程序如图7-2所示。

一、培训规划设计

（一）确定培训目标和要求

根据组织战略目标和培训需求调研结果，明确培训的目标群体及其规模，确定组织培训目标和要求。

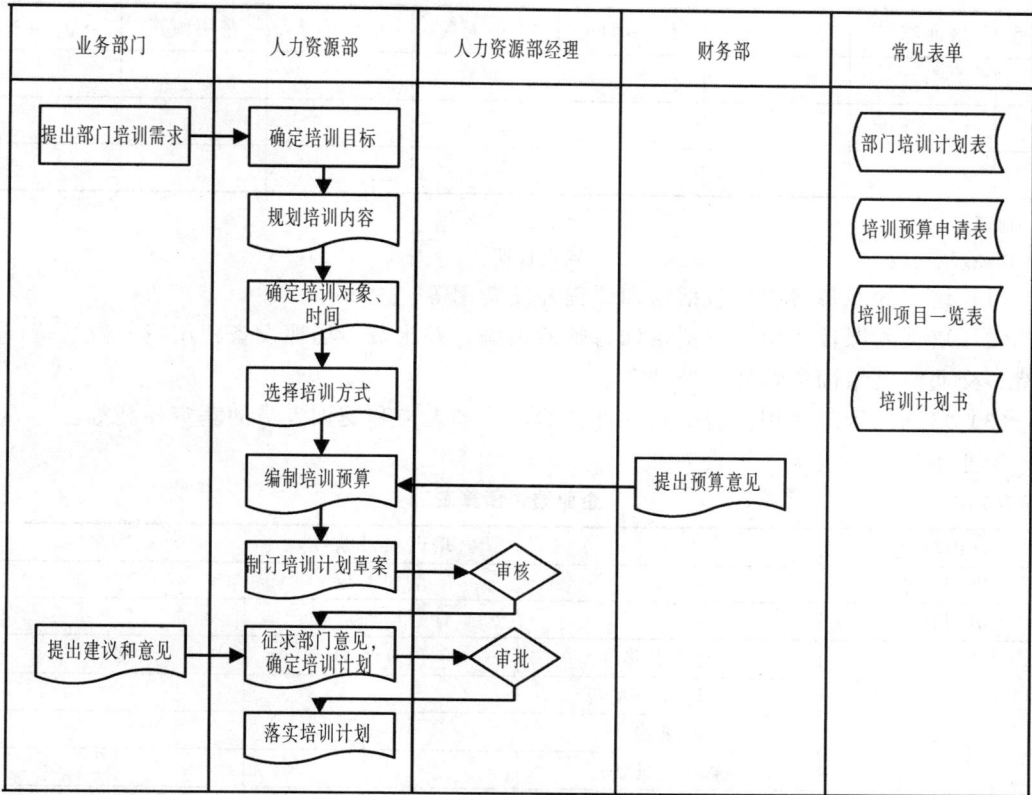

业务部门	人力资源部	人力资源部经理	财务部	常见表单
提出部门培训需求	确定培训目标			部门培训计划表
	规划培训内容			培训预算申请表
	确定培训对象、时间			培训项目一览表
	选择培训方式			培训计划书
	编制培训预算		提出预算意见	
	制订培训计划草案	审核		
提出建议和意见	征求部门意见，确定培训计划	审批		
	落实培训计划			

图7-2 培训规划的主要程序

（1）按培训对象分：决策人员、管理人员、技术人员、业务人员和操作人员培训。

（2）按培训内容分：员工知识、员工技能和员工职业道德培训。

（3）按培训性质分：适应性（新员工）、提高性（老员工）和转岗性（不同技能）培训。

（4）按培训时间分：在职和非在职培训。

（5）按培训地点分：组织内和组织外培训。组织内培训包括工作轮换、事务处理、情景模拟等；组织外培训包括参观访问、学校进修、国外深造等。

（二）编制培训计划

根据培训需求调查结果，编制培训计划草案，确定培训项目、培训内容、培训对象及人数、培训类型、培训时间、培训组织部门、培训教师、培训进度、培训课程设置、培训方式、培训场所和设备、培训考评方式等。年度培训计划表示例见表7-3。

（三）设计培训预算

培训预算是指培训准备和实施过程中所有费用的总体性规划和设计。根据年度培训预算，合理分配培训项目经费，制定培训预算明细，包括培训的准备费用、课程费用和管理费用等。

表7-3　　　　　　　　　　　　　　　　　　**年度培训计划表**

序号	培训部门	培训项目	培训时间	培训人数	培训形式	费用预算	备　注

制表：　　　　　　　　　　　　　　　核准：

总经理审批：　　　　　　　　　　　　填表日期：

（1）培训的准备费用，包括培训课程开发费用等。

（2）培训的课程费用，包括培训讲师的报酬、差旅费、场地设备租用费、餐饮费、住宿费、交通费、培训资料费、外训费。

（3）培训的管理费用，包括培训评估费、管理人员和受训人员的薪资福利等。

企业培训预算表示例见表7-4。

表7-4　　　　　　　　　　　　　　　　**企业培训预算表**

培训项目		培训项目编号		
培训对象		培训人数		
培训时间		计划培训形式		
	费用名称	预算明细		备注
	培训课程开发费			
	网络费			
	基本文具费			
	培训资料费			
	媒介和场地设备租用费			
	设备维护费			
培训费用预算	培训讲师报酬			
	交通费			
	餐饮费			
	住宿费			
	外训费			
	培训评估费			
	管理人员和受训人员的薪资福利			
合计				

制表：　　　　　　　核准：　　　　　　　填表日期：

（四）征求部门意见

对培训计划草案进行讨论与优化，最终定稿。

（五）确定培训工作职责

根据培训要求，明确管理者、培训部门、后勤部门实施培训活动的工作职责。

其中，管理者负责审批培训需求、培训方式、培训预算；培训部门负责培训组织安排、确定培训教师和教材、联系外派培训工作、编制培训时间表、发放培训通知；后勤部门落实培训场地、设备工具、食宿交通等。

二、培训过程管理

培训过程管理主要包括前期准备工作、培训实施、知识或技能的传授、培训后的工作等主要阶段，主要程序如图7-3所示。

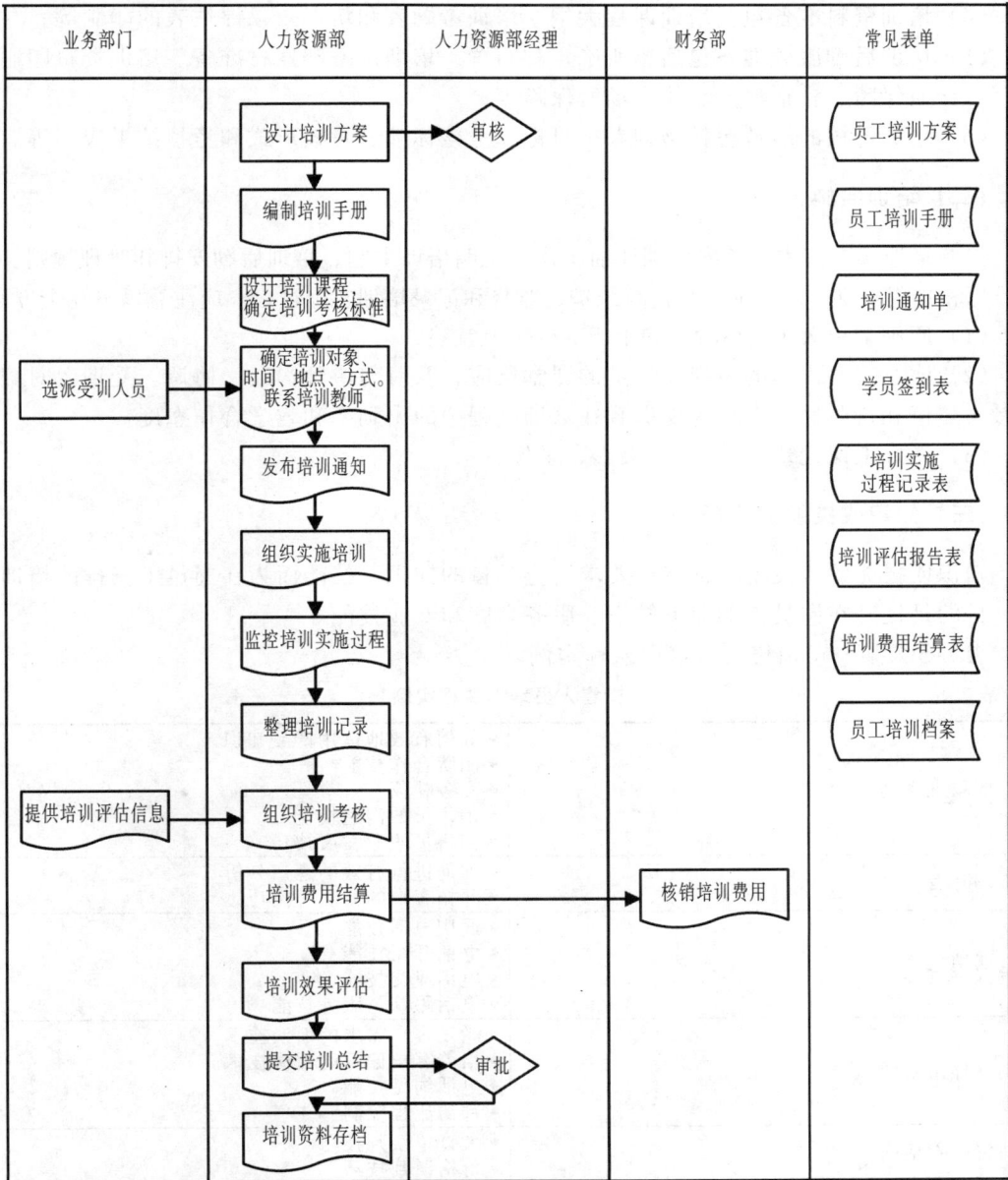

图7-3 培训过程管理的主要程序

（一）前期准备工作

根据培训计划，落实培训项目、培训时间、培训的内容和对象、培训教师、培训资料、培训后勤服务、培训考核等准备工作，发布培训通知。

（1）培训项目准备包括培训课程名称、培训形式、培训方法、培训说明等；

（2）培训时间准备包括落实培训日期安排、培训时间长度安排、培训对象报到时间安排等；

（3）培训教师准备包括培训资料、培训教学内容、培训方法的准备等；

（4）培训资料准备包括培训课程大纲、培训考勤表和培训效果评估表的印制等；

（5）培训后勤服务准备包括场所确定和布置、培训设备和器材准备、培训资料印刷和装订、交通保障、食宿保障、休息场所保障等；

（6）培训考核的准备包括培训考核目标、考核标准、考核形式和考核结果应用等。

（二）培训实施

按照培训实施流程，落实培训课前工作，说明培训主题、培训后勤安排和管理规则、培训目标和日程安排，对培训器材进行维护，监督和记录培训实施过程。应注意以下几个方面：

（1）原则上白天上8小时，晚上上3小时为宜。

（2）注意观察讲师的表现、学员的课堂反应，及时与讲师沟通、协调。受训者对培训的参与热情和持久性，表现为受训者在培训过程中的出勤率和教学合作态度。

（3）做好上课记录（录音）、摄影、录像。

（三）知识或技能的传授

知识或技能的传授是根据岗位要求所应具备的知识、技能而为在岗员工安排的培训活动，目的是提升在岗员工的业务知识、服务态度和专业技能。

表7-5为某公司销售人员培训课程实例。

表7-5　　　　　　　　　　　　　　**销售人员培训课程实例**

• 入职培训系列	• 如何有效地运用产品知识 • 团队合作技能 • 商务礼仪 • 销售员的沟通技能 • 销售员职业发展技巧
• 市场开发系列	• 如何进行有效的客户分析 • 开拓客户的方法与技巧
• 电话销售系列	• 通用电话技能 • 电话开拓技能 • 电话成交技能 • 电话跟踪与服务技能
• 销售拜访系列	• 激发客户需求的面谈技术 • 培养客户偏好的面谈技术 • 电话约见技能 • 拜访流程控制
• 销售谈判系列	• 大订单谈判技巧 • 价格谈判技巧
• 销售员自我管理系列	• 如何制订有效的销售计划 • 销售员时间管理技能

（四）培训后的工作

（1）清理、检查培训设备。

（2）按照会计方法核定培训经费，综合计算培训成本，包括培训项目开发或购买成本、培训教师报酬成本、培训材料成本、培训设备和硬件成本、交通及住宿用餐成本、受训员工及辅助人员的工资等。按照会计核算方法，参考培训预算标准，对培训活动经费进行报销。

（3）撰写培训课程评估报告。对培训课程的目标、内容、对象、时间、形式、经费、后勤保障、效果进行评估，制定培训课程改进实施意见。

（4）记录员工培训档案，实施培训绩效考核和奖惩措施。

在培训后的工作中，需要整理学员培训签到表、培训课程成绩单、培训档案记录表，具体见表7-6、表7-7和表7-8。

表7-6　　　　　　　　　　　　　　　　**学员培训签到表**

培训项目			签到日期		
序号	姓名	部门	序号	姓名	部门

表7-7　　　　　　　　　　　　　　　　**培训课程成绩单**

培训项目		考核形式		考核日期	
序号	姓名	部门	成绩	排名	备注

制表：　　　　　　　　　　　　　　　　　　　　制表日期：

表7-8　　　　　　　　　　　　　　　　**培训档案记录表**

培训档案编号：

姓名		性别		出生年月		
学历		专业		工作时间		
培训时间	培训内容	培训机构	取得证书	所在部门	所在岗位	备注

所在部门评语：　　　　　　　　　　　　　　人力资源部评语：

第四节　培训方法

一、主要培训方法

（一）讲授法

讲授法属于传统模式的培训方式，指培训师通过语言表达，系统地向受训者传授知识，期望这些受训者能记住其中的重要观念与特定知识。

讲授法要求培训师具有丰富的知识和经验；讲授要有系统性，条理清晰，重点、难点突出；讲授时语言清晰，生动准确；必要时运用板书；应尽量配备必要的多媒体设备，以加强培训的效果；讲授完应留有适当的时间让培训师与学员进行沟通，用问答方式获取学员对讲授内容的反馈。

讲授法的优点：运用方便，可以同时对许多人进行培训，经济高效；有利于学员系统地接受新知识；容易掌握和控制学习的进度；有利于加深理解难度大的内容。

讲授法的缺点：学习效果易受培训师讲授水平的影响；由于主要是单向性的信息传递，缺乏培训师和学员间必要的交流和反馈，学过的知识不易被巩固，故常被运用于一些理念性知识的培训。

（二）工作轮换法

这是一种在职培训的方法，指让受训者在预定的时期内变换工作岗位，使其获得不同岗位的工作经验，一般主要用于培训新进员工。很多企业采用工作轮换法是为了培养新进入企业的年轻管理人员或有管理潜力的未来的管理人员。

工作轮换法要求在为员工安排工作轮换时，要考虑培训对象的个人能力以及其需要、兴趣、态度和职业偏爱，从而选择合适的工作；工作轮换时间长短取决于培训对象的学习能力和学习效果，而不是机械地规定某一时间。

工作轮换法的优点：能丰富培训对象的工作经历；能识别培训对象的长处和短处，通过工作轮换企业能了解培训对象的专长和兴趣爱好，从而更好地开发员工的所长；能增进培训对象对各部门管理工作的了解，扩展员工的知识面，对受训对象以后完成跨部门、合作性的任务打下基础。

工作轮换法的缺点：如果员工在每个轮换的工作岗位上停留时间太短，会使所学的知识不精；由于此方法鼓励"通才化"，适用于一般直线管理人员的培训，不适合职能管理人员的培训。

（三）工作指导法或教练/实习法

这种方法是由一位有经验的技术能手或直接主管人员在工作岗位上对受训者进行培训，如果是一对一的现场个别培训，则是企业常用的师带徒培训。负责指导的教练的任务是教会受训者如何做，提出如何做好的建议，并对受训者进行鼓励。这种方法不一定要有详细、完整的教学计划，但应注意培训的要点：第一，关键工作环节的要求；第二，做好工作的原则和技巧；第三，须避免、防止的问题和错误。这种方法应用广泛，可用于基层生产工人的培训。

工作指导法或教练/实习法要求培训前准备好所有的用具，搁置整齐；让每个受训者都能看清示范物；教练一边示范操作一边讲解动作或操作要领。示范完毕，让每个受训者反复模仿实习；对每个受训者的试做给予立即的反馈。

工作指导法或教练/实习法的优点：通常能在培训者与培训对象之间形成良好的关系，有助于工作的开展；一旦师傅调动、提升或退休、辞职时，企业能有训练有素的员工顶上。

工作指导法或教练/实习法的缺点：不容易挑选到合格的教练或师傅，有些师傅担心"带会徒弟饿死师傅"而不愿意倾尽全力。因此，应挑选具有较强沟通能力、监督和指导能力以及宽广胸怀的教练。

（四）研讨法

按照费用的多少与操作的复杂程度又可分成一般研讨会与小组讨论两种方式。研讨会多以专题演讲为主，中途或会后允许学员与演讲者进行交流沟通，一般费用较高，而小组讨论则费用较低。研讨法培训的目的是提高能力、培养意识、交流信息、产生新知，它适用于管理人员的培训或用于解决有一定难度的管理问题。

研讨法要求每次讨论必须建立明确的目标，并让每一位参与者了解这些目标；要使受训人员对讨论的问题产生内在的兴趣，并启发他们积极思考。

研讨法的优点：强调学员的积极参与，鼓励学员积极思考，主动提出问题，表达个人的感受，有助于激发学习兴趣；讨论过程中，教师与学员间、学员与学员间的信息可以多向传递，知识和经验可以相互交流、启发，取长补短，有利于学员发现自己的不足，开阔思路，加深对知识的理解，促进能力的提高。据研究，这种方法对提高受训者的责任感或改变工作态度特别有效。

研讨法的缺点：运用时对培训指导教师的要求较高；讨论课题选择得好坏将直接影响培训的效果；受训人员自身的水平也会影响培训的效果；不利于受训人员系统地掌握知识和技能。

（五）案例研究法

案例研究法指为参加培训的学员提供员工或组织如何处理棘手问题的书面描述，让学员分析和评价案例，提出解决问题的建议和方案的培训方法。案例研究法广泛应用于企业管理人员（特别是中层管理人员）的培训，目的是训练他们具有良好的决策能力，帮助他们学习如何在紧急状况下处理各类事务。

案例研究法通常是向培训对象提供一则描述完整的经营问题或组织问题的案例，案例应具有真实性，不能随意捏造；案例要和培训内容相一致，培训对象则组成小组来完成对案例的分析，做出判断，提出解决问题的方法。随后，在集体讨论中发表自己小组的看法，同时听取别人的意见。讨论结束后，公布讨论结果，并由教员再对培训对象进行引导分析，直至达成共识。

案例研究法的优点：学员参与性强，变学员被动接受为主动参与；将学员解决问题能力的提高融入到知识传授中，有利于使学员参与企业实际问题的解决；教学方式生动具体，直观易学；容易使学员养成积极参与和向他人学习的习惯。

案例研究法的缺点：案例的准备需时较长，且对培训师和学员的要求都比较高；案例的来源往往不能满足培训的需要。

（六）角色扮演法

角色扮演法指在一个模拟的工作环境中，指定参加者扮演某种角色，借助角色的演练来理解角色的内容，模拟性地处理工作事务，从而提高处理各种问题的能力。这种方法比较适用于训练态度仪容和言谈举止等人际关系技能，比如询问、电话应对、销售技术、业务会谈等基本技能的学习和提高。角色扮演法适用于培训新员工、岗位轮换和职位晋升的员工，主要目的是尽快适应新岗位和新环境。

角色扮演法要求教员为角色扮演准备好材料以及一些必要的场景工具，确保每一事项均能代表培训计划中所教导的行为。为了激励演练者的士气，在演出开始之前及结束之后，全体学员应鼓掌表示感谢。演出结束，教员针对各演示者存在的问题进行分析和评论。角色扮演法应和授课法、讨论法结合使用，才能产生更好的效果。

角色扮演法的优点：学员参与性强，学员与教员之间的互动交流充分，可以提高学员培训的积极性；特定的模拟环境和主题有利于增强培训的效果；通过扮演和观察其他学员的扮演行为，可以学习各种交流技能；通过模拟后的指导，可以及时认清自身存在的问题并进行改正。

角色扮演法的缺点：效果的好坏主要取决于培训教师的水平；扮演中的问题分析限于个人，不具有普遍性；容易影响学员的态度，而不易影响其行为。

二、培训方法的影响因素

（一）学习的目标

学习目标对培训方法的选择有着直接的影响。一般来说，学习目标若为认识或了解一般的知识，那么，程序化的教学、多媒体教学、演讲、讨论、个案研读等多种方法均能采用；若学习目标为掌握某种应用技能或特殊技能，则示范、实习、模拟等方法应列为首选。

（二）所需的时间

由于各种培训方法所需要的时间的长短不一样，所以，培训方法的选择还受着时间因素的影响。有的培训方法需要较长的准备时间，如多媒体教学等；有的培训实施起来时间较长，如自我学习。这就需要根据企业组织、学习者以及培训教员个人所能投入的时间来选择适当的培训方法。

（三）所需的经费

有的培训方法需要的经费较少，而有的则花费较大。如演讲、脑力激荡、小组讨论等方法，所需的经费一般不会太高，差旅费和食宿费是主要的花费；而影音互动学习和多媒体教学则花费惊人，各种配套设备的购买等需要投入相当的资金。因此，选择培训方法时需考虑到企业组织与学员的消费能力和承受能力。

（四）学员的数量

学员人数的多少也影响着培训方法的选择。当学员人数不多时，小组讨论或角色扮演是不错的培训方法；当学员人数众多时，演讲、多媒体教学、举行大型的研讨会可能比较适当。因为学员人数的多少不仅影响着培训方式，而且影响着培训的效果。

（五）学员的特点

学习者所具备的基本知识和技能的多少，也影响着培训方法的选择。例如，当学员毫无电脑知识时，电脑化训练或多媒体教学就不太适用；当学员的受教育水平较低时，自我学习的效果就不会很好；当大多数学员分析能力欠佳并不善于表达时，辩论或小组讨论的方式将难以取得预期的效果。因此，培训方法的选择还应考虑到学员本身的知识状况和应对能力。

（六）相关科技的支持

有的培训方法是需要相关的科技知识或技术工具予以支持的。例如，电脑化训练自然需要电脑的配合；影音互动学习至少需要会用电脑和影碟机；多媒体教学则需要更多的声光器材的支持。所以，培训单位或组织能否提供相关的技术和器材，将直接影响着高科技培训方式的采用。

第五节　培训评估管理

一、培训评估的主要内容

根据培训效果评估方案，确定对培训内容、培训教师、培训组织和管理等方面的评估项目。根据评估项目，设计培训效果评估表，确定效果评估量化标准。

（一）培训内容的评估

培训内容的评估包括受训群体选择、培训进度安排、课程设置、教材选用和编辑、培训形式等方面的信息。

（二）培训教师的评估

培训教师的评估包括教学方法、教学水平、教学质量等方面的信息。

（三）培训组织和管理的评估

培训组织和管理的评估包括培训时间、培训场地、培训设备、后勤保证、现场组织等方面的信息。

二、培训评估的主要程序

培训评估的主要程序如图7-4所示。

业务部门	人力资源部	人力资源部经理	最高管理层	受训人员	常见表单

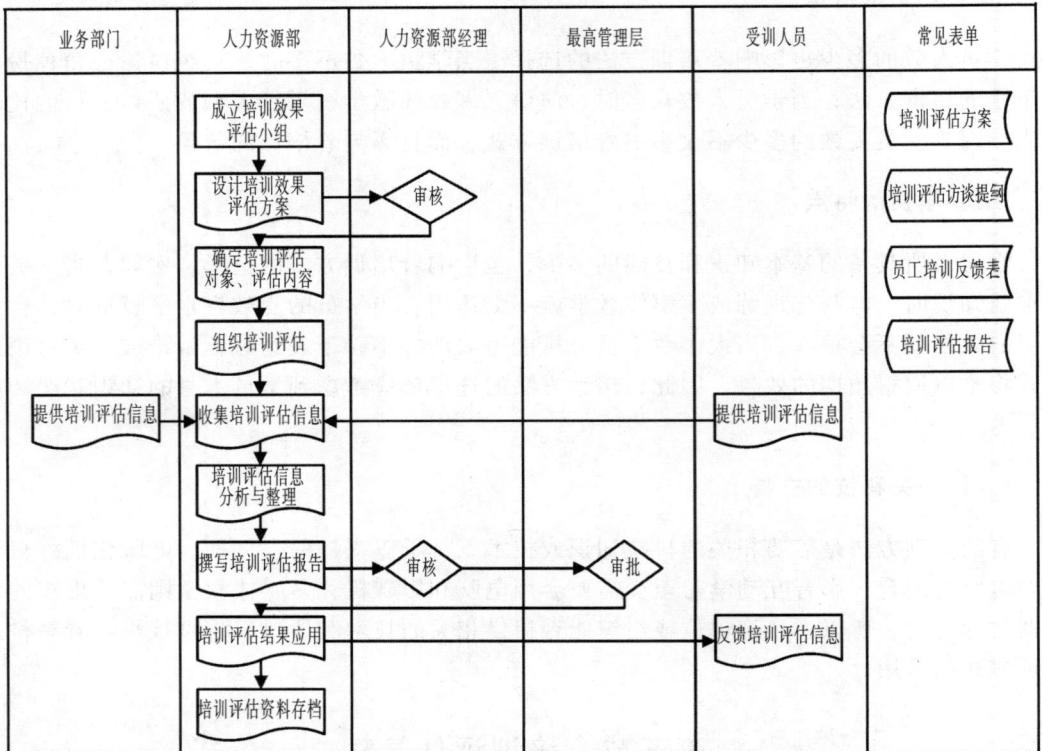

图7-4　培训评估的主要程序

（一）设计培训效果评估方案

成立培训效果评估小组，确定培训效果评估目的、评估对象、评估起始时间、评估方式、评估信息收集渠道，组织有关人员培训。

（二）收集培训效果评估信息

统计参训人员出勤情况，从组织生产管理或计划部门、受训人员、管理部门和主管领导、培训教师等方面收集培训效果的信息。

（1）收集组织生产管理或计划部门对培训时机选择、培训目的等方面的评价信息。

（2）收集受训人员对培训教学方法、授课水平、授课效果等方面的评价信息。

（3）收集管理部门和主管领导对培训效果认知方面的信息。

（4）收集培训教师对于培训教学方式、教学方法等方面的评价信息。

（三）分析培训效果评估信息

综合测算培训活动实施的有关成果收益，具体包括：

（1）认知成果，一般用笔试来评估。

（2）技能成果，通常用观察法来判断。

（3）情感成果。情感成果包括态度和动机在内的成果，评估情感成果的重要途径是了解受训者对培训项目的反应，一般通过调查来进行衡量。

（4）绩效成果。绩效成果包括：①由于雇员流动率或事故发生率的下降导致的成本降低；②产量的提高；③产品质量或顾客服务水平的改善。

（5）报资回报率。

（四）撰写培训效果评估报告

根据培训实施情况，说明培训目的、培训对象、培训内容、培训方法。对培训效果反馈情况进行整理和分析，参考员工培训期望，提出下一阶段培训建议，对培训项目和内容、培训方式、培训教师、培训经费使用等情况进行调整。

培训效果评估报告通常会用到培训实施情况表、培训反馈表、培训实施总结表，可以参考表7-9、表7-10和表7-11的内容。

表7-9　　　　　　　　　　　　　　　　**培训实施情况表**

培训项目		受训人数	
培训时间		培训地点	
培训方式		培训资料	
培训单位		培训讲师	
具体时间	培　训　内　容		

培训须知：

制表：　　　　　　　　　审核：　　　　　　　　　填表日期：

表 7-10　　　　　　　　　　　　　　　　培训反馈表

填表日期：

培训项目		培训方式		培训时间	
培训地点		教师姓名		培训单位	
填写人姓名		岗　位		部　门	

一、关于培训课程总体质量	优秀	良好	一般	较差	很差	得分
1.培训能否刺激、激发独立思考能力	5	4	3	2	1	
2.你认为培训的课堂气氛如何	5	4	3	2	1	
3.培训内容对你的工作是否能带来帮助和启发	5	4	3	2	1	
4.培训满足你的需要和愿望的程度	5	4	3	2	1	
5.课程目标的明确性	5	4	3	2	1	
6.内容编排的合理性	5	4	3	2	1	
7.理论知识的系统性	5	4	3	2	1	
8.课程内容的适用性	5	4	3	2	1	
9.你认为此次培训形式如何	5	4	3	2	1	
二、关于培训讲师						
10. 你认为讲师是否有足够的能力	5	4	3	2	1	
11.讲师对学科知识的掌握程度	5	4	3	2	1	
12.讲师的表达能力	5	4	3	2	1	
13.讲师对学员反应的关注程度	5	4	3	2	1	
14.鼓励学员参与的程度	5	4	3	2	1	
15.对学员提问所做出的指导	5	4	3	2	1	
16.把握课程进度的能力	5	4	3	2	1	
三、关于培训管理与组织						
17.学习环境（教室、条件、舒适、避免外界干扰）	5	4	3	2	1	
18.培训时间安排的合理性	5	4	3	2	1	
19.现场服务	5	4	3	2	1	
20.培训辅助工具的准备	5	4	3	2	1	
四、学员的感受						
21.综合感觉	5	4	3	2	1	
22.个人收获	5	4	3	2	1	

五、通过此次培训你有哪些收获？

六、你认为课程应改进之处：

七、在日常工作中，你遇到涉及此次培训内容方面的问题是什么？

八、你认为此次培训课程中难以理解的地方是什么？你还希望学到什么？

九、心得体会：

十、其他建议：

表7-11　**培训实施总结表**

部门：　　　　　　　　　　　　　　　　　　　　　　　　　填表时间：

培训项目		培训项目编号	
培训对象		实际培训人数	
实际培训时间		培训形式	
培训评估项目	培训评估指标	具体情况	异常说明
	培训课程计划达成率		
	受训人次达成率		
	人均训练课程达成率		
	培训费用计划达成率		
部门培训总结			
人力资源部评价			

复习思考题

1. 如何理解员工培训的作用？
2. 如何进行培训需求分析？
3. 培训规划设计及实施的主要内容是什么？
4. 具体培训方法有哪些？
5. 如何理解培训评估管理？

第八章

职业生涯管理

学习目标

1.掌握职业生涯管理的基本概念和内容
2.熟悉职业生涯管理的主要流程
2.掌握职业生涯管理的主要方法

引导案例

N国际邮购公司的骨干员工怎么了

　　N国际邮购公司是由N市邮电管理局以1亿元人民币注册资金成立的一家国有企业，该企业在短短几年的发展中，业绩不断提高，企业规模不断扩大。1999年，企业骨干员工有了一次难得的机会，公司准备派2名业务骨干去美国学习有关Call Center（客户受理中心）的新技术，在每周一次的例会上，公司的钱总经理请大家就这一议题进行讨论，没想到参加会议的每个人，包括钱总有意向要选派的技术主管张军都找理由拒绝了这趟出国美差，钱总和人力资源部的经理百思不得其解，公司的骨干员工怎么了？钱总只好再次强调这次出国培训的重要性，让大家回家好好考虑一下。张军一边往家走，一边想着今天会议的讨论内容，越想越坚定了自己的决心，他决意不接受这趟美差。张军已经33岁了，从一所学校来到公司，刚开始觉得有新技术可学，自己在公司又有一定的资历和技术，可以干一番事业。然而时间一长，他发现总经理对他并没有真正的信任，虽然名义上为技术主管，但总经理并没有授予他一定的权力，反而整天被烦乱的日常事务和协调工作所困扰，技术上根本没有多大长进。加上自己个性较强，在公司里与上级领导的关系一般，他感到在公司中自己的前途很渺茫，晋升的阶梯不知道在哪里，公司从没有人来跟他谈论未来应该如何发展。至于出国，张军并不感兴趣，一来他在原来的学校已出过两次国，再者，去美国两个星期要以再签5年的合同为代价，他觉得不值得。既然有了要走的念头，又何必给自己找麻烦呢？而公司中抱有张军这种想法的骨干员工还有不少。

　　天色已晚，钱总坐在回家的车里沉思，他决定明天上班后就找人力资源部经理谈一谈，让他到公司的员工中去调查一下，看看公司的骨干员工都怎么了，他们到底为什么要放弃大好的学习机会。

　　资料来源　张丽珣. 人力资源经理360度全程序工作手册［M］. 北京：中国经济出版社，2006.

第一节　职业生涯的基本概念

　　职业是伴随着人类社会的发展、劳动分工的出现而产生的，在人类社会的初期，就存在着以性别和年龄为基础的劳动分工，进而产生了种种职业，人类的社会活动越复杂，分工就越细，职业就越成为关系到每个社会成员一生的重大问题。

一、职业的含义

　　职业是对人们的生活方式、经济状况、文化水平、行为模式、思想情操的综合性反映，是一个人权利、义务、权力、职责的总和，是构成每个人社会地位的基本表征。

　　具体来说，职业具有以下特点：

（一）经济性

　　人们通过职业获得收入，并获取相应的权利和地位。劳动者从事某项职业，是要以获得相应的物质报酬作为自己的主要生活来源的，只有能够不断从中取得个人收入，劳动者才能稳定地承担某项社会工作。

（二）技术性

　　职业的高薪是以这些职业的高技术含量为基础的。其实，每一种职业都有一定的技术含量或技术规范的要求，这就是职业的技术性。职业的技术性也是职业专业性的必然要求，在科技飞速发展的今天，职业的科学技术含量必然越来越高，这也是人们进入职业学校接受职业教育的重要原因，要求学员努力学好专业知识，掌握专业技能以谋求今后的发展。

（三）多样性

　　职业是社会分工的产物，随着社会分工越来越细，职业的种类也日益增多。可以说，从职业诞生的第一天起，职业就不可逆转地朝着多样化发展。尤其在今天"知本主义"的推动下，我们的经济结构、产业结构将加速变化，新的行业、新的职业将不断涌现。同时，职业存在很多差异，如岗位不同，劳动量、劳动强度不同，劳动复杂程度不同，劳动科技含量不同，当然，最后的劳动报酬也不同，要想获得更多的报酬，就需要加倍地努力，付出更多更高质量的劳动。

（四）社会性

　　从人类整体的文明进程来看，人类生产力发展进入农业社会，人们不再以游牧渔猎为主，于是有了农民；人类有了手工业，进而出现了工业社会的现代机器和设备，于是有了工人；人类生产力的进步推动了第三产业的发展，于是管理和服务领域的诸多职业相继产生，像职业经理人、工程师等。职业随着社会的发展而变化，社会经济模式的变迁、科技的进步、用人制度的变化，中国的职业关系也正在经历一场深刻的变革，人们的就业观念、职业选择、对职业声誉的评价、职业生涯规划、职业成功标准都随之发生了改变。

（五）连续性

人们从事的职业相对稳定，是非中断性的社会活动。

（六）行业性

行业是职业划分的重要基础，它是根据生产单位所生产的产品或提供的服务不同来划分的。在同一行业中各种职业和职位在劳动条件、工作对象、职业素养、生产方式和操作技能方面都有相同或相近之处，人们会因此形成相近的行为规范和道德规范。

二、职业生涯的内涵

职业生涯是一种复杂的现象，它涉及人的主观和客观两个层面，正如美国学者格林豪斯（Greenhaus）指出的：它是"贯穿于个人的整个生命周期的、与工作相关的经历的组合"，是一个人一生中所有与工作职业相联系的行为和活动以及相关的态度、价值观、愿望等连续性经历的过程。它是由表示职业生涯主观特征的"内职业生涯"和表示职业生涯客观特征的"外职业生涯"共同构成的。

（一）内职业生涯

内职业生涯是指从业者个人主观感受的职业通路，即客观的外职业生涯的主观方面。它是指在职业生涯发展中，通过提升自身素质与职业技能而获取的个人综合能力、社会地位及荣誉的总和，涉及一个人的价值观、态度、需要、动机、气质、能力、发展取向等。它是别人无法替代和窃取的人生财富。内职业生涯可能很少有阶段性，却更多地注重于所取得的成功或满足的主观情感。

（二）外职业生涯

外职业生涯是指在职业生涯过程中所经历的职业角色（职位）及获取的物质财富的总和，它是依赖于内职业生涯的发展而增长的。它向个人和组织描述了取得组织成员资格和度过工作生命的通路，个人通过从事工作创造出的一个有目的的、延续一定时间的生活模式。外职业生涯是以员工的心理开发、生理开发、智力开发、技能开发、工作伦理开发为基础，以工作内容受重视、工作业绩受肯定、薪酬待遇改善以及职称职务的调动升迁为标志的工作经历，它包含职业生涯决策、设计、发展和开发等内容。

三、职业生涯管理的内涵与特点

职业生涯管理是企业人力资源管理的重要内容之一。职业生涯管理是指组织和员工对企业及员工个人的职业生涯进行设计、规划、执行、评估、反馈和修正的一个综合性的过程，是企业提供的用于帮助企业内正从事某类职业的员工的行为过程。通过员工和企业的共同努力与合作，使每个员工的职业生涯目标与企业发展目标一致，与员工的发展相吻合。

与职业生涯管理密切相关的概念是职业生涯规划。从狭义的角度看，所谓职业生涯规划，是指组织或者个人把个人发展与组织发展相结合，对决定个人职业生涯的个人因素、组织因素和社会因素等进行综合分析，制定有关个人一生中在事业发展上的战略设想与计划安排。它包括个人的职业生涯规划和组织的职业生涯规划两个方面。

个人的职业生涯规划主要体现在个人制定职业生涯目标和对实现这些目标的时间、步骤和途径的合理安排上。它包括选择什么职业，以及在什么地区和什么单位从事这种职业，还包括在这个职业队伍中担任什么职务等内容。一般来说，个人希望从职业生涯的经历中不断得到成长和发展。个人通过职业生涯规划，可以为自己一生的职业确立方向，从而努力围绕这个方向，充分发挥自己的潜能，使自己走向成功。

组织的职业生涯规划主要是建立职业阶梯，并针对组织成员各自的才能与个性制订定向培养方案。企业人力资源管理与开发部门通过了解员工个人的特点、成长和发展的方向及兴趣，不断地增强他们的满意度，并使他们能与企业组织的发展和需要统一协调起来，制订有关员工个人成长和发展与组织需求和发展相结合的计划，帮助每位员工实现自我价值，通过做好员工的职业生涯开发与管理，使企业的人力资源最大限度地变成人力资本。在人才激烈竞争的今天，如何吸引和留住优秀的职业人才是各类组织人力资源管理所面临的难题。

要深入理解职业生涯管理的内涵，必须注意三个方面的问题：

（1）职业生涯管理是企业为员工设计的职业发展与职业援助规划，与员工个人职业生涯规划有明显的不同。由于职业生涯管理是由企业发起的，通常由人力资源部门负责，所以具有较强的专业性、系统性。与之相比，个人职业生涯规划并不一定那么正规和系统。只有在科学的职业生涯管理之下，才可能形成规范的、系统的和科学的个人职业生涯规划。

（2）职业生涯管理必须满足个人与企业的双重需要，实现二者的共同目标。职业生涯管理着眼于帮助员工实现个人职业生涯目标，即力求满足员工的职业生涯发展需要。企业的需要是职业生涯管理的动力源泉，无法满足企业的需要将导致职业生涯管理失去动力源而终止。员工个人职业发展需要是职业生涯管理活动的基础，无法满足员工个人基本职业发展需要将导致职业生涯管理活动的失败。

（3）职业生涯管理的形式多种多样、涉及的内容十分广泛。凡是企业对员工职业活动的帮助，均可列入职业生涯管理范畴之中。其中包括针对员工个人的，如各类培训、咨询、讲座以及为员工自发的扩充技能、提高学历的学习给予便利等。

第二节　职业选择理论

进行职业生涯规划必然要进行职业生涯选择，选择职业是人生大事，中国有句古话"男怕入错行，女怕嫁错郎"，这说明职业选择在人生发展中起着重要的作用。职业选择受诸多因素的影响，除了个人的职业素质和兴趣之外，职业声望、职业分层、职业期望与职业成功等因素也是决定个人的职业价值观和职业选择的重要因素。

一、职业选择的内涵

职业选择（Occupational Choice）是指人们从自己的职业期望、职业理想出发，依据自己的职业兴趣、能力、特点等条件，从社会职业中选择一种适合自己职业的过程。从某种意义上说，选择了自己的职业，就等于选择了自己的职业生涯的发展方向和路径。职业选择是人生的一种决策，是职业生涯管理的关键环节，也是个体成为社会活动的主本、实现其人生价值的开始。不同的人有不同的职业目标，社会中的职业岗位对劳动者也有不同的选择标准和要求，这是一个个人意愿和能力与职业岗位不断适应、匹配的双向互动过程。

二、职业选择要素

职业选择与职业能力、职业意向、职业岗位等影响要素有着密切的关系，职业能力是职业选择的"筹码"，职业意向是职业发展和职业成功的动力和源泉，职业岗位是发挥职业能力、满足职业意向的平台。

（一）职业能力

能力，是一个人能否进入职业的先决条件，是能否胜任工作的主观条件。无论从事什么职业，都要有一定的能力作保证。人们的能力可分为一般能力和特殊能力两大类。一般能力通常又称为智力，包括注意力、观察力、记忆力、思维能力和想象力等，一般能力是人们顺利完成各项任务必须具备的一些基本能力。特殊能力是指从事各项专业活动的能力，也可称为特长，如计算能力、音乐能力、动作协调能力、语言表达能力、空间判断能力等。

职业能力是指劳动者从事社会生产活动的能力。由于能力的差异，个体在职业选择时就会存在差异。了解自己的能力倾向及不同职业的能力要求对合理地进行职业选择具有重要意义。

（二）职业意向

职业意向要与职业类型相吻合。在进行职业选择时除了要注意职业兴趣、性格、职业能力与职业要素的匹配外，还要把这三个方面联系起来，从总体上确定自己的职业意向，做到个人职业意向与社会职业类型的吻合。个体的职业成功离不开对自身条件和特点的理性分析，并以此为基础找准自己的职业范畴和职业定位。

在科技日新月异的今天，职业发展和变迁的速度都是前所未有的，需要具备更强的适应性和可塑性，在职业选择的初期培养自己前瞻性的、科学的职业定位能力，找准职业发展的方向，紧跟社会发展的趋势，在理性的职业流动和调整中探索适合自己的成功之路。

（三）职业岗位

从组织的角度来看，职业选择和职业岗位的要求密不可分，如果选择者的能力、水平、人格特质与岗位的要求有较大距离，不符合岗位对任职者的选拔条件，即使选择者的意愿再强烈，也是不可能实现的。

三、几种职业选择理论

（一）帕森斯的人职匹配论

这是用于职业选择、职业指导的经典性理论，最早由美国波士顿大学教授帕森斯提出。

1909 年，帕森斯在其所著的《选择一个职业》一书中，明确阐明职业选择的三大要素和条件：（1）应该清楚地了解自己的态度、能力、兴趣、智谋、局限和其他特征。（2）应清楚地了解职业选择成功的条件、所需知识、在不同职业工作岗位上所占有的优势、不利和补偿、机会和前途。（3）上述两个条件的平衡。帕森斯的理论内涵即是在清楚认识、了解个人的主观条件和社会职业岗位需求条件的基础上，将主客观条件与社会职业岗位（对自己有一定可能性的）相对照、相匹配，最后选择一种职业需求与个人特长相匹配的职业。

人职匹配分为两种类型：（1）条件匹配，即需要专门技术和专业知识的职业与掌握该种特殊技能和专业知识的择业者相匹配；或者脏、累、险等劳动条件很差的职业，需要吃苦耐劳、体格健壮的劳动者与之相匹配。（2）特长匹配，即某些职业需要具有一定的特长，如具有敏感、易动感情、不守常规、有独创性、个性强、理想主义等人格特性的人，宜于从事审美性、自我情感表达的艺术创作类型的职业。

帕森斯的人职匹配论，作为职业选择的经典性原则，至今仍然正确、有效，并对职业生涯管理、职业心理学的发展具有重要的指导意义。

（二）佛隆的择业动机理论

美国心理学家佛隆（V.H.Vroom）在 1964 年出版的《工作和激励》一书中提出了解释员工积极性激发程度的期望理论。期望理论的基本公式为：

$F=V \cdot E$

式中：F 为动机强度，指积极性的激发程度，表明个体为达到一定目标而努力的程度；V 为效价，指个体对一定目标重要性的主观评价；E 为期望值，指个体对实现目标可能性大小的估计，也就是目标实现的概率。员工个体行为动机的强度取决于效价大小和期望值的高低。效价越大，期望值越高，员工行为动机越强烈，就是说为达到一定目标，他将付出更大努力。如果效价为零乃至负值，表明目标实现对个人毫无意义，甚至给个人带来负担。在这种情况下，目标实现的可能性再大，个人也不会产生追逐目标的动机，不会对此有任何积极性，付出任何的努力。如果目标实现的概率为零，那么无论目标实现意义多么重大，个人同样不会产生追求目标的动机。佛隆将这一期望理论用来解释个人的职业选择行为，具体化为职业动机理论。

（三）霍兰德的职业性向理论

美国约翰·霍普金斯大学心理学教授约翰·霍兰德（John Holland）是美国著名的职业指导专家，他于 1971 年提出了具有广泛社会影响的职业性向理论。

　　霍兰德认为，职业性向（包括价值观、动机和需要等）是决定一个人选择何种职业的重要因素。同一类型的劳动者与同一类型的职业互相结合，便达到适应状态，这样劳动者找到了适宜的职业岗位，其才能与积极性才能得以发挥。

　　霍兰德创立的职业性向理论，将人格及与此相对应的社会职业划分为六种基本类型，并以此建立了目前世界上应用最广泛的霍兰德职业兴趣测验。霍兰德认为，理想的职业选择就是人格类型、职业兴趣与职业环境相适应。

　　人格类型与职业类型的关系见表8-1。

表8-1　　　　　　　　　　　　　　　　**人格类型与职业类型的关系**

类型	人格类型特点	职业类型
现实型（R）	物质的；实际的；安定的；喜欢有基本技能、有规则的具体劳动 缺乏洞察力、不善与人交往	有一定程序要求的、明确的、具体的岗位，运用手工工具或机械进行的操作性强的技术性工作
研究型（I）	分析的；独立的；内省的；慎重的；喜欢运用智力分析、概括、推理的定向的科学研究与技术工作 缺乏领导能力	以观察和科学分析进行的系统的创造性活动和实验工作，一般侧重于自然科学方面
艺术型（A）	想象力丰富；知觉的；冲动的；理想的；有独创力的；喜欢以表现技巧来抒发丰富的感情 缺乏事务性办事能力，不愿依赖、服从他人，不愿做循规蹈矩的工作	在文学与艺术方面，偏好非系统化的自由的活动方式，擅长具有艺术表现力的职业
社会型（S）	乐于助人，易于合作；喜欢交往；责任感强；有说服力；愿为别人服务，关心社会问题，对教育和社会福利等事业有兴趣 缺乏动手操作能力	为社会及他人办事或服务，从事与人打交道的说服、教育、治疗及社会福利事业方面的职业
管理型（E）	支配的；冒险的；自信的；精力旺盛的；有自我表现欲的；不易被人支配，喜欢管理和控制他人，喜欢担任领导角色 缺乏科学研究能力	从事具有风险、需要胆略、承担责任较大的工作，擅长管理、营销、投资与指派他人去做工作的职业
常规型（C）	有耐心和良好的自制力；服从的；实际的；稳定而有秩序的；思想比较保守，循规蹈矩，有条理，喜欢系统性强的工作 缺乏创造力和艺术性	按固定程序与规则，从事重复性、习惯性、具体的日常事务，擅长常规管理方面的工作

　　霍兰德的职业性向理论主要从兴趣的角度出发来探索职业指导问题，他先后编制了职业偏好量表（Vocational Preference Inventory）和自我导向搜寻表（Self-directed Search）两种职业兴趣量表，作为职业兴趣的测查工具。霍兰德力求为每种职业兴趣找出两种相匹配的职业能力。兴趣测试和能力测试的结合在职业指导和职业咨询的实际操作中起到了促进作用。

第三节　职业生涯规划与开发

一、职业生涯规划与开发的含义

职业生涯规划是一个制定职业目标、确定实现目标的手段的不断发展的过程。职业生涯规划的焦点应放在个人目标与现实可行机会的配合上。职业生涯规划不应仅仅集中于晋升机会上，这是因为现在的工作环境已减少了许多这样的机会。从某种角度来讲，职业生涯规划应着重于实现心理上的成功，而不一定需要晋升。职业生涯规划和发展是将个人职业需求与企业的劳动力需要相联系而做出的有计划的努力。这个过程在与企业的商业需要和战略方面一致的情况下，帮助具体的个人规划他们的职业生涯，增强员工的个人成就感和动力。

二、职业生涯规划与开发的地位与作用

职业生涯规划与开发的主要责任在于个人。从企业的观点来看，职业生涯规划与开发包括一种使一个人的潜在的贡献最大化的自觉尝试，实施员工职业生涯规划与开发项目的企业将受益甚丰。在一个企业内，建立职业道路的过程被称为职业生涯规划与开发。只有当企业的职业生涯规划与开发项目有利于实现企业的基本目标时，企业才会开展这些项目，因而职业生涯规划与开发项目的具体实施和方法在企业间存在着差异。这一点在当今的环境中更重要，因为许多企业中传统的纵向流动已经受到抑制。

在大多数组织中，职业生涯规划与开发的作用有以下几个方面：①可用人才的更有效发展。个人更可能被企业委以发展的责任，这样他们能够更好地理解发展的目的。②为员工考虑新的或非传统的职业道德提供自我评价的机会。一些优秀的员工并不把传统的升迁看做一种职业选择，因为在现今的企业里可以得到的提升选择微乎其微。③增强员工的忠诚度。

三、职业生涯规划与开发的影响因素

（一）个人因素

由于人在不断变化，因而在他们人生的不同阶段对职业的看法也不同。这种变化有些来自于年龄的增长，有些来自于发展的机会和状态。

第一阶段是个性形成阶段，典型年龄在 10～25 岁。该阶段中，个人必须掌握在市场中所需要的各种技能，必须探索职业的选择并开始进入成人世界。

第二阶段是成长和从事了某一职业的阶段，往往从 25 岁持续到 40 岁。在这一阶段，一个人选择了一种或数种职业并建立起一条职业道路。

第三阶段是自我维持和自我调整阶段，一般能持续到 55 岁。在这一阶段，重新评价早期的职业规划，肯定或修改目标，做出适合于中年阶段的决策，在工作中保持高的生产效率。

第四阶段也即最后一个阶段是衰退阶段，体力和智力的衰退可能加速这一阶段。一个人在衰退阶段期望较低并缺乏激励，这就需要进行附加的职业调整。

在每一个职业生涯规划与开发阶段，个人对工作的动机是不一样的。

（二）工作因素

工作是人的一种需要，它不仅给人搭建了一个平台，而且还给人带来某种满足。因此，工作的变动往往会引起人们对其期望的变动。工作信息可以从工作说明书中获得，也可以从整个行业发展趋势中获得。一个组织中的工作则可以从其职业描述与工作规范中得出，如对工作任务、工作职责、工作要求的说明。这些微观与宏观的工作情况，往往会影响职业生涯规划与开发的实施。

（三）组织因素

组织因素，包括企业的经营理念、企业文化、经营管理者的领导风格、经营策略、产品（服务类别及市场）等。其中最重要的是经营管理者的领导风格以及员工对职业生涯规划与开发管理制度的支持。

四、组织职业生涯的阶段规划与管理

员工在组织内的职业生涯发展大致分为前期、中期和后期几个基本阶段，组织在为员工开展职业生涯规划时，需要依据新员工、中期员工和老资格员工的不同特点，采取相对应的规划思路和方法，实行动态整合管理。在每个阶段中，个人的状态与组织的管理要求都会存在不尽相同之处，见表8-2。

表8-2   不同阶段组织职业生涯规划与管理的联系与区别

个人职业生涯问题	组织职业发展规划	组织职业管理任务
前期职业问题： 　职业或工作选择 　现实震荡 　学会与人相处 　了解和适应组织情况 　明确运动方向 　初步规划发展路径	招聘引进规划： 　组织战略规划 　组织结构设计 　工作分析 　供求预测 　人事政策和决策	前期职业管理： 　招聘引进 　岗前引导 　工作分配与安置 　组织社会化 　达成心理契约
中期职业问题： 　查寻自己的职业锚 　决定职业方向 　把握发展机遇 　兼顾专业与全面发展 　坚定职业信心	职业整合规划： 　晋升计划 　教育培训开发项目 　人员调配方案 　薪酬方案 　激励机制	中期职业管理： 　职业咨询和督导 　职业绩效和潜力评估 　晋升 　工作轮换与调配 　工作再设计及丰富化 　增强组织归属感
后期职业问题： 　成为年轻人的良师益友 　利用经验优势 　发挥余热 　做好退出准备	更新调整规划： 　组织变革与再造 　激发创新活力 　流动、解雇与买断 　退休计划	后期职业管理： 　工作再分析和再设计 　清理人力资源存量 　继续教育和回炉培训 　开放职位信息系统 　退休咨询

资料来源　李宝元. 职业生涯管理：原理·方法·实践［M］. 北京：北京师范大学出版社，2007.

（一）前期阶段

组织需要帮助新员工适应组织生活，安排相应培训，以相应的仪式接纳新员工的加入，或者通过师傅帮带等方式，引领他们融入组织内部，知晓组织文化、历史和规章制度，熟悉自己的业务等。这样有助于新员工加快入职过程，迅速完成职业适应。

在这个阶段，组织可以考虑为新员工提供相对具有挑战性的任务作为他们的初期工作，帮助他们获得信心和自我肯定，从而迅速找到自己的位置和确定以后的发展目标，增加对优秀人才的吸引力，促进组织的发展。

（二）中期阶段

完善和畅通的职业发展通道对中期员工而言，具有较大的吸引力，也是促使他们不断进取的动力。职业前途成为吸引人才的主要因素已是不争的事实。进入中期的员工，是关系到组织能否稳定发展的核心群体，他们已经度过最初的适应期，组织的内部环境和外部因素，使他们的工作目标和心理状态变得复杂。如果组织不能有效地建立起沟通平台，员工个体和组织的发展方向出现过大的偏差，将是相当严重的问题，甚至影响企业的整体发展。

组织在这个阶段，不仅要尊重和掌握员工的职业发展方向，更重要的是帮助他们分析未来职业前景，激励他们确立符合企业发展战略和趋势的职业目标，并从组织角度帮助他们实现个人目标。

（三）后期阶段

组织不可避免地要面临员工退休、工作动力衰竭等问题。组织需要设计相应的退休步骤和计划，帮助老员工逐步适应工作量的削减、工作和生活状态的调整，肯定他们的职业贡献，让他们保持成就感走完在组织内最后的职业生涯。

此外，组织还可以鼓励处于后期阶段的员工去帮助新员工，或者设立某些职务，进行返聘，使员工的价值实现最大化。老员工丰富的经验、稳定的心理状态和对组织的高度忠诚，是组织的宝贵财富，组织应当尽可能地创造条件，让老员工发挥"余热"，创造"夕阳红"。

五、组织职业生涯规划的方法与实施步骤

（一）明确职业发展意向

组织实施职业生涯规划，首先要帮助员工进行个人特长、技能评估和职业倾向调查，使员工结合组织的发展方向和人才需求，明确职业发展意向，设立未来职业目标，选择职业通道。

在职业目标的制定环节，可以借助职业的咨询顾问或者引入心理学理论，帮助员工客观认识自己的性格、潜在的职业性向，树立职业价值观以及准确定位目前所处的职业生涯位置。使用心理测试要适可而止，不可过度追求专业的心理测试理论和技术，以免偏离制定职业生涯规划这个主要目标，甚至涉及员工的个人隐私，引起员工反感。

❖小资料

什么是职业锚？

职业锚（Career Anchor）的概念是由美国施恩教授在 1978 提出的，职业锚是指当一个人做出职业选择时，最难以舍弃的选择因素，也就是一个人选择和发展一生的职业时所围绕的中心。施恩将职业锚确定为八种类型。

①技术/职能型：技术/职能型的人追求在技术/职能领域的成长和技能的不断提高，以及应用这种技术/职能的机会。他们对自己的认可来自于他们的专业水平，他们喜欢面对专业领域的挑战。

②管理型：管理型的人追求并致力于工作晋升，倾心于全面管理，独立负责一个部分，可以跨部门整合其他人的努力成果。他们想去承担整体的责任，并将公司的成功与否看成自己的工作。

③自主/独立型：自主/独立型的人希望随心所欲安排自己的工作方式、工作习惯和生活方式，追求能施展个人能力的工作环境，最大限度地摆脱组织的限制和制约。

④安全/稳定型：安全/稳定型的人追求工作中的安全与稳定感，他们因为能够预测到稳定的将来而感到放松。他们关心财务安全，例如退休金和退休计划。

⑤创业型：创业型的人希望用自己的能力去创建属于自己的公司或创建完全属于自己的产品（或服务），而且愿意去冒风险，并克服面临的障碍。

⑥服务型：服务型的人一直追求他们认可的核心价值，例如帮助他人，改善人们的安全，通过新的产品消除疾病等。

⑦挑战型：挑战型的人喜欢解决看上去无法解决的问题，战胜强硬的对手，克服无法克服的困难障碍等。

⑧生活型：生活型的人希望将生活的各个主要方面整合为一个整体，喜欢平衡个人的、家庭的和职业的需要，因此，生活型的人需要一个能够提供"足够弹性"的工作环境来实现这一目标。

职业锚实际上是内心中个人能力、动机、需要、价值观和态度等相互作用和逐步整合的结果。在实际工作中，通过不断审视自我，逐步明确个人的需要与价值观，明确自己擅长所在及今后发展的重点，最终在潜意识里找到自己长期稳定的职业定位即职业锚。

（二）制定员工职业生涯规划

制定职业生涯规划表，是组织对员工实施职业生涯规划与管理的重要方法。员工依据组织的战略规划，在人力资源部和部门主管的指导下，参照特定的模板，制定出自己的职业生涯规划表，见表 8-3。

比如朗讯和沃尔玛等公司，在新职工入职后，人事部门和主管经理会与他们进行深入的长谈，询问他们来公司的打算，长期、中期和短期的目标是什么，需要公司为他们提供什么帮助。谈话的内容会形成文字资料存档，年终进行检查和修订，以重新制定下年度的职工生涯规划，实现职工个人和公司的共同发展。

除制定职业生涯规划表外，建立组织职业信息系统，实施弹性和动态的管理，也是确保组织对员工实施职业生涯规划与管理的有效性的主要方法。

表 8-3　　　　　　　　　　　　　　**员工职业生涯规划表**

第（××）次职业生涯规划	
	××××年×月×日
姓名：	所学专业：
员工编号：	学历：
年龄：	所在部门：
性别：	任职岗位：
制表或修改理由	
组织人力资源需求分析	
员工职业生涯机会评估	
员工职业和生涯路线选择	
组织意向：	
员工意向：	
调和结论：	
员工人生职业生涯规划和管理	
岗位目标：	
薪资水平：	

（三）组织实施职业生涯规划

在制定职业生涯规划表后，组织和员工应该积极行动，采取有效的措施，实施组织的职业生涯规划。组织需要出台相关的规章制度，建立职业资源中心，畅通内部劳动力市场信息，招聘时优先考虑企业内部员工，为员工提供培训学习和轮岗晋升机会，及时提供绩效反馈意见，随时关注员工职业生涯发展进程，提出调整和完善员工职业规划的方案。

在职业生涯管理实施的过程中，组织还需关注下述问题：

（1）建立员工职业生涯档案，记录每个员工的成长过程和职业发展阶段。如果条件允许，最好能够选派专门的人员进行管理，从而保证管理的科学性、及时性、准确性和有效性。

（2）创造公平的职业环境，树立健康向上的企业文化，充分发挥员工的积极性和创造力，确保组织职业生涯管理的成功。

（3）帮助员工协调工作和生活的平衡。现在许多新兴产业的工作模式与传统产业存在较大的不同，工作时间和地点也随着互联网技术的发展而变得更为灵活。比如，IBM（中国）公司就注重员工的工作和生活平衡，也注意适应中国文化。公司晚上6点以后会播放音乐提醒员工早点回家；中国传统的元宵节和中秋节，公司都有假期。这能够吸引和保留优秀人才，也会增强员工对组织的情感依附。

复习思考题

1. 如何理解职业生涯的内涵？
2. 简述几种主要的职业选择理论。
3. 职业规划与开发的影响因素有哪些？
4. 个人职业生涯规划与发展的要求是什么？
5. 如何理解职业锚的内涵及应用？

第Ⅳ篇
激励发展篇

第九章

绩效管理

学习目标

1.掌握绩效管理的基本概念和内容
2.熟悉绩效管理的主要流程
3.掌握年度绩效计划制订、绩效考核实施、绩效评价量表、绩效面谈、绩效诊断的方案设计
4.掌握绩效管理的主要方法

引导案例

W公司总经理的苦恼

最近，W公司人力资源部门与其他部门联手完成了公司一年一度的绩效考评工作。从考评结果来看，员工整体绩效水平是比较高的。在过去的一年里，全公司员工的工作状态和工作热情是有目共睹的。对于这样的考评结果，总经理感到非常欣慰。各部门的绩效状况也比较理想。但董事会对公司过去一年的经济目标完成情况进行考核时，问题就显现出来了。在员工和部门绩效状况较好的基础上，居然企业的整体绩效状况欠佳。这令很多董事会成员既感到不满，又很困惑。为此，董事长找总经理进行沟通，责令其查找原因。面对这样的处境，总经理十分尴尬。不过尴尬归尴尬，查找问题的源头才是当务之急。于是总经理连夜召开部门经理会议，共同查找困境的源头。经过大家的讨论和思索以及认真解读绩效考评表和年初各部门的绩效目标书，终于找到了源头的所在。原来员工层的绩效目标和部门层的绩效目标与企业层的绩效目标居然发生了偏离，从而导致三层次的绩效目标不能互为作用，企业层绩效目标缺乏有力的驱动力。

资料来源　佚名. 总经理的困惑［EB／OL］.［2012-06-03］. https：//wenku. baidu. com／view／827bf992dd88d0d233d46a93.html.

第一节   绩效管理概述

一、绩效概述

（一）绩效的定义

关于绩效的概念，既有界定为工作结果的，也有界定为工作过程的。企业在实践中，根据管理的需要，也有不同的侧重。事实上，这两种观点各有其优缺点（见表9-1）。

表9-1   **不同绩效观的优缺点比较**

观点 / 优缺点	优　点	缺　点
绩效=结果/产出	·易于出实效，营造"结果导向"的企业文化 ·激励更强，易于激发员工成就欲望	·易导致短期效益、隧道视野 ·易失控，在形成结果前难以发现不正当行为 ·缺少前瞻性，出现不可抗力或未知风险时难以调整 ·缺少对工作过程的把握，难以及时提供反馈，不利于员工发展
绩效=过程/行为	·易实现过程控制 ·能及时获得员工工作活动的信息，有助于指导和帮助员工	·过度关注工作方法和步骤，可能因注重形式而忽视实绩 ·不利于创新 ·可能形成按部就班、得过且过的心态

综上，不妨将绩效界定为包括结果和过程两个方面的宽泛概念，结果（做什么）+过程（如何做）=绩效，结果/产出是通过过程/行为取得的，过程/行为是结果导向的。这也体现出绩效的多维性，即包括员工的工作业绩、工作能力和工作态度。其中，工作业绩侧重于结果，而工作能力和态度则强调的是过程。根据考核目的和工作性质不同，可能侧重不同的维度，以体现科学性。

按照组织结构，绩效的层次有组织绩效、部门绩效和员工绩效之分。组织和部门、团队的绩效有赖于员工绩效的达成。因此，人力资源管理主要研究员工个体层面的绩效。

（二）任务绩效与周边绩效

尽管绩效是行为，但并非所有的行为都与我们所讨论的绩效有关。我们关注的是与结果/产出相关的行为。因此，依据这样的推论，不是所有的绩效都与结果/产出相关。那么，不与个人的结果/产出相关的绩效又是什么？鲍曼和莫托维德罗将绩效区分为任务绩效和周边绩效。

任务绩效指由组织文件正式定义的工作的各个方面，而周边绩效指员工的自发性或超职责行为。常见的周边绩效行为包括：自愿地执行不是工作组成部分的任务；必要时能够表现出额外的积极性或做出额外的努力来完成任务；帮助他人，并与他人合作；即使在个人感到不便时也遵循组织安排，愿意舍弃个人利益；自觉支持并维护组织目标。

任务绩效界定得再全面，工作说明书更新得再及时，也赶不上组织内外环境的变化。如果员工严格按照工作职责界定的内容来工作，往往会使得实际工作难以为继，进而使得整个绩效考核工作无法有效实施。同时，周边绩效与时下流行的团队组织形式，以及以顾客为主导的企业文化相适应。

二、什么是绩效管理

（一）绩效管理的定义

所谓绩效管理，是指各级管理者和员工为了实现组织目标共同参与的绩效计划制订、绩效辅导沟通、绩效考核评价、绩效结果应用、绩效目标提升的持续循环过程，绩效管理的目的是持续提升个人、部门和组织的绩效。

较早时期，人们用绩效考核指代绩效的全过程。绩效考核重视奖惩等人事决策，轻视人的发展，存在着不少弊端。在此背景下，绩效管理逐渐取代绩效考核，可以说，绩效管理是绩效考核经过发展之后更为完整的概念。

（二）绩效管理与绩效考核

绩效考核是绩效管理流程的一个重要环节，是绩效管理体系不可或缺的组成部分。绩效考核为绩效管理的改善提供信息，帮助组织不断提高绩效管理的水平和有效性，最终使组织获得理想的绩效。没有了绩效考核，绩效管理就会成为无本之木、无源之水。

绩效管理以绩效考核的结果作为衡量的参照。通过与标准的比较，寻找二者之间的差距，提出改进方案，并推动方案实施。绩效管理流程需要绩效考核的不断反馈。

绩效管理与绩效考核的区别见表9-2。

表9-2 　　　　　　　　　　**绩效管理与绩效考核的区别**

绩效考核	绩效管理
管理过程中的局部环节和手段	一个完整的绩效管理过程
只出现在特定时期	贯穿于日常工作，循环往复进行
回顾过去的一个阶段的成果	具有前瞻性，规划组织和员工的未来发展
事后的评价	注重双向的交流、沟通、监督、评价
注重进行绩效结果的评价	侧重日常绩效的提高
注重员工的考评成绩	注重个人素质能力的全面提升
绩效管理人员与员工站到了对立面	绩效管理人员与员工是绩效合作伙伴关系

（三）绩效管理的作用与意义

绩效管理在企业人力资源管理的有机系统中占据着核心的地位，发挥着重要的作用，并与人力资源管理系统中的其他模块实现了很好的对接，具体表现为：

1.与工作分析的关系

绩效管理的重要基础是工作分析。工作分析决定了每个职位是干什么的以及由什么样的人来干最合适，即确定了职位的工作职责及其所提供的重要工作产出，据此制定对这个职位的任职者进行绩效考核的指标和标准。鉴于不同职位的职责和要求不同，指标和标准也不同。

2.与人员甄选的关系

在对人员招聘甄选过程中，通常采用各种人才测评手段，包括心理和个性测验、行为性面谈以及情景模拟技术等，这些测评手段主要是针对"冰山"以下部分——人的"潜质"——所进行的，侧重考察人的价值观、态度、性格、能力倾向或行为风格等难以测量的隐性特征，而这些隐性特征正是鉴别绩效优秀者的关键。从现有员工的绩效管理与考评记录可以总结出，具有哪些特征的员工适合本企业，进而作为甄选的依据。

3.与培训开发和人力资源规划的关系

绩效管理的主要目的是了解目前员工绩效的优势与不足，进而改进绩效，因此培训开发是在绩效考核之后的重要工作。主管人员往往需要根据绩效考核结果，结合被考核者个人发展愿望，与被考核者共同制订绩效改进计划和未来发展计划。人力资源部门则设计整体的培训开发规划，帮助主管和员工共同实施培训开发。

4.与薪酬体系的关系

越来越多的企业将员工的薪酬与其绩效挂钩，目前比较盛行的薪酬体系就是以职位价值、绩效和任职者的胜任力决定薪酬。因此，绩效是决定薪酬的一个重要因素。在不同的组织中，采用不同的薪酬体系，对不同性质的职位而言，绩效所决定的薪酬成分和比例有所区别。通常来说，职位价值决定了薪酬中比较稳定的部分，绩效则决定了薪酬中变化的部分，如绩效工资、奖金等。

5.有利于形成高效的工作氛围

定期对员工的工作情况进行考核，并及时反馈，要求上下级对考核标准和考核结果等进行充分而持续的沟通，有利于组织成员之间信息的传递和感情的融合，使员工的个人目标同组织目标达到一致。同时，绩效考核势必向员工施加压力，考核结果又涉及各种人事决策和员工的职业生涯，使得员工不敢懈怠。因此，绩效考核有利于形成高效率的工作氛围，增强组织的竞争力。

第二节　绩效管理体系

绩效管理体系包括绩效计划、绩效实施、绩效考核、绩效反馈和结果应用等关键步骤，形成了一个典型的PDCA循环，如图9-1所示。这些步骤环环相扣，在一个绩效周期内逐一推进，上一个绩效周期的"绩效反馈"与下一个周期的"绩效计划"密切相关。可见，绩效管理是持续的、周而复始的循环。在一个又一个的循环中，绩效不断获得改善。绩效沟通将会持续出现在整个流程中。

一、绩效计划

绩效计划是一个向员工传递组织对员工的绩效期望并得到员工认可的过程。在此过程中，管理者和员工双方通过沟通就绩效目标、指标和标准、任务的难度、可能存在的风险、工具设备、管理者提供的支持、沟通渠道等达成一致，并签订书面的绩效任务书，以

```
                          ┌─────────────────────┐
                          │ 绩效计划：          │  P
                          │ 活动：主管与员工一起确│
                          │ 定绩效目标、行动步骤等│
                          │ 时间：新绩效周期开始 │
                          └─────────────────────┘
  ┌─────────────────────┐                          ┌─────────────────────┐
  │ 绩效反馈：          │                          │ 绩效实施：          │
A │ 活动：主管就评估的结果│      绩效管理体系       │ 活动：观察、记录和总结│ D
  │ 与员工面谈          │                          │ 反馈、探讨、指导    │
  │ 时间：绩效周期结束时 │                          │ 时间：整个绩效周期  │
  └─────────────────────┘                          └─────────────────────┘
                    ┌─────────────────────┐
                    │ 绩效考核：          │
                    │ 活动：评估员工的绩效 │
                    │ 时间：绩效周期结束时 │
                    └─────────────────────┘
                              C
                          ┌─────────────┐
                          │ 结果应用：  │
                          │ 管理用途    │
                          │ 发展用途    │
                          └─────────────┘
```

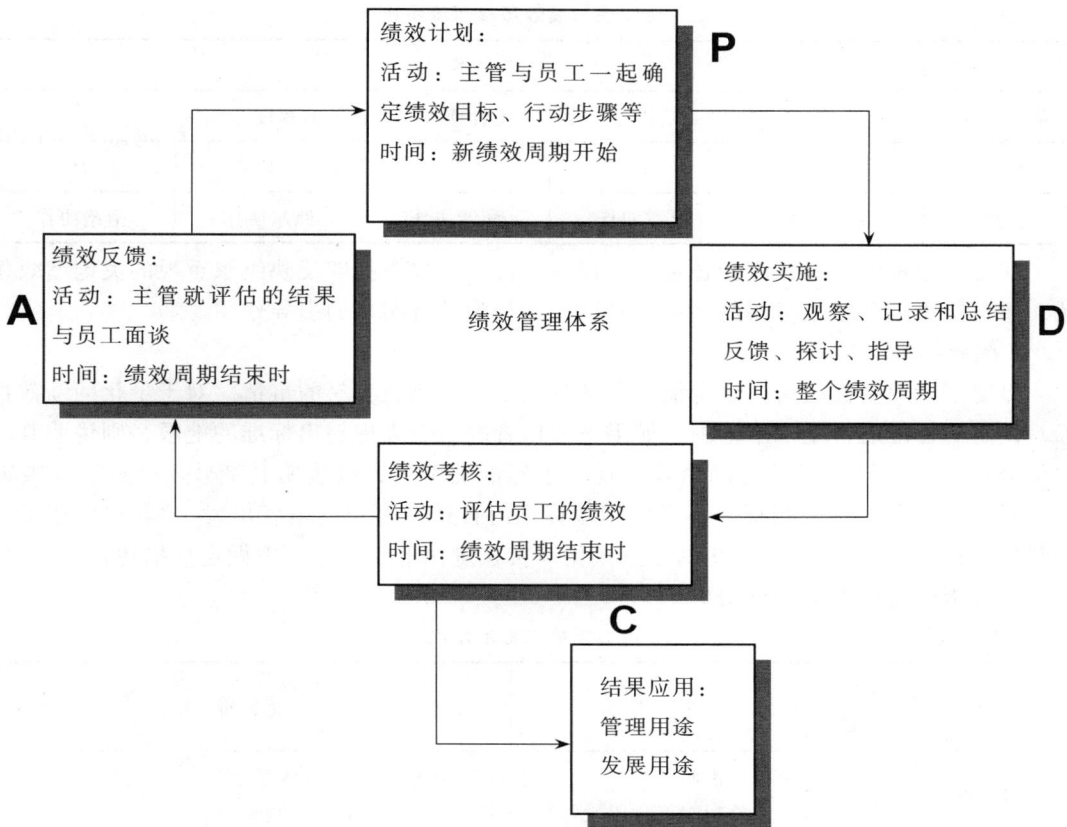

图 9-1　绩效管理体系

明确彼此的责任和义务。员工的参与能够增加其对目标的认同感，愿意付出努力去实现目标，并且可以有效减少绩效实施过程中由上下级见解不一致导致的矛盾和冲突。

（一）绩效指标与绩效标准

绩效计划阶段的首要任务是建立绩效指标体系，包括绩效指标和标准。

一般来说，指标指的是从哪些方面对工作产出进行衡量或评估，而标准指的是在各个指标上分别应该达到什么样的水平。指标解决的是要考核"什么"的问题，标准解决的是要求被考核者做得"怎样"或完成"多少"的问题。

1.绩效指标

绩效指标由指标名称、指标定义、标志和标度构成。标志用于区分各个等级的特征，标度规定了各个等级的范围，揭示等级间的差异。标志和标度好比一把尺子上的刻度和规定刻度的标准，二者一一对应，因此常常统称为绩效考核尺度。在实际操作中，为便于综合统计，应为不同的指标设计统一的标度。若标度比较简单，可将标志与标度合二为一。

"协作性"绩效考核尺度示例见表9-3。

为保证考核的全面性和科学性，企业往往根据职位的性质，综合运用结果导向和行为导向这两种类型的指标。常见的结果指标有年销售额、次品率、顾客投诉率、计划完成率等，常见的行为指标有协作性、成本意识、责任心、判断力等。

表9-3   **"协作性"绩效考核尺度示例**

指标名称	协作性				
指标定义	与他人合作、配合他人完成任务的程度				
标志	S	A	B	C	D
标度	主动协作	愿意协作	尚能协作	偶尔协作	拒绝协作

在设计指标的同时，应为各指标合理分配权重。权重能够反映组织重视的关键绩效领域，还直接影响到绩效考核的结果，对员工的行为具有明显的引导作用。

2.绩效标准

界定了绩效指标之后，设定绩效标准就成了一件比较容易的事情。对于量化的绩效指标，设定的标准通常是一个范围，如果被考核者的绩效表现超出标准的上限，则说明其绩效十分优秀；如果被考核者的绩效表现低于标准的下限，则表明其绩效不达标，需要改进。对于非量化的绩效指标，在设定绩效标准时往往从客户的角度出发，"客户期望员工做到什么程度"？总之，能量化的尽量量化，实在量化不了的才考虑做定性描述。

绩效指标与标准示例见表9-4。

表9-4   **绩效指标与标准示例**

工作产出	指标类型	指 标	标 准
销售利润	数量	·年销售额 ·税前利润百分比	·年销售额20万～25万元 ·税前利润率18%～22%
新产品设计	质量	（上级评估） ·创新性 ·体现公司形象	（上级评估） ·至少有3种产品与竞争对手不同 ·使用高质量的材料、恰当的颜色和样式代表和提升公司的形象
		（客户评估） ·性价比 ·相对竞争对手产品的偏爱程度 ·独特性 ·耐用性	（客户评估） ·产品的价值超过了它的价格 ·在不告知品牌的情况下对客户进行测试，发现选择本公司产品比选择竞争对手产品的概率要高 ·客户反映与见过的同类产品不同 ·产品使用的时间足够长
	数量	·提出新观点的数量	·提出30～40个新观点
零售店销售额	数量	·销售额比去年同期有所增长	·销售额比去年同期增长5%～8%
竞争对手总结	时限	·预定的时间表	·能在指定的期限之前提供关于竞争对手的总结数据
销售费用	成本	·实际费用与预算的变化	·实际费用与预算相差5%以内

资料来源 付亚和，许玉林. 绩效管理［M］. 3版. 上海：复旦大学出版社，2014.

3.设定绩效目标或绩效标准的原则

设定绩效目标或绩效标准应遵循"SMART"原则。

S是Specific，标准必须具体、明确。

M是Measurable，标准必须是可衡量的。例如，过去客户投诉率是3%，现在把它降低到1.5%。能量化的量化，不能量化的质化。没有办法衡量，就无法判断这个目标是否实现，甚至产生分歧。

A是Attainable，标准必须是可实现的，付出努力可以实现，不能过高或过低。制定跳起来"摘桃"的目标，不能制定跳起来"摘星星"的目标。

R是Relevant，标准必须与工作职责相关。不能将产品质量作为销售员的考核标准。

T是Time-bound，注重完成绩效标准的特定时限。没有时间限制就没法考核，或带来考核的不公。上下级之间对目标轻重缓急的认识程度不同，上司着急，但下面不知道。到头来上司可能暴跳如雷，而下属觉得委屈。

二、绩效实施

绩效实施，对于员工而言，是按照预先制订的绩效计划开展工作，达成绩效目标的过程。

（一）观察与记录

观察员工的工作表现，尤其是关键行为，并记录下来，作为绩效信息的来源。

（二）指导与反馈

就员工工作中存在的困难提供指导，并及时提供反馈，增加员工对自身工作进展的把握。

（三）监控

及时纠偏，确保员工的工作行为和过程朝向绩效目标，并根据环境变化与员工一起及时调整绩效计划。

三、绩效考核

绩效考核是指考评主体对照工作目标或绩效标准，采用科学的考评方法，评定员工的工作任务完成情况、员工的工作职责履行程度和员工的发展情况。

（一）绩效考核方案的制订

绩效考核方案制订程序如图9-2所示。

1.成立绩效考核小组

确定绩效考核的组织机构、人员及其责任范围，明确绩效考核目的、考核对象、考核者、考核内容和标准、考核时间安排，做好绩效考核的程序安排。在实践中，与人力资源管理的其他模块一样，绩效管理的决策权也越来越多地转移到直线经理手中。人力资源部只负责向各职能部门提供专业的服务，忌越俎代庖。二者之间应该建立明确的职责分工（见表9-5）。

被考评者	业务部门	人力资源部	人力资源部经理	最高决策层	常用表单
		制定绩效考核办法	审批		员工绩效考评表
		组织考核人员培训			绩效考评申诉表
上交考核总结	填写员工绩效考核评分表	发放员工绩效考核评分表			绩效考评申诉处理意见录
通知员工考核结果	递送员工绩效考核表	汇总员工绩效考核表			绩效奖惩意见表
接受考核意见 N	组织员工面谈提出改进意见				
提出考核申诉		接收申诉材料			
	听取用人部门意见	审查申诉材料，核实事实			
通知员工驳回申诉，解释原因	N	核实绩效考核申诉情况			
		组织成立绩效考评审查小组，出具审查意见	审核	审批	
公布申诉处理结果		形成审查意见，确定最终结果			
		制订考核奖惩计划	审核	审批	
		发布奖惩公告			
		执行最终奖惩意见			
		相关文件存档			
		绩效考核方案评价			

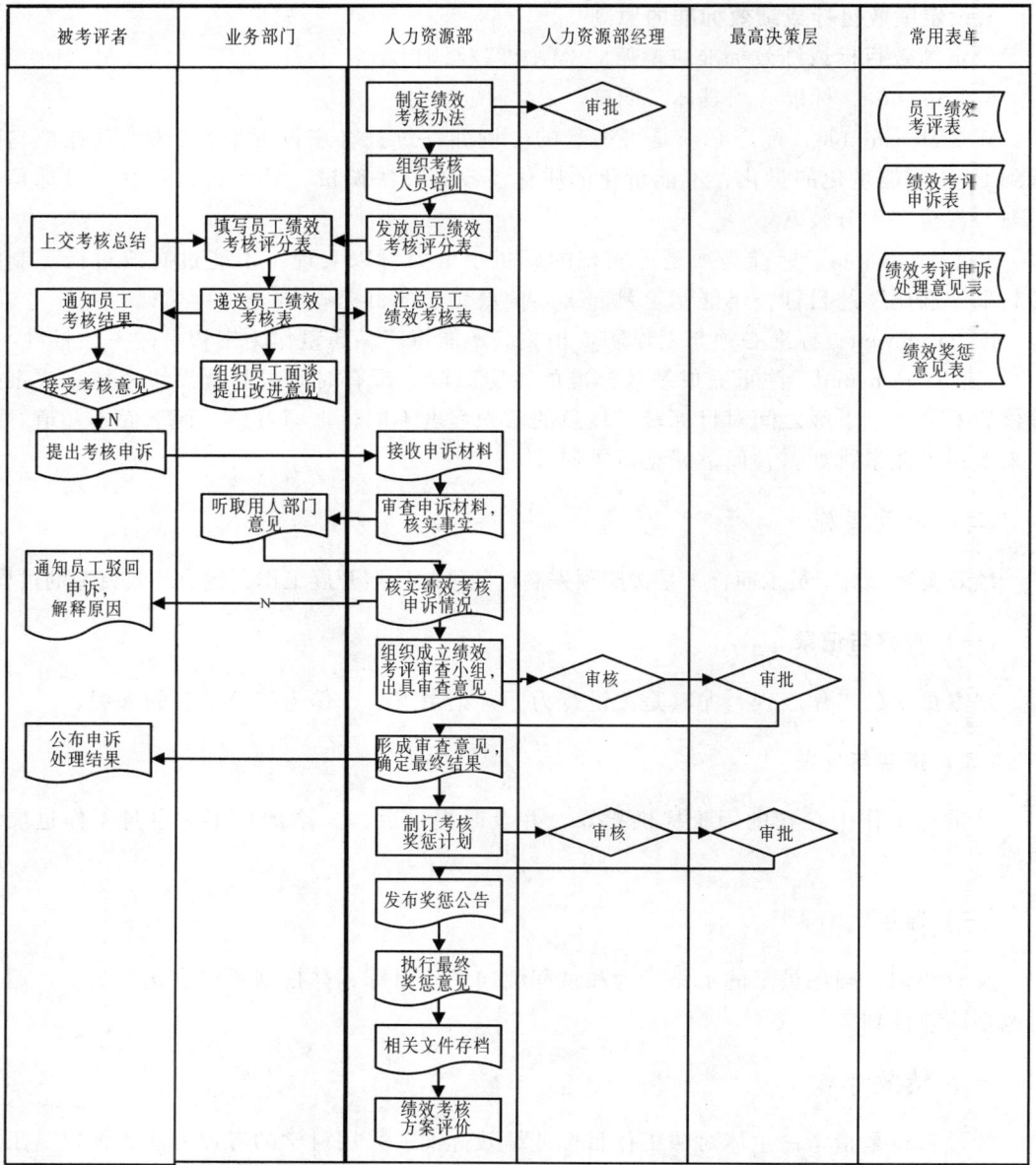

图9-2　绩效考核方案制订程序

表9-5　　　　　　　　　　　　　　　绩效管理职责分工

人力资源部	直线经理
制定和修订绩效考核制度	与员工共同制订绩效计划
开发绩效考核工具	监控员工绩效实施过程
负责考核培训	运用考核工具对员工进行绩效考核
组织与监督考核活动	绩效考核结果的反馈面谈
随时提供专业建议和意见	找出员工的绩效不足之处
保存考核记录	帮助员工制订绩效改进方案

2.确定绩效考核方法

根据部门或员工的绩效考核指标和标准，选择绩效考核方法，具体包括排序法、图表尺度法、行为锚定法、目标管理法等。

3.制定绩效考核管理办法

根据绩效考核要求，明确绩效考核申诉、绩效考核奖惩等实施意见。

（1）绩效考核申诉办法。明确绩效考核过程中员工申诉的权利、具体程序和处理流程。

（2）绩效考核奖惩办法。明确绩效考核结果与薪酬调整、职务变动、员工培训、员工职业生涯规划等的关联性，制定绩效考核奖惩具体标准。

4.组织绩效考核者培训

根据绩效考核的总体安排，组织相关考核人员参加绩效考核理念和意识、绩效考核技巧和方法、绩效考核实施和处理的业务培训。常见的有：

（1）绩效考核理念和意识的培训，明确参与绩效考核活动的人员的责任、权限、义务和要求。

（2）绩效考核技巧和方法的培训，统一绩效考核标准和尺度。

（3）绩效考核实施和处理的培训，明确绩效考核过程中所使用的报表格式、考核量表、统计口径、上报期限以及对考核结果偏误控制和剔除的处理方法。

（二）考核主体的选择

考核主体是指对员工进行绩效考核的人，即考核者。直接主管是最常见的考核主体，此外，还有员工本人、客户、同事、下属、间接主管和外部专家等多个主体。不同的主体往往提供了多渠道的信息，被称为360度考核。因此，越来越多的组织同时采用多个主体开展绩效考核，确保考核信息来源的全面性，减少考核的主观性，以提高考核结果的客观性和可接受度。

1.上级

由直接主管进行评估是考核员工业绩的传统方法，也是管理中常用的引导和监督员工行为的方法，因为通常他们是最熟悉员工的工作职责、工作表现和工作结果的人，而且赋予其考核下属的权责能够确保对下属的控制力。在员工直接上级独立地对员工绩效进行评估之后，一般还要由员工的间接上级对考核结果做出复核，以减少主观偏见。

2.员工

由员工对自己的绩效加以评估，一般要求员工在绩效考核以前就自己的绩效情况填写一份评估表。自我评估能够有效提高员工对绩效考核的参与，增加可接受度，还给了员工一个思考自身优缺点的机会。由于自我服务偏见，员工往往会对自己更为宽容，并倾向于夸大优点，隐瞒缺点或不足之处。所以，自我评估更适合于员工发展的用途而不适合于管理控制的用途。

3.同事

通常，上级主管们掌握着更多的有工作要求和绩效结果的资料，而同事们则经常以一种不同的、更现实的眼光来看待彼此的工作绩效。因为员工通常会把自己最好的一面展示给上司，但与其朝夕相处的同事可能看到他较真实的一面。比如对"人际沟通能力""团队合作能力"做出评价时，由于上司很难观察到该员工这方面的表现，此时同事们更有发言权。特别在现代企业中，团队组织形式正日益发挥重要的作用，同事间的默契合作对组织绩效的形成变得越来越有价值。

4.下属

这种方法能使上级了解到下属是如何评价他们的。在评估经理人员时，员工是非常有资格发言的，因为他们经常与其上司接触，并站在一个独特的角度观察许多与工作有关的行为。因此，下属非常适合去评价其上司在领导能力、口头表达能力、授权、团队协调能力、对下属的指导等方面的表现。

5.客户

出于全面质量管理的考虑，越来越多的企业开始使用内部和外部顾客作为考核主体，尤其是一些服务业和销售业。因为从业人员的服务品质、服务态度唯有顾客最清楚。与外部客户相对应，内部客户包括企业内部任何得到服务支持的人。

6.专家

专家即外部的人力资源专家、顾问，具有专业水平高、客观公正的优点，但是费用高，时间不能保证，对组织内部也不够了解。只有高级管理人员、高级技术人员和个别稀缺工种，才会考虑采用专家顾问作为考核主体。

（三）绩效考核的常见误差

尽管各组织在实践中尽量追求考核的客观、公正，但是仍然无法完全避免一些误差，对考核造成负面影响，导致考核结果的失真。这些误差，既有考核者主观造成的，也有制度原因甚至被考核者因素造成的。

常见的考核者误差有：晕轮效应、首因效应和近因效应、类我印象、感情效应、对比效应、居中倾向和过宽过严倾向、刻板印象等。对于上述误差，可通过多维度考核方法、多个考核主体、加强专业培训和监督等途径来有效预防。

制度误差主要指考核指标和标准不科学、考核工具使用不当、考核主体单一、考核流程不科学、绩效目标偏离组织战略、事前未做动员和培训、组织文化不配套等。

被考核者所造成的误差主要是由沟通不利导致的。比如对绩效目标和标准的理解出现偏差、抱有对绩效考核的敌对心理、缺少工作指导与反馈、方法不当、在不同等级轮流坐庄等。

四、绩效反馈

在明确绩效考核结果后，直线经理应及时以面谈的形式与员工沟通，保证当事人的知情权。如果缺失了绩效反馈环节，那么前面的努力都是徒劳无功的。

（一）绩效反馈的目的

绩效反馈面谈不是给员工开批判会，不是"秋后算账"，而是给员工"照镜子"，帮助其建立对工作情况和自身优缺点的更深入的了解。同时，绩效反馈面谈也提供了一座上下级之间沟通的桥梁。

绩效反馈的主要目的有：上下级双方就考核结果达成共识；帮助员工更好地认只自己

在本周期的进步和不足，促使其改进绩效；共同制订绩效改进计划和下一周期的绩效计划。

（二）绩效反馈面谈的流程

绩效反馈面谈包括准备绩效沟通资料、实施绩效反馈面谈、制订绩效改进计划等环节，具体流程如图9-3所示。

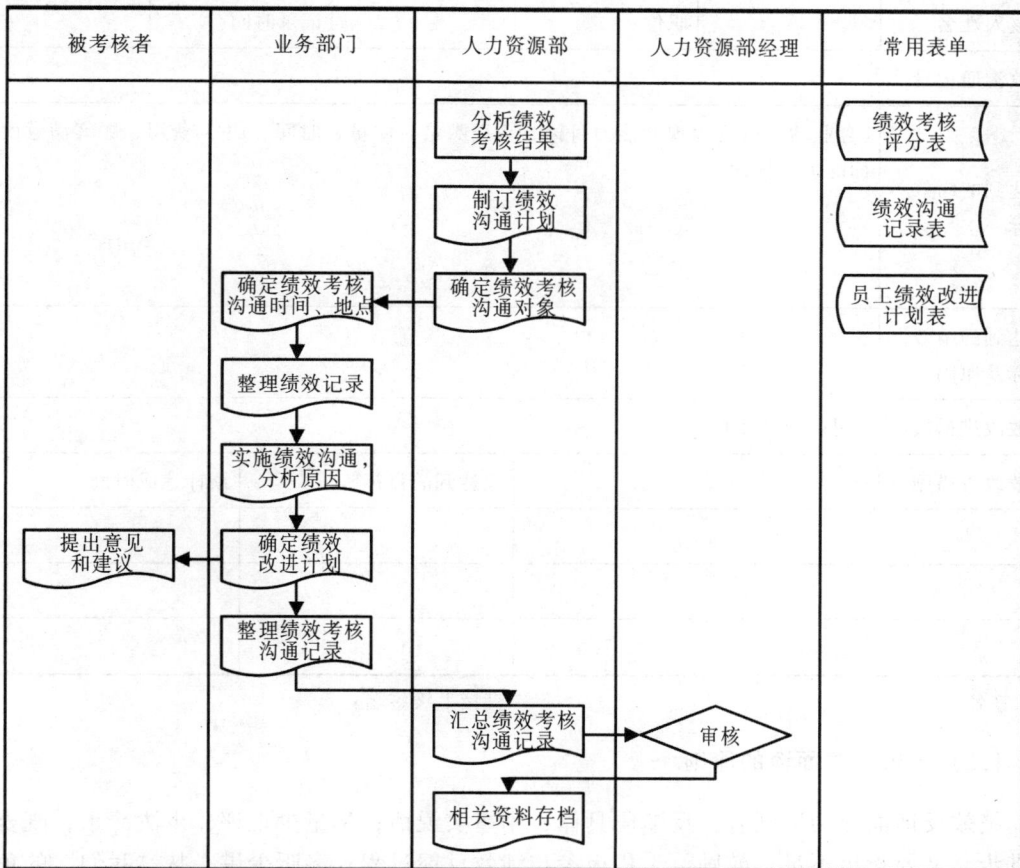

图9-3　绩效反馈面谈的流程

1.准备绩效沟通资料

绩效沟通资料主要包括绩效考核结果、绩效沟通记录表、个人背景资料、工作说明书、绩效标准、绩效合同、员工日常工作表现的记录等。

2.实施绩效反馈面谈

选择合适的面谈时间和地点，预留足够的时间，与员工围绕绩效考核指标和标准、员工日常表现和考核结果、绩效目标完成情况、工作方法和流程、工作中遇到的困难和风险、工作支持和帮助等方面展开面谈，既要肯定其取得的进步，更要分析绩效不足的原因。并且，征求员工对绩效考核指标体系、考核者、考核方法等的意见和看法。

3.制订绩效改进计划

根据绩效考核和绩效面谈结果，共同制订详细的绩效改进计划和下一周期的绩效计划，以确保本周期和下一周期的衔接。

绩效反馈面谈后要填写绩效沟通记录表（见表9-6）。

表9-6   **绩效沟通记录表**

员工姓名		职位		部门	
考核时间		考核分数		考核排名	
考核人姓名		职位		记录时间	

绩效沟通记录	
已达到的绩效目标	（含业绩、行为表现和能力目标，请用数量、质量、时间、成本/费用、顾客满意度等标准进行描述）
未达到的绩效目标及原因	

绩效改进措施/下一周期的绩效目标

绩效改进措施（目标）	应达到的目标	预计达成时间

员工签名：   直接上级签名：

（三）绩效反馈面谈的原则

绩效反馈面谈的原则有：反馈应具体，用事实说话；尽量少批评，少泼冷水；既要肯定进步，又要指出不足；鼓励员工积极参与绩效反馈过程；多听少讲；从"我们"的角度制订绩效改进计划；重点是解决问题，而非表扬或批评；反馈应当是经常性的；侧重思想、经验的分享；对事不对人。

第三节　绩效管理方法

一、非系统绩效考核方法

（一）排序法

1.简单排序法

将被考核者按照绩效表现从好到差的顺序依次排序，这种绩效表现既可以是整体绩效，也可以是某一个绩效指标。简单排序法只适合于小企业，当员工人数较多时排序就比较困难，尤其当部分员工的业绩水平相近时难以准确排序。

2.交替排序法

在待考核员工中，考核者首先选出绩效最优者，再找出与之对比最鲜明的绩效最差者，接着选出次优者和次劣者，由此循环，直至所有被考核者都被排序完毕，见表9-7。在操作中，两端容易，中间难。绩效中等者较为接近，必须仔细辨别。

表9-7 **交替排序法示例**

考核所依据的要素：＿＿＿＿＿＿＿＿＿＿

针对你所要考核的要素，将所有员工的姓名都列举出来。将工作绩效考核最高的员工姓名列在第1名的位置上；将考核最低的员工姓名列在第20名的位置上。然后将次优的员工姓名列在第2名的位置上；将次劣的员工的姓名列在第19名的位置上。将这一交替排序继续下去，直到所有的员工都被排列出来。

考核等级最高的员工

1.	11.
2.	12.
3.	13.
4.	14.
5.	15.
6.	16.
7.	17.
8.	18.
9.	19.
10.	20.

考核等级最低的员工

评价人：＿＿＿＿＿＿ 职务：＿＿＿＿＿＿

上述两种排序法虽然操作简单，能够体现绩效差异，但是人数受限，适用范围也只能局限于同类职务，不适合跨部门的比较。交替排序法是简单排序法的改进，使得比较和排序更加准确，但是无法避免上述缺点。

3.配对排序法

将每一位员工按照所有的考核指标与所有其他员工进行两两比较，判断谁更好，根据员工获得的更好的次数排序，而不是把各被考核者笼统地排队，见表9-8。

配对排序法的准确度高，排序结果更加可靠，但一旦员工人数过多（多于5人），操作就比较麻烦，因为配比的次数将是按 $[n(n-1)]/2$（其中n=人数）的公式增长的。5个员工的配比需要10次；10个员工就要配比45次；50个员工就要配比1 225次。而且只能评比出员工的名次，不能反映出他们之间的绩效差距，也不能反映出他们工作能力和品质的特点。

表9-8　　　　　　　　　　　　　　　　配对排序法示例

"遵守行为规范"指标					"团队合作"指标					
对象	A张	B李	C赵	D杨	E周	对象	A张	B李	C赵	D杨	E周
A张	/	+	+	−	−	A张	/	−	−	−	−
B李	−	/	−	−	−	B李	+	/	−	+	+
C赵	−	+	/	+	−	C赵	+	+	/	−	+
D杨	+	+	−	/	+	D杨	+	−	+	/	−
E周	+	+	+	−	/	E周	+	−	−	+	/
得分	2+	4+	2+	1+	1+	得分	4+	1+	1+	2+	2+

（二）强制分布法

强制分布法指根据正态分布规律，提前确定按照什么样的比例将被考核者分布到每一个绩效等级中，如图9-4所示。

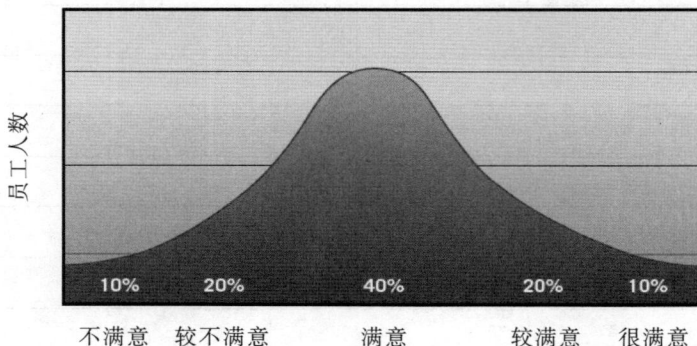

图9-4　强制分布法示例

强制分布法的优点是：有利于激励员工努力工作，以免落入绩效最低等级而受到惩罚；有效地消除了某些评定误差，如宽厚性、严苛性及趋中性误差。

强制分布法的缺点是：不能公平地对来自不同部门的员工的绩效进行比较。比如，A部门排名倒数的员工可能比B部门的第一名做得更好。如果一个部门全体员工都十分优秀，强制分布等级，可能会引发不满，甚至离职。因此，不妨在设计等级分布比例时向绩效优秀部门倾斜，由部门绩效决定部门内员工的等级分布和优秀名额，进而会呈现正偏态和负偏态分布。

（三）图尺度考核法

图尺度考核法主要是针对每一项评定的重点或考评项目，预先订立基准，包括依不间断分数表示的尺度和依等级间断分数表示的尺度，前者称为连续尺度法，后者称为非连续尺度法。在实际运用中，常以后者为主。在进行工作绩效考核时，首先针对每位员工从每一项考核指标中找出最能符合其绩效状况的分数，然后将其得到的所有分数加总求和，即得到其最终的工作绩效考核结果。图尺度考核表见表9-9。

表9-9　　　　　　　　　　　　　**图尺度考核表**

员工姓名_____	职　位_____

部　门_____	员工薪资_____

绩效考核目的：□年度例行考核□晋升□绩效不佳□工资调整□试用期结束□其他

员工到现职时间_____
最后一次考核时间_____　　　　　正式考核时间_____

说明：请根据员工所从事工作的现有要求仔细地对员工的工作绩效加以考核。请核查各代表员工绩效等级的小方框。如果绩效等级不合适，请以 N 字样说明。请按照表中所标明的等级来核定员工的工作绩效分数，并将其填写在相应的用于填写分数的方框内。最终的工作绩效结果通过将所有的分数进行加总平均而得出

考核等级说明

O：杰出（Outstanding），在所有各方面的绩效都十分突出，并且明显比其他人的绩效优异得多 V：很好（Very good），工作绩效的大多数方面明显超出职位的要求。工作绩效是高质量的并且在考核期间一贯如此 G：好（Good），是一种称职的和可信赖的工作绩效水平，达到了工作绩效标准的要求	I：需要改进（Improvement needed），在绩效的某一方面存在缺陷，需要进行改进 U：不令人满意（Unsatisfactory），工作绩效水平总的来说无法令人接受，必须立即加以改进。绩效考核等级在这一水平上的员工不能增加工资 N：不做考核（Not rated），在绩效等级表中无可利用的标准或因时间太短而无法得出结论

员工绩效考核要素	考核尺度	考核的事实依据或评语
1.质量：所完成工作的精确度、彻底性和可接受性	O □ 100～91 V □ 90～81 G □ 80～71 I □ 70～61 U □ 60及以下	分数
2.生产率：在某一特定的时间段中所生产的产品和效率	O □ 100～91 V □ 90～81 G □ 80～71 I □ 70～61 U □ 60及以下	分数

续表

员工绩效考核要素	考核尺度	考核的事实依据或评语
3.工作知识：实践经验和技术能力以及在工作中所运用的信息	O □ 100～91 V □ 90～81 G □ 80～71 I □ 70～61 U □ 60及以下	分数 _____ _____ _____ _____
4.可信度：某一员工在完成任务和听从指挥方面的可信任程度	O □ 100～91 V □ 90～81 G □ 80～71 I □ 70～61 U □ 60及以下	分数 _____ _____ _____ _____
5.勤勉性：员工上下班的准时程度，遵守规定的工间休息、用餐时间的情况以及总体的出勤率	O □ 100～91 V □ 90～81 G □ 80～71 I □ 70～61 U □ 60及以下	分数 _____ _____ _____ _____
6.独立性：完成工作时不需要监督和只需要很少监督的程度	O □ 100～91 V □ 90～81 G □ 80～71 I □ 70～61 U □ 60及以下	分数 _____ _____ _____ _____

资料来源　付亚和，许玉林. 绩效管理［M］. 3版. 上海：复旦大学出版社，2014.

（四）关键事件法

在一个绩效周期内，通常不超过一年，主管人员将下属在工作活动中所表现出来的特别有效或特别无效的行为作为关键事件记录下来，在绩效反馈面谈时与下属共同讨论其工作绩效，让其清楚地知道哪些方面做得好，哪些方面做得不好。关键事件法一般适用于工作比较稳定、不太复杂的职位。关键事件法示例见表9-10。

关键事件法的优点是：以主管所记录的行为作为考核依据，更具说服力，易于被员工接受；能够向员工传达绩效改进的方向；具备很强的反馈功能。

关键事件法的缺点：许多管理人员没有足够的时间或不愿意坚持记录下属的关键行为；难以进行员工之间的比较，因为每一个事件都是发生在特定员工身上的特定事件；若主管对下属监督过度，可能导致关系紧张。

（五）行为锚定等级评价法

行为锚定等级评价法通过用一些特定的关于优良绩效和不良绩效的描述性实例来对一个量化的尺度加以解释或锚定，将描述性的关键事件法和量化的等级评价法的优点结合起来。

表 9-10 **关键事件法示例**

职 责	目 标	关键事件
安排生产计划	充分利用工厂中的人员和机器；及时发布各种指令	为工厂建立了新的生产计划系统
		上个月的指令延迟率降低了 5%
		上个月机器利用率提高了 10%
监督原材料采购和库存控制	在充分保证原材料供应的前提下，使原材料的库存成本降到最低	上个月使原材料库存成本上升了 15%
		A 部件和 B 部件的订购富余了 20%，而 C 部件的订购短缺了 30%
监督机器维修保养	不出现因机器故障而造成的停产	建立了一套新的机器维护和保养系统
		及时排除机器部件故障

行为锚定等级评价法通常按照以下五个步骤进行（如图 9-5 所示）：

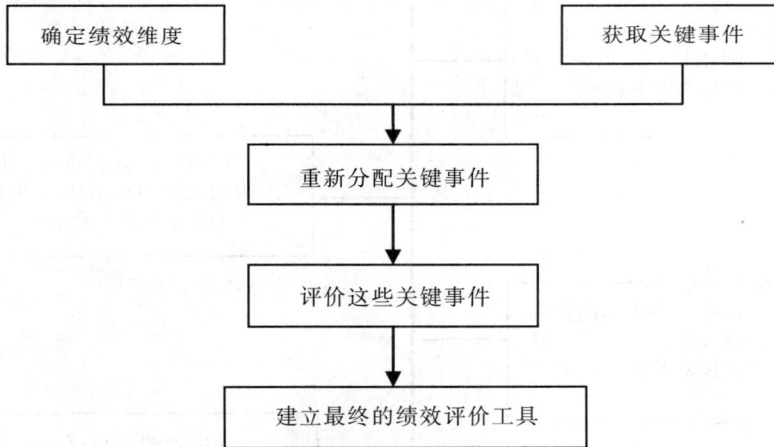

图 9-5 行为锚定等级评价法流程

资料来源 赵曙明，张正堂，程德俊. 人力资源管理与开发［M］. 北京：高等教育出版社，2009.

第一步，获取关键事件。要求对职位比较了解的人（通常是任职者及其直接上级）对一些代表该职位优良和不良绩效的关键事件进行描述。

第二步，确定绩效维度。将这些关键事件合并成为数不多的几个绩效维度，并对每一个维度加以界定。

第三步，重新分配关键事件。由另外一组对职位比较了解的人对原始事件进行重新分类，给出已经界定好的绩效维度和关键事件，然后将这些关键事件分别放入已经界定好的维度中。就同一事件而言，如果两组人中将其放入同一个维度中的比例较高（通常是 60%～80%），那么就可以确定该关键事件的位置就在此维度之中了。

第四步，评价这些关键事件。再由第二组对这些关键事件在每一绩效维度方面所代表的有效和无效程度来加以评定（一般采用 7 点或 9 点尺度）。

第五步，建立最终的绩效评价工具。对每一个绩效维度而言，选择 6～7 个关键事件作为其行为锚定。

图9-6是客户服务维度行为锚定等级考核的一个示例。

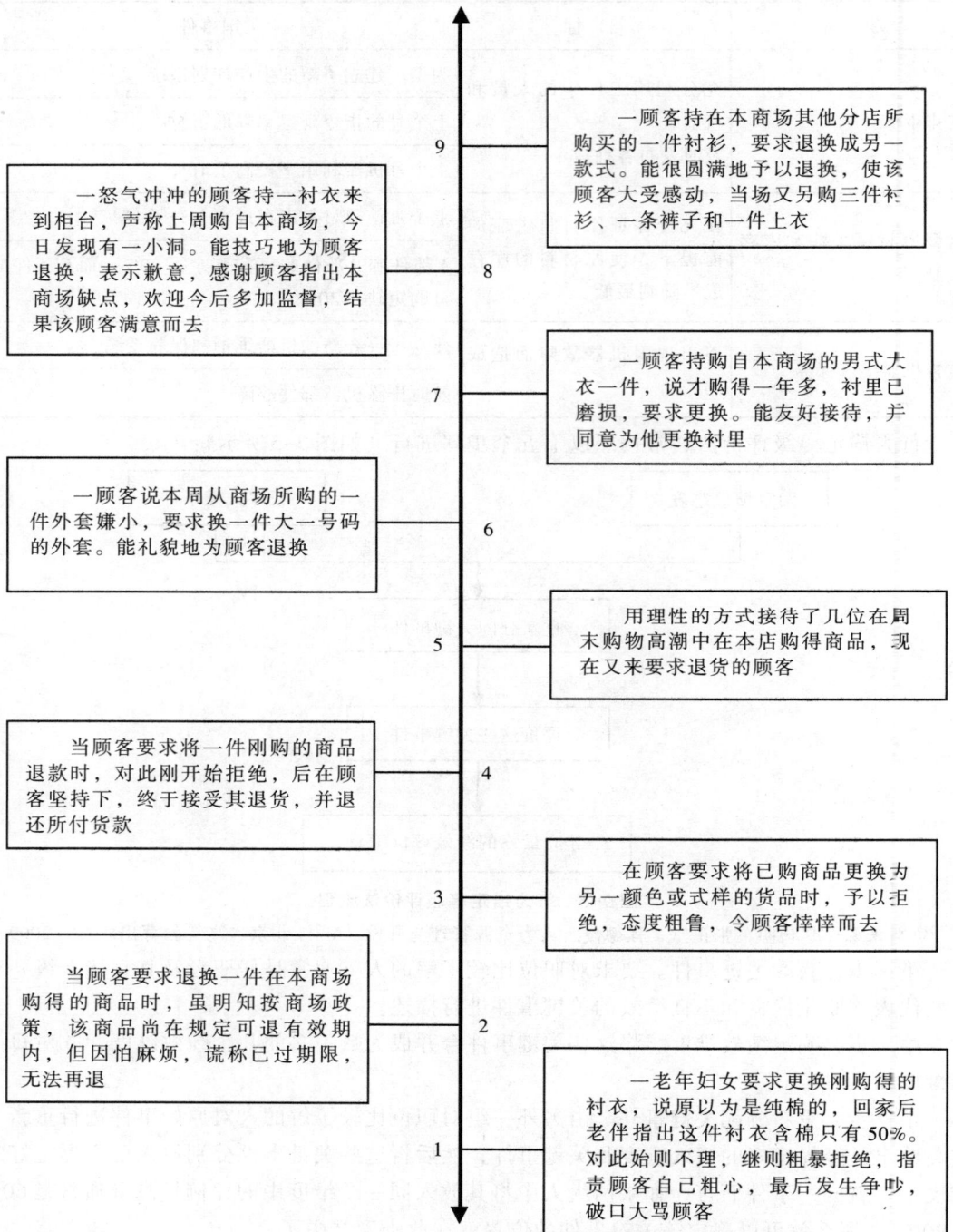

9

一顾客持在本商场其他分店所购买的一件衬衫，要求退换成另一款式。能很圆满地予以退换，使该顾客大受感动，当场又另购三件衬衫、一条裤子和一件上衣

一怒气冲冲的顾客持一衬衣来到柜台，声称上周购自本商场，今日发现有一小洞。能技巧地为顾客退换，表示歉意，感谢顾客指出本商场缺点，欢迎今后多加监督，结果该顾客满意而去

8

7

一顾客持购自本商场的男式大衣一件，说才购得一年多，衬里已磨损，要求更换。能友好接待，并同意为他更换衬里

一顾客说本周从商场所购的一件外套嫌小，要求换一件大一号码的外套。能礼貌地为顾客退换

6

5

用理性的方式接待了几位在周末购物高潮中在本店购得商品，现在又来要求退货的顾客

当顾客要求将一件刚购的商品退款时，对此刚开始拒绝，后在顾客坚持下，终于接受其退货，并退还所付货款

4

3

在顾客要求将已购商品更换为另一颜色或式样的货品时，予以拒绝，态度粗鲁，令顾客悻悻而去

当顾客要求退换一件在本商场购得的商品时，虽明知按商场政策，该商品尚在规定可退有效期内，但因怕麻烦，谎称已过期限，无法再退

2

1

一老年妇女要求更换刚购得的衬衣，说原以为是纯棉的，回家后老伴指出这件衬衣含棉只有50%。对此始则不理，继则粗暴拒绝，指责顾客自己粗心，最后发生争吵，破口大骂顾客

图9-6　客户服务维度行为锚定等级考核示例

资料来源　马新建，孙虹，李春生. 人力资源管理理论与方法［M］. 上海：格致出版社，2011.

此方法的缺点在于，开发和维护行为锚定等级尺度需要花费大量时间和精力，需要针对组织中不同类型的工作开发与之相应的评估形式。

二、系统的绩效考核方法

（一）关键绩效指标法（KPI）

1.关键绩效指标法的含义

关键绩效指标法是基于企业经营管理绩效的系统考核体系。关键绩效指标是指企业宏观战略目标经过层层分解产生的可操作性的战术目标，是宏观战略决策执行效果的监测指针。该方法强调企业的绩效指标必须与战略挂钩，只评价与实现战略目标关系密切的绩效指标。每个职位的关键绩效指标一般不超过10项，每项指标所占权重一般在5%～30%。

2.关键绩效指标法的推行步骤

鱼骨图法是提取关键绩效指标的常用方法。

第一步，将企业战略目标分解至关键绩效领域（如图9-7所示）。

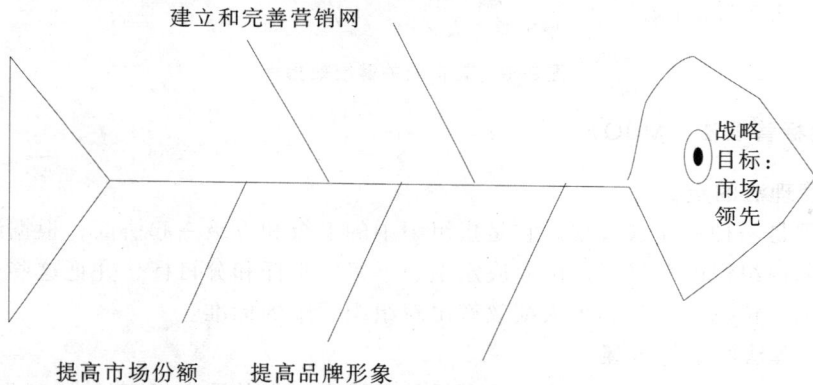

图9-7　某企业关键绩效领域

第二步，从关键绩效领域中分析和归纳出关键成功要素（CSF）（如图9-8所示）。

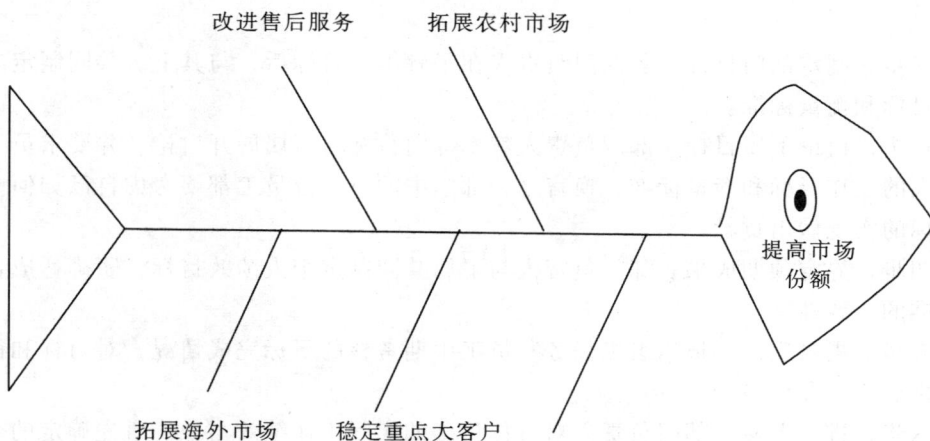

图9-8　某企业关键成功要素

第三步，从关键成功要素中提炼出企业层级的关键绩效指标，然后向下层层分解。结合部门职责分解至部门，得到部门的关键绩效指标。再结合岗位职责分解至各岗位，得到各岗位的关键绩效指标（如图9-9所示）。

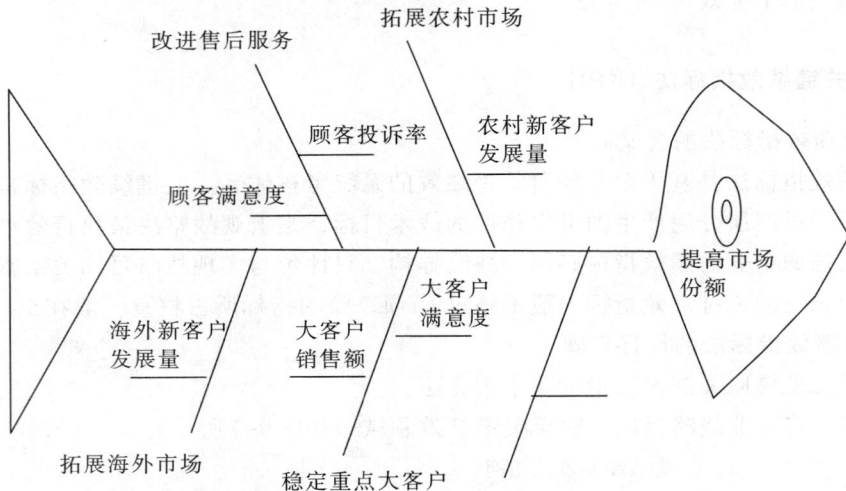

图9-9 某企业关键绩效指标

（二）目标管理法（MBO）

1.目标管理法的定义

目标管理是一种程序或过程，它是指组织中的上级和下级一起协商，根据组织的使命确定一定时期内组织的总目标，由此决定上、下级的责任和分目标，并把这些目标作为组织绩效考核和考核每个部门和个人绩效产出对组织贡献的标准。

2.目标管理法的推行步骤

目标管理是一个循环系统，这个循环系统从设定组织共同目标开始，经过循环螺旋上升，最终又回到组织新的共同目标（如图9-10所示）。

第一步，制定组织目标。为整个组织制订年度工作计划，确定公司的相应目标和衡量标准。

第二步，制定部门目标。各部门负责人在了解组织目标后，与其上级共同制定本部门的工作目标和衡量标准。

第三步，讨论下属目标。部门负责人就本部门目标与下属展开讨论，并要求员工初步订立个人的工作目标和衡量标准。换言之，部门中的每一位员工都要考虑自己如何才能为部门目标的实现做出贡献。

第四步，界定预期成果。部门负责人与下属共同制定个人绩效目标，明确达成目标和衡量标准的一致性。

第五步，提供反馈。根据组织任务和员工中期考核的目标完成情况，对目标和衡量标准进行再次修正和调整。

第六步，进行考核。部门负责人对每位员工的实际工作绩效与他们事先确定的个人绩效目标进行比较。

第七步，回顾结果。部门负责人与下属讨论和评价下属在目标实施方面所取得的成绩，总结企业绩效情况。

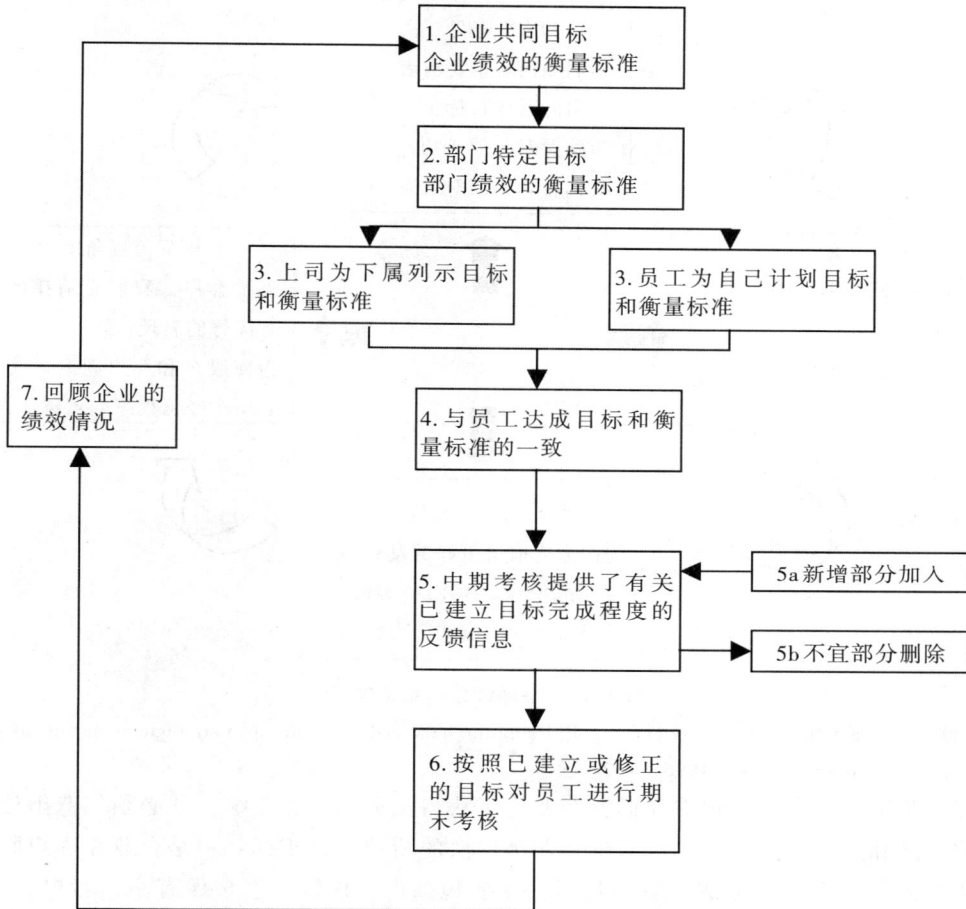

图 9-10　目标管理法流程图

（三）平衡计分卡（BSC）

1.平衡计分卡的定义

平衡计分卡（Balanced Score Card）由哈佛大学教授 Robert Kaplan 与诺朗顿研究院的执行长 David Norton 于1990年创立，主要指"未来组织绩效衡量方法"的一种绩效评价体系。创立平衡计分卡的目的，在于找出超越传统以财务量度为主的绩效评价模式，以使组织的"策略"能够转变为"行动"。

经过20多年的发展，平衡计分卡已经发展为集团战略管理的工具，在集团战略规划与执行管理方面发挥非常重要的作用。根据解释，平衡计分卡主要是通过图、卡、表来实现战略的规划。

2.平衡计分卡的框架

平衡计分卡包含了财务测评指标，能够用来揭示已采取的行动所产生的结果。同时，它又用涉及顾客满意度、内部运营及组织的学习和发展能力的三套绩效测评指标作为财务测评指标的补充，从而使得高级管理层可以快速而全面地考察企业的业绩与表现。

平衡计分卡结构框架如图9-11所示。

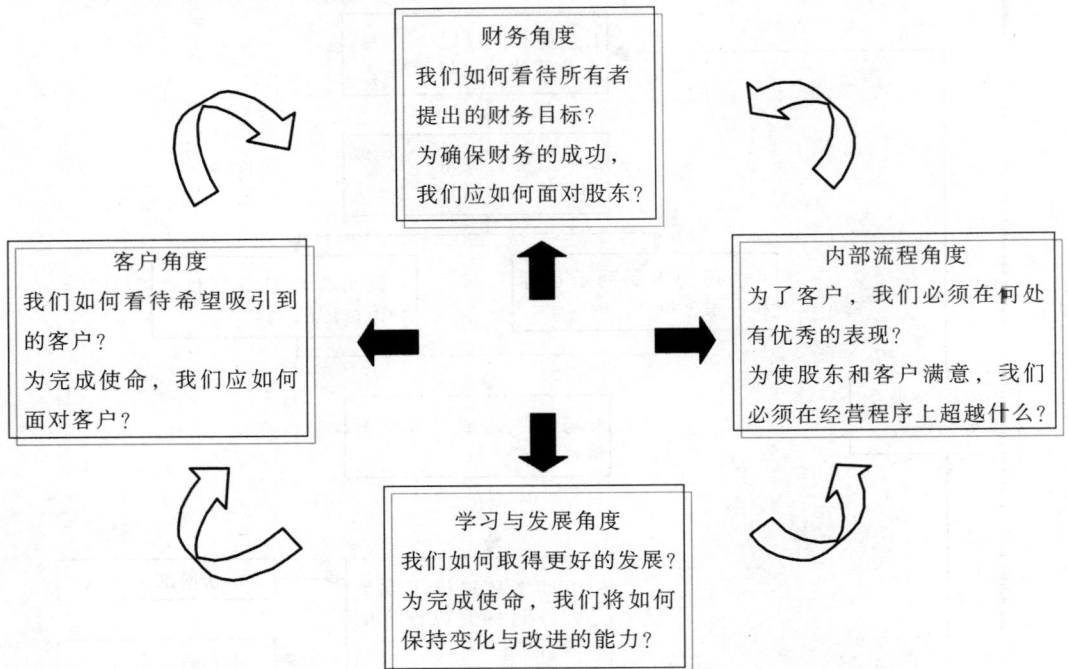

图9-11 平衡计分卡结构框架

资料来源 KAPLAN R S, NORTON D P. Using the balanced scorecard as a strategic management system [J]. Harvard Business Review, 1996 (1-2).

客户角度——客户如何看我们？企业为了获得长远的财务业绩，就必须创造出让客户满意的产品和服务。平衡计分卡给出了两个层次的绩效考核指标：一是企业在客户服务方面期望达到绩效而必须完成的各项目标，主要包括市场份额、客户保有率、客户获得率、客户满意度等。二是企业在内部客户服务方面期望达到绩效而必须完成的各项目标，主要包括员工满意度、员工流失率等。

内部流程角度——我们必须擅长什么？这是平衡计分卡突破传统绩效考核的显著特征之一。平衡计分卡从满足投资者和客户需要的角度出发，从价值链上针对内部的业务流程进行分析，提出了四种绩效属性：质量导向的考核、基于时间的考核、柔性导向考核和成本指标考核。

学习与发展角度——我们能否继续提高并创造价值？这个方面的观点为其他领域的绩效突破提供手段。平衡计分卡注重分析满足需求的能力和现有能力的差距，将注意力集中在内部技能和能力上，这些差距将通过员工培训、技术改造、产品服务加以弥补。相关指标包括新产品开发循环期、新产品销售比率、流程改进效率等。

财务角度——我们怎样满足企业的所有者？作为市场主体，企业必须以盈利作为生存和发展的基础。企业各个方面的改善只是实现目标的手段，而不是目标本身。企业所有的改善都应该最终归于财务目标的达成。平衡计分卡将财务方面作为所有目标考核的焦点。

平衡计分卡常见指标示例见表9-11。

表 9-11　　　　　　　　　　　　　　　平衡计分卡常见指标示例

部门	财务指标	客户指标	内部流程指标	学习与发展指标
生产部门	生产成本控制率	部门员工满意度	部门员工出勤率、生产计划完成率、产品批次检验合格率、维修返工率、物料消耗控制率、设备正常运转率、现场管理合格率、安全生产达标率	部门员工培训参加率、部门员工培训合格率
销售部门	销售费用率、部门办公费用控制率	新客户拓展率、客户投诉率、客户投诉处理满意率、部门员工满意度	部门员工出勤率、销售增长率、销售额完成率、销售利润完成率、销售合同执行完成率、销售回款率	
人力资源部门	部门办公费用控制率、招聘费用预算达成率、培训费用预算达成率、薪资总量预算安排达成率	员工流失率、员工培训满意度	部门员工出勤率、人员编制控制率、人力资源配置完成率、招聘及时率、招聘合格率、公司员工培训完成率、员工绩效计划的按时完成率、员工绩效考核申诉处理及时性	
行政部门	部门办公费用控制率	部门员工满意度、后勤服务满意度	部门员工出勤率、公司内部档案的完整性及数据更新的及时性、设备物品管理准确率、卫生管理达标率	
财务部门	公司财务费用控制率、公司筹资成本控制率、公司资金风险控制率、公司账务核算准确率、部门办公费用控制率	部门员工满意度	部门员工出勤率、部门制度建设完成率	
技术部门	研发费用控制率	部门员工满意度	部门员工出勤率、在研项目研发履约率、研发产品通过鉴定率、新产品销售增长目标完成率、新产品市场投诉率、检测检验结果差错率	

3.平衡计分卡的推行步骤

第一步，明确组织战略。组织应建立明确、清晰、为全员所接受的战略目标。已有战略目标的组织则应重新审视其战略目标是否合乎时宜，BSC 作为战略管理工具，始终围绕战略目标展开。

第二步，组建 BSC 项目小组。由组织高层担任小组负责人，领导小组制订具体的实施方案，并做好一切准备工作。

第三步，建立平衡计分卡。从战略目标中提取关键绩效领域，进而提取关键成功要素，作为BSC若干角度的来源。前文提及的四个角度并不一定能满足所有组织的需要，应根据实际情况予以增减。

第四步，确定关键绩效指标。为已经确定的若干角度选定关键绩效指标，每个角度的关键绩效指标一般不超过5个。整套指标体系应包括企业、部门和个人三个层级。

第五步，实施。实施平衡计分卡，并对实施情况进行监测和反馈，必要时调整指标。

第六步，改进战略。用实施的结果对组织战略进行评估，做出必要的修正与改进。

（四）标杆超越法（BHK）

1.标杆超越法的定义

标杆超越法是指通过不断寻找和研究有助于本组织战略实现的行业内外一流企业的有利实践，以此为标杆，将本组织的产品、服务和管理等方面的实际情况与这些标杆进行量化评价和比较，分析这些标杆企业达到优秀水平的原因或条件，结合自身实际加以创造性地学习、借鉴并选取改进的最优策略，从而赶超标杆企业或创造高绩效的不断循环提高的过程。标杆超越法为组织设计绩效指标提供了一个外部导向的全新思路。

2.标杆超越法的推行步骤

标杆超越法流程如图9-12所示。

第一步，发现瓶颈。全面审视企业的战略、策略及发展现状，找出瓶颈和短板，作为需要设立标杆的领域。

第二步，选择标杆。在需要设立标杆的领域内，寻找做得好的企业或内部单位作为标杆。

第三步，收集数据。通过多种途径，对选定的标杆开展数据信息的收集和分析工作，尽可能充分地了解标杆。

第四步，确定绩效标准。通过与标杆的比较，找出绩效差距所在，并分析差距产生的原因。据此，结合企业的实际情况，确定追赶或超越标杆的绩效标准。

第五步，内部沟通。就绩效标准进行内部沟通与讨论，经修正后达成一致，并将绩效标准分解到各层级各部门乃至各岗位。开展内部动员，标杆超越的实施需要全员的支持。

第六步，行动与反馈。制订与实施标杆超越的具体行动方案，优化关键业务流程，注意监测和反馈，适时调整行动方案以保证最佳效果。吸取经验教训，将本次标杆超越未能完成的任务和不足转移至下一轮的标杆超越，如此循环往复，推动组织绩效的不断改善。

<table>
<tr><td>

● 全面了解企业现状

● 审视企业战略、策略

● 绘制流程图，分析诊断关键业务流程

● 找出需设立标杆的内容及领域（各类绩效指标）

</td><td>

根据企业实施标杆超越的具体目标：

● 选择内部标杆

● 选择竞争标杆

● 选择行业标杆

● 选择最优标杆

</td><td>

● 收集标杆数据

● 收集实施标杆超越的部门或企业的各类数据

● 通过多种途径进行各类数据的收集

</td></tr>
<tr><td>1.发现瓶颈</td><td>2.选择标杆</td><td>3.数据收集</td></tr>
</table>

持续循环的标杆超越

6.采取行动并及时反馈信息	5.内部沟通与交流	4.确定绩效标准

<table>
<tr><td>

● 制订具体实施的推进方案

● 优化关键业务流程

● 调整实施方案

● 提供反馈信息

</td><td>

● 自上而下就标杆超越的实施进行沟通

● 讨论并适时调整绩效标准

● 确认各级期望标准

● 提供反馈信息

</td><td>

● 找出绩效水平的差距所在

● 分析差距产生的原因

● 设计标杆超越的绩效标准

</td></tr>
</table>

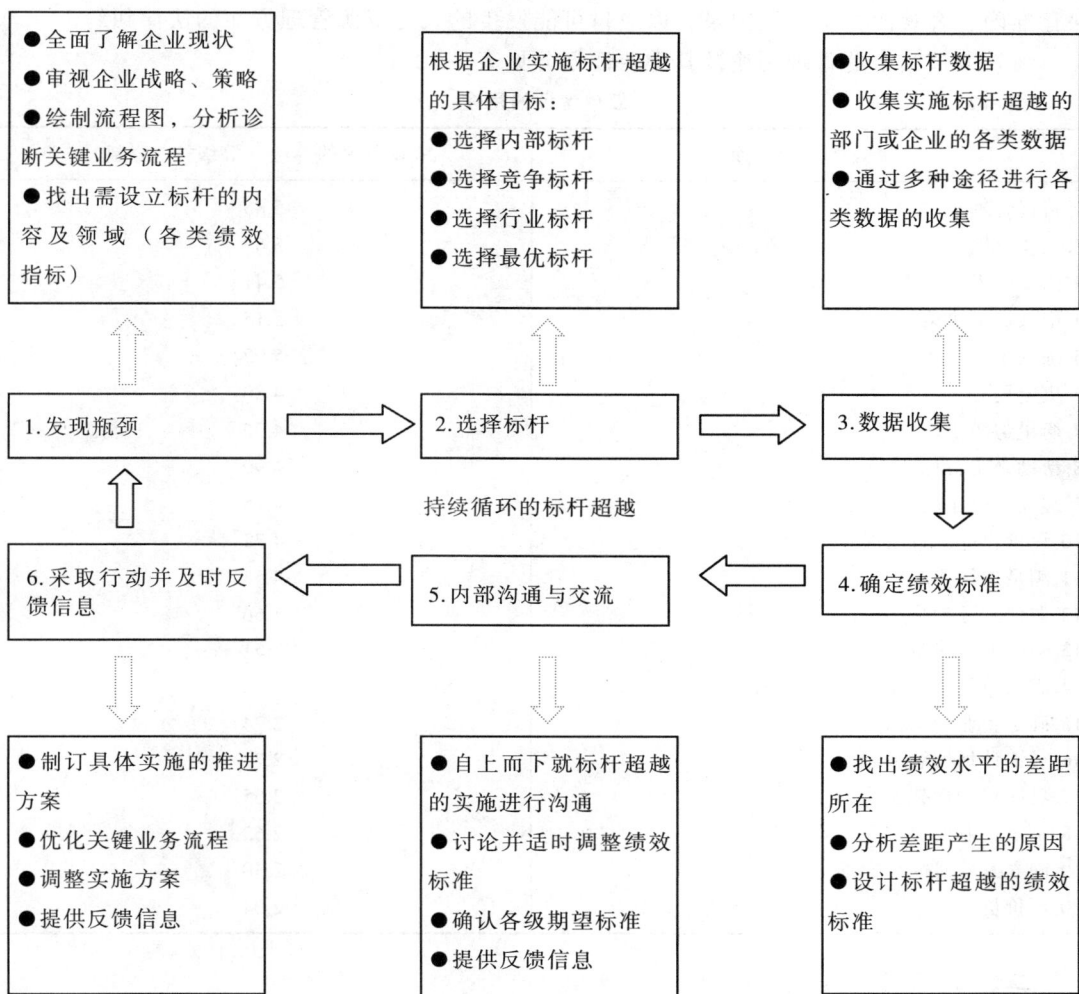

图9-12　标杆超越法流程

第四节　绩效管理结果和应用

一、管理用途

绩效考核结果可以为人力资源管理决策提供服务。绩效考核常常在薪酬决策中决定着绩效加薪或奖金的有无和多少。我们一直提倡的"按劳取酬"即是这种思想在企业中的应用。

绩效考核与其他一些重要的人力资源决策也有直接的联系。比如，通过绩效考核结果来决定员工的晋升、调任和解雇等，以及在招聘中将绩效考核结果优秀的员工的特征作为甄选标准。

还有一点容易被忽略的作用就是，当员工认为晋升、解雇、薪酬调整等决策不公平而提起法律诉讼时，绩效考核结果是企业重要的自我保护措施，是"书面证据"。企业必须保存准确、客观的员工考核记录，以应付可能发生的人力资源管理方面的法律纠纷。

绩效考核结果的管理用途及其重要性划分见表9-12。

表9-12　　　　　　　　　　　　　　绩效考评的用途

绩效考评的用途	绩效考评的等级（等级按7分制）
1.薪资管理	5.85
2.工作反馈	5.67
3.衡量个人优缺点	5.41
4.记录员工决策	5.15
5.确认个人工作	5.02
6.决定提升	4.80
7.衡量劣质工作	4.96
8.帮助确定目标	4.90
9.继续或终止聘用决策	4.75
10.评价目标完成情况	4.72
11.满足法律要求	4.58
12.调任和分配决策	3.66
13.临时解雇决策	3.51
14.满足员工培训需求	3.42
15.确定企业培训需求	2.74
16.员工计划编制	2.72
17.巩固权力框架	2.65
18.确定企业发展需要	2.63
19.确立有效研究的标准	2.30
20.评价员工体系	2.04

二、员工发展用途

绩效考核结果为培训需求分析提供了重要信息，通过绩效考核结果可以找出绩效不足之处及原因。如果是因为个人能力的短板，为员工制订培训、开发计划，能够促使其绩效改进以及能力提高。

绩效考核结果为员工未来发展提供了重要信息，能识别出员工的优势、弱点、潜力，与员工共同制定他们的职业生涯规划。

管理者在绩效考核中的角色也从法官变成教练，承担着改善员工工作绩效的责任，而不仅仅是评价员工过去的业绩。

三、战略用途

推动组织战略目标的实现是绩效管理的重要功能。绩效管理体系把组织的战略转化为定性和定量的目标，这些目标自上而下地层层分解，转化为各部门和各员工的绩效目标和行动计划，使员工的目标与组织保持一致。每个员工的绩效目标都是企业战略目标和岗位职责的有机统一。这样，组织战略目标通过层层落实，最终得以实现。

必要时，绩效管理还可帮助修正战略目标。通过绩效管理的实践，不断持续的PDCA循环，在组织效能逐步提高的同时，也是对组织整体运营情况的监测，必然会暴露出组织的弊端与隐患。若能查证这些弊端和隐患来源于组织战略，则应及时调整和修正战略，规避风险，扬长避短，以适应内外环境的需要。

复习思考题

1.如何理解绩效管理与绩效考核的联系和区别？

2.绩效管理体系的内容是什么？

3.如何理解绩效考核的主体？

4.具体绩效考核方法有哪些？

5.如何理解绩效管理结果的具体应用？

第十章

薪酬管理

学习目标

1.掌握薪酬管理的基本概念和内容
2.熟悉薪酬管理的主要流程
3.掌握岗位工资、计件工资、提成工资的设计方法
4.掌握薪酬制度管理的有关内容

引导案例

薪酬调查报告你看懂没

2016年11月，中国南方人才市场对外发布了《南方人才2015—2016年度广东地区薪酬调查报告》。本次调查以珠三角的七个城市和潮汕地区作为调查对象，总样本量达到196万，34个行业，318个职位。数据统计时间为2015年5月至2016年4月，可以说反映了市场的最新情况，较客观地反映了市场的薪酬水平与结构现状。

从地区来看，深圳连续4年保持榜首位置，2016年平均月薪为7 914元。广州位居第二，2016年平均月薪为6 952元。东莞跃居第三，佛山、惠州、珠海紧随东莞之后，四个城市相比总体差距不大，级差不足200元，而潮汕地区则始终保持着较低的薪酬水平。

从行业来看，2016年，金融业以10 565元的平均月薪位居行业首位，软件业、计算机服务业分别以8 019元、7 824元的平均月薪居于第二、第三位。薪酬水平最低的三个行业分别是仪表/衡器/电工/机械制造业、文教体育用品制造业、采矿/地质/金属/石油业，平均月薪处于4 400～4 900元。调查报告显示，近年来，由于金融、地产以及互联网行业大热，金融业、房地产业、软件业和计算机服务业的平均月薪均同比增长30%以上；平均月薪增长幅度最小的行业为住宿/餐饮/旅行社业，可能是由于行业发展较为成熟，从业人员准入门槛较低所致。

从学历来看，高中学历的平均月薪增长较快，最大增幅达到6.8%，大专学历的平均月薪增幅最小，为1.6%，其他学历的平均月薪幅度在2.2%～3.8%，不同学历间平均月薪的差距相对稳定。

第一节　薪酬管理概述

一、薪酬的概念

薪酬是指个人参与社会劳动从组织中得到的各种酬劳的总和，包括员工实现的绩效，付出的努力、时间、学识、技能、经验与创造所付给的相应回报或答谢。

从法律角度来看，薪酬是组织对其员工已完成或将要完成的工作或者已提供或将要提供的服务以货币为结算单位，由共同协议或国家法律法规或政策确定，并凭个人劳动合同支付的报酬或收入，是工资与薪金的统称。

（一）薪酬的分类

1.货币性薪酬

货币性薪酬包括直接薪酬、间接薪酬和其他货币性薪酬。其中直接薪酬包括工资、福利、奖金、奖品、津贴等；间接薪酬包括养老保险、医疗保险、失业保险、工伤及遗属保险、住房公积金等；其他货币性薪酬包括有薪假期、休假日、病事假等。

2.非货币性薪酬

非货币性薪酬包括工作、社会和其他方面。其中工作方面包括工作成就、工作有挑战感、责任感等的优越感觉；社会方面包括社会地位、个人成长、实现个人价值等；其他方面包括友谊关怀、舒适的工作环境、弹性工作时间等。

（二）薪酬的主要功能

1.对组织的功能

（1）效益功能。员工不仅创造了必要劳动价值，同时也创造了剩余劳动价值。剩余劳动价值的存在是企业的生存之本，是企业利润和效益的前提，所以从企业的角度看，支付给员工的薪酬不仅能补偿员工的劳动力消耗，而且还具有不断增值的效益功能，而正是这种效益功能才是企业投资的内在动力。

（2）人力资源管理功能。薪酬的人力资源管理功能体现为它可以培养员工对组织的归属感。影响员工归属感的因素有很多，其中一个重要内容就是对员工的地位和作用的认可和重视，而企业给予员工的薪酬则是这一重要内容的重要体现。

2.对员工的功能

（1）补偿功能。员工的薪酬水平决定着他们的生存、营养和文化教育的条件，是保证企业劳动力生产和再生产的基本因素。

（2）激励功能。薪酬制定得公平与否，直接影响员工积极性的调动。薪酬的激励功能的典型表现是奖金的运用。奖金是对工作表现好的员工的一种奖励，也是对有效超额劳动的报偿，对员工有很大的激励作用。

（3）调节功能。薪酬的调节功能主要表现在两个方面：劳动力的合理配置和劳动力素质结构的合理调整。

由图 10-1 可看出，报酬高低与员工的工作满意感和工作价值有关，因而，为了提高员工工作满意感，一方面可加大报酬力度，另一方面要使员工认识到工作是有价值的。若只加大报酬力度，而忽视了工作价值，则员工工作满意程度不会很高。

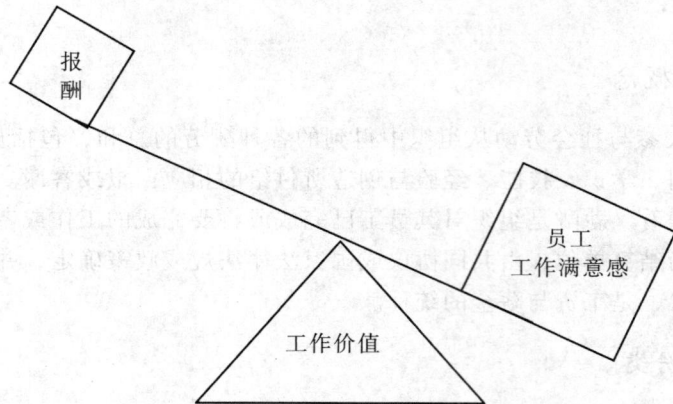

图10-1　报酬系统功能模型

（三）影响薪酬的主要因素

1.影响薪酬的宏观因素

（1）地区、行业等特点。这些特点也包括了伦理道德观和价值观。例如，在讲求"平均主义"的社会中，薪酬设定的等级差异就不会很大。

（2）当地生活水平。一般来说，若当地经济发展较好，薪酬会升高，否则则降低。当地生活水平提高了，员工对个人生活期望就会提高，这对企业造成了较高的薪酬压力。

（3）劳动力市场的供求状况。当劳动力的供给大于需求时，则薪酬降低，否则升高。

（4）国家政策、法规。政府的许多法规政策影响薪酬，如最低工资规定、劳动安全与卫生规定以及员工的退休、养老和保险政策等。

2.影响薪酬的企业因素

（1）企业的经营性质与内容。在劳动密集型的企业中，员工主要从事简单的体力劳动，劳动成本在总成本中占很大比例；在高科技企业中，高技术员工占主导地位，这些员工从事的是科技含量高的脑力劳动，因此劳动力成本在总成本中比重不大。这两种类型企业的薪酬策略必定不同。

（2）企业的组织文化。组织文化对薪酬设定有重要的影响，企业通常制定一些正式或非正式的薪酬政策，以表明它在劳动力市场中的竞争地位。

（3）企业的支付能力。这种支付能力一般只能够决定薪酬设定的最高限额，如何合理设定薪酬，还需考虑其他诸多因素。如企业在发展期，实力雄厚，一般采用高工资、高奖励、高福利的薪酬系统；在初创期，则采用低工资、高奖金、低福利的薪酬系统。

3.影响薪酬的个人因素

（1）劳动者的劳动。关于劳动，可区分为三种形态：潜在劳动形态是蕴藏在劳动者身上的劳动能力，潜在劳动形态对工资的影响在不同工资体系中是不一样的，在职能工资制下，潜在劳动形态比年资工资制及职务工资制下得到更为突出的重视。潜在劳动形态发挥出来的结果首先表现为流动形态的劳动，它可用劳动时间来计量，成为计时工资的依据。流动形态劳动最终会凝结为物化劳动形态，它可以用生产的产品数量或工作数量的多少来衡量，成为计件工资的依据。

（2）职务的高低。职务既包含着权力，同时也负有相应的责任。

（3）技术和训练水平。原则上，技术水平越高，所受训练层次越高，则应给予的工资越高。这份较高的工资不仅有报酬的含义，还有积极的激励作用，即促使劳动者愿意不断地学习新技术，提高劳动生产水平，并从事更为复杂和技术要求更高的工作。

（4）工作的时间性。对绝大多数劳动者来说，他们所从事的工作通常都是长期的，而另外一些劳动者则从事季节性或临时性的工作，这部分劳动者的工资无论是以小时、周还是以月计算，一般都比正常受雇劳动者的工资为高。

（5）工作的危险性。有些工作具有危险性，妨害人体健康，甚至危及人的生命，还有些工作具有比较恶劣的工作环境，从事这些工作的劳动者的工资就应当比在舒适安全的工作环境中工作的人的工资为高。这种高工资的作用一方面用于补偿他们的体能消耗、耐力和冒险精神；另一方面，从心理学的角度来说，也是一种鼓励和安慰。

（6）福利及优惠权利。有些企业办有种种福利或给予职工若干优惠待遇，作为职工工资收入的补充，而没有福利或优惠待遇的企业，则需在工资方面给予适当的弥补，方能维持企业骨干人员的稳定。

（7）年龄与工龄。从理论上讲，工龄并不体现劳动者的劳动能力，也不能体现劳动者的劳动成果，因此工龄不属于按劳分配的范畴，但在实际上，工龄往往是影响工资的一个很重要因素。

二、薪酬管理

薪酬管理是在组织发展战略指导下，对员工薪酬支付原则、薪酬策略、薪酬水平、薪酬结构、薪酬构成进行确定、分配和调整的动态管理过程。

根据企业总体发展战略的要求，通过管理制度的设计与完善、薪酬激励计划的编制与实施，最大限度地发挥各种薪酬形式的激励作用，为企业创造更大的价值。

（一）薪酬管理的目标

1.效率目标

效率目标包括两个层面：第一个层面是站在产出角度来看，薪酬能给组织绩效带来最大价值；第二个层面是站在投入角度来看，实现薪酬成本控制。薪酬效率目标的本质是用适当的薪酬成本给组织带来最大的价值。

2.公平目标

（1）分配公平。分配公平指组织在进行人事决策、决定各种奖励措施时，应符合公平的要求。员工对于分配公平的认知，来自于其对于工作的投入与所得进行的主观比较，在这个过程中还会与过去的工作经验、同事、同行、朋友等进行对比。分配公平分为自我公平、内部公平、外部公平三个方面。

（2）过程公平。过程公平指在做出任何奖惩决策时，组织所依据的决策标准或方法符合公正性原则，程序公平一致，标准明确，过程公开等。

（3）机会公平。机会公平指组织赋予所有员工同样的发展机会，包括组织在决策前与员工互相沟通，组织决策考虑员工的意见，主管考虑员工的立场，建立员工申诉机制等。

3.合法目标

合法目标是企业薪酬管理的最基本前提，要求企业实施的薪酬制度符合国家和地方的法律法规、政策条例要求，如不能违反最低工资制度、法定保险福利、薪酬指导线制度等的规定。

（二）薪酬管理的原则

1.对外具有竞争力

根据市场薪酬水平的调查，对于与市场水平差距较大的岗位薪酬水平应有一定幅度调整，使公司薪酬水平有一定的市场竞争性。

2.对内具有公正性

薪酬管理设计重在建立合理的价值评价机制，在统一的规则下，通过对员工的绩效考评决定员工的最终收入。

3.对员工具有激励性

打破工资刚性，增强工资弹性，通过绩效考核，使员工的收入与公司业绩和个人业绩紧密结合，激发员工的积极性。

4.对成本具有控制性

人力成本的增长与企业总利润的增长幅度相对应，用适当工资成本的增加引发员工创造更多的经济价值，实现可持续发展。

（三）薪酬管理的内容

1.薪酬总额管理

企业员工工资总额管理，包括工资总额及其调整的计划与控制。

工资总额=计时工资+计件工资+奖金+津贴和补贴+加班加点工资+特殊情况下支付的工资

2.企业薪酬水平的控制

薪酬要满足内部一致性和外部竞争性的要求，并根据员工绩效、能力特征和行为态度进行动态调整，包括确定管理团队、技术团队和营销团队薪酬水平，确定跨国公司各子公司和外派员工的薪酬水平，确定稀缺人才的薪酬水平以及确定与竞争对手相比的薪酬水平。

3.薪酬体系管理

这不仅包括基础工资、绩效工资、期权期股的管理，还包括如何给员工提供个人成长、工作成就感、良好的职业预期和就业能力的管理。

4.薪酬结构管理

薪酬结构管理包括正确划分合理的薪级和薪等，正确确定合理的级差和等差，还包括如何适应组织结构扁平化和员工岗位大规模轮换的需要，合理地确定工资宽带。

5.薪酬制度设计与完善

薪酬制度设计与完善包括薪酬决策应在多大程度上向所有员工公开化和透明化，谁负责设计和管理薪酬制度，薪酬管理的预算、审计和控制体系又该如何建立和设计。

6.日常薪酬管理工作

日常薪酬管理工作包括薪酬市场调查分析报告、制订年度员工薪酬激励计划并统计分析执行情况、员工满意度调查、核算人工成本并检查执行情况、员工薪酬的必要性调整。

第二节　薪酬管理体系

一、薪酬体系设计的程序

（一）梳理工作岗位

从企业整体发展需要出发，基于工作流程的顺畅和工作效率的提高，梳理工作岗位。分析不同岗位之间划分的合理性：工作职责是否清晰，各个岗位间的工作联系是否清晰、合理。工作分析的结果是形成岗位清单和各个岗位的工作说明书。

（二）进行岗位价值评估

选择某种岗位价值评估工具，并组织企业内部专家和外部专家逐个对岗位进行评价，这个过程如果企业自身认为力量不够时可以考虑请外部专家进行培训和指导。岗位价值评价方法和工具有很多，分为量化的和非量化的两类。如评价岗位较多，建议优先考虑计分法。计分法的优点是结果量化直观，便于不同岗位间的价值比较。对于一般制造型企业的评价工具可以考虑北大纵横的28因素法。

（三）岗位分类与分级列等

首先，对岗位进行横向的职系分类；然后，根据评价结果按照一定的分数段进行纵向的岗位分级；最后考虑不同岗位级别的重叠幅度。分级时应当考虑两个平衡：不同职系间岗位的平衡和同类职系岗位的平衡。不同职系和级别的岗位薪酬水平不同。

（四）设定薪酬水平

根据上一步的岗位分级列等的结果，对不同级别的岗位设定薪酬水平。薪酬水平的设定要考虑企业薪酬策略和外部薪酬水平，以保证公司薪酬的外部竞争性和公平性，以保障公司薪酬的吸引力和控制公司重点岗位员工的流失。

对薪酬水平进行衡量的最常用指标有两个：薪酬平均率和增薪幅度。

1.薪酬平均率

薪酬平均率的计算公式为：

$$薪酬平均率 = \frac{实际平均薪酬}{薪酬幅度的中间数}$$

薪酬平均率的数值越接近于1，则实际平均薪酬越接近于薪酬幅度的中间数，薪酬水平越理想。当薪酬平均率等于1时，说明用人单位所支付的薪酬总额符合平均趋势；若薪酬平均率大于1，表示用人单位支付的薪酬总额过高，因为实际平均薪酬超过了薪酬幅度的中间数。不同薪酬平均率的原因见表10-1。

表 10-1   不同薪酬平均率的原因

不同比值大小	具体原因
>1	（1）员工年资较高，薪酬因年资逐年上升使较多员工的薪酬水平接近顶薪点，因而就同等职位而言，公司薪酬负担较大； （2）员工工作表现极佳，绩效优秀者较多，使员工薪酬很快超过薪酬幅度中间数； （3）新聘员工具有较高资历和工作经验，入职点较高
<1	（1）大部分员工属于新聘任而又缺乏工作经验的人员，工龄较短，起点较低； （2）员工表现不佳，大部分员工仍停留在较低的薪级水平上

2.增薪幅度

增薪幅度是指组织的全体员工的平均薪酬水平增长的数额。其计算公式为：

增薪幅度=本年度的平均薪酬水平-上一年度的平均薪酬水平

增薪幅度越大，说明组织的总体人工成本增长得越快，要注意将其控制在组织所能承担的范围内。增薪幅度过小，说明公司总体薪酬水平比较稳定，人工成本变化很小。

（五）确定薪酬结构

以设定的岗位薪酬水平为该岗位的薪酬总额，根据不同职系岗位性质确定薪酬结构构成，包括确定固定部分与绩效浮动部分比例以及工龄工资、各种补贴等其他工资构成部分。

1.工资构成项目的确定

同一企业内从事不同性质工作的员工工资构成项目可以有所不同。如对研发人员可以实行能力工资制，工资构成项目主要是能力工资；对销售人员可以实行绩效工资制，工资构成项目主要是提成工资；生产工人的工资构成中可能主要是计件工资。

同一企业内部同一工资水平的员工工资构成项目也可以有所不同。如高级管理人员和企业骨干人员可能除了有基本工资、岗位工资、奖金等工资项目以外还有职务津贴、股票期权等。

2.工资构成项目的比例确定

应视从事不同性质工作的员工比例有所不同。如销售人员应重激励，浮动工资（或奖金）应占较大比重；管理部门的人员由于其劳动不直接影响企业的经济效益，所以应重保障，浮动工资（或奖金）占的比重要小一些。

不同工资水平的员工工资结构比例也应有所不同。一般来讲，级别越高的浮动部分比例越大，对工作结果影响越大的岗位浮动比例越大。

（六）进行薪酬测算

基于各个岗位确定的薪酬水平和各岗位上员工的人数，对薪酬总额进行测算，做到既照顾公平又不能出现较大幅度的偏差。

（七）对薪酬定级与调整等做出规定

从制度上规定员工工资开始入级和今后岗位调整规则。薪酬调整包括企业总体自然调整、岗位变动调整和绩效调整。在岗位绩效薪酬中应该对个人薪酬调整和绩效考评的关系做出规定。此外，还要对薪酬发放的时间、发放形式做出适合企业情况的规定，如是否采取密薪制等。

二、工资支付的形式

在企业薪酬管理实践中，根据薪酬支付依据的不同，有岗位工资、职务工资、技能工资、绩效工资、工龄工资、薪级工资等薪酬构成元素。通常企业选择一个或两个为主要形式，其他为辅助形式。选择并确定工资制度形式是很关键的，这体现着公司的价值导向。

（一）依据岗位或职务进行支付的工资体系

1.岗位工资制

岗位工资制是依据任职者在组织中的岗位确定工资等级和工资标准的一种工资制度。岗位工资制基于这样两个假设：第一，岗位任职要求刚好与任职者能力素质相匹配，如果员工能力超过岗位要求，意味着人才的浪费，如果员工能力不能完全满足岗位要求，则意味着任职者不能胜任岗位工作，无法及时、保质保量地完成岗位工作。岗位工资制的理念是：不同的岗位将创造不同的价值，因此不同的岗位将给予不同的工资报酬；同时企业应该将合适的人放在合适的岗位上，使人的能力素质与岗位要求相匹配，对于超过岗位任职要求的能力不给予额外报酬；岗位工资制鼓励员工通过岗位晋升来获得更多的报酬。

2.职务工资制

职务工资制是简化了的岗位工资制，职务和岗位的区别在于，岗位不仅表达出层级还表达出工作性质，比如人力资源主管、财务部部长等就是岗位，而职务仅仅表达出来层级，比如主管、经理，以及科长、处长等。职务工资制在国有企业、事业单位以及政府机构得到广泛的应用。职务工资制只区分等级，事实上和岗位工资具有本质的不同，岗位工资体现不同岗位的差别，岗位价值综合反映了岗位层级、岗位工作性质等多方面因素，是市场导向的工资制度，而职务工资仅仅体现层级，是典型的等级制工资制度。

职务工资制和岗位工资制的优缺点近似，但相对于岗位工资制，职务工资制有个最大的特点是：根据职务级别定酬，某些人可能没有从事什么岗位工作，但只要到了某一级别就可以享受相应的工资待遇，这是对内部公平的最大挑战。

（二）依据技能或能力进行支付的工资体系

1.技能工资制

技能工资制根据员工所具备的技能而向员工支付工资，技能等级不同，薪酬支付标准不同。技能工资制和能力工资制与岗位工资制、职务工资制不同，技能工资制和能力工资制是基于员工的能力，不是根据岗位价值的大小来确定员工的报酬，而是根据员工具备的与工作有关的技能和能力的高低来确定其报酬水平。

2.能力工资制

能力工资制根据员工所具备的能力向员工支付工资，员工能力不同，薪酬支付标准不同。在人力资源开发与管理中，能力多指一种胜任力和胜任特征，是员工具备的能够达成某种特定绩效或者是表现出某种有利于绩效达成的行为能力。

技能工资制和能力工资制的理念是："你有多大能力，就有多大的舞台。"技能工资制和能力工资制真正体现了"以人为本"的理念，给予员工足够的发展空间和舞台，如果员工技能或能力大大超过岗位工作要求，将给员工提供更高岗位工作机会，如果没有更高层次岗位空缺，也将对超出岗位要求的技能和能力给予额外报酬。

（三）依据绩效进行支付的工资体系

绩效工资制是以个人业绩为付酬依据的薪酬制度，绩效工资制的核心在于建立公平合理的绩效评估系统。绩效工资制可以应用在任何领域，适用范围很广，在销售、生产等领域更是得到大家认可，计件工资制、提成工资制等都是绩效工资制。

1.绩效工资制的优点

（1）有利于个人和组织绩效提升。绩效工资制的采用需要对绩效进行评价，给予员工一定的压力和动力，同时需要上级主管对下属不断进行绩效辅导和资源支持，因此会促进个人绩效和组织绩效的提升。

（2）实现薪酬内部公平和效率目标。因为根据绩效付酬，有助于打破大锅饭、平均主义思想，鼓励多劳多得，因而能够实现薪酬的内部公平以及提高效率这两个目标。

（3）人工成本低。虽然对业绩优异者给予较高报酬会给公司带来一定程度人工成本的增加，但事实上，优秀员工报酬增加是给公司带来价值为前提的，员工获得高报酬的同时公司获得了更多的利益；另外，公司给予业绩低下者较低薪酬或淘汰业绩低下者，这会大大降低工资成本。

2.绩效工资制的缺点

（1）短视行为。由于绩效工资与员工本期绩效相关，易造成员工只关注当期绩效而产生短视行为，可能为了短期利益的提高而忽略组织长远的利益。

（2）员工忠诚度不足。如果绩效工资所占比例过大，固定工资太少或者没有，由于保健因素的缺乏，容易使员工产生不满意；另外，这种工资制度不可避免会有员工被淘汰，员工流动率比较高，这两方面都会影响员工的忠诚度，影响组织的凝聚力。

（四）依据组合方式进行支付的工资体系

组合工资制在企业薪酬管理实践中，除了以岗位工资、技能工资、绩效工资中的一个为主要元素外，很多情况下是以两个元素为主，以充分发挥各种工资制度的优点。常见的组合工资制度有岗位技能工资制和岗位绩效工资制。

1.岗位技能工资制

岗位技能工资制是以按劳分配为原则，以劳动技能、劳动责任、劳动强度和劳动条件等基本劳动要素为基础，以岗位工资和技能工资为主要内容的企业基本工资制度。技能工资主要与劳动技能要素相对应，确定依据是岗位、职务对劳动技能的要求和雇员个人所具备的劳动技能水平。技术工人、管理人员和专业技术人员的技能工资可分为初、中、高三大工资类别，每类又可分为不同的档次和等级。岗位工资与劳动责任、劳动强度、劳动条件三要素相对应，它的确定是依据三项劳动要素评价的总分数，划分几类岗位工资的标准，并设置相应档次，一般采取一岗多薪的方式，视劳动要素的不同，同一岗位的工资有所差别。我国大多数企业在进行岗位技能工资制度改革中，除设置技能和岗位两个主要单元外，一般还加入工龄工资、效益工资、各种津贴等。

2.岗位绩效工资制

岗位绩效工资制得到广泛应用是因为在当前市场竞争中，为了激励员工，将员工业绩与收入联系起来是很多企业采取的办法。除了在企业中得到广泛应用之外，很多事业单位也采取岗位绩效工资制度。

专业技术人员岗位工资根据本人现聘用的专业技术岗位（通俗地讲就是获得了职称并且被聘用）来执行相应的岗位工资标准；管理人员按本人现聘用的岗位（任命的职务）来执行相应的岗位工资标准；技术工人按本人现聘用的岗位（技术等级或职务）来执行相应的岗位工资标准；普通工人执行普通工岗位工资标准。

薪级工资根据任职者工龄、任本岗位年限以及岗位等级确定，其实质是对岗位工资进行修正，对经验丰富者给予更多报酬。

绩效工资一般是上级主管部门核定绩效工资总量，由各单位自主制订绩效工资分配方案，可以采取灵活多样的分配形式和办法。

三、奖金分配

奖金作为一种工资形式，其主要作用是对与生产或工作直接相关的超额劳动给予报酬。奖金是对劳动者在创造超过正常劳动定额以外的社会所需要的劳动成果时所给予的物质补偿。

（一）奖金的特点

（1）具有很强的针对性和灵活性。奖金有较大的弹性，它可以根据工作需要，灵活决定其标准、范围和奖励周期等，有针对性地激励某项工作的进行；也可以抑制某些方面的问题，有效地调节企业生产过程对劳动数量和质量的需求。

（2）及时地弥补计时、计件工资的不足。任何工资形式和工资制度都具有功能特点，也都存在功能缺陷。例如，计时工资是根据个人技术能力和实际劳动时间来确定劳动报酬，难以准确反映经常变化的超额劳动；计件工资主要是从产品数量上反映劳动成果，难以反映优质产品、原材料节约和安全生产等方面的超额劳动。这些都可以通过奖金形式进行弥补。

（3）具有激励作用。在各种工资制度和形式中，奖金的激励是最强的，这种激励功能来自依据个人劳动贡献所形成的收入差别。利用这些差别，使雇员的收入与劳动贡献联系在一起，起到奖励先进、鞭策后进的作用。

（4）收入具有明显的差别性。

（5）奖金分配所形成的收入具有不稳定性。

（二）奖金分配操作流程

奖金分配包括确定奖金来源、制定奖励条件、确定奖励范围和奖励标准、确定奖金分配原则、制订奖金分配方案等环节，具体程序如图10-2所示。

1.确定奖金来源

根据企业经营计划的实际完成情况，按企业超额利润、产量和销售量的一定比例提取奖金额度，确定奖金总额。

业务部门	人力资源部	人力资源部经理	最高管理层	财务部	常见表单

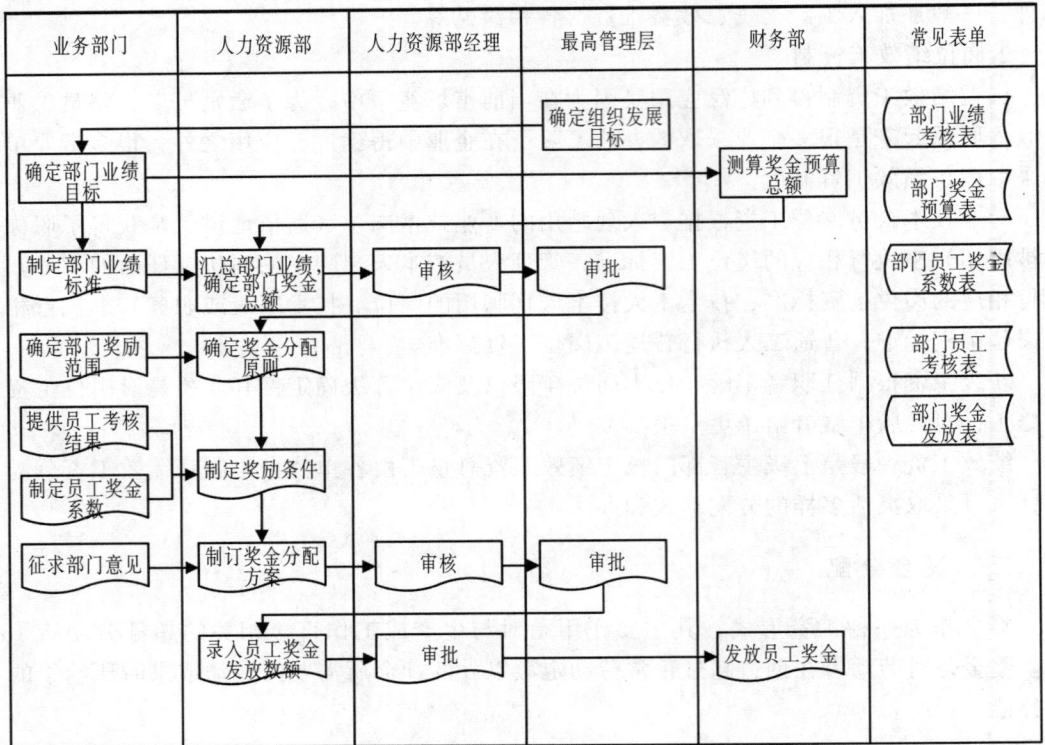

图 10-2　奖金分配程序

2.制定奖励条件

规定部门或员工获奖所需达到的超额劳动的数量、质量、成本、劳动生产率等作为奖金分配依据。

3.确定奖励范围和奖励标准

按照奖金总额和奖励条件，明确奖金发放对象及范围，制定奖励分配标准。

（1）高层管理人员，以达到或超过预定的有关销售、利润、生产目标作为奖励分配标准。

（2）研发人员，以研发产品达到一定市场占有率后产生的销售贡献作为奖励分配标准。

（3）生产人员，以达到或超额达到劳动定额、累计经济效益作为奖励分配标准。

（4）销售人员，以达到或超额达到销售任务、累计销售业绩作为奖励分配标准。

4.确定奖金分配原则

根据员工职务、工作表现、创新成果、节能降耗、部门贡献等因素，参考个人考核得分，确定个人奖金计算方法。

（1）计分法，根据员工考核得分占部门考核得分的比重确定个人奖金额。

（2）系数法，按照岗位贡献大小确定岗位奖金系数，根据个人完成任务情况确定个人奖金额。

5.制订奖金分配方案

根据奖金总额和奖金分配测算结果，确定奖励条件、奖励范围、奖励周期和奖金水平。

奖金分配中会用到部门奖金预算表和员工奖金发放表，见表10-2和表10-3。

表10-2   **部门奖金预算表**

填表日期：

部门	业绩目标	业绩考核周期	业绩考核标准	奖励标准	预算奖金总额

制表：   审核：   审批：

表10-3   **员工奖金发放表**

部门：   填表日期：

姓名	岗位	奖金分配系数	考核得分	奖励标准	奖金数额

制表：   审核：   审批：

（三）奖金的调整方式

1.奖励性调整

奖励性调整的主要方式是论功行赏。

个人奖金=企业奖金总额×个人应得的奖金系数

2.生活指数调整

从企业的角度看，当员工创造的业绩、企业的经济效益不变甚至下降时，要增加工资实属无稽之谈，至少是缺乏理由的。然而，加薪的本质中包括了维持员工基本生活水平的要求这一因素，因此，当生活指数提高时，企业也将迫不得已增加员工的工资，为的是使员工避免因通货膨胀而导致实际收入的无形减少，当然，这种状况的持续最终会导致雇主采用减员的政策。

3.工龄工资调整

相当一部分企业认为，在本企业工作年限的增加，不仅表现了企业对员工的认同，而且意味着员工对企业贡献值的增加，以及其工作经验的积累、技能的娴熟和能力的提升。因此，在工资中，多有体现年资或工龄的这项内容。

4.特殊调整

对那些为企业做出特殊贡献或属于市场稀缺的岗位人才，企业应采取特殊的工资、奖金政策。当然，这类调整应当完全依据企业的实际情况和要求确定。

第三节　不同岗位薪酬管理设计

一、一般人员岗位工资制

针对企业的各类生产技术人员、管理人员或专业技术人员，按照岗位（或职务）规定工资标准。岗位工资制设计程序如图10-3所示。

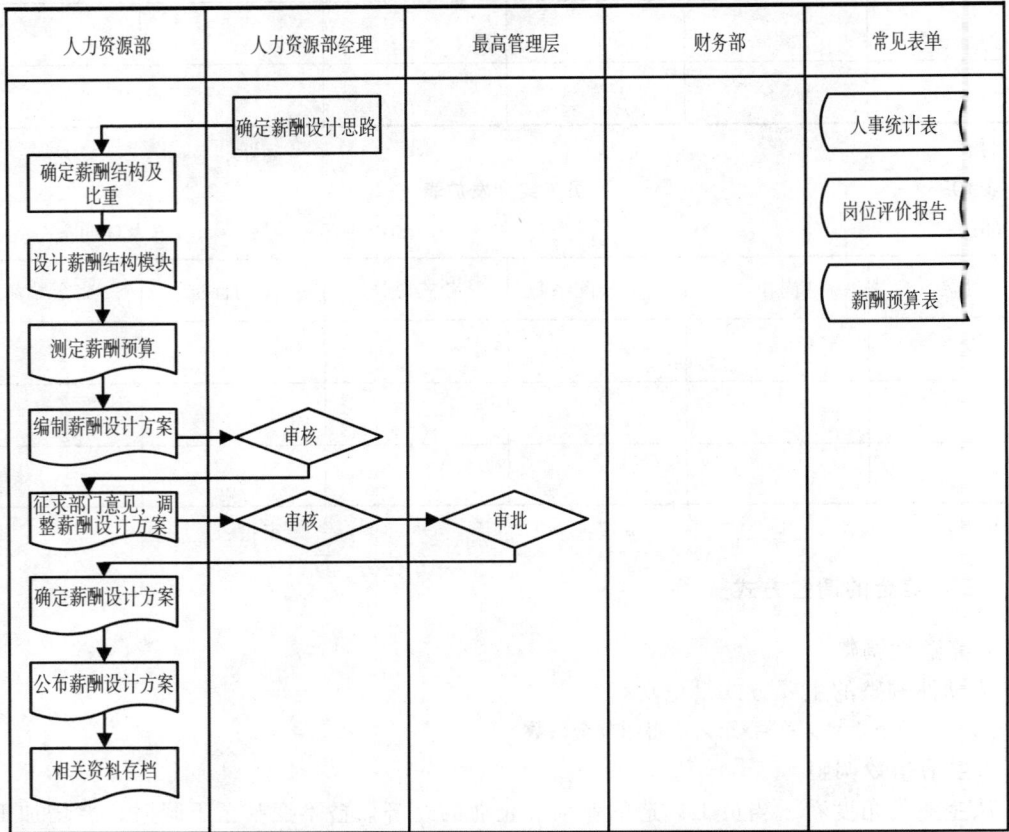

人力资源部	人力资源部经理	最高管理层	财务部	常见表单
确定薪酬结构及比重	确定薪酬设计思路			人事统计表
设计薪酬结构模块				岗位评价报告
测定薪酬预算				薪酬预算表
编制薪酬设计方案	审核			
征求部门意见，调整薪酬设计方案	审核	审批		
确定薪酬设计方案				
公布薪酬设计方案				
相关资料存档				

图10-3　岗位工资制设计程序

1.确定企业岗位（或职务）分类

根据企业职位体系，将职责相近、知识技能要求类似的岗位划为一定岗位序列，具体包括营销、研发、管理、生产等岗位（或职务）序列。

2.制定岗位（或职务）等级表

根据企业岗位（或职务）的种类、数量以及评价结果，考虑员工所承担的岗位（或职务）职责及履职程度，确定全部岗位（或职务）等级数量以及划分依据。

3.确定企业岗位（或职务）等级工资标准

根据企业岗位（或职务）等级、市场薪酬调查结果、劳动力市场工资指导价位，按照等差关系、等比关系、累进关系的推算方法，选定各岗位等级间的关系。根据岗位等级范围、岗位等级重叠度等因素，确定各岗位等级的工资标准。

4.确定各岗位（或职务）等级的工资档次

根据企业需要，将各岗位等级分为几个档次，确定最低档次的工资标准。综合考虑各岗位等级的工资幅度、起薪点、顶薪点等关键性指标，确定各岗位等级的工资档次。

5.确定岗位归档

按照员工工作年限、学历、职称和任职年限分别套档，确定归档档次。

岗位工资制通常用到岗位工资系数表、工资等级标准表，具体见表10-4、表10-5。

表10-4　　　　　　　　　　　　　　　　**岗位工资系数表**

岗位等级	岗位级别	岗位系数	岗 位 类 别		
			技能操作类	技术类	管理类

表10-5　　　　　　　　　　　　　　　　**工资等级标准表**

等级＼级别	1级	2级	3级	4级	5级	6级	7级
一等							
二等							
三等							
四等							

二、生产人员计件工资制

针对企业的生产人员，根据企业生产条件、劳动强度、生产组织和劳动组织方式、生产标准，确定员工完成的合格产品数量或工作量。

就发放对象来看，计件工资可分为个人计件工资和集体计件工资。个人计件工资适用于个人能单独操作而且能够制定个人劳动定额的工种；集体计件工资适用于工艺过程要求集体完成，不能直接计算个人完成合格产品的数量的工种。

（一）计件工资制的特点

计件工资的显著特点是将劳动报酬与劳动成果最直接、最紧密地联系在一起，能够直接、准确地反映出劳动者实际付出的劳动量，使不同劳动者之间以及同一劳动者在不同时间上的劳动差别在劳动报酬上得到合理反映。因此，计件工资能够更好地体现按劳分配原则。

（二）计件工资制的分类

1.全额计件工资

根据生产人员单位时间内所生产的合格品数量和统一的计件单价计算劳动报酬，全部工资收入项目一并采用计件工资形式。

2.超额计件工资

将生产人员工作量划分为定额内和定额外两部分。其中，定额内的工作量按计时工资形式，超额工作量按计件工资形式。

3.差额单价计件工资

将生产人员完成产量或工作量划分为不同等级，按一定的差额比例规定累进或累退的计件单价，分别计算计件工资额。

4.集体计件工资

按生产人员所在作业组共同完成生产任务量计算计件工资，单个生产人员由作业组根据个人生产完成质量、考核结构分配相应工资额度。

（三）计件工资制的计算

实行计件工资制的工种或单位应具备一定的条件：①能准确计量产品数量；②有明确的质量标准，并能准确检验；③产品的数量和质量主要取决于工人的主观努力；④具有先进合理的劳动定额和较健全的原始记录；⑤生产任务饱满，原材料、燃料、动力供应和产品销路正常，并需要鼓励工人增加产量。

根据一般生产员工工作强度、当地工资水平、行业工资指导线等因素，确定计件工资单价。将单位时间内所生产的合格品数量、定额任务完成情况、考核结果作为计算计件工资的主要标准。计件单价计算公式如下：

计件单价=某等级工人的日（小时）工资标准÷日（小时）产量定额

表10-6为计件工资表。

表10-6　　　　　　　　　　　　　**计件工资表**

部门：　　　　　　　　　　　　　　　　　　　　　　　　　　　填表日期：

姓名	工号	任务名称	工时	数量	单价	应得工资	备注

填表人：　　　　　　　　　　　　　　　　　　　　审核人：

三、销售（人员）提成制

销售提成制又称"拆账工资制"或"分成工资制"，是一种按照企业的销售收入或纯利润的一定比例提取工资总额，然后根据职工的技术水平和实际工作量计发工资的形式。

（一）销售提成制的特点

这种形式适用于劳动成果难以用事先制定劳动定额的方法计量，不易确定计件单价的工作。目前，在部分饮食业、服务业和商业中多实行这种工资形式。

对于用人单位而言，销售提成制有利于激发职工的工作积极性，提高工作效率，减轻一定的经济负担，减少企业运营成本。因此，销售提成制越来越受到企业的欢迎。

（二）销售提成制的分类

1.纯佣金

销售人员薪酬收入与销售额（毛利或利润）、提成率完全挂钩，具体包括单纯佣金制、混合佣金制、超额佣金制。

2."基薪+提成"

在保证销售人员基本工资的基础上，薪酬收入与当期销售额、销售定额、提成率挂钩。其中，销售人员基本工资由岗位评价、职务认定、考核结果确定。

3.瓜分佣金

销售人员薪酬收入与团队薪酬总额、个人月销售额、团队月销售额挂钩。

（三）销售提成制的计算

用人单位采取销售提成制的，应当在劳动合同中明确提成的比例、提成的基数、基数的计算方式、给付方式等。

1.确定适当的提成指标

根据销售额、毛利额、纯利额、超标额作为提成的主要标准，同时参考销售完成率、回款率、客户满意度、考核结果等指标。

2.确定恰当的提成方式

提成方式主要有全额提成和超额提成两种形式。全额提成即职工全部工资都随营业额浮动，而不再有基本工资；超额提成则保留基本工资并相应规定需完成的营业额，超额完成的部分再按一定的比例提取工资。从实行提成工资的层次上划分，有个人提成和集体提成。

（1）全额提成。取消固定的基本工资，员工的收入完全随利润或销售收入额浮动。

员工收入=利润或销售收入额×提成比例

提成工资能够把员工的工资收入直接同本单位的销售状况或盈利状况联系起来，有利于调动员工的积极性，促进员工关心企业的经营状况。

（2）超额提成。扣除一部分或保留其基本工资作为固定工资部分，并相应规定需完成的销售额或利润，超额完成的部分再按一定的比例提取提成工资。其计算公式为：

员工收入=基本工资+超额利润或销售收入×提成比例

3.确定合理的提成比例

有固定提成比例和分档累进或累退的提成比例两种比例方式。主要参考当地同类职务的薪资水平，确定销售提成比例。在考虑销售人员生计费用、计提工资周期、考核周期的基础上，确定销售人员薪酬收入的发放时间和发放方式。

表10-7为销售人员提成表。

表10-7   **销售人员提成表**

部门：   填表日期：

任务名称	每月计划销售额	每月完成销售额	销售提成率	超额销售提成率	提成工资总额

填表人：

四、高管人员年薪制

年薪制是以年度为单位，依据企业的生产经营规模和经营业绩，确定并支付经营者年薪的分配方式。年薪制是顺应资本主义国家分配制度的变革而产生的。在国外，企业经历了业主制、合伙制和公司制3种形式。随着公司规模的不断扩大，所有权和控制权逐渐分离，在社会上形成了一支强大的经理人队伍，企业的经营权逐渐被经理人控制。为了把经理人的利益与企业所有者的利益联系起来，使经理人的目标与所有者的目标一致，形成对经理人的有效激励和约束，产生了年薪制。因此，年薪制的主要对象是企业的经营管理人员。

（一）年薪制的特点

1.针对性

年薪制适用于特定的对象，包括企业的经营管理者（包括中层和高层）和一些其他的创造性人才，比如科研人员、营销人才、软件工程师、项目管理人才等。这些人具有这样的特点：素质较高，工作性质决定了他们的工作需要较高的创造力，工作中需要更多的是激励而不是简单管理和约束，工作的价值难以在短期内体现。

2.具有较长的周期

一般是以年为周期，这是和其考核相关的。对于绝大部分的年薪制适用人员，都是以企业经营年度为周期，对于一些科研人员、项目开发人员，这个周期也可能是半年、一年、一年半或其他，虽然不一定正好是一整年，但是都具有周期较长这一特点，因比也被归类为年薪制。

3.存在一定的风险

薪酬中的很大一部分是和本人的努力及企业经营好坏情况相挂钩的，因此具有较大的风险和不确定性。

4.主要面向未来

年薪的制定不是简单地依据过去的业绩，同时更取决于接受者所具备的经营企业（或其他工作）的能力和贡献潜力。对于接受年薪制的企业经营者而言，年薪制是委托人和代理人之间的一个动态合约，是双方通过博弈而实现的动态均衡，年薪制的目标对双方来说就是以最低的委托代理成本实现双方相对满意的委托代理收益，把委托人即企业的利益和经营者个人的利益更多、更紧密地联系起来。

（二）年薪制的主要模式

1.准公务员型模式

这种模式的薪酬结构是"基薪+津贴+养老金计划"，主要适用于所有达到一定级别的高层管理人员，包括董事长、总经理、党委书记等，尤其是长期担任国有企业领导、能够完成企业的目标、临近退休年龄的高层管理人员。

薪酬数量取决于所管理企业的性质、规模以及高层管理人员的行政级别，一般基薪为职工平均工资的 2~4 倍，正常退休后的养老金水平为平均养老金水平的 4 倍以上。主要考核指标是政策目标是否实现，当年任务是否完成。

这种薪酬方案的激励作用机理类似于公务员薪酬的激励作用机理，职位升迁机会、较高的社会地位和稳定体面的生活保证是主要的激励力量来源，而退休后更高生活水准保证起到约束短期行为的作用。

2.一揽子型模式

这种模式的薪酬结构是"单一固定数量年薪"，主要适用于总经理或兼职董事长。当企业面临特殊问题亟待解决时，如亏损国有企业为了扭亏为盈可采取这种招标式的办法激励经营者。

一揽子型模式薪酬相对较高，往往和年度经营目标挂钩，具体考核指标十分明确具体，如减亏额、实现利润、资产利润率、上交税利、销售收入等。实现经营目标后可得到事先约定好的固定数量的年薪。例如，规定某企业经营者的年薪为 15 万元，但必须实现减亏 500 万元。

这种薪酬方案的制订，尤其是考核指标的选择，类似于各地政府较为普遍实行的对经营者的奖励，具有招标承包式的激励作用，激励作用很大，但易引发短期化行为。其激励作用的有效发挥在很大程度上取决于考核指标的科学选择、准确真实。

3.非持股多元化型模式

这种模式的薪酬结构是"基薪+津贴+风险收入（效益收入和奖金）+养老金计划"，主要适用于一般意义的国有企业的经营者，指总经理或兼职董事长，而其他领导班子成员的薪酬则按照一定系数进行折算，折算系数小于1。现阶段我国国有企业绝大多数都采用这种薪酬方案。

从考核指标上看，确定基薪时要依据企业的资产规模、销售收入、职工人数等指标；确定风险收入时，要考虑净资产增长率、实现利润增长率、销售收入增长率、上交税利增长率、职工工资增长率等指标，还要参考行业平均效益水平来考核评价经营者的业绩。

相对于以前国有企业经营者的薪酬制度和上述方案而言，这种多元化结构的薪酬方案更具有激励作用。但该方案缺少激励经营者长期行为的项目，有可能影响企业的长期发展。

4.持股多元化型模式

这种模式的薪酬结构是"基薪+津贴+含股权、股票期权等形式的风险收入+养老金计划"，主要适用于股份制企业，尤其是上市公司，能够适应规范化的现代企业制度要求。如果资本市场是有效的，有关企业市场价值的信息指标往往更能反映企业经营者的业绩。

从考核指标上看，基薪取决于企业经营难度和责任，含股权、股票期权形式的风险收入取决于其经营业绩、企业的市场价值。一般基薪应该为职工平均工资的2~4倍 但风险收入无法以职工平均工资为参照物，企业市场价值的大幅度升值会使经营者得到三额财富。只有在确定风险收入的考核指标时才有必要把职工工资的增长率列入。

从理论上说，这是一种有效的薪酬激励方案，多种形式的、具有不同的激励约束作用的薪酬组合保证了经营者行为的规范化、长期化。但该方案的具体操作相对复杂，对企业具备的条件要求相对苛刻。

5.分配权型模式

这种模式的薪酬结构是"基薪+津贴+以'分配权'、'分配权'期权形式体现的风险收入+养老金计划"，适用范围不局限于上市公司和股份制企业，可以在各类企业中实行。

从考核指标上看，基薪取决于企业经营难度和责任，以"分配权"、"分配权"期权形式体现的风险收入取决于企业利润率之类的经营业绩。

第四节 薪酬日常管理

一、薪酬调查

薪酬调查就是通过一系列标准、规范和专业的方法，对市场上各职位进行分类、汇总和统计分析，形成能够客观反映市场薪酬现状的调查报告，为企业提供薪酬设计方面的决策依据及参考。

（一）薪酬调查的目的

薪酬调查是薪酬设计中的重要组成部分，重点解决的是薪酬的对外竞争力和对内公平性问题，帮助企业达到个性化和有针对性地设计薪酬的目的。

（1）了解当地其他组织中相同或相似工作的薪酬水平，为本组织所有职位订立起薪点提供依据。

（2）比较组织现行薪酬结构与市场薪酬结构的差异，以便调整薪酬结构，保持本组织的竞争地位，避免人才流失。

（3）显示出不同职级之间的薪酬差异，为本组织制定薪酬政策提供必要的依据。

（4）为组织确定合理的人工费用提供必要的参考资料。

（二）薪酬调查的内容

（1）基本信息，包括公司名称、地址、经营范围、企业规模、企业财务状况等。

（2）薪酬福利信息，包括基本工资、长短期激励工资、津贴、福利、薪酬结构、工作时数、假期等。

（3）职位和员工信息，包括员工人数、职位设置、平均薪酬额、总收入、最近一次加薪等。

（三）薪酬调查的程序

薪酬调查的一般程序如图10-4所示。

人力资源部	人力资源部经理	被调查企业	常见表单

提出薪酬调查思路

确定薪酬调查目的

确定薪酬调查范围和内容

选定薪酬调查对象

确定薪酬调查方式

制订薪酬调查计划

确定薪酬调查预算 → 审批

实施薪酬调查 ← 提供薪酬调查信息

汇总分析调查数据

撰写薪酬调查报告 → 审批

调整薪酬方案

薪酬调查计划书

薪酬调查表

薪酬调查分析报告

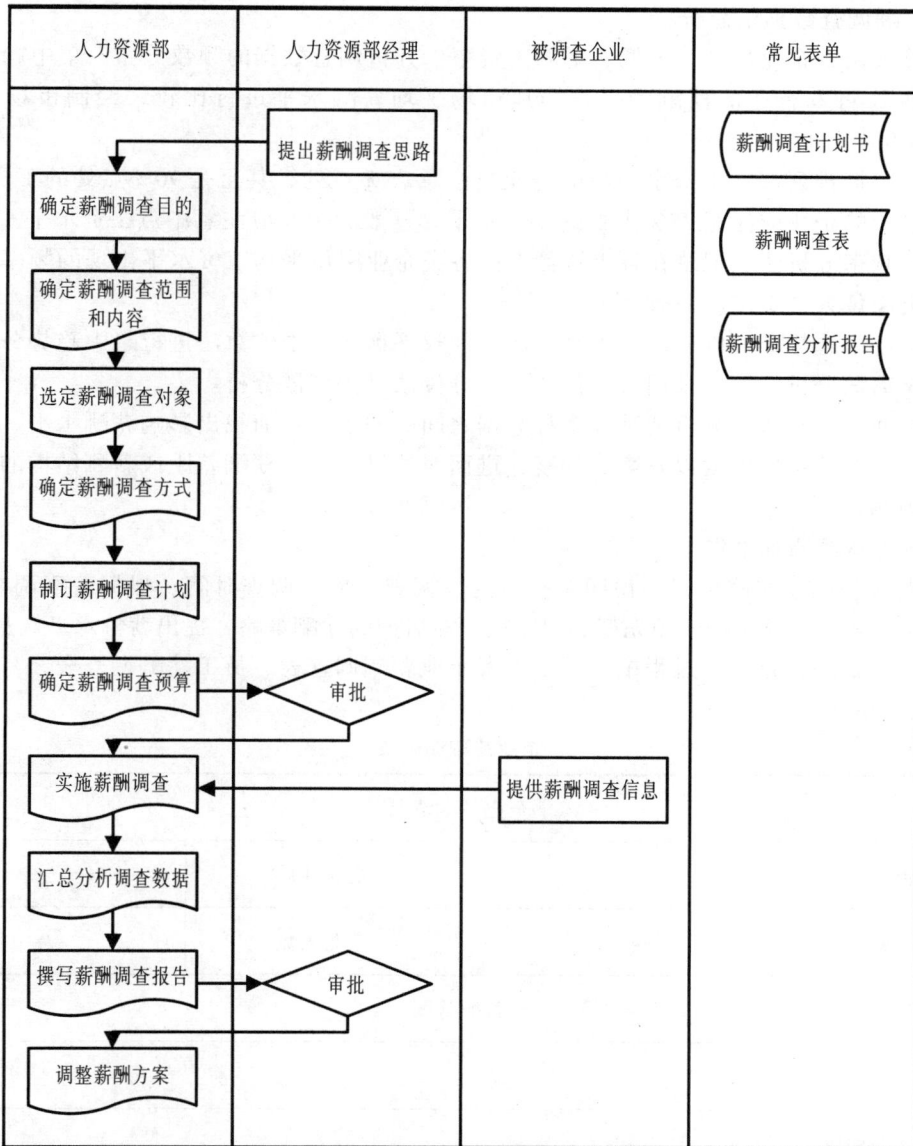

图 10-4 薪酬调查的一般程序

1.成立薪酬调查小组

制订薪酬调查方案，确定薪酬调查目的、调查对象、调查范围、调查方式、调查起始时间、调查预算等，组织有关培训。

2.确定薪酬调查内容

根据薪酬调查方案，明确被调查企业基本信息、薪酬福利信息、职位和员工信息等薪酬调查内容，设计薪酬调查问卷。

3.实施薪酬调查

根据薪酬调查方案，采用自行调查、委托外部专业调查公司、购买薪酬调查数据以及获取公共数据等渠道，选定基准职位，收集被调查企业主要信息。

4.薪酬调查数据汇总分析

计算被调查企业最高、最低、平均工资率，分析调查数据的频数分布、集中趋势、离中趋势等。将本企业的薪酬水平与当地市场平均薪酬水平进行比较，绘制市场薪酬分布图。

（1）数据排列法。工资水平高的企业应注意75%点处，甚至是90%点处的工资水平，工资水平低的企业应注意25%点处的工资水平，一般的企业应注意中点工资水平。

（2）频率分析法。记录在各工资额度内各类企业岗位平均工资水平出现的频率，从而了解某类岗位人员工资的一般水平。

（3）趋中趋势。可以采用简单平均法、加权平衡法、中位数法进行趋中趋势分析。

（4）离散分析。可以采用百分位法、四分位法进行离散分析。

（5）回归分析法。分析两种或多种数据之间的关系，从而找出影响薪酬水平、薪酬差距或薪酬结构的主要因素以及影响程度，进而对薪酬水平、薪酬差距或薪酬结构的发展趋势进行预测。

5.编写薪酬调查报告

根据薪酬调查实施情况，说明调查目的、调查对象、调查时间。根据薪酬调查结果，分析各岗位薪酬状况。按照领先型、跟随型、滞后型的薪酬策略，提出薪酬水平调整思路。

在编写薪酬调查报告过程中，可以参考企业薪酬调查表、员工薪酬调查表，具体见表10-8、表10-9。

表10-8　　　　　　　　　　　　　　企业薪酬调查表

企业基本情况			
企业名称		企业性质	
所属行业		企业人数	
薪酬状况			
薪酬构成			
平均工资水平			
平均奖金额			
平均福利待遇			
月平均加班天数			
其他权益			

表 10-9　　　　　　　　　　　　　　　**员工薪酬调查表**

员工基本情况			
所在公司		工作年限	
学历程度		所学专业	
目前所在岗位		具体职务	
薪酬状况			
目前年薪			
薪资构成			
其他现金补助			
社会保险		养老每月交纳（　　）元	
		医疗每月交纳（　　）元	
		失业每月交纳（　　）元	
		工伤每月交纳（　　）元	
		生育每月交纳（　　）元	
休假制度			
其他权益			

二、薪酬预算

薪酬预算，是指企业管理者在薪酬管理过程中进行的一系列成本开支方面的权衡和取舍。薪酬预算是薪酬控制的重要环节，准确的预算可以保证企业在未来一段时间内的薪酬支付受到一定程度的协调和控制。

薪酬预算要求管理者在进行薪酬决策时，综合考虑企业的财务状况、薪酬结构及企业所处的市场环境因素的影响，确保企业的薪酬成本不超出企业的承受能力。

薪酬预算的一般程序如图 10-5 所示。

（一）分析企业支付能力

根据企业现有员工规模、薪酬总额等状况，测算当期劳动分配率、人事费用率等经济性指标。

（1）劳动分配率，计算薪酬总额占企业增加值（纯收入）的比重。

（2）人事费用率，计算薪酬总额占销售收入（营业收入）的比重。

具体企业规模与人事费用比较，可以参考表 10-10。

人力资源部	人力资源部经理	最高管理层	财务部	常见表单
		提出薪酬调整目标		人事统计表
统计组织人数				年度薪酬统计表
统计职工薪酬			提供年度薪酬统计表	年度薪酬预算表
测算职工平均薪酬				
测算薪酬比重				
确定薪酬调整计划			提供组织预期经营目标	
编制薪酬预算方案				
征求部门意见，确定薪酬预算方案	审核	审批		
公布薪酬预算方案				
相关资料存档				

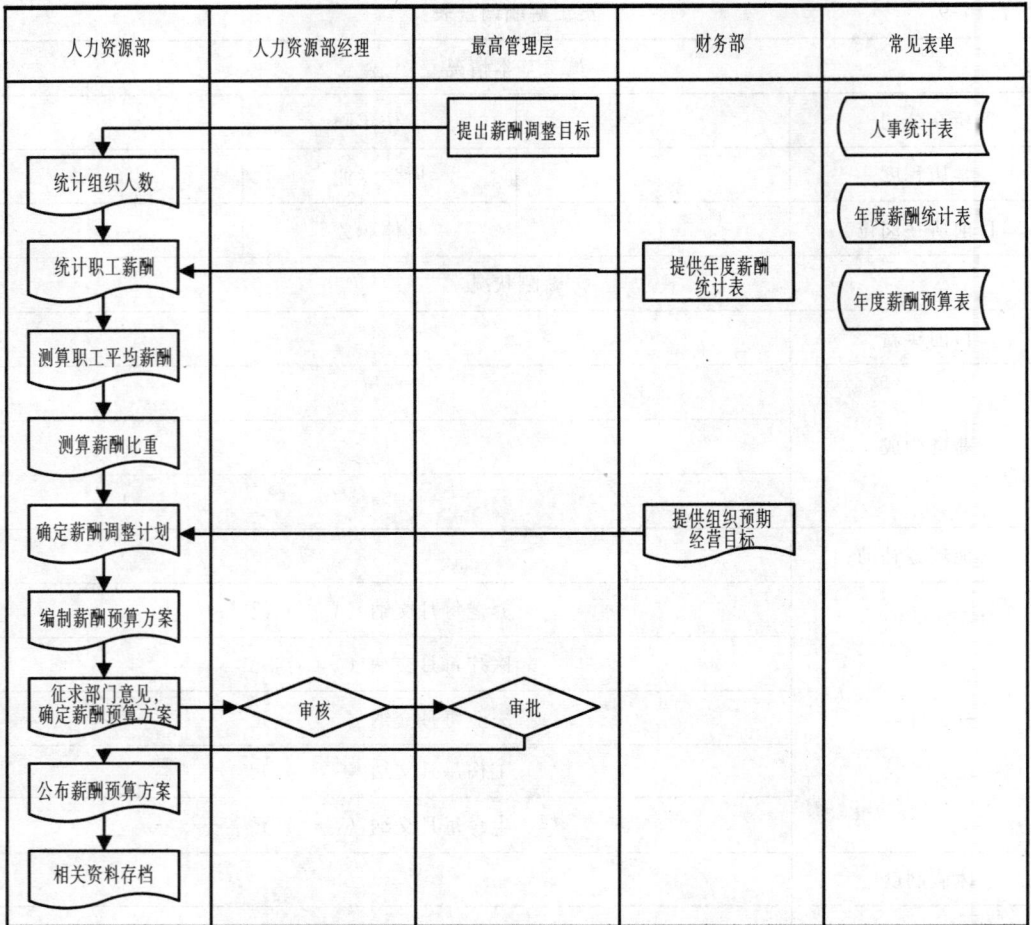

图 10-5　薪酬预算的一般程序

表 10-10　　　　　　　　　　　　　　　　企业规模与人事费用

企业规模	人事费用总额/规定工作时间内工资
5 000 人以上	1.9 倍
1 000 ~ 4 999 人	1.8 倍
300 ~ 999 人	1.7 倍
100 ~ 299 人	1.6 倍
30 ~ 99 人	1.5 倍
平均值	1.7 倍

（二）确定薪酬预算推算方法

根据企业年度销售收入计划、利润增长计划，制定薪酬总额与销售额、利润额挂钩的推算方法。根据一定计提比例确定年度标准薪酬总额，参考当前劳动分配率、人事费用率等经济性指标，推算计划期薪酬变动幅度。

1.从下而上法

从企业的每一位员工在未来一年薪酬的预算估计数字开始，编制公司整体的薪酬预算。

2.从上而下法

先由公司的高层主管决定公司整体的薪酬预算和增薪的数额，然后将整个预算数目分配到每一个部门。各部门按照所分配的预算数额，根据本部门内部实际情况，将数额分配到每一位员工。

（三）确定薪酬预算策略

在薪酬预算既定的条件下，综合考虑企业支付能力、市场竞争程度、员工生计费用、市场薪酬水平、劳动力供求状况等因素，明确不同岗位固定薪酬和浮动薪酬的分配比例。

（四）撰写薪酬预算报告

根据薪酬预算要求，说明当期整体基础薪酬、计划期整体基础薪酬。考虑员工预期流动率，确定薪酬调整总额以及整体调整幅度，制订计划期薪酬变动计划。

具体薪酬预算表见表10-11。

表10-11　　　　　　　　　　　　薪酬预算表

编制单位：　　　　　　　　　　　　　　　　　　　　　　　　　　　单位：万元

项目	年初余额	其中		预算年度预计支出	审核	复核	预计增加	备注
		延期薪酬	可用于抵补预算年度结转的金额					
	1=2+3	2	3	4	5	6	7=6-3	8
一、工资（含津贴、补贴、奖金）								
其中：负责人基本工资								
负责人（绩效）奖金								
其中：普通职工基本工资								
普通职工（绩效）奖金								
二、职工福利费								
三、社会保险费								
其中：1.基本医疗保险费								

项目	年初余额	其中		预算年度预计支出	审核	复核	预计增加	备注
		延期薪酬	可用于抵补预算年度结转的金额					
	1=2+3	2	3	4	5	6	7=6-3	8
2.补充医疗保险费								
3.基本养老保险费								
4.年金缴费（补充养老保险）								
5.失业保险费								
6.工伤保险费								
7.生育保险费								
四、住房公积金								
五、工会经费								
职工教育经费								
六、非货币性福利								
七、辞退福利及内退补偿								
其中：1.因解除劳动关系给予的补偿								
2.预计内退人员支出								
八、其他								
其中：以现金结算的股份支付								
合计								

人力资源部门经办人：　　　　　　　　财务审核：　　　　　　　　领导复核：

三、薪酬结算发放

薪酬结算发放是劳资双方根据当地法规或者惯例签订书面的劳资合同，对劳动者在一定时间内的劳动成果进行结算发放的过程。

（一）薪酬结算

薪酬结算涉及员工劳动成果、工作表现等，具体程序如图10-6所示。

（二）工作时间计算

工作时间即法定工作时间，指劳动者为履行劳动给付义务，在用人单位从事工作或生产的时间。工作时间由法律直接规定或由合同约定。

业务部门	人力资源部	人力资源部经理	公司员工	财务部	常见表单

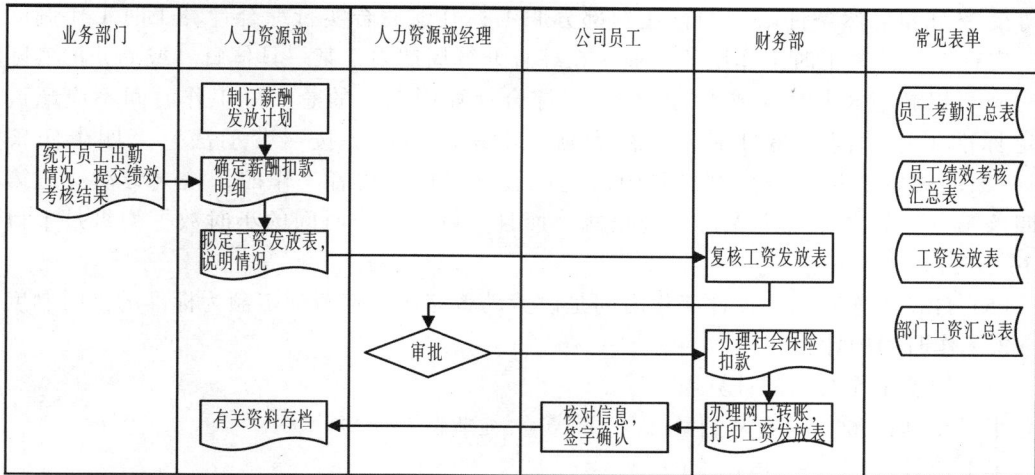

图 10-6　薪酬发放的一般程序

1.工作时间的分类

（1）标准工作时间（标准工时）是指法律规定的在一般情况下普遍适用的，按照正常作息办法安排的工作日和工作周的工时制度。我国的标准工时为劳动者每日工作 8 小时，平均每周工作 40 小时，每周至少一天休息日。实行计件工作的劳动者，用人单位应当根据每日工作不超过 8 小时、平均每周工作不超过 40 小时的工时制度，合理确定其劳动定额和计件报酬标准。

（2）缩短工作时间是指法律规定的在特殊情况下劳动者的工作时间长度少于标准工作时间的工时制度，即每日工作少于 8 小时。缩短工作日适用于：从事矿山井下、高温、有毒有害、特别繁重或过度紧张等作业的劳动者；从事夜班工作的劳动者；哺乳期内的女职工。

（3）延长工作时间是指超过标准工作日的工作时间，即日工作时间超过 8 小时，每周工作时间超过 40 小时。延长工作时间必须符合法律、法规的规定。

（4）不定时工作时间和综合计算工作时间。

不定时工作时间，又称不定时工作制，是指无固定工作时数限制的工时制度，适用于工作性质和职责范围不受固定工作时间限制的劳动者。如企业中的高级管理人员，外勤人员，推销人员，部分值班人员，从事交通运输的工作人员以及其他因生产特点、工作特殊需要或职责范围的关系，适合实行不定时工作制的职工。对于实行不定时工作制的劳动者，企业应根据标准工时制度合理确定劳动者的劳动定额或其他考核标准，以便安排劳动者休息。其工资由企业按照本单位的工资制度和工资分配办法，根据劳动者的实际工作时间和完成劳动定额情况计发。对于符合带薪年休假条件的劳动者，企业可安排其享受带薪年休假。

综合计算工作时间，又称综合计算工时工作制，是指以一定时间为周期，集中安排并综合计算工作时间和休息时间的工时制度，即分别以周、月、季、年为周期综合计算工作时间，但其平均日工作时间和平均周工作时间应与法定标准工作时间基本相同。对符合下列条件之一的职工，可以实行综合计算工作时间：交通、铁路、邮电、水运、航空、渔业等行业中因工作性质特殊，需连续作业的职工；地质及资源勘探、建筑、制盐、制糖、旅游等受季节和自然条件限制的行业的部分职工；其他适合实行综合计算工时工作制的职工。实行综合计算工时工作制的企业，在综合计算周期内，某一具体日（或周）的实际工作时间可以超过8小时（或40小时），但综合计算周期内的总实际工作时间不应超过总法定标准工作时间，超过部分应视为延长上班时间，并按《劳动法》第四十四条第（一）项的规定支付工资报酬，其中法定休假日安排劳动者工作的，按《劳动法》第四十四条第（三）项的规定支付工资报酬。而且，延长工作时间的小时数平均每月不得超过36小时。

（5）计件工作时间。计件工作时间是以劳动者完成一定劳动定额为标准的工时制度。

2.工作时间的计算

（1）制度工作时间的计算。

年工作日：365天–104天（休息日）–11天（法定节假日）=250（天）

季工作日：250天÷4季=62.5（天/季）

月工作日：250天÷12月=20.83（天/月）

工作小时数的计算：以月、季、年的工作日乘以每日8小时。

（2）日工资、小时工资的折算。

按照《劳动法》第五十一条的规定，法定节假日用人单位应当依法支付工资，即折算日工资、小时工资时不剔除国家规定的11天法定节假日。据此，日工资、小时工资的折算为：

日工资：月工资收入÷月计薪天数

小时工资：月工资收入÷（月计薪天数×8小时）

月计薪天数=（365天–104天）÷12月=21.75（天）

薪酬结算过程中，涉及员工工作时间的，通常用到请假申请单、加班审批表、员工月度考勤表等，具体见表10–12、表10–13和表10–14。

表10–12　　　　　　　　　　　　　　　**请假申请单**

　　　　　　　　　　　　　　　　　　　　　　　　　　　　　　　　填表日期：

申请人			部门			职务			
假种	病假	事假	婚假	产假	工伤假		丧假	调休	其他
天数/小时									
时间	从		年　月　日　上午/下午/全天　时　分						
	至		年　月　日　上午/下午/全天　时　分						
请假事由									
部门主管意见									
人力资源部意见									

表 10-13　　　　　　　　　　　　　　**加班审批表**

　　　　　　　　　　　　　　　　　　　　　　　　　　　　　　　填表日期：

姓名		部门		职务	
加班时间		月　日星期（　）　时至　时　共计（　）小时			
加班工作内容					
部门主管意见					
				审批人签字：	

表 10-14　　　　　　　　　　　　　　**员工月度考勤表**

部门	姓名	实际出勤天数	迟到、早退次数	事假天数	病假天数	调休天数	旷工时数	加班时数	备注

制表：　　　　　　　　　　核准：　　　　　　　　　　审批：

（三）薪酬发放

　　薪酬发放是在薪酬体系的分配原则基础上，综合员工薪酬结算结果，在扣除必要费用（法定社会保险、住房公积金、个人所得税）后进行薪酬具体发放的过程。在现实中，薪酬发放涉及应发薪酬和实发薪酬。

　　薪酬发放通常用到员工薪资发放表、扣缴个人所得税报告表，具体见表 10-15、表 10-16。

表 10-15　　　　　　　　　　　　　　**员工薪资发放表**

部门	姓名	基本工资		效益工资		福利津贴				保险					其他	合计	扣除部分				实发工资
		保障工资	岗位津贴	技能工资	绩效工资	季度奖金	伙食补贴	交通补贴	出差补贴	其他福利	医疗保险	失业保险	养老保险	工伤保险	生育保险	住房公积金		法定福利的个人应缴纳费用	个人所得税	考勤	其他	

制表：　　　　　　　　　　核准：　　　　　　　　　　审批：

表10-16   **扣缴个人所得税报告表**

扣缴义务人编码：   金额单位：元

扣缴义务人名称（公章）：   填表日期： 年 月 日

序号	纳税人姓名	身份证照类型	身份证照号码	国籍	所得项目	所得期间	收入额	免税收入额	允许扣除的税费	费用扣除标准	准予扣除的捐赠额	应纳税所得额	税率(%)	速算扣除数	应扣税额	已扣税额	备注

扣缴义务人声明	我声明：此扣缴报告表是根据国家税收法律、法规的规定填报的，我确定它是真实的、可靠的、完整的。 声明人签字：

会计主管签字：   负责人签字：   扣缴单位（或法定代表人）（签章）：

受理人（签章）：   受理日期： 年 月 日 受理税务机关（章）：

复习思考题

1. 影响薪酬的主要因素有哪些？
2. 薪酬管理的主要内容是什么？
3. 工资支付的主要形式有哪些？
4. 不同岗位薪酬管理设计应注意什么问题？
5. 薪酬日常管理包括哪些内容？

第十一章

福利管理

学习目标

1.掌握福利管理的基本概念
2.掌握福利管理的主要内容
3.熟悉福利管理的主要流程

引导案例

阿里巴巴集团的员工福利

2014年，阿里巴巴集团宣布，为了让员工安居乐业，公司推出30亿元的"iHome"置业贷款计划，并投入5亿元成立教育基金，解决员工子女的学前和小学教育问题，同时，考虑到物价上涨压力，集团将给诸多基层员工发放超过4 000万元的一次性物价和子女教育补贴。

阿里巴巴集团首席人力官彭蕾表示，阿里巴巴最重要的财富是客户和员工。在不断地为客户创造价值的同时，很多员工开始承担更多的家庭和社会的压力和责任。阿里巴巴坚持"快乐工作，认真生活"的原则，希望帮助员工和家人享受到公司成长带来的更好生活。

资料来源 佚名. 阿里巴巴集团启动30亿元iHome置业贷款计划 [EB/OL]. [2011-08-17]. http：//news.ifeng.com/gundong/detail_2011_08/17/8474223_0.shtml.

第一节 福利及福利管理概述

一、福利的概念

福利是指企业为员工提供的除金钱之外的一切物质待遇。从管理层的角度看，福利可对以下若干战略目标做出贡献：协助吸引员工；协助保持员工；提高企业在员工和其他企业心目中的形象；提高员工对职务的满意度。与员工的收入不同，福利一般不需纳税。由于这一原因，相对于等量的现金支付，福利从某种意义上来说，对员工就具有更大的价值。

二、福利的特点

1.补偿性

雇员福利是对劳动者为企业提供劳动的一种物质补偿，也是雇员工资收入的一种补充形式。

2.均等性

雇员福利的均等性特征是指履行了劳动义务的本企业雇员，均有享受各种企业福利的平等权利。劳动能力、个人贡献及家庭人口等因素的不同，造成了雇员之间在工资收入上的差距，差距过大会对雇员的积极性和企业的凝聚力产生不利的影响。雇员福利的均等性特征，在一定程度上起着平衡劳动者收入差距的作用。

3.集体性

兴办集体福利事业，雇员集体消费或共同使用公共物品等是雇员福利的主体形式，因此集体性也是雇员福利的一个重要特征。

三、福利的作用

1.吸引优秀员工

许多事实证明，良好的福利有时比高工资更能吸引优秀员工。

2.提高员工的士气

良好的福利使员工无后顾之忧，使员工有与企业共荣辱之感，士气必然会高涨。

3.降低流动率

过高流动率必然使企业发展受到一定的损失，而良好的福利会使许多可能流动的员工打消流动的念头。

4.激励员工

良好的福利使员工产生由衷的工作满意感，从管理的双因素激励理论来看属激励因素，因而会激发员工自觉为企业目标而奋斗的动力。

5.凝聚员工

良好的福利体现了企业高层管理者以人为本的经营思想，是构筑强劲凝聚力的重要因素之一。

6.更好地利用金钱

从表面上看，福利是花钱、是支出，但由于良好福利有吸引优秀员工、激励员工、提高员工士气等作用，因而福利这种花钱会产生更多的收益、回报，因而是一种有益的投资，它能提高资金的使用效果。

四、福利的影响因素

1.高层管理者的经营理念

当高层管理者认为员工福利能省则省，则福利不会丰厚；反之，当高层管理者认为福利应该尽可能好，则福利就会好。

2.政府的政策法规

国家和地区针对福利有明文规定，组织员工应该享受哪些福利，若组织不按规定实施福利则视为犯法，但不同国家和地区的福利法规有差异。

3.工资的控制

由于要交所得税，所以一般组织控制工资在一定的范围内，而改用提供良好的福利来补偿员工的付出和为组织所创造的价值。

4.医疗费的增加

提供医疗福利来提高员工患病时的承受力，满足员工的安全需要，这在一定程度上促进了员工的组织向心力。

5.竞争性

现代信息传达的迅速性和广泛性，使一个组织的员工很快知道其他许多企业的福利状况，这使组织迫于福利竞争压力而设法提供与其他组织尤其是同类组织相近的福利，否则会影响员工积极性。

6.工会的压力

工会是员工的代表，是员工利益的维护者，它经常为员工福利问题与企业资方谈判，资方迫于压力也为了化解或防止劳资双方的冲突，而不得不提供某些福利。

第二节　福利的分类

从总体来看，福利可分为两大类：一类为法律政策明文规定的福利；另一类为组织根据自身实际情况和增强员工激励力而提供的福利。其中，前者在不同组织间具有强相似性，后者则在不同组织间有差异，一定程度上反映了组织在福利管理上的创造性。

一、法定福利

（一）社会保险

社会保险的管理流程如图11-1所示。

1.养老保险

养老保险，全称社会基本养老保险，是国家和社会根据一定的法律和法规，为解决劳动者在达到国家规定的解除劳动义务的劳动年龄界限，或因年老丧失劳动能力退出劳动岗位后的基本生活而建立的一种社会保险制度。

（1）养老保险的特点。① 由国家立法，强制实行，企业单位和个人必须参加，符合养老条件的人，可向社会保险部门领取养老金。② 养老保险费用一般由国家、单位和个人三方面负担。养老保险必须设置专门机构，实行现代化、专门化、社会化的统一规划和管理。

（2）养老保险的缴费。

企业按本企业职工上年度月平均工资总额的20%缴纳（部分省份略有调整），职工个人按本人上年度月平均工资收入的8%缴纳；城镇个体工商户、灵活就业人员和国有企业下岗职工以个人身份参加基本养老保险的，以所在省份上年度社会平均工资为缴费基数，按20%的比例缴纳基本养老保险费，全部由自己负担。

人力资源部	人力资源部经理	财务部	地方社会保险经办机构	常见表单
社会保险登记			核发"社会保险登记证"	社会保险登记表
制订年度社保基数调整方案	审批			社会保险登记证
执行年度社保基数调整方案				职工缴费工资申报花名册
确定员工社保缴费基数			地方社会保险经办机构备案	社会保险缴费基数申请核定表
调整员工个人社保缴费账户		复核员工个人社保缴费账户		个人社会保险缴费基数确认表
确定参保人员变动情况				个人社会保险手册
办理社保增员/减员/汇缴手续			地方社会保险经办机构核定	参保人员基本情况变更表
填写参保人员缴费明细表	审批	办理银行转账		
填写社保缴纳月报表				
编制社会保险年报				
修订社会保险管理方案				

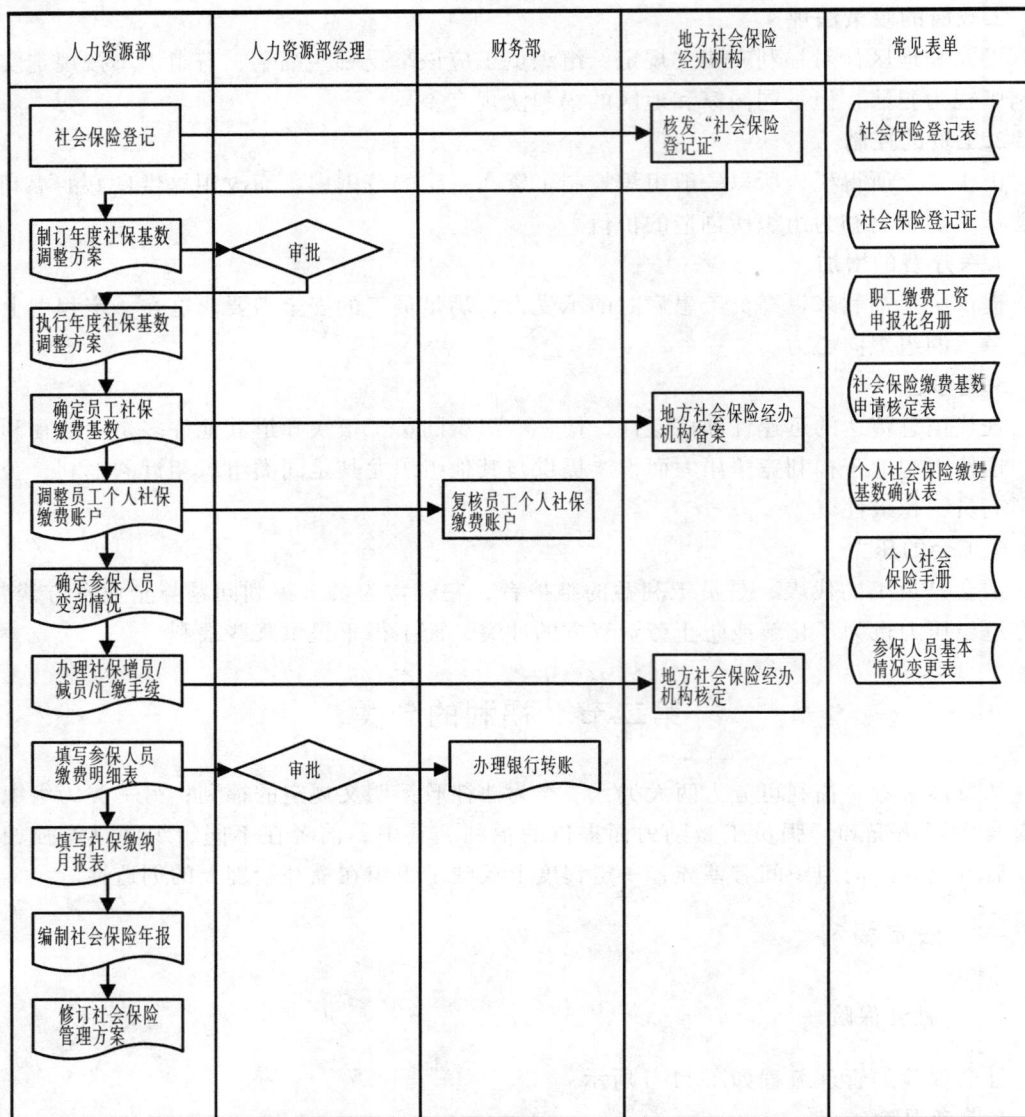

图 11-1　社会保险的管理流程

职工缴费工资高于所在省份上年度社会平均工资300%的，以所在上年度社会平均工资的300%为缴费基数；职工缴费工资低于所在省份上年度社会平均工资60%的，以所在省份上年度社会平均工资的60%为缴费基数。个人身份参加养老保险的以当地上年度在岗职工社会平均工资的一定比例作为个人缴费基数，可选择的档级为60%、80%、100%，基于如今社会平均工资逐年提高，考虑到个人承受能力，部分省份增加40%的档级。

（3）养老保险的领取条件。① 达到法定退休年龄。按照相关规定，我国法定的企业职工退休年龄是：男年满60周岁，女工人年满50周岁，女干部年满55周岁。[①]从事井下、高空、高温、特别繁重体力劳动或其他有害身体健康工作（以下称特殊工种）的，退休年龄为男年满55周岁、女年满45周岁；因病或非因工致残，由医院证明并经劳动鉴定委员

---

① 随延迟退休年龄政策的推进，职工实际退休年龄有所调整。

会确认完全丧失劳动能力的，退休年龄为男年满55周岁、女年满45周岁。②累计缴费满15年。

2.医疗保险

医疗保险是国家和社会根据一定的法律法规，为向保障范围内的劳动者提供患病时基本医疗需求保障而建立的社会保险制度。

（1）医疗保险的特点。①低水平。缴费以绝大多数单位和个人能承受的水平为准。②广覆盖。广泛覆盖城镇所有单位和职工，不同性质单位的职工都能享有基本医疗保险的权利，参保人员完成缴费年限后可以终身享受，主要用于住院、门诊费用报销。③多方承担。基本医疗保险具有"双方负担，统账结合"的特点，以"以收定支，收支平衡"为原则。

（2）医疗保险的构成。目前，我国社会医疗保险有3类：城镇职工基本医疗保险、城镇居民基本医疗保险、新型农村合作医疗保险。

（3）医疗保险的缴费。目前，城镇职工基本医疗保险通过用人单位和个人缴费，建立医疗保险基金，以避免或降低劳动者因患病、治疗等所带来的经济风险。具体缴费标准是：用人单位缴费率控制在职工工资总额的8%左右，具体比例由各地确定，职工缴费率一般为本人工资收入的2%。

新型农村合作医疗保险和城镇居民基本医疗保险费用承担实行个人缴费和政府补贴相结合的方式。2016年1月12日，国务院印发《关于整合城乡居民基本医疗保险制度的意见》要求，推进城镇居民医保和新农合制度整合，逐步在全国范围内建立起统一的城乡居民医保制度。

3.失业保险

失业保险是指国家通过立法强制实行的，由社会集中建立基金，对因失业而暂时中断生活来源的劳动者提供物质帮助的制度。

（1）失业保险的特点。①普遍性。参保单位应不分部门和行业，不分所有制性质，其职工应不分用工形式，不分家居城镇、农村，解除或终止劳动关系后，只要本人符合条件，都有享受失业保险待遇的权利。②通过国家制定法律、法规来强制实施。按照规定，在失业保险制度覆盖范围内的单位及其职工必须参加失业保险并履行缴费义务。③互济性。失业保险基金主要来源于社会筹集，由单位、个人和国家三方共同负担，缴费比例、缴费方式相对稳定。

（2）失业保险的计算。根据《中华人民共和国社会保险法》等的有关规定，从2016年5月1日起，失业保险总费率在2015年已降低1个百分点基础上可以阶段性降至1%～1.5%，其中个人费率不超过0.5%。

（3）失业保险的领取条件。①按照规定参加失业保险，所在单位和本人已按照规定履行缴费义务满1年。②非因本人意愿中断就业，即失业人员不愿意中断就业，但因本人无法控制的原因而被迫中断就业。③已办理失业登记，并有求职要求。④省级劳动保障行政部门规定的其他材料。

在解除劳动合同之日起60日内到失业保险业务机构办理申领手续（一般为户口所在地的街道、乡镇就业服务机构）。

4.工伤保险

工伤保险是指劳动者在工作中或在规定的特殊情况下，遭受意外伤害或患职业病导致暂时或永久丧失劳动能力以及死亡时，劳动者或其遗属从国家和社会获得物质帮助的一种社会保险制度。

（1）工伤保险的作用。

①工伤保险是国家对职工履行的社会责任，也是职工应该享受的基本权利。

②保障了工伤职工医疗以及基本生活、伤残抚恤和遗属抚恤，在一定程度上解除了职工和家属的后顾之忧。工伤补偿体现出国家和社会对职工的尊重。

③有利于促进安全生产，保护和发展社会生产力。工伤保险与生产单位改善劳动条件、防病防伤、安全教育，医疗康复、社会服务等工作紧密相联，对提高生产经营单位和职工的安全生产，防止或减少工伤、职业病，保护职工的身体健康至关重要。

④保障了受伤害职工的合法权益，有利于妥善处理事故和恢复生产，维护正常的生产、生活秩序，维护社会安定。

（2）工伤保险的缴费。

根据不同行业的工伤风险程度，参照《国民经济行业分类》，将行业划分为3个类别，实行3种不同的工伤保险缴费率，具体涉及风险较小行业、中等风险行业、风险较大行业。

5.生育保险

生育保险是国家通过立法，在怀孕和分娩的妇女劳动者暂时中断劳动时，由国家和社会提供医疗服务、生育津贴和产假的一种社会保险制度，是国家和社会对生育的职工给予必要的经济补偿和医疗保健的社会保险制度。

（1）生育保险的参保人群。

按照规定，凡是与用人单位建立了劳动关系的职工，包括男职工，都应当参加生育保险。

（2）生育保险的待遇。

生育保险的待遇包括生育津贴、生育医疗费用、计划生育手术费用、国家和地区规定的其他费用。①生育津贴为女职工产假期间的工资，生育津贴低于本人工资标准的，差额部分由企业补足。生育津贴按照女职工本人生育当月的缴费基数除以30再乘以产假天数计算。②参加生育保险累计满1年的职工，在生育（流产）时仍在参保的，按有关规定享受生育保险待遇。

综合员工和单位社会保险缴费情况，通常用到员工社会保险缴费情况表、单位社会保险缴纳情况表，具体见表11-1、表11-2。

（二）住房公积金

住房公积金是指国家机关、国有企业、城镇集体企业、外商投资企业、城镇私营企业及其他城镇企业、事业单位、民办非企业单位、社会团体及其在职职工缴存的长期住房储金。

1.住房公积金的特点

（1）普遍性。城镇在职职工，无论其工作单位性质如何、家庭收入高低、是否已有住

表 11-1　　　　　　　　　　　**员工社会保险缴费情况表**

单位名称：　　　　　　　　　单位代码：　　　　　　　　　缴费时间：　年　月

序号	姓名	身份证号	电脑序号	缴费起止时间		缴费基数	养老		工伤	失业		生育	医疗	
				年/月	年/月		单位	个人	单位	单位	个人	单位	单位	个人

　　养老、工伤、失业、生育保险审核章：　　　　　　　医疗保险审核章：

　　审核员：　　　　　　　　　　　　　　　　　　　　审核员：

　　　　　　　　　　　　　　　　　　　　　　　　　　日期：　年　月　日

表 11-2　　　　　　　　　　　**单位社会保险缴纳情况表**

单位名称：　　　　　　　　　单位代码：　　　　　　　　　缴费时间：　年　月

序号	姓名	身份证号	社会保障号	缴费起止时间		缴费基数	缴费金额
				年/月	年/月		

　　审核员：　　　　　　保险审核章：　　　　　　　　　日期：　年　月　日

房，都必须按照规定缴存住房公积金（农村不建立住房公积金制度，无工作的城镇居民、离退休职工不实行住房公积金制度）。

　　（2）强制性（政策性）。单位不办理住房公积金缴存登记或者不为本单位职工办理住房公积金账户设立的，住房公积金管理中心有权责令限期办理，逾期不办理的，可以按《住房公积金管理条例》的有关条款进行处罚，并可申请人民法院强制执行。

　　（3）福利性。除职工缴存的住房公积金外，单位也要为职工缴存一定的金额，而且住房公积金贷款的利率低于商业性贷款。

　　（4）积累性。住房公积金是职工按规定存储起来的专项用于住房消费支出（购买住房、房屋维修）的个人住房储金。

　　（5）返还性。职工离休、退休，或完全丧失劳动能力并与单位终止劳动关系，户口迁出或出境定居等，缴存的住房公积金将返还职工个人。

　　2.住房公积金的覆盖范围

　　除上述单位外，城镇个体工商户、自由职业人员，可以申请缴存住房公积金（并不是每个城市的住房公积金管理中心都允许城镇个体工商户、自由职业人员缴存住房公积金）。

　　3.住房公积金的缴存

　　公积金缴存由职工个人公积金缴存和职工所在单位为职工缴存的公积金两部分构成，属于职工个人所有。公积金缴存，个人公积金缴存的月缴存额为职工本人上一年度月平均工资乘以职工的公积金缴存比例；单位为职工缴存的公积金的月缴存额为职工本人上一年度月平均工资乘以单位公积金缴存比例。每年的7月1日至次年的6月30日为一个公积金缴存年度。

2015年，《住房公积金管理条例》规定，职工和单位住房公积金的缴存比例均不得低于5%，不得高于12%。2016年2月21日起，职工住房公积金账户存款利率调整为统一按1年期定期存款基准利率执行，上调后的利率为1.50%。

职工住房公积金缴存基数调整表见表11-3。

表11-3   职工住房公积金缴存基数调整表

单位名称（盖章）：   单位公积金代码：

序号	公积金账号	姓名	调整前月应缴额	调整后工资基数	缴存比例（%）			调整后月应缴额			职工编号	所在部门
					单位	个人	补贴	公积金	补贴	合计		

单位制表：   编制日期：   年 月 日

（三）带薪年休假

带薪年休假是指劳动者连续工作1年以上，就可以享受一定时间的带薪年假。按照国家有关规定，机关、团体、企业、事业单位、民办非企业单位、有雇工的个体工商户等单位的职工连续工作1年以上的，享受带薪年休假。单位应当保证职工享受年休假。

职工累计工作已满1年不满10年的，年休假5天；已满10年不满20年的，年休假10天；已满20年的，年休假15天。国家法定休假日、休息日不计入年休假的假期。

除带薪年休假外，企业职工还依法享受病假、产假、丧假、婚假、探亲假等法定权利，具体由地方行政主管部门制定。

二、企业福利

企业福利是企业给员工提供的用以改善其本人和家庭生活质量的、以非货币工资或延期支付形式为主的各种补充性报酬和服务。企业福利是以企业为责任主体，专门面向组织内部员工的一种福利待遇，主要有以下几种：

（一）保险类

保险具体包括：（1）企业补充养老保险。由国家宏观调控、企业内部决策执行的企业补充养老保险，又称企业年金。它是指由企业根据自身经济承受能力，在参加基本养老保险的基础上，企业为提高职工的养老保险待遇水平而自愿为本企业职工所建立的一种辅助性的养老保险。（2）人寿保险。人寿保险指企业全额资助或部分资助的一种保险，员工一旦发生意外，其家属可获得相应的经济补偿。（3）商业医疗保险。商业医疗保险是指由保险公司经营的营利性的医疗保障。企业按一定数额交纳保险金，当员工遇到重大疾病时，可以从保险公司获得一定数额的医疗费用。

（二）生活补贴类

生活补贴具体包括：（1）住房津贴。住房津贴是指企业为了使员工有一个较好的居住环境而提供给员工的一种福利，主要包括：每月的住房公积金，企业购买或建房后免费或低价租给或卖给员工居住，为员工购买住房提供免息或低息贷款，全额或部分报销员工租房费用。（2）交通补贴。交通补贴主要指为员工上下班提供交通方便，包括企业派专车接送上下班；企业按规定为员工报销交通费；企业每月发放一定数额的交通补助费。（3）工作午餐或餐饮补贴。工作午餐指企业为员工提供的免费或低价午餐。有的企业虽然不直接提供工作午餐，但提供一定数额的工作午餐补助费。（4）通信补贴。通信补贴指企业为部分特殊员工提供的通信费用或费用补贴。（5）海外津贴。海外津贴指一些跨国公司为了鼓励员工到海外去工作而提供的经济补偿。

（三）集体福利类

集体福利具体包括：企业给员工提供的防暑降温用品、班车、免费旅游、福利房等。

2017年12月，中华全国总工会制定《基层工会经费收支管理办法》，就工会经费用于服务职工的各项开支做了明确规定。值得关注的是，工会经费不仅可以用于职工集体福利支出，还将覆盖范围从逢年过节、会员生日，扩大到婚丧嫁娶、退休离岗的慰问支出等。

复习思考题

1.福利管理的内容有哪些？

2.如何理解法定福利的内容？

3.如何理解法定福利的要求？

4.如何理解法定福利的标准？

5.企业一般福利有哪些？

第 V 篇
劳动保障篇

第十二章

劳动合同管理

学习目标

1.掌握劳动合同管理的主要内容
2.掌握劳动合同管理的主要程序
3.熟悉劳动合同管理的法律要求

引导案例

企业劳动合同带来的争议

罗某系某商业公司的员工，于2008年6月入职，双方于2015年订立了无固定期限劳动合同，约定罗某的岗位为"管理类"，并约定商业公司可根据生产经营状况，罗某的工作能力、工作表现及身体状况等对其调整工作岗位。入职后，罗某先后在百货主管、百货经理、杂货经理、资深经理等岗位工作。2013年9月，罗某担任总务部部长。2016年9月，因生产经营需要，商业公司将设施部与总务部合并为总务设施部，并将罗某的岗位调整为服装部部长，调整前后的岗位级别、薪资待遇、工作地点等均未发生变化。罗某以调整前后的岗位分属后勤类及运营类为由拒绝到岗。一周后，罗某以商业公司未提供劳动条件为由提出解除劳动合同，并要求支付解除劳动合同的经济补偿。

仲裁委审理后认为，商业公司因生产经营需要将设施部与总务部合并为总务设施部，罗某对该事实不持异议，商业公司基于生产经营需要对罗某进行岗位调整应属于用人单位的用工自主权，且调整前后的岗位级别、薪资待遇、工作地点等并未发生变化，罗某以调整前后的部门分属后勤类及运营类作为不同意调整岗位的主张并不成立，故本案不存在商业公司不提供劳动条件的事实，罗某要求支付解除劳动合同经济补偿的请求不应得到支持。

资料来源　佚名.合法合理调岗，劳动者有义务接受安排［EB/OL］.［2017-09-12］. http://www.sohu.com/a/191379366_315336.

第一节　劳动合同

一、劳动合同的定义

劳动合同是指劳动者与企业、国家机关、事业单位、民办非企业单位、个体经济组织等用人单位之间订立明确双方权利和义务的协议。

根据《劳动合同法》第二条的规定，中华人民共和国境内的企业、个体经济组织、民办非企业单位等组织与劳动者建立劳动关系，订立、履行、变更、解除或者终止劳动合同，适用本法。民办非企业单位等组织包括民办非企业单位、依法成立的会计师事务所、律师事务所等合伙组织和基金会。国家机关、事业单位、社会团体和与其建立劳动关系的劳动者，订立、履行、变更、解除或者终止劳动合同，依照本法执行。

二、劳动合同的主要内容

（一）劳动合同的必备条款

劳动合同的必备条款是指法律规定的劳动合同必须具备的内容。在法律规定了必备条款的情况下，如果劳动合同缺少此类条款，劳动合同就不能成立。《劳动合同法》明确规定劳动合同应当具备以下条款：

（1）用人单位的名称、住所和法定代表人或者主要负责人。

（2）劳动者的姓名、住址和居民身份证或者其他有效身份证件号码。

（3）劳动合同期限。劳动合同期限是双方当事人相互享有权利、履行义务的时间界限，即劳动合同的有效期限。劳动合同期限可分为固定期限、无固定期限和以完成一定工作任务为期限。

（4）工作内容和工作地点。工作内容是指劳动法律关系所指向的对象，即劳动者具体从事什么种类或者内容的劳动，这里的工作内容是指工作岗位和工作任务或职责。这一条款是劳动合同的核心条款之一，是建立劳动关系的极为重要的因素。

工作地点是劳动合同的履行地，是劳动者从事劳动合同中所规定的工作内容的地点。

（5）工作时间和休息休假。工作时间是指劳动者在企业、事业、机关、团体等单位中，必须用来完成其所担负的工作任务的时间。休息休假是指企业、事业、机关、团体等单位的劳动者按规定不必进行工作，而自行支配的时间。休息休假的权利是每个国家的公民都应享受的权利。

（6）劳动报酬。劳动合同中的劳动报酬，是指劳动者与用人单位确定劳动关系后，因提供了劳动而取得的报酬。劳动报酬是满足劳动者及其家庭成员物质文化生活需要的主要来源，也是劳动者付出劳动后应该得到的回报。因此，劳动报酬是劳动合同中必不可少的内容。

劳动报酬主要包括以下几个方面：①用人单位工资水平、工资分配制度、工资标准和工资分配形式；②工资支付办法；③加班、加点工资及津贴、补贴标准和奖金分配办法；④工资调整办法；⑤试用期及病、事假等期间的工资待遇；⑥特殊情况下职工工资（生活费）支付办法；⑦其他劳动报酬分配办法。劳动合同中有关劳动报酬条款的约定，要符合我国有关最低工资标准的规定。

（7）社会保险。社会保险一般包括医疗保险、养老保险、失业保险、工伤保险和生育保险。社会保险强调劳动者、劳动者所在用人单位以及国家三方共同筹资。由于社会保险由国家强制实施，因此成为劳动合同不可缺少的内容。

（8）劳动保护、劳动条件和职业危害防护。

劳动保护是指用人单位为了防止劳动过程中的安全事故，采取各种措施来保障劳动者的生命安全和健康。在劳动生产过程中，存在着各种不安全、不卫生因素，如不采取措施加以保护，将会发生工伤事故。

劳动条件主要是指用人单位为使劳动者顺利完成劳动合同约定的工作任务，为劳动者提供必要的物质和技术条件。

职业危害是指用人单位的劳动者在职业活动中，因接触职业性有害因素如粉尘、放射性物质和其他有毒、有害物质等而对生命健康所引起的危害。

劳动合同书示例见表12-1。

表12-1　　　　　　　　　　　　　　　　劳动合同书

（编号：　　　　　　　　　）

甲方（单位）全称＿＿＿＿＿＿＿＿＿＿　　乙方（职工）姓名＿＿＿＿＿＿＿＿

单位类型＿＿＿＿＿＿＿＿＿＿＿＿＿＿　　文化程度＿＿＿＿＿＿＿＿＿＿

法定代表人（或主要负责人）＿＿＿＿　　性别＿＿＿＿＿＿＿＿＿＿＿＿

登记注册地＿＿＿＿＿＿＿＿＿＿＿＿　　出生年月＿＿＿＿＿＿＿＿＿＿

实际经营地＿＿＿＿＿＿＿＿＿＿＿＿　　身份证号＿＿＿＿＿＿＿＿＿＿

联系电话＿＿＿＿＿＿＿＿＿＿＿＿＿　　户籍所在地＿＿＿＿＿＿＿＿＿＿

　　　　　　　　　　　　　　　　　　　实际居住地＿＿＿＿＿＿＿＿＿＿

　　　　　　　　　　　　　　　　　　　联系电话＿＿＿＿＿＿＿＿＿＿

根据《中华人民共和国劳动法》《中华人民共和国劳动合同法》《××省劳动合同条例》和有关法律法规及规章规定，甲乙双方本着平等自愿、协商一致、公正公平、诚实信用的原则，签订本合同，并承诺共同遵守。

一、劳动合同期限

（一）本合同期限采用下列第（　　）种方式

1.固定期限，自＿＿年＿＿月＿＿日起至＿＿年＿＿月＿＿日止。

2.无固定期限，自＿＿年＿＿月＿＿日起。

3.以完成＿＿＿＿＿＿＿工作任务为合同期限，自＿＿年＿＿月＿＿日起。

（二）双方约定试用期为＿＿天

自＿＿年＿＿月＿＿日起至＿＿年＿＿月＿＿日止。

二、工作内容及要求

1.甲方安排乙方在＿＿＿＿＿（地点）从事＿＿＿＿＿（岗位）工作，乙方同意按甲方安排的工作内容和岗位要求，按时完成工作任务，并达到规定的质量标准。

2.甲方应当建立职业培训制度，不断提高乙方的职业技能；乙方应当积极参加职业技能培训，努力胜任劳动合同约定的岗位工作要求。

3.甲方因生产经营或调整劳动组织需要，需要调整或调动乙方工作岗位的，应当与乙方协商一致。

三、工作时间和休息休假

1.甲方与乙方按照国家的有关法律规定在正常生产经营情况下，乙方每天工作不超过8小时，平均每周工作不超过40小时。

2.甲方应当执行国家规定的休息休假制度，甲方确因工作需要必须安排乙方延长工作时间或在法定休息日、法定节假日加班的，应当符合法定条件，并与工会和乙方协商后进行；同时应当按国家规定支付加班加点工资或安排补休。

四、劳动保护和劳动条件

1.甲方必须建立、健全劳动安全卫生制度，严格执行国家劳动安全规程和标准，对乙方进行劳动安全卫生教育，为乙方提供符合国家规定的劳动安全卫生条件和必要的劳动防护用品。乙方必须严格遵守安全操作规程，并有权拒绝甲方管理人员违章指挥、强令冒险作业；对危害生命安全和身体健康的行为，有权提出批评、检举和控告。

2.甲方必须执行国家关于特种作业、女职工和未成年工特殊保护的规定。

3.乙方因工作遭受事故伤害或患职业病，甲方应负责及时救治，并依法为乙方申请工伤认定和劳动能力鉴定，保障乙方依法享受各项工伤保险相关待遇。

4.乙方患病或非因工负伤，甲方必须保证其享受国家规定的医疗期和相应的医疗待遇。

五、劳动报酬

1.甲方执行国家有关工资支付的规定，遵守最低工资保障制度。甲方按月足额支付乙方工资，工资发放日为每月____日。

2.双方约定，乙方的工资分配形式为____工资制。

3.双方约定乙方试用期月工资为____元，试用期满后乙方的月工资为____元。

4.甲方按照国家有关规定保障乙方年休假、婚丧假、探亲假、病假等待遇。

5.甲方应按国家和地方有关规定为乙方缴存住房公积金。

6.甲方应根据当地政府每年公布的工资指导线和企业生产经营情况，通过工资集体协商和订立集体合同，建立正常的工资调整机制，保证乙方的工资水平与企业经济效益和社会平均工资增长水平相适应。

六、社会保险和福利

1.甲乙双方必须按照国家和地方政府的有关规定，参加养老、医疗、失业、工伤、生育等社会保险，按时足额缴纳各项社会保险费；其中，乙方应缴纳的社会保险费由甲方代扣代缴。

2.合同履行期间，乙方依法享受国家规定和双方约定的福利待遇。

七、劳动合同的履行、变更、解除和终止

1.甲乙双方按照劳动合同约定的起始时间履行劳动合同；劳动合同约定的起始时间与实际履行的起始时间不一致的，按照实际履行的起始时间确认。

2.甲方按照劳动合同约定或经与乙方协商指派乙方到其他单位工作的，应与实际用工单位约定由其承担或部分承担甲方对乙方的义务，并将约定内容书面告知乙方。实际用工单位未按约定承担对乙方义务的，由甲方承担对乙方的义务，实际用工单位承担连带责任。

3.经双方协商一致，可以变更劳动合同约定的内容，变更劳动合同应当采用书面形式。

4.双方依法解除或终止劳动合同时，应当在解除或终止劳动合同的同时，向乙方出具解除或终止劳动合同证明。在乙方履行完必要手续的15日内，办理完毕乙方档案和社会保险关系转移等手续；同时，甲方应当依法向乙方支付经济补偿金、医疗补助费等相关费用。

八、双方需要约定的事项

1.＿＿＿＿＿＿＿＿＿＿＿＿＿＿＿＿＿＿＿＿＿＿＿＿＿＿＿＿＿＿

2.＿＿＿＿＿＿＿＿＿＿＿＿＿＿＿＿＿＿＿＿＿＿＿＿＿＿＿＿＿＿

3.＿＿＿＿＿＿＿＿＿＿＿＿＿＿＿＿＿＿＿＿＿＿＿＿＿＿＿＿＿＿

4.＿＿＿＿＿＿＿＿＿＿＿＿＿＿＿＿＿＿＿＿＿＿＿＿＿＿＿＿＿＿

九、合同未尽事宜，均按国家有关规定执行。国家没有规定的，由甲乙双方平等协商解决。合同履行期间，约定条款与国家新颁布的法律、法规、规章不符的，应按国家新规定执行。

十、本合同自双方签字盖章之日起生效。当事人对生效的时间或者条件另有约定的，从其约定。

本合同一式两份，甲乙双方各执一份。甲方应当在本合同签订后立即将本合同文本交付乙方，不得扣押。

甲方（盖章）　　　　　　　　　　　　　　　　乙方（签名）

法定代表人（或主要负责人）

或委托代理人（签名）

　　　年　　月　　日　　　　　　　　　　　　　年　　月　　日

（二）劳动合同的约定条款

劳动合同约定条款主要包括试用期协议、培训协议、保守企业商业秘密协议、竞业禁止协议等。

1.试用期协议

试用期协议主要包括劳动者在试用期的试用岗位、试用期限、试用期薪酬、试用期应接受的培训、试用期的工作绩效目标与应承担义务和责任、试用期应享受的权利、转正条件；试用期单位解聘劳动者的条件与承担的义务和责任、劳动者辞职的条件与义务、劳动者试用期被延长等内容。

2.培训协议

培训协议主要包括劳动者在参加由用人单位出资的培训活动时，双方约定的培训经费分摊、培训服务期、培训违约金支付、培训纠纷处理等内容。

3.保守企业商业秘密协议

保守企业商业秘密协议主要包括劳动者与用人单位约定的保守商业秘密的主要内容、保密期限、保密义务、违约责任认定、保密争议解决等内容。

4.竞业禁止协议

竞业禁止协议主要包括劳动者在用人单位任职期间或从原单位离职后禁止从业于与原单位有业务竞争的单位的限制范围条款、补偿费时间和约定标准、竞业禁止争议解决等内容。其中，限制范围条款包括时间、地域、领域限制等。

竞业禁止协议示例见表12-2。

表12-2　　　　　　　　　　　　　　**竞业禁止协议**

企业：	营业执照号码：
员工：	身份证号码：

鉴于员工知悉的企业商业秘密具有重要影响，为保护双方的合法权益，双方根据国家有关法律法规，本着平等自愿和诚信的原则，经协商一致，达成下列条款，双方共同遵守：

一、员工义务

1.未经企业同意，在职期间不得自营或者为他人经营与企业同类的行业。

2.不论因何种原因从企业离职，离职后____年内不得到与企业有竞争关系的单位就职。具体企业名单：_____。

3.不论因何种原因从企业离职，离职后____年内不自办与企业有竞争关系的企业或者从事与企业商业秘密有关的产品的生产。

二、企业义务

从双方劳动合同约定的合同履行期限到期后第二天起，企业应当按照竞业限制期限向员工支付一定数额的竞业限制补偿费，竞业限制补偿费支付年限为____年。经济补偿费的金额为员工离于企业单位前一年的工资收入的____；不满一年的按月平均工资推算。补偿费按____支付，由企业通过银行支付至员工银行卡上。如员工拒绝领取，企业可以将补偿费向有关方面提存。

三、违约责任

员工不履行规定的义务，应当承担违约责任，一次性向企业支付违约金，金额为员工离于企业单位前一年的工资收入的____倍。同时，员工因违约行为所获得的收益应当归还企业。

四、争议解决

因本协议引起的纠纷，由双方协商解决。如协商不成，则提交地方劳动仲裁机构仲裁。

五、合同效力

本协议自双方签章之日起生效。本合同的修改，必须采用双方同意的书面形式。

双方确认，已经仔细审阅过协议的内容，并完全了解协议各条款的法律含义。

企业：（签章）　　　　　　　　　　　　　员工：（签章）

三、劳动合同管理的主要程序

（一）劳动合同的订立

1.劳动合同订立的主体

劳动合同的主体，即劳动法律关系当事人，具体指"劳动者"和"用人单位'。劳动合同的主体是由法律规定的，具有特定性：一方是劳动者；另一方是用人单位。劳动者和用人单位都要具备法律规定的劳动合同主体条件，才能签订劳动合同。不具有法定资格的公民与不具有用工权的组织和个人都不能签订劳动合同。

（1）劳动者。劳动者包括与中华人民共和国境内的企业、个体经济组织、民办非企业单位建立劳动关系的劳动者；与国家机关、事业单位、社会团体建立劳动关系的劳动者。劳动法律意义上的劳动者特指那些具有劳动权利能力和劳动行为能力的公民。

（2）用人单位。劳动合同主体的另一方是用人单位。所谓用人单位，即法律允许招用和使用劳动力的组织。这些组织包括中华人民共和国境内的企业、个体经济组织、民办非企业单位，还包括国家机关、事业单位、社会团体。

2.劳动合同订立的原则

（1）合法原则。合法是劳动合同有效的前提条件。所谓合法，就是劳动合同的形式和内容必须符合法律法规的规定。

（2）公平原则。公平原则是指劳动合同的内容应当公平、合理，就是在符合法律规定的前提下，劳动合同双方公正、合理地确立双方的权利和义务。

（3）平等自愿。平等自愿原则包括两层含义：一是平等原则；二是自愿原则。平等原则是指劳动者和用人单位在订立劳动合同时在法律地位上是平等的；自愿原则是指订立劳动合同完全是出于劳动者和用人单位双方的真实意志，是双方协商一致达成的，任何一方不得把自己的意志强加给另一方。

（4）协商一致。协商一致就是用人单位和劳动者要对合同的内容达成一致意见。

（5）诚实信用。在订立劳动合同时要诚实，讲信用。诚实信用是合同法的一项基本原则，也是劳动合同法的一项基本原则，它也是一项社会道德原则。

3.劳动合同订立的步骤

劳动合同签订流程如图12-1所示。

（1）用人单位提出劳动合同草案。劳动者有权对自己不清楚的条款，要求用人单位有关人员做出解释和回答。

（2）用人单位向劳动者介绍规章制度、工作说明书。一般情况下要劳动者阅签，因为劳动合同一旦签订，劳动者必须完全遵守和执行用人单位内部的劳动规章制度。

（3）双方协商劳动合同内容。

（4）双方签约。双方当事人确认无误后在劳动合同上签字、盖章，劳动合同应当一式两份，双方各执一份。

（5）劳动合同审查。劳动合同审查就是将劳动合同送交合同签证机构或劳动合同主管部门审查验证。

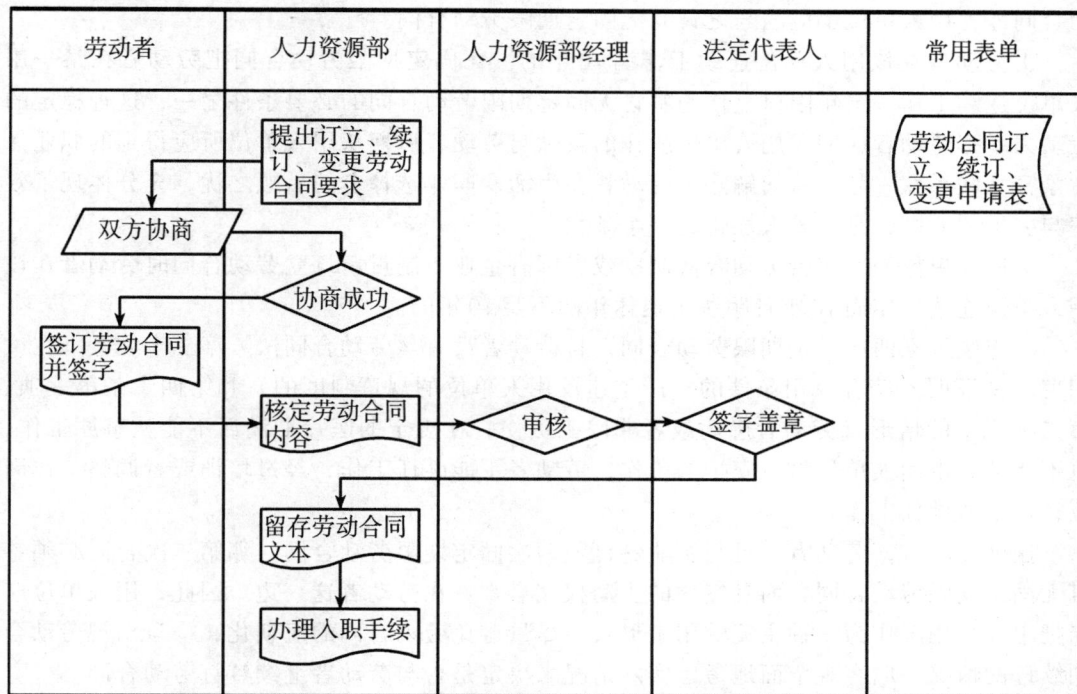

图12-1　劳动合同签订流程

4.劳动合同订立的法律问题

（1）试用期问题。

在试用期问题上，有的企业存在误区：试用期可以不参保，导致员工向社会保险机构反映。单位以试用期可以不缴纳社保费为理由，不为员工缴纳保险费，但我国《劳动合同法》明确规定了试用期参保问题，按照规定，试用期内员工和用人单位建立了劳动关系，就应当签订劳动合同，约定试用期，试用期最长不得超过6个月并缴纳社保费，不论是试用期职工还是正式职工，都应当从计薪之日起办理参保和缴费手续。关于试用期的约定具体如下：

劳动合同期限3个月以上不满1年的，试用期不得超过1个月；劳动合同期限1年以上不满3年的，试用期不得超过2个月；3年以上固定期限和无固定期限的劳动合同，试用期不得超过6个月。

同一用人单位与同一劳动者只能约定一次试用期。

以完成一定工作任务为期限的劳动合同或者劳动合同期限不满3个月的，不得约定试用期。

试用期包含在劳动合同期限内。劳动合同仅约定试用期的，试用期不成立，该期限为劳动合同期限。

劳动者在试用期的工资不得低于本单位相同岗位最低档工资或者劳动合同约定工资的80%，并不得低于用人单位所在地的最低工资标准。

非全日制用工无试用期。

（2）无固定期限劳动合同问题

有下列情形之一，劳动者同意续订、订立劳动合同的，除劳动者提出订立固定期限劳动合同外，用人单位都应当与之订立无固定期限劳动合同。

①劳动者在该用人单位连续工作满10年的。无固定期限劳动合同把劳动者在某一用人单位连续工作一定年限以上作为签订无固定期限劳动合同的必要条件之一，这和稳定的劳动关系把劳动者前期对用人单位所作的贡献与劳动者后期从用人单位所应得到的职业保障紧密地联系在一起，从而解除了劳动者在生活及职业选择上的后顾之忧，充分体现了效率与公平的原则，是比较人性化的一个条款。

②用人单位初次实行劳动合同制度或者国有企业改制重新订立劳动合同时劳动者在该用人单位连续工作满10年且距法定退休年龄不足10年的。

③连续订立两次固定期限劳动合同，且劳动者没有《劳动合同法》第三十九条（在试用期间被证明不符合录用条件的、严重违反用人单位的规章制度的）和第四十条第一项、第二项规定的情形（劳动者患病或者非因工负伤，在规定的医疗期满后不能从事原工作，也不能从事由用人单位另行安排的工作；劳动者不能胜任工作，经过培训或者调整工作岗位，仍不能胜任工作）。

这就意味着，劳动者一旦与企业签订了两次固定期限劳动合同，那第三次合同必须签订无固定期限劳动合同，而且签约的主动权完全掌握在劳动者这一边。因此，用人单位应当把中长期用工作为一种主流的用工形式，尽量避免劳动合同的短期化，一旦出现劳动合同续订的情况，应客观全面地考虑实际情况来决定是否与劳动者继续签订劳动合同。

④用人单位自用工之日起满1年不与劳动者订立书面劳动合同的，视为用人单位与劳动者已订立无固定期限劳动合同。

为规避《劳动合同法》中"签订无固定期限合同"的情况，部分企业从"突击裁员"转为手段更隐蔽的"变相炒人"。有的企业以"调整岗位"等手段，将年龄大、工龄长的员工安排到其"干不了"的岗位上，再以"不胜任"为由辞退，或迫使其"自愿"离开；有的企业在合同到期后不续签，而是通过劳务派遣回聘这些老员工，工龄由此被"归零"；有的企业改换股东和法人变更为新企业，工作多年的员工只能"从零开始"。

（3）违约金问题。

我国《劳动合同法》规定，由用人单位为劳动者提供专项培训费用进行专业技术培训而进行服务期约定，除了以下两种情况，不允许用人单位与劳动者在劳动合同当中约定对劳动者的违约金：

①双方当事人有服务期约定的，违约金作为违反服务期的补偿。违约金的数额不得超过用人单位提供的培训费用，并且要求劳动者支付的违约金不得超过服务期尚未履行部分所应分摊的培训费用。培训费用，包括用人单位为了对劳动者进行专业技术培训而支付的有凭证的培训费用、培训期间的差旅费用以及因培训产生的用于该劳动者的其他直接费用。

②双方当事人有竞业限制约定的，违约金作为违反保密协议的补偿。用人单位可以与劳动者协商约定竞业限制条款，约定劳动者在离开单位后一定期限内不得在生产同类产品或经营同类业务且有竞争关系或者其他利害关系的其他单位内任职，或者自己生产、经营与原单位有竞争关系的同类产品或业务。凡有这种约定的，用人单位应当向劳动者支付一定数额的补偿费。且通常情况下，工资总额应是用人单位支付给劳动者的全部劳动报酬，不应包括竞业限制赔偿金。

劳动者有过错，用人单位提前解除劳动合同的，劳动者仍需支付违约金，具体包括以下方面：①劳动者严重违反用人单位的规章制度的；②劳动者严重失职，营私舞弊，给用人单位造成重大损害的；③劳动者同时与其他用人单位建立劳动关系，对完成本单位的工作任务造成严重影响，或者经用人单位提出，拒不改正的；④劳动者以欺诈、胁迫的手段或者乘人之危，使用人单位在违背真实意思的情况下订立或者变更劳动合同的；⑤劳动者被依法追究刑事责任的。

（二）劳动合同的履行

1.劳动合同履行的定义

企业劳动合同的履行，是指企业劳动合同订立以后，劳动者和管理者双方当事人按照合同条款的要求，共同实现劳动过程和相互履行权利和义务的行为和过程。企业劳动合同是依法订立的，双方当事人必须履行合同，是法律赋予双方当事人应尽的义务；同时，也是合同具有法律效率的集中体现。

2.劳动合同履行的形式

企业劳动合同的履行分为全部履行和不适当履行两种。全部履行，是指合同双方当事人履行合同中规定的全部义务和实现合同中规定的全部权利。不适当履行，是指合同双方当事人或一方当事人只履行合同中规定的部分义务，或只实现合同中规定的部分权利。

企业劳动合同履行的理想模式是全部履行，双方当事人均实现自己的全部权利和履行自己的全部义务；但由于这样或那样的原因，包括双方当事人自己的责任、企业经营状况的变化以及社会经济宏观环境的改变等，都可能使得双方当事人不能够或不愿意按照合同的条款一一履行，这时，合同的不适当履行也就出现了。

可以说，企业劳动合同的这种不适当履行是经常出现的。从政府和立法角度来说，要尽量避免和减少企业劳动合同的这种不适当履行，或尽量降低合同条款的不履行程度和比例，促进合同的全部履行，或提高合同的履行程度和比例。

3.劳动合同履行的原则

（1）实际履行的原则。它是指合同双方当事人要按照合同规定的标的履行自己的义务和实现自己的权利，不得以其他标的或方式来代替。这主要表现在两方面：一是一方当事人即使违约，也不能以罚金或赔偿损失来代替合同标的的履行，除非违约方对合同标的的履行对另一方当事人已无实际意义；二是一方当事人不履行合同时，另一方当事人有权请求法院或仲裁机构强制或敦促其履行。实际履行的原则要求，劳动者一方要为管理者提供自己一定数量和质量的劳动，以保证企业生产经营活动的正常开展；管理者一方要为劳动者支付必要的劳动报酬和提供必要的劳动条件等，以保障劳动者正常的生活和工作需要。

（2）亲自履行的原则。它是指双方当事人要以自己的行为履行合同规定的义务和实现合同规定的权利，不得由他人代为履行。这就是说，劳动者的义务只能由劳动者自己去履行；管理者的义务只能由管理者去履行。双方当事人权利的实现也是这样，只能依靠自己。亲自履行的原则要求，合同双方当事人要以自己实际行为去完成合同规定的任务，实现合同约定的目标，当事人要将合同规定的内容融入自己的日常活动。

（3）正确履行的原则。它是指当事人要按照合同规定的内容，不得改变合同的任何内容和条款。只有当事人按照合同规定的标的或方式来履行，才算是合同的正确履行，也只有当事人自己亲自履行合同的内容和条款，才称得上是合同的正确履行；同时，也只有当事人履行合同的全部条款，即按照合同约定的标的及其种类、数量和质量履行，又按照合同约定的时间、地点和方式等履行，才算是合同的全面履行，也才算得上是合同的正确履行。这就是说，正确履行的原则要求，合同当事人履行合同既要实际履行，又要亲自履行，同时还要全面履行。

（4）协作履行的原则。它是指双方当事人在合同的履行过程中要发扬协作精神，要互相帮助，共同完成合同规定的义务，共同实现合同规定的权利。任何一方都要保证自己能够实际、亲自、全面和正确地履行合同的内容和条款。这是协作的前提。

在合同的履行过程中，双方当事人要相互关心，并进行必要的相互检查和监督，遇到问题，双方都要寻找解决问题的办法，提出合理化建议。合同没有得到正确的履行或发生不适当履行时，任何一方违约，另一方都要帮助其纠正。若劳动者违约，管理者要立足于说服教育，帮助其纠正；若管理者违约，劳动者也要及时反映问题，并协助其纠正。

4.劳动合同履行的法律问题

（1）合同出现不明确条款问题。由于企业劳动合同订立中的疏忽或过失等原因，在合同的履行中有时会出现不明确的条款，从而造成合同的履行难以进行，甚至会出现双方当事人的各执己见。对于这一问题的处理，一般遵循这样的原则：对于不明确的条款，应当依法先确定其具体内容，然后予以履行。确定不明确条款具体内容的办法是：企业内部劳动规章制度有明确规定的，就按企业内部规定办；企业内部劳动规章制度没有明确规定的，就按集体合同的明确规定办；集体合同没有明确规定的，就按有关劳动法规和政策的明确规定办；有关劳动法规和政策没有明确规定的，就按通行的习惯办；通行习惯没有可供参考的，就按双方当事人协商的结果办。

（2）关于向第三方履行义务问题。一般来说，企业劳动合同的一方当事人只会向另一方当事人履行义务，不存在向第三方当事人履行义务的问题。但在特殊情况下，劳动者或管理者依法也可以向第三方当事人履行义务。

（3）关于劳动者履行合同之外的劳动给付问题。一般来讲，劳动者履行劳动给付的范围以合同约定为标准；管理者不得在合同约定以外强求劳动者履行劳动义务。

（三）劳动合同的变更

1.劳动合同变更的定义

劳动合同的变更是指劳动合同双方当事人就已经订立但尚未履行的合同条款达成修改或增减的法律行为。权利义务关系的调整，使劳动合同适应变化发展的新情况，从而保证劳动合同的继续履行。劳动合同的变更仅限于劳动合同内容的变化，而不是主体的变更，主体的变更须另立劳动合同。劳动合同的变更，双方当事人必须遵循自愿、平等、协商一致的原则，不得单方擅自变更。

2.劳动合同变更的条件

企业劳动合同的变更，一般只涉及合同的部分条款。需要变更的条款一般符合这样的条件：

（1）尚未履行或尚未完全履行的有效条款。已经完全履行的条款，没有必要变更；无效的条款，也没有必要变更。

（2）依法可变更的条款。法律规定不准变更的条款，一律不准变更。

（3）直接引起合同变更的条款。合同中某些条款由于合同履行的主客观条件的变化，使得对其履行成为不必要或没有可能，这时，就会引起合同的变更。可见，这些条款本身就是引起合同变更的原因。企业劳动合同的变更，就是要对这些直接引起合同变更的条款进行修改或增减。对于与合同变更原因无关的条款，就没有必要变更。

3.劳动合同变更的程序

企业劳动合同的变更，必须遵守一定的程序。企业劳动合同变更的程序主要有：

（1）一方当事人向另一方当事人提出变更合同的请求。提出请求的当事人可以是管理者，也可以是劳动者。不管是哪一方当事人提出变更合同的请求，都要就合同变更的理由、内容、条款和条件等做出说明，并给对方当事人一个答复的期限。

（2）被请求方按期向请求方做出答复。被请求方在接到请求方变更合同的要求后，要在请求方给出的期限内给予答复；不准对对方的请求置之不理。被请求方的这种答复可以是同意，也可以是提出自己不同的意见，供双方进一步协商；对于不符合法律规定的请求，被请求方可以表示不同意。

（3）双方协商，达成书面协议。双方当事人要就其变更的合同内容和条款进行协商，在取得一致意见的基础上，达成和拟订书面协议；书面协议要就变更的内容和条款进行详细说明，并就变更后的条款生效日期做出规定。书面协议要经双方当事人签名、盖章后才能生效。

（4）备案或签证。凡在订立时经过备案或鉴证的企业劳动合同，变更合同的书面协议也需要送交企业主管部门备案，或到鉴证机构办理鉴证手续。需要鉴证的变更协议，只有在鉴证后才能生效。

（四）劳动合同的解除

企业劳动合同的解除，是指双方当事人提前终止企业劳动合同的履行，结束双方的劳动权利和义务关系。对于企业劳动合同的解除，多数国家都有自己的立法规定，并有各自严格的限制条件和程序。

我国劳动合同的解除分为法定解除和协商解除两种。法定解除是指用人单位或者劳动者根据发生法律法规或劳动合同规定的情况，提前终止劳动合同的法律效力，可具体分为即时解除（用人单位的即时解雇、员工即时辞职）和预告解除（用人单位的预告解雇、员工预告解除）两种方式。

当事人中的一方因某种原因，可以随时提出解除劳动合同，经过双方协商同意提前终止劳动合同的法律效力。双方当事人应按照要约、承诺的程序，签订劳动合同解除的书面协议。劳动者主动提出解除劳动合同的，没有经济补偿金；用人单位主动提出解除的，需要给予劳动者经济补偿。

1.劳动者提出解除劳动合同

（1）员工的即时辞职。

以下情形下劳动者可即时辞职：①用人单位未按照合同约定提供劳动保护或者劳动条件的；②用人单位未及时足额支付劳动报酬的；③用人单位未依法为劳动者缴纳社会保险费的；④用人单位的规章制度违反法律法规的规定，损害劳动者权益的；⑤用人单位以欺诈、胁迫的手段或者乘人之危，使劳动者在违背真实意思的情况下订立或者变更劳动合同的；⑥用人单位在劳动合同中免除自己的法定责任、排除劳动者权利的；⑦用人单位违反法律、行政法规强制性规定的；⑧用人单位以暴力、威胁或者非法限制人身自由的手段强迫劳动者劳动的；⑨用人单位违章指挥、强令冒险作业危及劳动者人身安全的；⑩法律、行政法规规定劳动者可以解除劳动合同的其他情形。

（2）员工预告辞职。

以下情形下劳动者可预告辞职：①在合同期内，员工可以提前30日以书面形式通知用人单位无理由辞职；②在试用期内，员工可以提前3日通知用人单位无理由辞职。

劳动者提出解除劳动合同的流程如图12-2所示。

2.用人单位提出解除劳动合同

（1）用人单位的即时解雇（"过失性解除"）。

以下情形下用人单位可即时解雇：①试用不合格，即在试用期间被证明不符合录用条件的；②严重违纪，即严重违反劳动纪律或企业规章制度的；③给企业造成损害，即严重失职，营私舞弊，对企业利益造成重大损害的；④承担刑事责任，即被依法追究刑事责任的。

（2）用人单位的预告解雇（"非过失性解除"）。

以下情形下用人单位可预告解雇：①医疗期满解除。劳动者患病或者非因工负伤，在规定的医疗期满后不能从事原工作，也不能从事由用人单位另行安排的工作的。②不能胜任解除。劳动者不能胜任工作，经过培训或者调整工作岗位，仍不能胜任工作的。③客观情况变化解除。劳动合同订立时所依据的客观情况发生重大变化，致使原劳动合同无法履行，经当事人协商不能就劳动合同变更达成协议的。

劳动者	人力资源部	人力资源部经理	最高决策层	财务部门	常用表单
提出解除劳动关系要求，递交离职申请	与劳动者沟通、协商				离职申请表
	确定劳动者是否离职				离职面谈表
继续履行劳动合同（N）	相关资料准备	审核	审批		员工辞职审批表
工作交接	办理相关手续，社保清算，个人档案转移			财务款项交割	公司物品交接表
正式离职	所有材料归档、备案			工资福利结算	解除劳动合同证明书

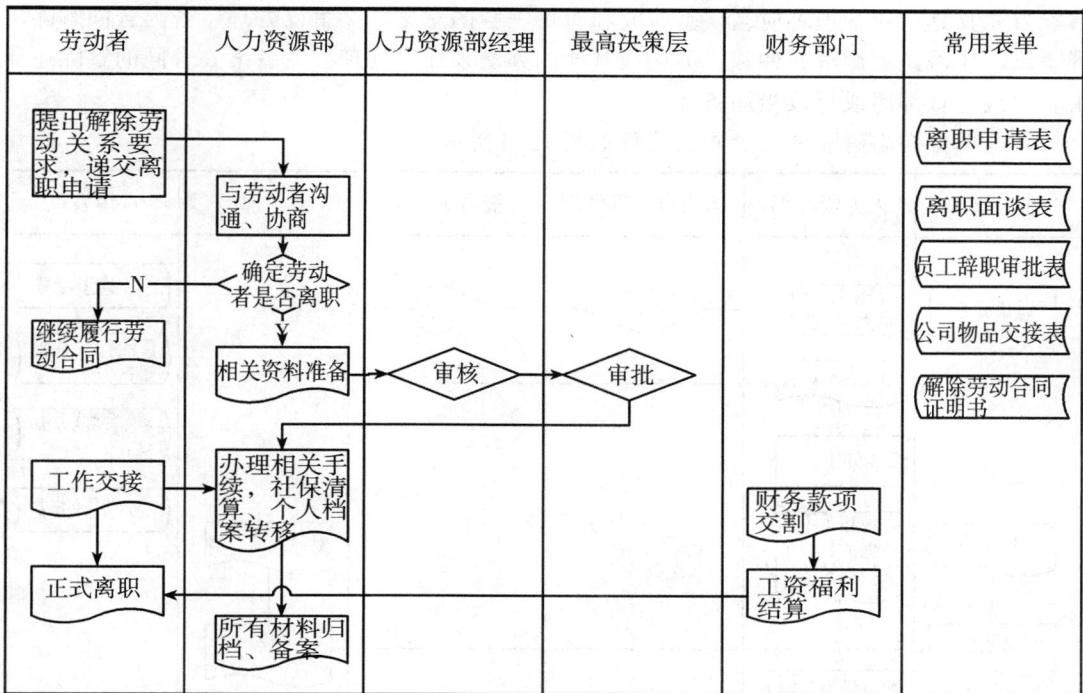

图12-2 劳动者提出解除劳动合同的流程

（3）经济性裁减人员。

以上三种情形用人单位既可以提前30日以书面形式通知劳动者本人，也可以额外支付劳动者1个月工资，然后解除劳动合同。

（4）预告解除的禁止条件。

劳动者有下列情形之一的，用人单位不得依照预告解除的规定解除劳动合同：①从事接触职业病危害作业的劳动者未进行离岗前职业病健康检查，或者疑似职业病病人在诊断或者医学观察期间的；②在本单位患职业病或者因工负伤并被确认丧失或者部分丧失劳动能力的；③患病或者非因工负伤，在规定的医疗期内的；④女职工在孕期、产期、哺乳期的；⑤在本单位连续工作满15年，且距法定退休年龄不足5年的；⑥法律、行政法规规定的其他情形。

关于企业劳动合同解除的程序，一般包括以下几项：

第一，合同解除的前置环节。很多国家的劳动立法规定，企业管理者在向劳动者发出解除合同关系以前，要经过一些必要的环节。这些环节主要有：①对劳动者进行批评教育、纪律处分或解除警告等；②征求工会或有关职工的意见；③向主管部门或行政当局报告并经批准。

第二，签订合同解除的协议或发出合同解除的通知。合同的解除一般要由双方当事人就解除的日期和法律后果等依法签订书面协议；一方决定的解除也要由决定方向对方发出书面通知。

第三，合同解除的后置环节。合同当事人就合同解除签订协议或发出通知后，依法还要经过以下的特定环节：①工会出面。工会有权对有关合同的解除发表自己的意见，合同解除方尤其是企业管理者应当认真研究和对待工会的意见。②争议处理。若因合同解除出现争议，还需经过调解、仲裁、诉讼或其他的办法来加以处理。③备案。合同的解除还要由企业报主管部门或行政当局备案。

用人单位提出解除劳动合同的流程如图12-3所示。

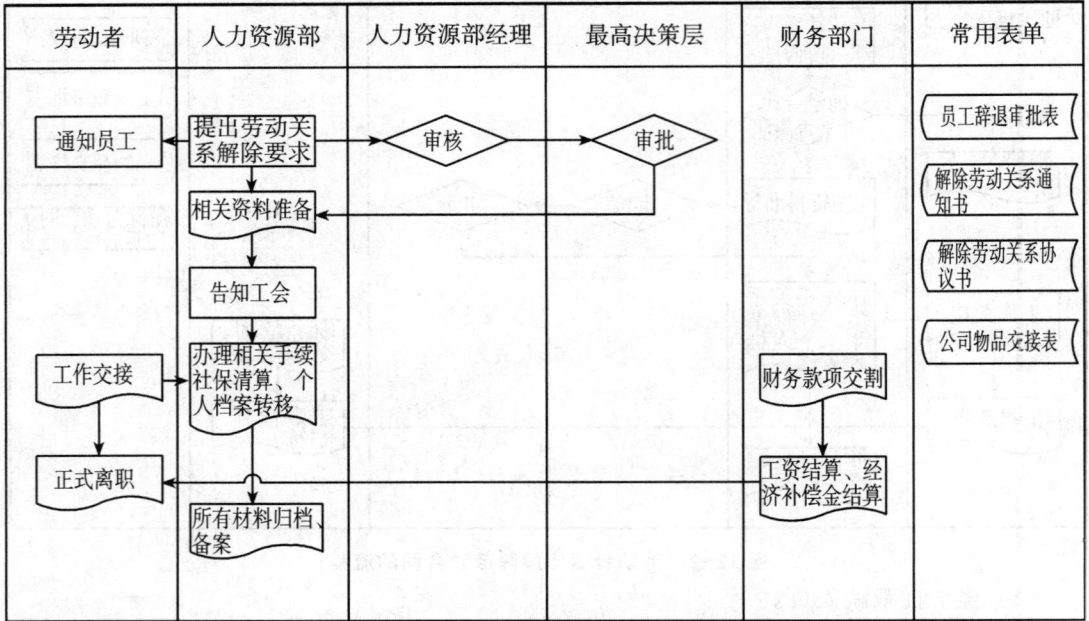

劳动者	人力资源部	人力资源部经理	最高决策层	财务部门	常用表单
通知员工	提出劳动关系解除要求	审核	审批		员工辞退审批表
	相关资料准备				解除劳动关系通知书
	告知工会				解除劳动关系协议书
工作交接	办理相关手续社保清算、个人档案转移			财务款项交割	公司物品交接表
正式离职				工资结算、经济补偿金结算	
	所有材料归档、备案				

图12-3　用人单位提出解除劳动合同的流程

3.劳动合同解除的相关法律问题

（1）经济赔偿金问题。

我国《劳动合同法》规定，用人单位自用工之日起超过1个月不满1年未与劳动者订立书面劳动合同的，应当向劳动者每月支付2倍的工资；违反规定不与劳动者订立无固定期限劳动合同的，自应当订立无固定期限劳动合同之日起向劳动者每月支付2倍的工资。

（2）经济补偿金问题。

有下列情况之一，解除劳动合同的，劳动者可以得到经济补偿金：

由用人单位提出解除劳动合同，并符合如下条件之一的：经双方协商同意解除劳动合同的；劳动者患病或者非因工负伤，医疗期满后，不能从事原工作也不能从事由用人单位另行安排的工作的；劳动者不能胜任工作，经过培训或者调整工作岗位仍不能胜任工作的；劳动合同订立时所依据的客观情况发生重大变化，致使原劳动合同无法履行，经当事人协商不能就变更劳动合同达成协议的；用人单位濒临破产进行法定整顿期间，或者生产经营状况发生严重困难需要裁减人员的。

由劳动者提出解除劳动合同，并符合如下条件之一的：用人单位以暴力、威胁或者非法限制人身自由的手段强迫劳动的；用人单位未按照劳动合同的约定支付劳动报酬或者提供劳动条件的；法律法规规定的其他情形。

经济补偿按劳动者在本单位工作的年限，每满1年支付1个月工资的标准向劳动者支付。6个月以上不满1年的，按1年计算；不满6个月的，向劳动者支付半个月工资的经济补偿。劳动者月工资高于用人单位所在直辖市、设区的市级人民政府公布的本地区上年度职工月平均工资3倍的，向其支付经济补偿的标准按职工月平均工资3倍的数额支付，向其支付经济补偿的年限最高不超过12年（这里的月工资是指劳动者在劳动合同解除或者终止前12个月的平均工资）。

（五）劳动合同的终止

企业劳动合同的终止，是指企业劳动合同法律效力的终止，也就是双方当事人之间劳动关系的终结，彼此之间原有的权利和义务关系不复存在。企业劳动合同的终止有广义和狭义之分。狭义的企业劳动合同的终止，是指双方当事人已经履行完毕合同约定的所有权利和义务，或其他法律事实的出现而使双方当事人劳动关系不复存在，且任何一方均没有提出继续保持劳动关系的请求，合同就此终止了法律效力。广义的企业劳动合同的终止，不仅包括狭义的企业劳动合同的终止，而且还包括劳动合同的解除。这里分析的主要是狭义的劳动合同的终止。

1.劳动合同终止的条件

（1）合同期限已满。企业劳动合同在合同约定的期限届满后，除非双方依法续订或依法延期，否则合同即行终止。

（2）合同目的已经实现。以完成一定的工作为期的企业劳动合同在其约定工作完成以后，或其他类型的企业劳动合同在其约定的条款全部履行完毕以后，合同因目的的实现而自然终止。

（3）合同约定的终止条件出现。企业劳动合同约定的终止条件出现以后，企业劳动合同就此终止。

（4）当事人死亡。劳动者一方死亡，合同即行终止；雇主一方死亡，合同可以终止，也可以因继承人的继承或转让第三方而使合同继续存在，这要依实际情况而定。

（5）劳动者退休。劳动者因达到退休年龄或丧失劳动能力而办理离退休手续后，合同即行终止。

（6）企业不复存在。因依法宣告破产、解散、关闭或兼并后，原有企业不复存在，其合同也告终止。

劳动合同的终止流程如图12-4所示。

2.劳动合同终止的常见法律问题

需要指出的是，在企业劳动合同的终止中，经常会出现一些问题，应该给予重视或正确处理。

（1）管理者或劳动者一方在合同期限届满时，强迫对方续订合同。企业劳动合同期满即行终止，不存在任何附带条件。确实因生产或工作的需要，可以续订合同，但必须征得双方当事人的同意；任何一方无权强迫另一方续订合同，否则，所续订的合同是无效的，续订行为本身也是违法的。在实践中，多数情况下是企业管理者强迫劳动者续订合同。

企业管理者强迫劳动者续订合同一般出于这样的原因：劳动者是企业的生产和技术骨干，或者企业曾为劳动者的培训支付了大量的费用等，劳动者离开企业，会给企业带来较

劳动者	人力资源部	人力资源部经理	法定代表人	财务部门	常用表单
	出现劳动终止条件				终止劳动关系协议书
	发出劳动终止信息				
劳动者确认	相关资料准备 → 审核		审批		
交接工作	办理相关手续			财务款项交割	
正式离职				工资结算	
	所有材料归档备案				

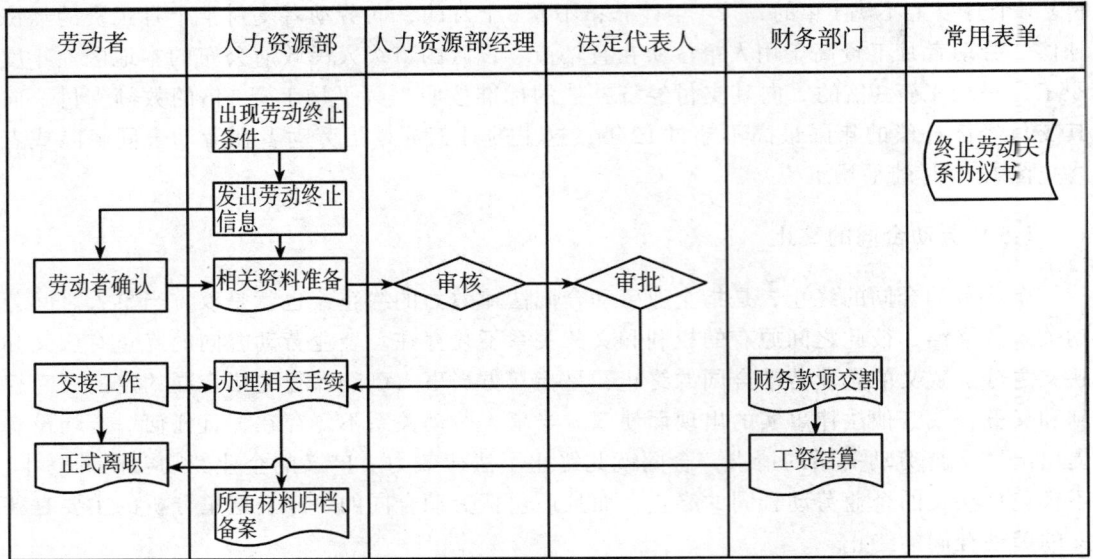

图 12-4　劳动合同的终止流程

大的损失。对于这类问题的处理，一般的方法是，企业管理者应与劳动者签订较长期限（如10年以上）的合同或不定期合同，并规定一方违约要向另一方赔偿相应的经济损失。这样做是为了尽量减少企业的损失。

（2）合同到期后，双方当事人既不办理续订合同手续，也不终止合同，继续保持事实上的劳动关系。这种情况的出现，往往是源于双方当事人或一方当事人的法律意识淡薄。保持事实上的劳动关系，往往会给双方当事人的权益带来损害，因为事实上的劳动关系得不到法律的保护；尤其是劳动者权益更容易受到侵害，因为劳动者一方在劳动关系当中始终处于相对弱者的地位。为避免这种情况的出现，要对企业管理者和劳动者加强合同法律意识的宣传和教育，敦促双方当事人要在合同期限届满时，及时办理续订手续或终止合同。

（3）双方当事人办理续订手续不合法或不完备。合同期限届满后，双方当事人若不终止合同，就要办理续订手续。实践当中，续订手续的办理经常会出现这样的情况：企业管理者不与劳动者协商，不经劳动者签字，而是由他人代为办理。管理者通过这种方式续订的合同不具有法律效力，对企业会祸害无穷。劳动方一方一旦不承认续订合同的有效性，或采取不辞而别的行为，企业的损失无从追究。因此，为避免此类事件的发生，双方当事人在续订企业劳动合同时，一定要按有关规定，办理有关手续，以防止任何一方的权益受到损害。

劳动合同终止通常涉及终止（解除）劳动合同通知书、员工辞退审批表、员工离职申请表、员工离职交接单、员工解除劳动合同声明、员工离职证明书，如表12-3至表12-8所示。

表12-3　　　　　　　　　　　　**终止（解除）劳动合同通知书**

终止（解除）劳动合同通知书

　　____同志于____年____月____日到本单位工作，从事____工作，最近一期劳动合同自____年____月____日至____年____月____日。现因____，依据《劳动合同法》第____条第____款之规定，经研究，决定从____年____月____日与____同志终止（解除）劳动合同。

（单位名称）

____年____月____日

表12-4　　　　　　　　　　　　**员工辞退审批表**

填表日期：

姓名		性别		
部门		职务		
加入公司时间	年　　月　　日	辞退时间		年　　月　　日
辞退原因	工作过失详述：（部门经理或主管领导填写）			
部门意见				
人力资源部意见	离职面谈情况说明：			
总经理审批				

表12-5　　　　　　　　　　　　**员工离职申请表**

填表时间：

姓名		部门	
岗位		联系电话	
到职时间		计划离职时间	
确定离职时间			
辞职原因			
部门主管意见			
人力资源主管意见			
总经理意见			

表 12-6   **员工离职交接单**

移交日期：

姓名		部门		岗位	
移交项目	移交内容		经办部门	经办人签字	日期
工作移交					
资料、文件交接					
设备、仪器、工具交接					
办公用品交接					
宿舍用品交接					
图书、光盘资料归还					

表 12-7   **员工解除劳动合同声明**

_____公司

本人已与原工作单位解除劳动关系，因故无法开具与其解除劳动合同之相关证明。如发生与原工作单位的劳动纠纷，与_____公司无关。

签名：

年   月   日

表 12-8   **员工离职证明书**

填写日期

姓名		出生日期		性别		籍贯	
工作单位				职称			
到职日期				离职日期			
社保卡号							
离职原因				备注			

单位盖章   日期

3.劳动合同终止的后续管理

（1）汇总员工离职信息，包括姓名、职位类别、部门、岗位、学历、司龄、考核等级、辞职具体原因、原因归类等情况。

（2）分析员工离职情况。调查离职员工流失率与职种/专业、在公司服务年限与年龄、职务级别、学历、离职原因等情况，比较当期与上期或去年同期员工流失率变动情况，分析具体原因。

（3）组织离职面谈。针对流失率高的部门或主动离职员工安排离职面谈，了解离职者离职的真实原因，重点了解离职员工家庭情况、培训、职业晋升、薪资福利、工作环境、工作时间等方面的具体诉求。

（4）组织部门面谈。了解部门现有管理方式、管理风格、工作环境等方面情况，以及部门现阶段亟待解决的问题。

（5）撰写离职情况调研报告。对员工具体离职原因进行归类统计分析比较，反馈员工的离职情况，参考部门汇总意见，针对性地提出解决方案。

员工离职调查表、年度员工离职情况分析表见表12-9、表12-10。

表12-9　　　　　　　　　　　　　　　　**员工离职调查表**

职工编号：　　　　　　　　　　　　　　　　　　　　　　　　　　填表日期：

姓名		单位		学历		职务	
到职日期		合同到期日			预计离职日		

离职种类：□辞职　　　□辞退　　　□合同到期

1.您离职的原因：

□薪资偏低	□福利不佳	□晋升机会少	□工作环境不佳	□工作时间长
□无法适应倒班	□人际关系差	□上学进修	□健康因素	□无法调转人事关系
□家庭因素	□交通不便	□其他＿＿＿＿＿＿＿＿＿＿＿＿＿＿＿		

2.您对目前所在部门建议：

3.您对公司建议：

面谈记录：

　　　　　　　　　　　　　　　　　　　　　　　　　面谈人：

员工签字　　　　　　　　　　　　人力资源部门签字
日期　　　　　　　　　　　　　　日期

表12-10　　　　　　　　　　　　　**年度员工离职情况分析表**

部门	姓名	性别	年龄	学历	职位	本单位工作时间	离职时间	离职原因	备注

离职原因分析：

第二节　集体合同管理

一、集体合同的定义

集体合同是用人单位与本单位职工根据法律、法规、规章的规定，就劳动报酬、工作时间、休息、休假、劳动安全卫生、职业培训、保险福利等事项，通过集体协商签订的书面协议；专项集体合同，是指用人单位与本单位职工根据法律、法规、规章的规定，就集体协商的某项内容签订的专项书面协议。

集体合同是一种特殊的合同，具有以下特点：

（一）主体上的代表性

集体合同是用人单位与职工群体之间达成的协议。一方主体是用人单位（或雇主联合体），即劳动力的使用者。另一方是单位的全体劳动者，由工会作为其代表；没有工会组织的，由劳动者选举的代表作为全体劳动者的代表，不能由劳动者个人或其他团体作为代表签订集体合同。因此，就集体合同的主体而言，区分集体合同的主体与签约主体是比较合理的，集体合同的主体是全体劳动者，而签约主体是工会。

（二）内容上的整体性

集体合同确定用人单位与劳动者整体上的劳动关系，建立的是团体劳动法律关系。集体合同对劳动条件、各项劳动标准、集体争议处理等事项进行规定，关系到用人单位和全体劳动者整体性的劳动权利和劳动义务问题。集体合同对签订集体合同的用人单位与全体劳动者都具有法律效力。

（三）效力上的权威性

集体合同是在劳动基准法的基础上，就用人单位与劳动者之间权利义务的整体内容所达成的协议，因此，集体合同效力高于劳动合同，劳动合同中关于劳动条件和劳动标准的规定不得低于集体合同的规定，并且集体合同所定的劳动条件具有代替和补充劳动合同有关劳动条件约定的效力。

（四）责任上的不同性

集体合同双方当事人在合同关系中都有履行义务的职责，但承担责任的性质不同。集体合同规定由当事人单位承担的义务具有结果性质，若不履行义务，就要承担法律责任；而职工个人或部分职工不按合同规定履行义务，工会或职工代表不承担法律责任。

二、集体合同的主要内容

集体合同的主要内容包括：①劳动报酬；②工作时间；③休息时间；④保险福利；⑤劳动安全与卫生；⑥合同期限；⑦变更、解除、终止集体合同的协商程序；⑧双方履行集体合同的权利和义务；⑨履行集体合同发生争议时协商处理的约定；⑩违反集体合同的责任；⑪双方认为应当协商约定的其他内容。

三、集体合同的法律规范

（一）集体合同订立程序

1.集体合同谈判的提议

集体谈判由一方提出后，另一方应当在收到集体协商要求之日起20日内以书面形式给以回应，无正当理由不得拒绝进行集体协商。

2.集体合同谈判的准备阶段

集体合同谈判经一方提出，双方协商确定具体谈判时间、地点后，便进入准备阶段。谈判准备一般包括人员准备和资料准备。人员准备主要指组建谈判双方的谈判代表。职工一方的协商代表由本单位工会选派。未建立工会的，由本单位职工民主推荐，并经本单位半数以上职工同意。用人单位一方的协商代表，由用人单位法定代表人指派。集体协商每方代表3~10名，双方人数对等，并各确定1名首席代表。工会一方首席代表不是工会主席的，应由工会主席书面委托。资料准备指各谈判小组为谈判而收集有关的资料、数据或信息。谈判双方有义务向对方提供与集体协商有关的情况或资料。

3.集体合同的正式谈判阶段

集体合同正式谈判阶段是对一方或双方提出的提案和要求进行反复讨论，是双方代表正式讨价还价、充分进行意思表示的阶段。在"平等、合作、协商一致"的原则下，充分讨论。

4.集体合同的签订

集体合同提案经过双方反复讨论、协商，达到双方都感到满意或能接受的程度，即达成集体合同。集体合同签订双方达成协议，形成集体合同草案，集体合同草案应当提交职工代表大会或者全体职工讨论通过，集体合同由双方的首席代表签字。集体合同订立后，应当报送劳动行政部门；劳动行政部门自收到集体合同文本之日起15日内未提出异议的，集体合同即行生效。

（二）集体合同的变更、解除和终止

集体合同的变更是指对合同内容进行修改或补充。集体合同的解除是指合同一方或双方对合同效力的提前终止。在集体合同规定的期限内，合同双方当事人可以对合同履行情况进行检查，对一些不适应形势发展、变化的条款，任何一方当事人均可提出变更的要求，另一方应给予答复，并在7日内双方进行协商，经协商一致可以进行变更。具体程序由集体合同约定。

集体合同期限届满或双方约定的终止条件出现，集体合同即行终止。根据双方当事人的意愿，可由双方代表进行新的集体协商，签订新的集体合同。

（三）集体合同劳动争议处理

用人单位违反集体合同，侵犯职工劳动权益的，工会可以依法要求用人单位承担责任；因履行集体合同发生争议，经协商解决不成的，工会可以依法申请仲裁、提起诉讼。

复习思考题

1. 如何理解劳动合同的必备条款和约定条款？
2. 劳动合同管理的主要程序是什么？
3. 如何理解劳动合同解除的不同情况？
4. 如何理解劳动合同解除的相关法律问题？
5. 集体合同的主要内容和法律规范是什么？

第十三章

劳动安全与劳动争议管理

学习目标

1.掌握劳动安全、劳动争议的主要内容
2.掌握劳动安全管理、劳动争议管理的主要程序
3.熟悉劳动安全管理、劳动争议管理的法律要求

引导案例

源自服务期滥用的企业劳动争议

钟某于2014年3月入职某中介服务公司，双方订立了为期3年的劳动合同，约定钟某从事咨询师工作。入职后，中介服务公司对钟某进行了为期一周的岗前培训，双方签署了一份服务期协议，其中注明中介服务公司对钟某进行了专业培训，花费培训费2万元，钟某须为公司服务满5年后方可离职。工作满2年后，钟某因个人原因辞职，中介服务公司以钟某未满服务期为由要求钟某支付违约金，并从其最后2个月工资中扣除了违约金12 000元。钟某不服，遂向仲裁委申请仲裁，要求中介服务公司予以返还。

仲裁委审理后认为，中介服务公司对钟某进行的培训并非专业技术培训，而是上岗前就公司的业务概况、开展业务的工作技巧、开展业务的注意事项等进行了必要的岗前培训，且没有证据证明真实发生了2万元的培训费用，故裁决支持了钟某的仲裁请求。

资料来源　佚名.服务期协议勿滥用，专项培训有要求 [EB/OL]. [2017-08-03]. http://www.sohu.com/a/162050392_718641.

第一节　劳动安全卫生保护

劳动安全卫生权是劳动者在劳动过程中保障自己人身安全和健康，并且获得安全、舒适、体面的工作环境，生理和心理上得到全面、充分的尊重和保护的权利。

一、职业安全卫生预算编制程序

（1）企业最高决策部门决定企业劳动安全卫生管理的总体目标和任务，并提前下达到中层和基层单位；

（2）劳动安全卫生管理职能部门根据企业总体目标的要求制定具体目标，提出本单位的自编预算；

（3）自编预算在部门内部协调平衡，上报企业预算委员会；

（4）企业预算委员会经过审核、协调平衡，汇总成企业全面预算，在预算期前下达相关部门执行；

（5）编制费用预算；

（6）编制直接人工预算。

二、工伤管理

（一）工伤事故分类

工伤事故的划分主要包括以下几个方面：①按伤害而致休息的时间长度划分（轻伤、重伤、死亡）；②根据致残后丧失劳动能力程度和护理依赖程度划分（划分为10个等级：一至四级为全部丧失劳动能力，五至六级为大部分丧失劳动能力，七至十级为部分丧失劳动能力）；③按事故类别划分（物体打击、电击等20个）；④按工伤因素划分（受伤部位、起因物、伤害方式等）；⑤职业病（职业中毒、尘肺、物理因素职业病、职业性传染病、职业性皮肤病、职业性肿瘤、其他职业病）。

（二）工伤认定情形

下列情况直接认定为工伤：①在工作时间和工作场所内，因工作原因受到事故伤害的；②工作时间前后在工作场所内，从事与工作有关的预备性或者收尾性工作受到事故伤害的；③在工作时间和场所内，因履行工作职责受到暴力等意外伤害的；④患职业病的；⑤因工外出期间，由于工作原因受到伤害或者发生事故下落不明的；⑥在上下班途中，受到机动车事故伤害的；⑦法律、行政法规规定应当认定为工伤的其他情形。

劳动者有以下情形之一的，视同工伤：①在工作时间和工作岗位，突发疾病死亡或者在48小时之内经抢救无效死亡的；②在抢险救灾等维护国家利益、公共利益活动中受到伤害的；③职工原在军队服役，因战、因公负伤致残，已取得革命伤残军人证，到用人单位后旧伤复发的。

（三）工伤认定程序

职工发生事故伤害或者按照职业病防治法规定被诊断、鉴定为职业病，所在单位应当自事故伤害发生之日或者被诊断、鉴定为职业病之日起30日内，向统筹地区社会保险行政部门提出工伤认定申请。遇有特殊情况，经报社会保险行政部门同意，申请时限可以适当延长。

工伤认定的主要程序如图13-1所示。

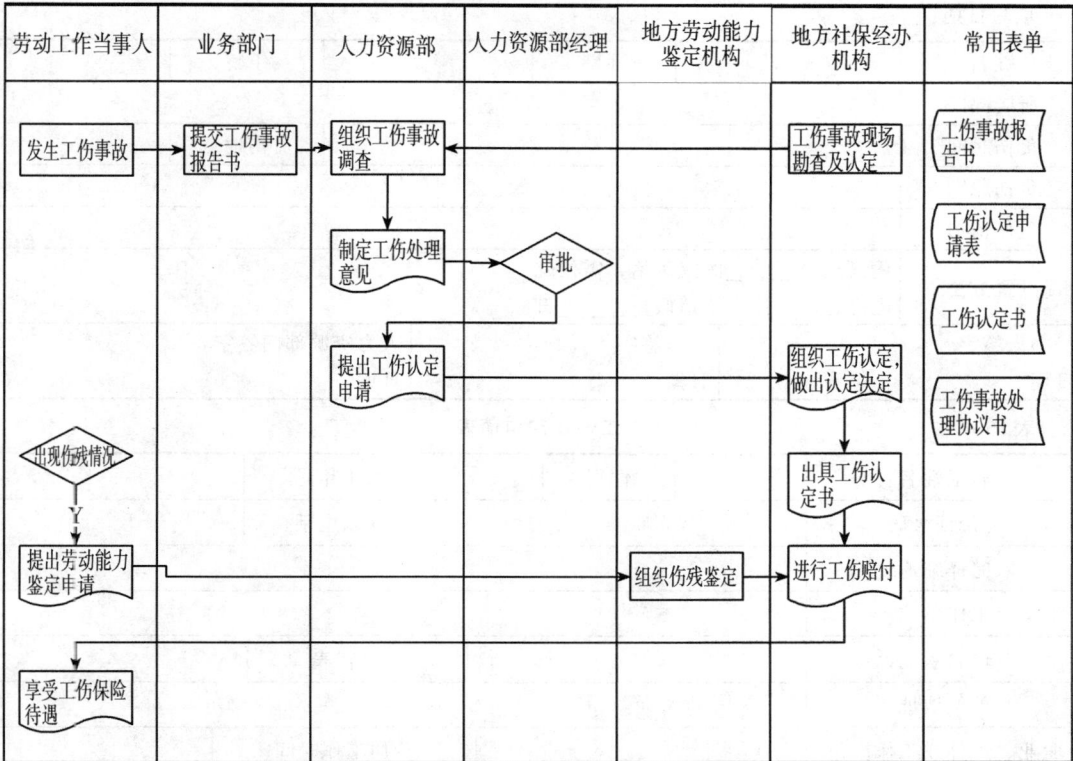

劳动工作当事人	业务部门	人力资源部	人力资源部经理	地方劳动能力鉴定机构	地方社保经办机构	常用表单
发生工伤事故	提交工伤事故报告书	组织工伤事故调查			工伤事故现场勘查及认定	工伤事故报告书
		制定工伤处理意见 → 审批				工伤认定申请表
		提出工伤认定申请			组织工伤认定，做出认定决定	工伤认定书
					出具工伤认定书	工伤事故处理协议书
出现伤残情况 Y						
提出劳动能力鉴定申请				组织伤残鉴定	进行工伤赔付	
享受工伤保险待遇						

图13-1　工伤认定的主要程序

提出工伤认定申请应提交下列材料：

（1）劳动、聘用合同文本复印件或者与用人单位存在劳动关系（包括事实劳动关系）、人事关系的其他证明材料；

（2）医疗机构出具的受伤后诊断证明书或者职业病诊断证明书（或者职业病诊断鉴定书）。

工伤认定申请人提交的申请材料符合要求，属于社会保险行政部门管辖范围且在受理时限内的，社会保险行政部门应当受理。

社会保险行政部门收到工伤认定申请后，应当在15日内对申请人提交的材料进行审核，材料完整的，做出受理或者不予受理的决定；材料不完整的，应当以书面形式一次性告知申请人需要补齐的全部材料。社会保险行政部门收到申请人提交的全部补齐材料后，应当在15日内做出受理或者不予受理的决定。社会保险行政部门决定受理的，应当出具"工伤认定申请受理决定书"；决定不予受理的，应当出具"工伤认定申请不予受理决定书"。

涉及工伤认定的，通常用到工伤报告单、工伤认定申请表，如表13-1、表13-2所示。

表 13-1 　　　　　　　　　　　　　　　**工伤报告单**

填写日期：

姓名		性别		年龄	
所属部门					
负伤时间				负伤地点	
负伤原因					
负伤情形					
处置方法	□已送_____医院医治，需住院 □已送医，按准予请假_____日				
经办人签字 日期		部门签字 日期		人力资源部门签字 日期	

表 13-2 　　　　　　　　　　　　　　　**工伤认定申请表**

职工姓名		性别		出生年月	
身份证号码				联系电话	
家庭详细地址					
工作单位					
单位联系电话				法人代表	
单位地址					
职业、工种或工作岗位				参加工作时间	
申请事项	□认定工伤 □认定非工伤			事故时间	
事故发生地点				事故见证人	
伤害部位或疾病 名称				职业病名称	
诊断时间		接触职业病危害时间		接触职业病 危害岗位	

受伤害经过简述（可附页）：

受伤害职工或亲属意见：

用人单位意见：

社会保障行政部门审查资料情况：

（四）工伤保险待遇

1.工伤医疗期待遇

对治疗工伤所需费用符合工伤保险诊疗项目目录、工伤保险药品目录、工伤保险住院服务标准的，从工伤保险基金支付。职工在停工留薪期内，由所在单位支付工资福利待遇、工伤津贴、住院伙食补助费、生活护理费。

（1）医疗待遇：报销有效医疗费用和必要的护理费用。

（2）工伤津贴：停工留薪期内，原工资福利待遇不变。

2.工伤致残待遇

根据职工工伤与职业病致残程度鉴定标准，由工伤保险基金按伤残等级支付一次性伤残补助金、按月支付伤残津贴。

（1）因工伤致残被鉴定为一至四级。保留劳动关系，退出工作岗位，享受以下待遇：

①从工伤保险基金按伤残等级支付一次性伤残补助金，标准为：一级伤残为27个月的本人工资，二级伤残为25个月的本人工资，三级伤残为23个月的本人工资，四级伤残为21个月的本人工资。

②从工伤保险基金按月支付伤残津贴，标准为：一级伤残为本人工资的90%，二级伤残为本人工资的85%，三级伤残为本人工资的80%，四级伤残为本人工资的75%。伤残津贴实际金额低于当地最低工资标准的，由工伤保险基金补足差额。

③工伤职工达到退休年龄并办理退休手续后，停发伤残津贴，按照国家有关规定享受基本养老保险待遇。基本养老保险待遇低于伤残津贴的，由工伤保险基金补足差额。

职工因工致残被鉴定为一至四级伤残的，由用人单位和职工个人以伤残津贴为基数，缴纳基本医疗保险费。

（2）因工伤致残被鉴定为五至六级。

①从工伤保险基金按伤残等级支付一次性伤残补助金，标准为：五级伤残为18个月的本人工资，六级伤残为16个月的本人工资。

②保留与用人单位的劳动关系，由用人单位安排适当工作。难以安排工作的，由用人单位按月发给伤残津贴，标准为：五级伤残为本人工资的70%，六级伤残为本人工资的60%，并由用人单位按照规定为其缴纳应缴纳的各项社会保险费。伤残津贴实际金额低于当地最低工资标准的，由用人单位补足差额。

经工伤职工本人提出，该职工可以与用人单位解除或者终止劳动关系，由工伤保险基金支付一次性工伤医疗补助金，由用人单位支付一次性伤残就业补助金。一次性工伤医疗补助金和一次性伤残就业补助金的具体标准由省、自治区、直辖市人民政府规定。

（3）因工伤致残被鉴定为七至十级。

①从工伤保险基金按伤残等级支付一次性伤残补助金，标准为：七级伤残为13个月的本人工资，八级伤残为11个月的本人工资，九级伤残为9个月的本人工资，十级伤残为7个月的本人工资。

②劳动、聘用合同期满终止，或者职工本人提出解除劳动、聘用合同的，由工伤保险基金支付一次性工伤医疗补助金，由用人单位支付一次性伤残就业补助金。一次性工伤医疗补助金和一次性伤残就业补助金的具体标准由省、自治区、直辖市人民政府规定。

（4）因工死亡。其近亲属按照下列规定从工伤保险基金领取丧葬补助金、供养亲属抚恤金和一次性工亡补助金：

①丧葬补助金为6个月的统筹地区上年度职工月平均工资。

②供养亲属抚恤金按照职工本人工资的一定比例发给由因工死亡职工生前提供主要生活来源、无劳动能力的亲属。标准为：配偶每月40%，其他亲属每人每月30%，孤寡老人或者孤儿每人每月在上述标准的基础上增加10%。核定的各供养亲属的抚恤金之和不应高于因工死亡职工生前的工资。供养亲属的具体范围由国务院社会保险行政部门规定。

③一次性工亡补助金标准为上一年度全国城镇居民人均可支配收入的20倍。

第二节　劳动争议处理

一、劳动争议处理概述

企业劳动争议，又称企业劳动纠纷，或称企业劳资争议和企业劳资纠纷，是指企业劳动关系双方主体及其代表之间在实现劳动权利和履行劳动义务等方面产生的争议或纠纷。企业劳动争议就其本质来说主要是双方主体围绕经济利益产生的权利和义务的矛盾和争议。

（一）劳动争议的特点

1.有特定的争议当事人

争议当事人是也只能是企业劳动关系双方主体，即一方是企业管理者及其代表，另一方是企业劳动者及其代表。只要也只有劳动者及其代表与企业管理者及其代表之间通过集体合同或劳动合同建立了劳动关系，他们才可能成为企业劳动争议的双方当事人。只有发生在企业劳动关系双方主体之间的争议，才是企业劳动争议。若争议不是发生在企业劳动关系双方主体之间，即使争议是围绕企业劳动问题展开的，也不属于企业劳动争议。

2.有特定的争议内容

企业劳动争议包括10个方面的问题（见下文劳动争议的内容）。这些问题是企业劳动关系双方当事人围绕经济利益而发生的劳动权利和劳动义务的矛盾和争议。显然，只有围绕经济利益而发生的劳动权利和劳动义务的争议，才是企业劳动争议。

3.有特定的争议手段

争议手段是指争议双方当事人坚持自己主张和要求的外在表达方式。

（二）劳动争议的内容

企业劳动关系双方主体围绕经济利益产生的权利和义务的矛盾和争议有多方面的表现和问题，这便构成了企业劳动争议的基本内容，具体包括：

（1）涉及工资、津贴和奖金等问题而发生的争议；

（2）涉及集体合同的执行、撤销和重新谈判等问题而发生的争议，这也是与劳动相关的企业管理问题；

（3）涉及劳动合同的执行、撤销、变更和终止等问题而发生的争议，这也是与劳动相关的企业管理问题；

（4）涉及工人的录用、辞退、辞职和工作变动等问题而发生的争议，这也是与劳动相关的企业管理问题；

（5）有关工会的成立、运作、管理和代表权等问题而发生的争议；

（6）有关工作安全和劳动卫生等问题而发生的争议；

（7）有关工作时间和休息、休假等问题而发生的争议；

（8）有关就业培训和职业训练等方面问题而发生的争议；

（9）有关劳动保险、劳动权益及女职工、未成年劳工特殊保护等方面问题而发生的争议；

（10）有关社会宏观因素和企业外部环境如通货膨胀、失业、社会保障、外国投资、政治因素和税率等问题而发生的争议。

（三）劳动争议的分类

1.企业个别争议和企业集体争议

企业劳动争议按照劳动者一方争议当事人的多寡可以分成企业个别争议和企业集体争议两种。企业个别争议，是指企业个别劳动者与企业管理者之间发生的具有独特内容的劳动争议。企业集体争议，又叫企业团体争议，是指一方为规定的多数人或某一团体并有共同争议内容和争议请求的劳动者与另一方为企业管理者之间发生的劳动争议。需要指出的是，企业劳动者因与企业管理者签订和履行集体合同而发生的团体劳动争议也属于集体争议的范畴。企业个别争议和集体争议的区别见表13-3。

表13-3　　　　　　　　　　　　　　企业个别争议和集体争议的区别

企业个别争议	企业集体争议
（1）劳动者一方的争议当事人人数未达到集体争议当事人人数的法定要求	（1）劳动者一方的争议当事人人数必须达到法定的要求
（2）争议内容只是关于个别劳动关系、劳动问题的，而不是关于一类劳动关系、劳动问题或集体合同的	（2）争议的内容是共同的
（3）对于争议的处理，劳动者一方的争议当事人只能自己参加，而不能由别人代表。劳动者一方的争议当事人为两人时，其中一人不能做另一人的代表	（3）对于争议的处理，劳动者一方可由选举的代表或工会出面参加。争议处理的结果，只对参与争议的劳动者有效

2.企业既定权利争议和企业待定权利争议

按照争议的内容性质不同，可将企业劳动争议具体划分为企业既定权利争议和企业待定权利争议。企业既定权利争议，是指企业劳动关系双方主体及其代表对既定权利和义务的实现和履行产生的争议。企业待定权利争议，是指企业劳动关系双方主体及其代表在确定彼此的权利和义务关系时产生的分歧和争议。

3.国内企业争议与涉外企业争议

企业劳动争议按照争议当事人的国籍所属不同，可以划分为国内企业争议与涉外企业争议。

国内企业争议，是指具有本国国籍的劳动者与本国企业管理者之间的劳动争议。需要指出的是，在中国，外商投资企业中的中外合资经营企业和中外合作经营企业属于中国企业。

涉外企业争议，是指当事人一方或双方具有外国国籍或无国籍的企业劳动争议。它包括本国企业管理者与外籍员工之间、外籍雇主与本国员工之间以及外籍雇主与外籍员工之间的劳动争议。

（四）劳动争议处理的原则

1.调解原则

调解原则是指调解这种手段贯穿于企业劳动争议第三方参与处理的全过程。不光企业调解委员会在处理企业劳动争议中的全部工作是调解工作，而且仲裁委员会和法院在处理企业劳动争议中也要先行调解，调解不成，才会进行裁决或判决。

2.合法原则

合法原则是指企业劳动争议的处理机构在处理争议案件时要以法律为准绳，并遵循有关法定程序。

3.公平平等原则

公平平等原则是指在企业劳动争议案件的处理过程中，应当公正、平等地对待双方当事人，处理程序和处理结果不得偏向任何一方。

4.及时处理原则

及时处理原则是指企业劳动争议的处理机构在处理争议案件时，要在法律和有关规定要求的事件范围内对案件进行受理、审理和结案，无论是调解、仲裁还是诉讼，都不得违背在时限方面的要求。

二、劳动争议处理的方法

劳动争议处理是一种劳动关系处于非正常状态，经劳动关系当事人的请求，由衣法建立的处理机构、调解机构、仲裁机构对劳动争议的事实和当事人的责任依法进行调查、协调和处理的程序性规范，是为保证劳动实体法的实现而制定的有关处理劳动争议的周解程序、仲裁程序和诉讼程序的规范。总体上看，劳动争议处理是对劳动关系的社会性周整。

劳动争议处理的主要程序如图13-2所示。

（一）劳动争议调解

劳动争议调解是最为常用的解决企业劳动关系冲突和减少工人罢工次数的办法，属于劳动关系当事人的一种自我管理形式，通过企业劳动争议调解委员会来执行。劳动争议调解具有群众性、自治性、非强制性特点。

作为处理企业劳动争议的基本办法或途径之一，调解不是指企业劳动争议进入仲裁或诉讼以后由仲裁委员会或法院所做的调解工作，而是指企业劳动争议调解委员会对企业劳动争议所做的调解活动。企业劳动争议调解委员会所做的调解活动主要是指，调解委员会在接受争议双方当事人调解申请后，首先要查清事实、明确责任，在此基础上根据有关法律和集体合同或劳动合同的规定，通过自己的说服、诱导，最终促使双方当事人在相互让步的前提下自愿达成解决劳动争议的协议。

具体来说，劳动争议调解的步骤包括：

1.调解申请

这是指企业劳动争议的双方当事人以口头或书面的形式向企业劳动争议调解委员会提出的调解请求。需要明确的是，调解申请是建立在争议双方当事人自愿的基础上的，双方当事人可以申请调解，也可以申请仲裁。企业劳动争议调解委员会只有在收到当事人的调

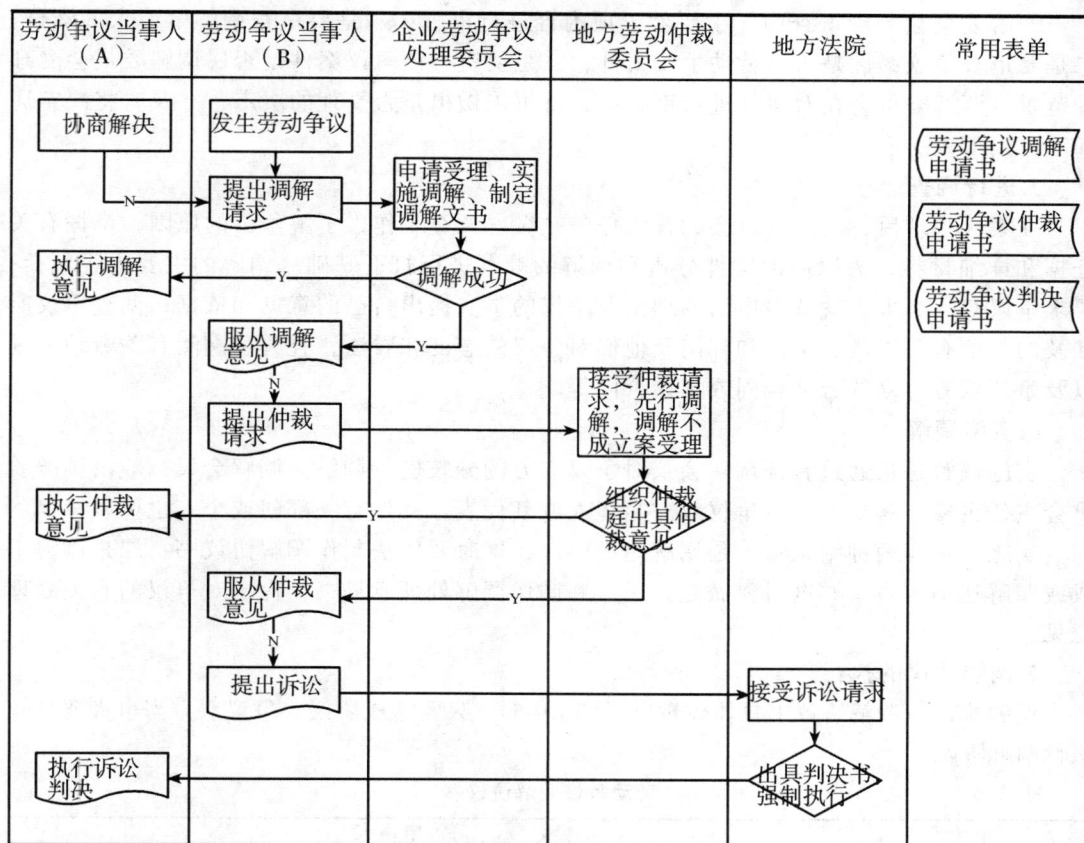

图13-2　劳动争议处理的主要程序

解申请后，才能受理并行使调解。劳动争议调解申请书见表13-4。

表13-4　　　　　　　　　　　　　　劳动争议调解申请书

申请人		被申请人	
单位		法定代表人	
委托代理人		委托代理人	
事由			
调解请求			
事实和理由			
	为此，向　　　　劳动争议调解委员会申请调解，请依法调解。		

申请人签名或盖章：　　　　　　　　　　　　　　　　　　　　　　　　年　　月　　日

2.案件受理

　　案件受理是指企业劳动争议调解委员会在收到调解申请后，经过审查，决定接受案件申请的过程。调解申请可以是双方当事人共同提出，也可以是一方提出，但必须在双方合意的情况下。

调解委员会受理审查中，主要就三项内容进行审查：一是要审查调解申请人的资格；二是要审查争议案件是否属劳动争议案件；三是要审查该争议案件是否属调解委员会受理的范围。调解委员会在对案件进行审查后，就可以做出是否受理的决定，并及时将决定通知双方当事人。

3.进行调查

在案件受理后，调解委员会的首要任务是做好调查工作，了解争议的原因，掌握有关证据和详细材料，为以后的案件分析和调解的顺利进行打下基础。调解的主要内容包括：要求争议双方当事人就调解申请的理由及争议的事实提出自己的意见和依据；调查争议所涉及的其他有关人员、单位和部门及他们对争议的态度和看法；查看和翻阅有关劳动法规以及争议双方订立的劳动合同或集体合同等。

4.实施调解

实施调解是指通过召开调解会议对争议双方的分歧进行调解。调解会议一般由调解委员会主任主持，参加人员是争议双方当事人或其代表，其他有关部门或个人也可以参加。

实施调解有两种结果：一是调解达成协议，这时要依法制作调解协议书。二是调解不成或调解达不成协议，这时要做好记录，并制作调解处理意见书，提出对争议的有关处理意见。

5.调解协议的执行

调解协议由调解协议书具体体现（见表13-5）。只要达成协议，争议双方当事人要自觉执行调解协议。

表13-5   劳动争议调解协议书

申请人		被申请人	
单位		法定代表人	
委托代理人		委托代理人	
案由			
申请人诉			
被申请人诉			

上列双方因　　　　引起申诉，申诉人　　于　　年　　月　　日向本调解委员会申请调解。经本委依法组织调解，双方当事人自愿达成以下调解意见：

劳动争议调解委员会签章　　　　调解员：　　　书记员：　　　　　　　年　月　日

（二）劳动争议仲裁

劳动争议仲裁是由劳动争议仲裁机构根据劳动争议当事人一方或双方的申请，依法就劳动争议的事实和当事人应承担的责任做出判断和裁决的活动，是一种兼有司法性特征的劳动行政执法行为，具体包括对案件的依法审理和对争议的调解、裁决等一系列活动。

具体来说，劳动争议仲裁的步骤包括：

1.案件受理阶段

这一阶段实际上有两项工作要做：一是仲裁申请，这是当事人要做的工作。任何一方当事人在规定的时效内可向劳动争议仲裁委员会提交请求仲裁的书面申请。二是案件受理，这是仲裁委员会要做的工作。仲裁委员会在收到仲裁申请后一段时间内要做出受理或不受理的决定。劳动争议仲裁申诉登记表见表13-6。

表13-6　　　　　　　　　　　劳动争议仲裁申诉登记表

时间			年　　　月　　　日　　　时				
申诉人	姓名			性别		民族	
	单位			职务		年龄	
	住址或地址			联系电话			
被诉人							
申诉内容							
承办人处理意见							
备注							

2.调查取证阶段

在受理申诉人的仲裁申请后，仲裁委员会就要进行有针对性的调查取证工作，这其中包括拟定调查提纲，根据调查提纲进行有针对性的调查取证，核实调查结果和有关证据等。调查取证的目的是收集有关证据和材料，查明争议事实，为下一步的调解或裁决做好准备工作。

3.进行调解阶段

仲裁庭在查明事实的基础上，要先行调解工作，努力促使双方当事人自愿达成协议。对达成协议的，仲裁庭还需制作仲裁调解书。

4.裁决实施阶段

经仲裁庭调解无效或仲裁调解书送达前当事人反悔，调解失败，这时，仲裁庭应及时实施裁决。仲裁庭的裁决要通过召开仲裁会议的形式做出。一般要经过庭审调查、双方辩论和陈述等过程，最后由仲裁员对争议事实进行充分协商，按照少数服从多数的原则做出裁决。仲裁庭做出裁决后应制作仲裁裁决书（见表13-7）。当事人对裁决不服的，可在规定时间内向法院起诉。

表13-7　　　　　　　　　　　劳动争议仲裁裁决书

申诉人		被诉人	
出生日期		法定代表人	
住址		地址	
委托代理人		委托代理人	
案由			
本庭意见			
裁决结果			

劳动争议仲裁委员会签章　　　　　仲裁员：　　　　　书记员：　　　　年　　月　　日

5.调解或裁决执行阶段

仲裁调解书自送达当事人之日起生效；仲裁裁决书在法定起诉期满后生效。

（三）劳动争议诉讼

诉讼又称法院审理，是指法院依照法定程序，以有关劳动法规为依据，以争议案件的事实为准绳，对企业劳动争议案件进行审理的活动。

具体来说，劳动争议诉讼的步骤包括：

1. 起诉、受理阶段

起诉是指争议当事人向法院提出诉讼请求，要求法院行使审判权，依法保护自己的合法权益。诉讼请求要尽可能详细，要明确被告，要说明要求被告承担何种义务等。劳动争议起诉状见表13-8。受理是指法院接受争议案件并同意审理。法院的受理与否是在对原告的起诉进行审查以后做出决定的。

表13-8　　　　　　　　　　　　　　　劳动争议起诉状

原告		被告	
性别		地址	
出生日期		法定代表人	
住址			
身份证号码			
委托代理人			
诉讼请求			
事实和理由			

具状人：　　　　　　　　　　　　　　　　　　　　　　　　年　　月　　日

2. 调查取证阶段

法院的调查取证除了对原告提供的有关材料、证据或仲裁机构掌握的情况、证据进行核实外，自己还要对争议的有关情况、事实进行重点调查。

3. 进行调解阶段

法院的调解也要在双方当事人自愿的基础上，法院不得强迫调解。调解成功的，要制作法院调解书。法院调解不成或调解书送达前当事人反悔的，法院应当进行及时判决。

4. 开庭审理阶段

开庭审理是在法院调解失败的情况下进行的。这一阶段主要进行这样一些活动：法庭调查、法庭辩论和法庭判决。

5. 判决执行阶段

法庭判决书（见表13-9）送达当事人以后，当事人在规定时间内不向上一级法院上诉的，判决书即行生效，双方当事人必须执行。

表13-9　　　　　　　　　　　　　　　劳动争议判决书

起诉人		被诉人	
委托代理人		委托代理人	

原告人和被告人____一案，本院依法组成合议审判庭对其进行了审理。现查明：

如对本判决不服，可以在接到本判决书的第二天起十五日内，向本院提出上诉状及副本____份，上诉于_____人民法院。

审判长：　　　　　审判员：　　　　　　　　书记员：　　　　　　年　　月　　日

第三节　劳动争议处理的法律规范

根据《中华人民共和国劳动法》《中华人民共和国劳动合同法》《中华人民共和国劳动争议调解仲裁法》《中华人民共和国民事诉讼法》等相关法律规定，《最高人民法院关于审理劳动争议案件适用法律若干问题的解释（四）》作如下解释：

（1）劳动人事争议仲裁委员会以无管辖权为由对劳动争议案件不予受理，当事人提起诉讼的，人民法院按照以下情形分别处理：

①经审查认为该劳动人事争议仲裁委员会对案件确无管辖权的，应当告知当事人向有管辖权的劳动人事争议仲裁委员会申请仲裁。

②经审查认为该劳动人事争议仲裁委员会有管辖权的，应当告知当事人申请仲裁，并将审查意见书面通知该劳动人事争议仲裁委员会，劳动人事争议仲裁委员会仍不受理，当事人就该劳动争议事项提起诉讼的，应予受理。

（2）仲裁裁决的类型以仲裁裁决书确定为准。

仲裁裁决书未载明该裁决为终局裁决或非终局裁决，用人单位不服该仲裁裁决向基层人民法院提起诉讼的，应当按照以下情形分别处理：

①经审查认为该仲裁裁决为非终局裁决的，基层人民法院应予受理。

②经审查认为该仲裁裁决为终局裁决的，基层人民法院不予受理，但应告知用人单位可以自收到不予受理裁定书之日起30日内向劳动人事争议仲裁委员会所在地的中级人民法院申请撤销该仲裁裁决；已经受理的，裁定驳回起诉。

（3）中级人民法院审理用人单位申请撤销终局裁决的案件，应当组成合议庭开庭审理。经过阅卷、调查和询问当事人，对没有新的事实、证据或者理由，合议庭认为不需要开庭审理的，可以不开庭审理。

中级人民法院可以组织双方当事人调解。达成调解协议的，可以制作调解书。一方当事人逾期不履行调解协议的，另一方可以申请人民法院强制执行。

（4）当事人在人民调解委员会主持下仅就给付义务达成的调解协议，双方认为有必要的，可以共同向人民调解委员会所在地的基层人民法院申请司法确认。

（5）劳动者非因本人原因从原用人单位被安排到新用人单位工作，原用人单位未支付经济补偿，劳动者依照《劳动合同法》第三十八条规定与新用人单位解除劳动合同，或者新用人单位向劳动者提出解除、终止劳动合同，在计算支付经济补偿或赔偿金的工作年限时，劳动者请求把在原用人单位的工作年限合并计算为新用人单位工作年限的，人民法院应予支持。

用人单位符合下列情形之一的，应当认定属于"劳动者非因本人原因从原用人单位被安排到新用人单位工作"：

①劳动者仍在原工作场所、工作岗位工作，劳动合同主体由原用人单位变更为新用人单位；

②用人单位以组织委派或任命形式对劳动者进行工作调动；

③因用人单位合并、分立等原因导致劳动者工作调动；

④用人单位及其关联企业与劳动者轮流订立劳动合同；

④其他合理情形。

（6）当事人在劳动合同或者保密协议中约定了竞业限制，但未约定解除或者终止劳动合同后给予劳动者经济补偿，劳动者履行了竞业限制义务，要求用人单位按照劳动者在劳动合同解除或者终止前12个月平均工资的30%按月支付经济补偿的，人民法院应予支持。

前款规定的月平均工资的30%低于劳动合同履行地最低工资标准的，按照劳动合同履行地最低工资标准支付。

（7）当事人在劳动合同或者保密协议中约定了竞业限制和经济补偿，当事人解除劳动合同时，除另有约定外，用人单位要求劳动者履行竞业限制义务，或者劳动者履行了竞业限制义务后要求用人单位支付经济补偿的，人民法院应予支持。

（8）当事人在劳动合同或者保密协议中约定了竞业限制和经济补偿，劳动合同解除或者终止后，因用人单位的原因导致3个月未支付经济补偿，劳动者请求解除竞业限制约定的，人民法院应予支持。

（9）在竞业限制期限内，用人单位请求解除竞业限制协议时，人民法院应予支持。

在解除竞业限制协议时，劳动者请求用人单位额外支付劳动者3个月的竞业限制经济补偿的，人民法院应予支持。

（10）劳动者违反竞业限制约定，向用人单位支付违约金后，用人单位要求劳动者按照约定继续履行竞业限制义务的，人民法院应予支持。

（11）变更劳动合同未采用书面形式，但已经实际履行了口头变更的劳动合同超过1个月，且变更后的劳动合同内容不违反法律、行政法规、国家政策以及公序良俗，当事人以未采用书面形式为由主张劳动合同变更无效的，人民法院不予支持。

（12）建立了工会组织的用人单位解除劳动合同符合《劳动合同法》第三十九条、第四十条规定，但未按照《劳动合同法》第四十三条规定事先通知工会，劳动者以用人单位违法解除劳动合同为由请求用人单位支付赔偿金的，人民法院应予支持，但起诉前用人单位已经补正有关程序的除外。

（13）《劳动合同法》施行后，因用人单位经营期限届满不再继续经营导致劳动合同不能继续履行，劳动者请求用人单位支付经济补偿的，人民法院应予支持。

（14）外国人、无国籍人未依法取得就业证件即与中国境内的用人单位签订劳动合同，以及中国香港特别行政区、澳门特别行政区和台湾地区居民未依法取得就业证件即与内地用人单位签订劳动合同，当事人请求确认与用人单位存在劳动关系的，人民法院不予支持。

持有"外国专家证"并取得"外国专家来华工作许可证"的外国人，与中国境内的用人单位建立用工关系的，可以认定为劳动关系。

复习思考题

1.劳动安全卫生保护的主要内容有哪些？

2.工伤保险待遇的内容有哪些？

3.如何理解劳动争议的内容？

4.劳动争议处理的方法有哪些？

5.如何理解劳动争议处理的法律规范？

附　录
相关政策法规

中华人民共和国劳动合同法

中华人民共和国劳动合同法

（2007年6月29日第十届全国人民代表大会常务委员会第二十八次会议通过，全国人民代表大会常务委员会关于修改《中华人民共和国劳动合同法》的决定于2012年12月28日第十一届全国人民代表大会常务委员会第三十次会议修订）

第一章　总　　则

第一条　为了完善劳动合同制度，明确劳动合同双方当事人的权利和义务，保护劳动者的合法权益，构建和发展和谐稳定的劳动关系，制定本法。

第二条　中华人民共和国境内的企业、个体经济组织、民办非企业单位等组织（以下称用人单位）与劳动者建立劳动关系，订立、履行、变更、解除或者终止劳动合同，适用本法。

国家机关、事业单位、社会团体和与其建立劳动关系的劳动者，订立、履行、变更、解除或者终止劳动合同，依照本法执行。

第三条　订立劳动合同，应当遵循合法、公平、平等自愿、协商一致、诚实信用的原则。

依法订立的劳动合同具有约束力，用人单位与劳动者应当履行劳动合同约定的义务。

第四条　用人单位应当依法建立和完善劳动规章制度，保障劳动者享有劳动权利、履行劳动义务。

用人单位在制定、修改或者决定有关劳动报酬、工作时间、休息休假、劳动安全卫生、保险福利、职工培训、劳动纪律以及劳动定额管理等直接涉及劳动者切身利益的规章制度或者重大事项时，应当经职工代表大会或者全体职工讨论，提出方案和意见，与工会或者职工代表平等协商确定。

在规章制度和重大事项决定实施过程中，工会或者职工认为不适当的，有权向用人单位提出，通过协商予以修改完善。

用人单位应当将直接涉及劳动者切身利益的规章制度和重大事项决定公示，或者告知劳动者。

第五条　　县级以上人民政府劳动行政部门会同工会和企业方面代表，建立健全协调劳动关系三方机制，共同研究解决有关劳动关系的重大问题。

第六条　　工会应当帮助、指导劳动者与用人单位依法订立和履行劳动合同，并与用人单位建立集体协商机制，维护劳动者的合法权益。

第二章　　劳动合同的订立

第七条　　用人单位自用工之日起即与劳动者建立劳动关系。用人单位应当建立职工名册备查。

第八条　　用人单位招用劳动者时，应当如实告知劳动者工作内容、工作条件、工作地点、职业危害、安全生产状况、劳动报酬，以及劳动者要求了解的其他情况；用人单位有权了解劳动者与劳动合同直接相关的基本情况，劳动者应当如实说明。

第九条　　用人单位招用劳动者，不得扣押劳动者的居民身份证和其他证件，不得要求劳动者提供担保或者以其他名义向劳动者收取财物。

第十条　　建立劳动关系，应当订立书面劳动合同。

已建立劳动关系，未同时订立书面劳动合同的，应当自用工之日起一个月内订立书面劳动合同。

用人单位与劳动者在用工前订立劳动合同的，劳动关系自用工之日起建立。

第十一条　　用人单位未在用工的同时订立书面劳动合同，与劳动者约定的劳动报酬不明确的，新招用的劳动者的劳动报酬按照集体合同规定的标准执行；没有集体合同或者集体合同未规定的，实行同工同酬。

第十二条　　劳动合同分为固定期限劳动合同、无固定期限劳动合同和以完成一定工作任务为期限的劳动合同。

第十三条　　固定期限劳动合同，是指用人单位与劳动者约定合同终止时间的劳动合同。

用人单位与劳动者协商一致，可以订立固定期限劳动合同。

第十四条　　无固定期限劳动合同，是指用人单位与劳动者约定无确定终止时间的劳动合同。

用人单位与劳动者协商一致，可以订立无固定期限劳动合同。有下列情形之一，劳动者提出或者同意续订、订立劳动合同的，除劳动者提出订立固定期限劳动合同外，应当订立无固定期限劳动合同：

（一）劳动者在该用人单位连续工作满十年的；

（二）用人单位初次实行劳动合同制度或者国有企业改制重新订立劳动合同时，劳动者在该用人单位连续工作满十年且距法定退休年龄不足十年的；

（三）连续订立二次固定期限劳动合同，且劳动者没有本法第三十九条和第四十条第一项、第二项规定的情形，续订劳动合同的。

用人单位自用工之日起满一年不与劳动者订立书面劳动合同的，视为用人单位与劳动者已订立无固定期限劳动合同。

第十五条　　以完成一定工作任务为期限的劳动合同，是指用人单位与劳动者约定以某项工作的完成为合同期限的劳动合同。

用人单位与劳动者协商一致，可以订立以完成一定工作任务为期限的劳动合同。

第十六条　劳动合同由用人单位与劳动者协商一致，并经用人单位与劳动者在劳动合同文本上签字或者盖章生效。

劳动合同文本由用人单位和劳动者各执一份。

第十七条　劳动合同应当具备以下条款：

（一）用人单位的名称、住所和法定代表人或者主要负责人；

（二）劳动者的姓名、住址和居民身份证或者其他有效身份证件号码；

（三）劳动合同期限；

（四）工作内容和工作地点；

（五）工作时间和休息休假；

（六）劳动报酬；

（七）社会保险；

（八）劳动保护、劳动条件和职业危害防护；

（九）法律、法规规定应当纳入劳动合同的其他事项。

劳动合同除前款规定的必备条款外，用人单位与劳动者可以约定试用期、培训、保守秘密、补充保险和福利待遇等其他事项。

第十八条　劳动合同对劳动报酬和劳动条件等标准约定不明确，引发争议的，用人单位与劳动者可以重新协商；协商不成的，适用集体合同规定；没有集体合同或者集体合同未规定劳动报酬的，实行同工同酬；没有集体合同或者集体合同未规定劳动条件等标准的，适用国家有关规定。

第十九条　劳动合同期限三个月以上不满一年的，试用期不得超过一个月；劳动合同期限一年以上不满三年的，试用期不得超过二个月；三年以上固定期限和无固定期限的劳动合同，试用期不得超过六个月。

同一用人单位与同一劳动者只能约定一次试用期。

以完成一定工作任务为期限的劳动合同或者劳动合同期限不满三个月的，不得约定试用期。

试用期包含在劳动合同期限内。劳动合同仅约定试用期的，试用期不成立，该期限为劳动合同期限。

第二十条　劳动者在试用期的工资不得低于本单位相同岗位最低档工资或者劳动合同约定工资的百分之八十，并不得低于用人单位所在地的最低工资标准。

第二十一条　在试用期中，除劳动者有本法第三十九条和第四十条第一项、第二项规定的情形外，用人单位不得解除劳动合同。用人单位在试用期解除劳动合同的，应当向劳动者说明理由。

第二十二条　用人单位为劳动者提供专项培训费用，对其进行专业技术培训的，可以与该劳动者订立协议，约定服务期。

劳动者违反服务期约定的，应当按照约定向用人单位支付违约金。违约金的数额不得超过用人单位提供的培训费用。用人单位要求劳动者支付的违约金不得超过服务期尚未履行部分所应分摊的培训费用。

用人单位与劳动者约定服务期的，不影响按照正常的工资调整机制提高劳动者在服务期期间的劳动报酬。

第二十三条　用人单位与劳动者可以在劳动合同中约定保守用人单位的商业秘密和与知识产权相关的保密事项。

对负有保密义务的劳动者，用人单位可以在劳动合同或者保密协议中与劳动者约定竞业限制条款，并约定在解除或者终止劳动合同后，在竞业限制期限内按月给予劳动者经济补偿。劳动者违反竞业限制约定的，应当按照约定向用人单位支付违约金。

第二十四条　竞业限制的人员限于用人单位的高级管理人员、高级技术人员和其他负有保密义务的人员。竞业限制的范围、地域、期限由用人单位与劳动者约定，竞业限制的约定不得违反法律、法规的规定。

在解除或者终止劳动合同后，前款规定的人员到与本单位生产或者经营同类产品、从事同类业务的有竞争关系的其他用人单位，或者自己开业生产或者经营同类产品、从事同类业务的竞业限制期限，不得超过二年。

第二十五条　除本法第二十二条和第二十三条规定的情形外，用人单位不得与劳动者约定由劳动者承担违约金。

第二十六条　下列劳动合同无效或者部分无效：

（一）以欺诈、胁迫的手段或者乘人之危，使对方在违背真实意思的情况下订立或者变更劳动合同的；

（二）用人单位免除自己的法定责任、排除劳动者权利的；

（三）违反法律、行政法规强制性规定的。

对劳动合同的无效或者部分无效有争议的，由劳动争议仲裁机构或者人民法院确认。

第二十七条　劳动合同部分无效，不影响其他部分效力的，其他部分仍然有效。

第二十八条　劳动合同被确认无效，劳动者已付出劳动的，用人单位应当向劳动者支付劳动报酬。劳动报酬的数额，参照本单位相同或者相近岗位劳动者的劳动报酬确定。

第三章　劳动合同的履行和变更

第二十九条　用人单位与劳动者应当按照劳动合同的约定，全面履行各自的义务。

第三十条　用人单位应当按照劳动合同约定和国家规定，向劳动者及时足额支付劳动报酬。

用人单位拖欠或者未足额支付劳动报酬的，劳动者可以依法向当地人民法院申请支付令，人民法院应当依法发出支付令。

第三十一条　用人单位应当严格执行劳动定额标准，不得强迫或者变相强迫劳动者加班。用人单位安排加班的，应当按照国家有关规定向劳动者支付加班费。

第三十二条　劳动者拒绝用人单位管理人员违章指挥、强令冒险作业的，不视为违反劳动合同。

劳动者对危害生命安全和身体健康的劳动条件，有权对用人单位提出批评、检举和控告。

第三十三条　用人单位变更名称、法定代表人、主要负责人或者投资人等事项，不影响劳动合同的履行。

第三十四条　用人单位发生合并或者分立等情况，原劳动合同继续有效，劳动合同由承继其权利和义务的用人单位继续履行。

第三十五条　用人单位与劳动者协商一致，可以变更劳动合同约定的内容。变更劳动合同，应当采用书面形式。

变更后的劳动合同文本由用人单位和劳动者各执一份。

第四章　劳动合同的解除和终止

第三十六条　用人单位与劳动者协商一致，可以解除劳动合同。

第三十七条　劳动者提前三十日以书面形式通知用人单位，可以解除劳动合同。劳动者在试用期内提前三日通知用人单位，可以解除劳动合同。

第三十八条　用人单位有下列情形之一的，劳动者可以解除劳动合同：

（一）未按照劳动合同约定提供劳动保护或者劳动条件的；

（二）未及时足额支付劳动报酬的；

（三）未依法为劳动者缴纳社会保险费的；

（四）用人单位的规章制度违反法律、法规的规定，损害劳动者权益的；

（五）因本法第二十六条　第一款规定的情形致使劳动合同无效的；

（六）法律、行政法规规定劳动者可以解除劳动合同的其他情形。

用人单位以暴力、威胁或者非法限制人身自由的手段强迫劳动者劳动的，或者用人单位违章指挥、强令冒险作业危及劳动者人身安全的，劳动者可以立即解除劳动合同，不需事先告知用人单位。

第三十九条　劳动者有下列情形之一的，用人单位可以解除劳动合同：

（一）在试用期间被证明不符合录用条件的；

（二）严重违反用人单位的规章制度的；

（三）严重失职，营私舞弊，给用人单位造成重大损害的；

（四）劳动者同时与其他用人单位建立劳动关系，对完成本单位的工作任务造成严重影响，或者经用人单位提出，拒不改正的；

（五）因本法第二十六条第一款第一项规定的情形致使劳动合同无效的；

（六）被依法追究刑事责任的。

第四十条　有下列情形之一的，用人单位提前三十日以书面形式通知劳动者本人或者额外支付劳动者一个月工资后，可以解除劳动合同：

（一）劳动者患病或者非因工负伤，在规定的医疗期满后不能从事原工作，也不能从事由用人单位另行安排的工作的；

（二）劳动者不能胜任工作，经过培训或者调整工作岗位，仍不能胜任工作的；

（三）劳动合同订立时所依据的客观情况发生重大变化，致使劳动合同无法履行，经用人单位与劳动者协商，未能就变更劳动合同内容达成协议的。

第四十一条　有下列情形之一，需要裁减人员二十人以上或者裁减不足二十人但占企业职工总数百分之十以上的，用人单位提前三十日向工会或者全体职工说明情况，听取工会或者职工的意见后，裁减人员方案经向劳动行政部门报告，可以裁减人员：

（一）依照企业破产法规定进行重整的；

（二）生产经营发生严重困难的；

（三）企业转产、重大技术革新或者经营方式调整，经变更劳动合同后，仍需裁减人员的；

（四）其他因劳动合同订立时所依据的客观经济情况发生重大变化，致使劳动合同无法履行的。

裁减人员时，应当优先留用下列人员：

（一）与本单位订立较长期限的固定期限劳动合同的；

（二）与本单位订立无固定期限劳动合同的；

（三）家庭无其他就业人员，有需要扶养的老人或者未成年人的。

用人单位依照本条第一款规定裁减人员，在六个月内重新招用人员的，应当通知被裁减的人员，并在同等条件下优先招用被裁减的人员。

第四十二条　劳动者有下列情形之一的，用人单位不得依照本法第四十条、第四十一条的规定解除劳动合同：

（一）从事接触职业病危害作业的劳动者未进行离岗前职业健康检查，或者疑似职业病病人在诊断或者医学观察期间的；

（二）在本单位患职业病或者因工负伤并被确认丧失或者部分丧失劳动能力的；

（三）患病或者非因工负伤，在规定的医疗期内的；

（四）女职工在孕期、产期、哺乳期的；

（五）在本单位连续工作满十五年，且距法定退休年龄不足五年的；

（六）法律、行政法规规定的其他情形。

第四十三条　用人单位单方解除劳动合同，应当事先将理由通知工会。用人单位违反法律、行政法规规定或者劳动合同约定的，工会有权要求用人单位纠正。用人单位应当研究工会的意见，并将处理结果书面通知工会。

第四十四条　有下列情形之一的，劳动合同终止：

（一）劳动合同期满的；

（二）劳动者开始依法享受基本养老保险待遇的；

（三）劳动者死亡，或者被人民法院宣告死亡或者宣告失踪的；

（四）用人单位被依法宣告破产的；

（五）用人单位被吊销营业执照、责令关闭、撤销或者用人单位决定提前解散的；

（六）法律、行政法规规定的其他情形。

第四十五条　劳动合同期满，有本法第四十二条规定情形之一的，劳动合同应当续延至相应的情形消失时终止。但是，本法第四十二条第二项规定丧失或者部分丧失劳动能力劳动者的劳动合同的终止，按照国家有关工伤保险的规定执行。

第四十六条　有下列情形之一的，用人单位应当向劳动者支付经济补偿：

（一）劳动者依照本法第三十八条规定解除劳动合同的；

（二）用人单位依照本法第三十六条规定向劳动者提出解除劳动合同并与劳动者协商一致解除劳动合同的；

（三）用人单位依照本法第四十条规定解除劳动合同的；

（四）用人单位依照本法第四十一条第一款规定解除劳动合同的；

（五）除用人单位维持或者提高劳动合同约定条件续订劳动合同，劳动者不同意续订的情形外，依照本法第四十四条第一项规定终止固定期限劳动合同的；

（六）依照本法第四十四条第四项、第五项规定终止劳动合同的；

（七）法律、行政法规规定的其他情形。

第四十七条　经济补偿按劳动者在本单位工作的年限，每满一年支付一个月工资的标准向劳动者支付。六个月以上不满一年的，按一年计算；不满六个月的，向劳动者支付半个月工资的经济补偿。

劳动者月工资高于用人单位所在直辖市、设区的市级人民政府公布的本地区上年度职工月平均工资三倍的，向其支付经济补偿的标准按职工月平均工资三倍的数额支付，向其支付经济补偿的年限最高不超过十二年。

本条所称月工资是指劳动者在劳动合同解除或者终止前十二个月的平均工资。

第四十八条　用人单位违反本法规定解除或者终止劳动合同，劳动者要求继续履行劳动合同的，用人单位应当继续履行；劳动者不要求继续履行劳动合同或者劳动合同已经不能继续履行的，用人单位应当依照本法第八十七条　规定支付赔偿金。

第四十九条　国家采取措施，建立健全劳动者社会保险关系跨地区转移接续制度。

第五十条　用人单位应当在解除或者终止劳动合同时出具解除或者终止劳动合同的证明，并在十五日内为劳动者办理档案和社会保险关系转移手续。

劳动者应当按照双方约定，办理工作交接。用人单位依照本法有关规定应当向劳动者支付经济补偿的，在办结工作交接时支付。

用人单位对已经解除或者终止的劳动合同的文本，至少保存二年备查。

第五章　特别规定

第一节　集体合同

第五十一条　企业职工一方与用人单位通过平等协商，可以就劳动报酬、工作时间、休息休假、劳动安全卫生、保险福利等事项订立集体合同。集体合同草案应当提交职工代表大会或者全体职工讨论通过。

集体合同由工会代表企业职工一方与用人单位订立；尚未建立工会的用人单位，由上级工会指导劳动者推举的代表与用人单位订立。

第五十二条　企业职工一方与用人单位可以订立劳动安全卫生、女职工权益保护、工资调整机制等专项集体合同。

第五十三条　在县级以下区域内，建筑业、采矿业、餐饮服务业等行业可以由工会与企业方面代表订立行业性集体合同，或者订立区域性集体合同。

第五十四条　集体合同订立后，应当报送劳动行政部门；劳动行政部门自收到集体合同文本之日起十五日内未提出异议的，集体合同即行生效。

依法订立的集体合同对用人单位和劳动者具有约束力。行业性、区域性集体合同对当地本行业、本区域的用人单位和劳动者具有约束力。

第五十五条　集体合同中劳动报酬和劳动条件等标准不得低于当地人民政府规定的最低标准；用人单位与劳动者订立的劳动合同中劳动报酬和劳动条件等标准不得低于集体合同规定的标准。

第五十六条　用人单位违反集体合同，侵犯职工劳动权益的，工会可以依法要求用人单位承担责任；因履行集体合同发生争议，经协商解决不成的，工会可以依法申请仲裁、提起诉讼。

第二节　劳务派遣

第五十七条　经营劳务派遣业务应当具备下列条件：

（一）注册资本不得少于人民币二百万元；

（二）有与开展业务相适应的固定的经营场所和设施；

（三）有符合法律、行政法规规定的劳务派遣管理制度；

（四）法律、行政法规规定的其他条件。

经营劳务派遣业务，应当向劳动行政部门依法申请行政许可；经许可的，依法办理相应的公司登记。未经许可，任何单位和个人不得经营劳务派遣业务。

第五十八条　劳务派遣单位是本法所称用人单位，应当履行用人单位对劳动者的义务。劳务派遣单位与被派遣劳动者订立的劳动合同，除应当载明本法第十七条规定的事项外，还应当载明被派遣劳动者的用工单位以及派遣期限、工作岗位等情况。

劳务派遣单位应当与被派遣劳动者订立二年以上的固定期限劳动合同，按月支付劳动报酬；被派遣劳动者在无工作期间，劳务派遣单位应当按照所在地人民政府规定的最低工资标准，向其按月支付报酬。

第五十九条　劳务派遣单位派遣劳动者应当与接受以劳务派遣形式用工的单位（以下称用工单位）订立劳务派遣协议。劳务派遣协议应当约定派遣岗位和人员数量、派遣期限、劳动报酬和社会保险费的数额与支付方式以及违反协议的责任。

用工单位应当根据工作岗位的实际需要与劳务派遣单位确定派遣期限，不得将连续用工期限分割订立数个短期劳务派遣协议。

第六十条　劳务派遣单位应当将劳务派遣协议的内容告知被派遣劳动者。

劳务派遣单位不得克扣用工单位按照劳务派遣协议支付给被派遣劳动者的劳动报酬。

劳务派遣单位和用工单位不得向被派遣劳动者收取费用。

第六十一条　劳务派遣单位跨地区派遣劳动者的，被派遣劳动者享有的劳动报酬和劳动条件，按照用工单位所在地的标准执行。

第六十二条　用工单位应当履行下列义务：

（一）执行国家劳动标准，提供相应的劳动条件和劳动保护；

（二）告知被派遣劳动者的工作要求和劳动报酬；

（三）支付加班费、绩效奖金，提供与工作岗位相关的福利待遇；

（四）对在岗被派遣劳动者进行工作岗位所必需的培训；

（五）连续用工的，实行正常的工资调整机制。

用工单位不得将被派遣劳动者再派遣到其他用人单位。

第六十三条　被派遣劳动者享有与用工单位的劳动者同工同酬的权利。用工单位应当按照同工同酬原则，对被派遣劳动者与本单位同类岗位的劳动者实行相同的劳动报酬分配办法。用工单位无同类岗位劳动者的，参照用工单位所在地相同或者相近岗位劳动者的劳动报酬确定。

劳务派遣单位与被派遣劳动者订立的劳动合同和与用工单位订立的劳务派遣协议，载明或者约定的向被派遣劳动者支付的劳动报酬应当符合前款规定。

第六十四条　被派遣劳动者有权在劳务派遣单位或者用工单位依法参加或者组织工会，维护自身的合法权益。

第六十五条　被派遣劳动者可以依照本法第三十六条、第三十八条的规定与劳务派遣单位解除劳动合同。

被派遣劳动者有本法第三十九条　和第四十条第一项、第二项规定情形的，用工单位可以将劳动者退回劳务派遣单位，劳务派遣单位依照本法有关规定，可以与劳动者解除劳动合同。

第六十六条　劳动合同用工是我国的企业基本用工形式。劳务派遣用工是补充形式，只能在临时性、辅助性或者替代性的工作岗位上实施。

前款规定的临时性工作岗位是指存续时间不超过六个月的岗位；辅助性工作岗位是指为主营业务岗位提供服务的非主营业务岗位；替代性工作岗位是指用工单位的劳动者因脱产学习、休假等原因无法工作的一定期间内，可以由其他劳动者替代工作的岗位。

用工单位应当严格控制劳务派遣用工数量，不得超过其用工总量的一定比例，具体比例由国务院劳动行政部门规定。

第六十七条　用人单位不得设立劳务派遣单位向本单位或者所属单位派遣劳动者。

第三节　非全日制用工

第六十八条　非全日制用工，是指以小时计酬为主，劳动者在同一用人单位一般平均每日工作时间不超过四小时，每周工作时间累计不超过二十四小时的用工形式。

第六十九条　非全日制用工双方当事人可以订立口头协议。

从事非全日制用工的劳动者可以与一个或者一个以上用人单位订立劳动合同；但是，后订立的劳动合同不得影响先订立的劳动合同的履行。

第七十条　非全日制用工双方当事人不得约定试用期。

第七十一条　非全日制用工双方当事人任何一方都可以随时通知对方终止用工。终止用工，用人单位不向劳动者支付经济补偿。

第七十二条　非全日制用工小时计酬标准不得低于用人单位所在地人民政府规定的最低小时工资标准。

非全日制用工劳动报酬结算支付周期最长不得超过十五日。

第六章　监督检查

第七十三条　国务院劳动行政部门负责全国劳动合同制度实施的监督管理。

县级以上地方人民政府劳动行政部门负责本行政区域内劳动合同制度实施的监督管理。

县级以上各级人民政府劳动行政部门在劳动合同制度实施的监督管理工作中，应当听取工会、企业方面代表以及有关行业主管部门的意见。

第七十四条　县级以上地方人民政府劳动行政部门依法对下列实施劳动合同制度的情况进行监督检查：

（一）用人单位制定直接涉及劳动者切身利益的规章制度及其执行的情况；

（二）用人单位与劳动者订立和解除劳动合同的情况；

（三）劳务派遣单位和用工单位遵守劳务派遣有关规定的情况；

（四）用人单位遵守国家关于劳动者工作时间和休息休假规定的情况；

（五）用人单位支付劳动合同约定的劳动报酬和执行最低工资标准的情况；

（六）用人单位参加各项社会保险和缴纳社会保险费的情况；

（七）法律、法规规定的其他劳动监察事项。

第七十五条　县级以上地方人民政府劳动行政部门实施监督检查时，有权查阅与劳动合同、集体合同有关的材料，有权对劳动场所进行实地检查，用人单位和劳动者都应当如实提供有关情况和材料。劳动行政部门的工作人员进行监督检查，应当出示证件，依法行使职权，文明执法。

第七十六条　县级以上人民政府建设、卫生、安全生产监督管理等有关主管部门在各自职责范围内，对用人单位执行劳动合同制度的情况进行监督管理。

第七十七条　劳动者合法权益受到侵害的，有权要求有关部门依法处理，或者依法申请仲裁、提起诉讼。

第七十八条　工会依法维护劳动者的合法权益，对用人单位履行劳动合同、集体合同的情况进行监督。用人单位违反劳动法律、法规和劳动合同、集体合同的，工会有权提出意见或者要求纠正；劳动者申请仲裁、提起诉讼的，工会依法给予支持和帮助。

第七十九条　任何组织或者个人对违反本法的行为都有权举报，县级以上人民政府劳动行政部门应当及时核实、处理，并对举报有功人员给予奖励。

第七章　法律责任

第八十条　用人单位直接涉及劳动者切身利益的规章制度违反法律、法规规定的，由劳动行政部门责令改正，给予警告；给劳动者造成损害的，应当承担赔偿责任。

第八十一条　用人单位提供的劳动合同文本未载明本法规定的劳动合同必备条款或者用人单位未将劳动合同文本交付劳动者的，由劳动行政部门责令改正；给劳动者造成损害的，应当承担赔偿责任。

第八十二条　用人单位自用工之日起超过一个月不满一年未与劳动者订立书面劳动合

同的，应当向劳动者每月支付二倍的工资。

用人单位违反本法规定不与劳动者订立无固定期限劳动合同的，自应当订立无固定期限劳动合同之日起向劳动者每月支付二倍的工资。

第八十三条 用人单位违反本法规定与劳动者约定试用期的，由劳动行政部门责令改正；违法约定的试用期已经履行的，由用人单位以劳动者试用期满月工资为标准，按已经履行的超过法定试用期的期间向劳动者支付赔偿金。

第八十四条 用人单位违反本法规定，扣押劳动者居民身份证等证件的，由劳动行政部门责令限期退还劳动者本人，并依照有关法律规定给予处罚。

用人单位违反本法规定，以担保或者其他名义向劳动者收取财物的，由劳动行政部门责令限期退还劳动者本人，并以每人五百元以上二千元以下的标准处以罚款；给劳动者造成损害的，应当承担赔偿责任。

劳动者依法解除或者终止劳动合同，用人单位扣押劳动者档案或者其他物品的，依照前款规定处罚。

第八十五条 用人单位有下列情形之一的，由劳动行政部门责令限期支付劳动报酬、加班费或者经济补偿；劳动报酬低于当地最低工资标准的，应当支付其差额部分；逾期不支付的，责令用人单位按应付金额百分之五十以上百分之一百以下的标准向劳动者加付赔偿金：

（一）未按照劳动合同的约定或者国家规定及时足额支付劳动者劳动报酬的；

（二）低于当地最低工资标准支付劳动者工资的；

（三）安排加班不支付加班费的；

（四）解除或者终止劳动合同，未依照本法规定向劳动者支付经济补偿的。

第八十六条 劳动合同依照本法第二十六条规定被确认无效，给对方造成损害的，有过错的一方应当承担赔偿责任。

第八十七条 用人单位违反本法规定解除或者终止劳动合同的，应当依照本法第四十七条规定的经济补偿标准的二倍向劳动者支付赔偿金。

第八十八条 用人单位有下列情形之一的，依法给予行政处罚；构成犯罪的，依法追究刑事责任；给劳动者造成损害的，应当承担赔偿责任：

（一）以暴力、威胁或者非法限制人身自由的手段强迫劳动的；

（二）违章指挥或者强令冒险作业危及劳动者人身安全的；

（三）侮辱、体罚、殴打、非法搜查或者拘禁劳动者的；

（四）劳动条件恶劣、环境污染严重，给劳动者身心健康造成严重损害的。

第八十九条 用人单位违反本法规定未向劳动者出具解除或者终止劳动合同的书面证明，由劳动行政部门责令改正；给劳动者造成损害的，应当承担赔偿责任。

第九十条 劳动者违反本法规定解除劳动合同，或者违反劳动合同中约定的保密义务或者竞业限制，给用人单位造成损失的，应当承担赔偿责任。

第九十一条 用人单位招用与其他用人单位尚未解除或者终止劳动合同的劳动者，给其他用人单位造成损失的，应当承担连带赔偿责任。

第九十二条 违反本法规定，未经许可，擅自经营劳务派遣业务的，由劳动行政部门责令停止违法行为，没收违法所得，并处违法所得一倍以上五倍以下的罚款；没有违法所得的，可以处五万元以下的罚款。

劳务派遣单位、用工单位违反本法有关劳务派遣规定的，由劳动行政部门责令限期改正；逾期不改正的，以每人五千元以上一万元以下的标准处以罚款，对劳务派遣单位，吊销其劳务派遣业务经营许可证。用工单位给被派遣劳动者造成损害的，劳务派遣单位与用工单位承担连带赔偿责任。

第九十三条　对不具备合法经营资格的用人单位的违法犯罪行为，依法追究法律责任；劳动者已经付出劳动的，该单位或者其出资人应当依照本法有关规定向劳动者支付劳动报酬、经济补偿、赔偿金；给劳动者造成损害的，应当承担赔偿责任。

第九十四条　个人承包经营违反本法规定招用劳动者，给劳动者造成损害的，发包的组织与个人承包经营者承担连带赔偿责任。

第九十五条　劳动行政部门和其他有关主管部门及其工作人员玩忽职守、不履行法定职责，或者违法行使职权，给劳动者或者用人单位造成损害的，应当承担赔偿责任；对直接负责的主管人员和其他直接责任人员，依法给予行政处分；构成犯罪的，依法追究刑事责任。

第八章　附　则

第九十六条　事业单位与实行聘用制的工作人员订立、履行、变更、解除或者终止劳动合同，法律、行政法规或者国务院另有规定的，依照其规定；未作规定的，依照本法有关规定执行。

第九十七条　本法施行前已依法订立且在本法施行之日存续的劳动合同，继续履行；本法第十四条第二款第三项规定连续订立固定期限劳动合同的次数，自本法施行后续订固定期限劳动合同时开始计算。

本法施行前已建立劳动关系，尚未订立书面劳动合同的，应当自本法施行之日起一个月内订立。

本法施行之日存续的劳动合同在本法施行后解除或者终止，依照本法第四十六条规定应当支付经济补偿的，经济补偿年限自本法施行之日起计算；本法施行前按照当时有关规定，用人单位应当向劳动者支付经济补偿的，按照当时有关规定执行。

第九十八条　本法自2013年7月1日起施行。

中华人民共和国就业促进法

中华人民共和国就业促进法

（2007年8月30日第十届全国人民代表大会常务委员会第二十九次会议通过）

第一章　总　则

第一条　为了促进就业，促进经济发展与扩大就业相协调，促进社会和谐稳定，制定本法。

第二条　国家把扩大就业放在经济社会发展的突出位置，实施积极的就业政策，坚持劳动者自主择业、市场调节就业、政府促进就业的方针，多渠道扩大就业。

第三条　劳动者依法享有平等就业和自主择业的权利。劳动者就业，不因民族、种族、性别、宗教信仰等不同而受歧视。

第四条　县级以上人民政府把扩大就业作为经济和社会发展的重要目标，纳入国民经济和社会发展规划，并制定促进就业的中长期规划和年度工作计划。

第五条　县级以上人民政府通过发展经济和调整产业结构、规范人力资源市场、完善就业服务、加强职业教育和培训、提供就业援助等措施，创造就业条件，扩大就业。

第六条　国务院建立全国促进就业工作协调机制，研究就业工作中的重大问题，协调推动全国的促进就业工作。国务院劳动行政部门具体负责全国的促进就业工作。

省、自治区、直辖市人民政府根据促进就业工作的需要，建立促进就业工作协调机制，协调解决本行政区域就业工作中的重大问题。

县级以上人民政府有关部门按照各自的职责分工，共同做好促进就业工作。

第七条　国家倡导劳动者树立正确的择业观念，提高就业能力和创业能力；鼓励劳动者自主创业、自谋职业。

各级人民政府和有关部门应当简化程序，提高效率，为劳动者自主创业、自谋职业提供便利。

第八条　用人单位依法享有自主用人的权利。用人单位应当依照本法以及其他法律、法规的规定，保障劳动者的合法权益。

第九条　工会、共产主义青年团、妇女联合会、残疾人联合会以及其他社会组织，协助人民政府开展促进就业工作，依法维护劳动者的劳动权利。

第十条　各级人民政府和有关部门对在促进就业工作中作出显著成绩的单位和个人，给予表彰和奖励。

第二章　政策支持

第十一条　县级以上人民政府应当把扩大就业作为重要职责，统筹协调产业政策与就业政策。

第十二条　国家鼓励各类企业在法律、法规规定的范围内，通过兴办产业或者拓展经营，增加就业岗位。国家鼓励发展劳动密集型产业、服务业，扶持中小企业，多渠道、多方式增加就业岗位。国家鼓励、支持、引导非公有制经济发展，扩大就业，增加就业岗位。

第十三条　国家发展国内外贸易和国际经济合作，拓宽就业渠道。

第十四条　县级以上人民政府在安排政府投资和确定重大建设项目时，应当发挥投资和重大建设项目带动就业的作用，增加就业岗位。

第十五条　国家实行有利于促进就业的财政政策，加大资金投入，改善就业环境，扩大就业。县级以上人民政府应当根据就业状况和就业工作目标，在财政预算中安排就业专项资金用于促进就业工作。

就业专项资金用于职业介绍、职业培训、公益性岗位、职业技能鉴定、特定就业政策和社会保险等的补贴，小额贷款担保基金和微利项目的小额担保贷款贴息，以及扶持公共就业服务等。就业专项资金的使用管理办法由国务院财政部门和劳动行政部门规定。

第十六条　国家建立健全失业保险制度，依法确保失业人员的基本生活，并促进其实现就业。

第十七条　国家鼓励企业增加就业岗位，扶持失业人员和残疾人就业，对下列企业、人员依法给予税收优惠：

（一）吸纳符合国家规定条件的失业人员达到规定要求的企业；

（二）失业人员创办的中小企业；

（三）安置残疾人员达到规定比例或者集中使用残疾人的企业；

（四）从事个体经营的符合国家规定条件的失业人员；

（五）从事个体经营的残疾人；

（六）国务院规定给予税收优惠的其他企业、人员。

第十八条　对本法第十七条第四项、第五项规定的人员，有关部门应当在经营场地等方面给予照顾，免除行政事业性收费。

第十九条　国家实行有利于促进就业的金融政策，增加中小企业的融资渠道；鼓励金融机构改进金融服务，加大对中小企业的信贷支持，并对自主创业人员在一定期限内给予小额信贷等扶持。

第二十条　国家实行城乡统筹的就业政策，建立健全城乡劳动者平等就业的制度，引导农业富余劳动力有序转移就业。

县级以上地方人民政府推进小城镇建设和加快县域经济发展，引导农业富余劳动力就地就近转移就业；在制定小城镇规划时，将本地区农业富余劳动力转移就业作为重要内容。

县级以上地方人民政府引导农业富余劳动力有序向城市异地转移就业；劳动力输出地和输入地人民政府应当互相配合，改善农村劳动者进城就业的环境和条件。

第二十一条 国家支持区域经济发展，鼓励区域协作，统筹协调不同地区就业的均衡增长。国家支持民族地区发展经济，扩大就业。

第二十二条 各级人民政府统筹做好城镇新增劳动力就业、农业富余劳动力转移就业和失业人员就业工作。

第二十三条 各级人民政府采取措施，逐步完善和实施与非全日制用工等灵活就业相适应的劳动和社会保险政策，为灵活就业人员提供帮助和服务。

第二十四条 地方各级人民政府和有关部门应当加强对失业人员从事个体经营的指导，提供政策咨询、就业培训和开业指导等服务。

第三章 公平就业

第二十五条 各级人民政府创造公平就业的环境，消除就业歧视，制定政策并采取措施对就业困难人员给予扶持和援助。

第二十六条 用人单位招用人员、职业中介机构从事职业中介活动，应当向劳动者提供平等的就业机会和公平的就业条件，不得实施就业歧视。

第二十七条 国家保障妇女享有与男子平等的劳动权利。用人单位招用人员，除国家规定的不适合妇女的工种或者岗位外，不得以性别为由拒绝录用妇女或者提高对妇女的录用标准。用人单位录用女职工，不得在劳动合同中规定限制女职工结婚、生育的内容。

第二十八条 各民族劳动者享有平等的劳动权利。用人单位招用人员，应当依法对少数民族劳动者给予适当照顾。

第二十九条 国家保障残疾人的劳动权利。

各级人民政府应当对残疾人就业统筹规划，为残疾人创造就业条件。用人单位招用人员，不得歧视残疾人。

第三十条 用人单位招用人员，不得以是传染病病原携带者为由拒绝录用。但是，经医学鉴定传染病病原携带者在治愈前或者排除传染嫌疑前，不得从事法律、行政法规和国务院卫生行政部门规定禁止从事的易使传染病扩散的工作。

第三十一条 农村劳动者进城就业享有与城镇劳动者平等的劳动权利，不得对农村劳动者进城就业设置歧视性限制。

第四章 就业服务和管理

第三十二条 县级以上人民政府培育和完善统一开放、竞争有序的人力资源市场，为劳动者就业提供服务。

第三十三条 县级以上人民政府鼓励社会各方面依法开展就业服务活动，加强对公共就业服务和职业中介服务的指导和监督，逐步完善覆盖城乡的就业服务体系。

第三十四条　县级以上人民政府加强人力资源市场信息网络及相关设施建设，建立健全人力资源市场信息服务体系，完善市场信息发布制度。

第三十五条　县级以上人民政府建立健全公共就业服务体系，设立公共就业服务机构，为劳动者免费提供下列服务：

（一）就业政策法规咨询；

（二）职业供求信息、市场工资指导价位信息和职业培训信息发布；

（三）职业指导和职业介绍；

（四）对就业困难人员实施就业援助；

（五）办理就业登记、失业登记等事务；

（六）其他公共就业服务。

公共就业服务机构应当不断提高服务的质量和效率，不得从事经营性活动。公共就业服务经费纳入同级财政预算。

第三十六条　县级以上地方人民政府对职业中介机构提供公益性就业服务的，按照规定给予补贴。国家鼓励社会各界为公益性就业服务提供捐赠、资助。

第三十七条　地方各级人民政府和有关部门不得举办或者与他人联合举办经营性的职业中介机构。

地方各级人民政府和有关部门、公共就业服务机构举办的招聘会，不得向劳动者收取费用。

第三十八条　县级以上人民政府和有关部门加强对职业中介机构的管理，鼓励其提高服务质量，发挥其在促进就业中的作用。

第三十九条　从事职业中介活动，应当遵循合法、诚实信用、公平、公开的原则。

用人单位通过职业中介机构招用人员，应当如实向职业中介机构提供岗位需求信息。禁止任何组织或者个人利用职业中介活动侵害劳动者的合法权益。

第四十条　设立职业中介机构应当具备下列条件：

（一）有明确的章程和管理制度；

（二）有开展业务必备的固定场所、办公设施和一定数额的开办资金；

（三）有一定数量具备相应职业资格的专职工作人员；

（四）法律、法规规定的其他条件。

设立职业中介机构，应当依法办理行政许可。经许可的职业中介机构，应当向工商行政部门办理登记。

未经依法许可和登记的机构，不得从事职业中介活动。

国家对外商投资职业中介机构和向劳动者提供境外就业服务的职业中介机构另有规定的，依照其规定。

第四十一条　职业中介机构不得有下列行为：

（一）提供虚假就业信息；

（二）为无合法证照的用人单位提供职业中介服务；

（三）伪造、涂改、转让职业中介许可证；

（四）扣押劳动者的居民身份证和其他证件，或者向劳动者收取押金；

（五）其他违反法律、法规规定的行为。

第四十二条 县级以上人民政府建立失业预警制度，对可能出现的较大规模的失业，实施预防、调节和控制。

第四十三条 国家建立劳动力调查统计制度和就业登记、失业登记制度，开展劳动力资源和就业、失业状况调查统计，并公布调查统计结果。

统计部门和劳动行政部门进行劳动力调查统计和就业、失业登记时，用人单位和个人应当如实提供调查统计和登记所需要的情况。

第五章　职业教育和培训

第四十四条 国家依法发展职业教育，鼓励开展职业培训，促进劳动者提高职业技能，增强就业能力和创业能力。

第四十五条 县级以上人民政府根据经济社会发展和市场需求，制定并实施职业能力开发计划。

第四十六条 县级以上人民政府加强统筹协调，鼓励和支持各类职业院校、职业技能培训机构和用人单位依法开展就业前培训、在职培训、再就业培训和创业培训；鼓励劳动者参加各种形式的培训。

第四十七条 县级以上地方人民政府和有关部门根据市场需求和产业发展方向，鼓励、指导企业加强职业教育和培训。

职业院校、职业技能培训机构与企业应当密切联系，实行产教结合，为经济建设服务，培养实用人才和熟练劳动者。

企业应当按照国家有关规定提取职工教育经费，对劳动者进行职业技能培训和继续教育培训。

第四十八条 国家采取措施建立健全劳动预备制度，县级以上地方人民政府对有就业要求的初高中毕业生实行一定期限的职业教育和培训，使其取得相应的职业资格或者掌握一定的职业技能。

第四十九条 地方各级人民政府鼓励和支持开展就业培训，帮助失业人员提高职业技能，增强其就业能力和创业能力。失业人员参加就业培训的，按照有关规定享受政府培训补贴。

第五十条 地方各级人民政府采取有效措施，组织和引导进城就业的农村劳动者参加技能培训，鼓励各类培训机构为进城就业的农村劳动者提供技能培训，增强其就业能力和创业能力。

第五十一条 国家对从事涉及公共安全、人身健康、生命财产安全等特殊工种的劳动者，实行职业资格证书制度，具体办法由国务院规定。

第六章　就业援助

第五十二条 各级人民政府建立健全就业援助制度，采取税费减免、贷款贴息、社会保险补贴、岗位补贴等办法，通过公益性岗位安置等途径，对就业困难人员实行优先扶持和重点帮助。

就业困难人员是指因身体状况、技能水平、家庭因素、失去土地等原因难以实现就业，以及连续失业一定时间仍未能实现就业的人员。就业困难人员的具体范围，由省、自治区、直辖市人民政府根据本行政区域的实际情况规定。

第五十三条　政府投资开发的公益性岗位，应当优先安排符合岗位要求的就业困难人员。被安排在公益性岗位工作的，按照国家规定给予岗位补贴。

第五十四条　地方各级人民政府加强基层就业援助服务工作，对就业困难人员实施重点帮助，提供有针对性的就业服务和公益性岗位援助。

地方各级人民政府鼓励和支持社会各方面为就业困难人员提供技能培训、岗位信息等服务。

第五十五条　各级人民政府采取特别扶助措施，促进残疾人就业。

用人单位应当按照国家规定安排残疾人就业，具体办法由国务院规定。

第五十六条　县级以上地方人民政府采取多种就业形式，拓宽公益性岗位范围，开发就业岗位，确保城市有就业需求的家庭至少有一人实现就业。

法定劳动年龄内的家庭人员均处于失业状况的城市居民家庭，可以向住所地街道、社区公共就业服务机构申请就业援助。街道、社区公共就业服务机构经确认属实的，应当为该家庭中至少一人提供适当的就业岗位。

第五十七条　国家鼓励资源开采型城市和独立工矿区发展与市场需求相适应的产业，引导劳动者转移就业。

对因资源枯竭或者经济结构调整等原因造成就业困难人员集中的地区，上级人民政府应当给予必要的扶持和帮助。

第七章　监督检查

第五十八条　各级人民政府和有关部门应当建立促进就业的目标责任制度。县级以上人民政府按照促进就业目标责任制的要求，对所属的有关部门和下一级人民政府进行考核和监督。

第五十九条　审计机关、财政部门应当依法对就业专项资金的管理和使用情况进行监督检查。

第六十条　劳动行政部门应当对本法实施情况进行监督检查，建立举报制度，受理对违反本法行为的举报，并及时予以核实处理。

第八章　法律责任

第六十一条　违反本法规定，劳动行政等有关部门及其工作人员滥用职权、玩忽职守、徇私舞弊的，对直接负责的主管人员和其他直接责任人员依法给予处分。

第六十二条　违反本法规定，实施就业歧视的，劳动者可以向人民法院提起诉讼。

第六十三条　违反本法规定，地方各级人民政府和有关部门、公共就业服务机构举办经营性的职业中介机构，从事经营性职业中介活动，向劳动者收取费用的，由上级主管机关责令限期改正，将违法收取的费用退还劳动者，并对直接负责的主管人员和其他直接责任人员依法给予处分。

第六十四条　违反本法规定，未经许可和登记，擅自从事职业中介活动的，由劳动行政部门或者其他主管部门依法予以关闭；有违法所得的，没收违法所得，并处一万元以上五万元以下的罚款。

第六十五条　违反本法规定，职业中介机构提供虚假就业信息，为无合法证照的用人单位提供职业中介服务，伪造、涂改、转让职业中介许可证的，由劳动行政部门或者其他主管部门责令改正；有违法所得的，没收违法所得，并处一万元以上五万元以下的罚款；情节严重的，吊销职业中介许可证。

第六十六条　违反本法规定，职业中介机构扣押劳动者居民身份证等证件的，由劳动行政部门责令限期退还劳动者，并依照有关法律规定给予处罚。

违反本法规定，职业中介机构向劳动者收取押金的，由劳动行政部门责令限期退还劳动者，并以每人五百元以上二千元以下的标准处以罚款。

第六十七条　违反本法规定，企业未按照国家规定提取职工教育经费，或者挪用职工教育经费的，由劳动行政部门责令改正，并依法给予处罚。

第六十八条　违反本法规定，侵害劳动者合法权益，造成财产损失或者其他损害的，依法承担民事责任；构成犯罪的，依法追究刑事责任。

第九章　附　则

第六十九条　本法自2008年1月1日起施行。

中华人民共和国劳动争议调解仲裁法

中华人民共和国劳动争议调解仲裁法

（2007年12月29日第十届全国人民代表大会常务委员会第三十一次会议通过）

第一章 总 则

第一条 为了公正及时解决劳动争议，保护当事人合法权益，促进劳动关系和谐稳定，制定本法。

第二条 中华人民共和国境内的用人单位与劳动者发生的下列劳动争议，适用本法：

（一）因确认劳动关系发生的争议；

（二）因订立、履行、变更、解除和终止劳动合同发生的争议；

（三）因除名、辞退和辞职、离职发生的争议；

（四）因工作时间、休息休假、社会保险、福利、培训以及劳动保护发生的争议；

（五）因劳动报酬、工伤医疗费、经济补偿或者赔偿金等发生的争议；

（六）法律、法规规定的其他劳动争议。

第三条 解决劳动争议，应当根据事实，遵循合法、公正、及时、着重调解的原则，依法保护当事人的合法权益。

第四条 发生劳动争议，劳动者可以与用人单位协商，也可以请工会或者第三方共同与用人单位协商，达成和解协议。

第五条 发生劳动争议，当事人不愿协商、协商不成或者达成和解协议后不履行的，可以向调解组织申请调解；不愿调解、调解不成或者达成调解协议后不履行的，可以向劳动争议仲裁委员会申请仲裁；对仲裁裁决不服的，除本法另有规定的外，可以向人民法院提起诉讼。

第六条 发生劳动争议，当事人对自己提出的主张，有责任提供证据。与争议事项有关的证据属于用人单位掌握管理的，用人单位应当提供；用人单位不提供的，应当承担不利后果。

第七条 发生劳动争议的劳动者一方在十人以上，并有共同请求的，可以推举代表参加调解、仲裁或者诉讼活动。

第八条　县级以上人民政府劳动行政部门会同工会和企业方面代表建立协调劳动关系三方机制，共同研究解决劳动争议的重大问题。

第九条　用人单位违反国家规定，拖欠或者未足额支付劳动报酬，或者拖欠工伤医疗费、经济补偿或者赔偿金的，劳动者可以向劳动行政部门投诉，劳动行政部门应当依法处理。

第二章　调　解

第十条　发生劳动争议，当事人可以到下列调解组织申请调解：

（一）企业劳动争议调解委员会；

（二）依法设立的基层人民调解组织；

（三）在乡镇、街道设立的具有劳动争议调解职能的组织。

企业劳动争议调解委员会由职工代表和企业代表组成。职工代表由工会成员担任或者由全体职工推举产生，企业代表由企业负责人指定。企业劳动争议调解委员会主任由工会成员或者双方推举的人员担任。

第十一条　劳动争议调解组织的调解员应当由公道正派、联系群众、热心调解工作，并具有一定法律知识、政策水平和文化水平的成年公民担任。

第十二条　当事人申请劳动争议调解可以书面申请，也可以口头申请。口头申请的，调解组织应当当场记录申请人基本情况、申请调解的争议事项、理由和时间。

第十三条　调解劳动争议，应当充分听取双方当事人对事实和理由的陈述，耐心疏导，帮助其达成协议。

第十四条　经调解达成协议的，应当制作调解协议书。

调解协议书由双方当事人签名或者盖章，经调解员签名并加盖调解组织印章后生效，对双方当事人具有约束力，当事人应当履行。

自劳动争议调解组织收到调解申请之日起十五日内未达成调解协议的，当事人可以依法申请仲裁。

第十五条　达成调解协议后，一方当事人在协议约定期限内不履行调解协议的，另一方当事人可以依法申请仲裁。

第十六条　因支付拖欠劳动报酬、工伤医疗费、经济补偿或者赔偿金事项达成调解协议，用人单位在协议约定期限内不履行的，劳动者可以持调解协议书依法向人民法院申请支付令。人民法院应当依法发出支付令。

第三章　仲　裁

第一节　一般规定

第十七条　劳动争议仲裁委员会按照统筹规划、合理布局和适应实际需要的原则设立。省、自治区人民政府可以决定在市、县设立；直辖市人民政府可以决定在区、县设立。直辖市、设区的市也可以设立一个或者若干个劳动争议仲裁委员会。劳动争议仲裁委员会不按行政区划层层设立。

第十八条　国务院劳动行政部门依照本法有关规定制定仲裁规则。省、自治区、直辖市人民政府劳动行政部门对本行政区域的劳动争议仲裁工作进行指导。

第十九条　劳动争议仲裁委员会由劳动行政部门代表、工会代表和企业方面代表组成。劳动争议仲裁委员会组成人员应当是单数。

劳动争议仲裁委员会依法履行下列职责：

（一）聘任、解聘专职或者兼职仲裁员；

（二）受理劳动争议案件；

（三）讨论重大或者疑难的劳动争议案件；

（四）对仲裁活动进行监督。

劳动争议仲裁委员会下设办事机构，负责办理劳动争议仲裁委员会的日常工作。

第二十条　劳动争议仲裁委员会应当设仲裁员名册。

仲裁员应当公道正派并符合下列条件之一：

（一）曾任审判员的；

（二）从事法律研究、教学工作并具有中级以上职称的；

（三）具有法律知识、从事人力资源管理或者工会等专业工作满五年的；

（四）律师执业满三年的。

第二十一条　劳动争议仲裁委员会负责管辖本区域内发生的劳动争议。

劳动争议由劳动合同履行地或者用人单位所在地的劳动争议仲裁委员会管辖。双方当事人分别向劳动合同履行地和用人单位所在地的劳动争议仲裁委员会申请仲裁的，由劳动合同履行地的劳动争议仲裁委员会管辖。

第二十二条　发生劳动争议的劳动者和用人单位为劳动争议仲裁案件的双方当事人。

劳务派遣单位或者用工单位与劳动者发生劳动争议的，劳务派遣单位和用工单位为共同当事人。

第二十三条　与劳动争议案件的处理结果有利害关系的第三人，可以申请参加仲裁活动或者由劳动争议仲裁委员会通知其参加仲裁活动。

第二十四条　当事人可以委托代理人参加仲裁活动。委托他人参加仲裁活动，应当向劳动争议仲裁委员会提交有委托人签名或者盖章的委托书，委托书应当载明委托事项和权限。

第二十五条　丧失或者部分丧失民事行为能力的劳动者，由其法定代理人代为参加仲裁活动；无法定代理人的，由劳动争议仲裁委员会为其指定代理人。劳动者死亡的，由其近亲属或者代理人参加仲裁活动。

第二十六条　劳动争议仲裁公开进行，但当事人协议不公开进行或者涉及国家秘密、商业秘密和个人隐私的除外。

第二节　申请和受理

第二十七条　劳动争议申请仲裁的时效期间为一年。仲裁时效期间从当事人知道或者应当知道其权利被侵害之日起计算。

前款规定的仲裁时效，因当事人一方向对方当事人主张权利，或者向有关部门请求权利救济，或者对方当事人同意履行义务而中断。从中断时起，仲裁时效期间重新计算。

因不可抗力或者有其他正当理由，当事人不能在本条第一款规定的仲裁时效期间申请仲裁的，仲裁时效中止。从中止时效的原因消除之日起，仲裁时效期间继续计算。

劳动关系存续期间因拖欠劳动报酬发生争议的，劳动者申请仲裁不受本条第一款规定的仲裁时效期间的限制；但是，劳动关系终止的，应当自劳动关系终止之日起一年内提出。

第二十八条　申请人申请仲裁应当提交书面仲裁申请，并按照被申请人人数提交副本。

仲裁申请书应当载明下列事项：

（一）劳动者的姓名、性别、年龄、职业、工作单位和住所，用人单位的名称、住所和法定代表人或者主要负责人的姓名、职务；

（二）仲裁请求和所根据的事实、理由；

（三）证据和证据来源、证人姓名和住所。

书写仲裁申请确有困难的，可以口头申请，由劳动争议仲裁委员会记入笔录，并告知对方当事人。

第二十九条　劳动争议仲裁委员会收到仲裁申请之日起五日内，认为符合受理条件的，应当受理，并通知申请人；认为不符合受理条件的，应当书面通知申请人不予受理，并说明理由。对劳动争议仲裁委员会不予受理或者逾期未作出决定的，申请人可以就该劳动争议事项向人民法院提起诉讼。

第三十条　劳动争议仲裁委员会受理仲裁申请后，应当在五日内将仲裁申请书副本送达被申请人。

被申请人收到仲裁申请书副本后，应当在十日内向劳动争议仲裁委员会提交答辩书。劳动争议仲裁委员会收到答辩书后，应当在五日内将答辩书副本送达申请人。被申请人未提交答辩书的，不影响仲裁程序的进行。

第三节　开庭和裁决

第三十一条　劳动争议仲裁委员会裁决劳动争议案件实行仲裁庭制。仲裁庭由三名仲裁员组成，设首席仲裁员。简单劳动争议案件可以由一名仲裁员独任仲裁。

第三十二条　劳动争议仲裁委员会应当在受理仲裁申请之日起五日内将仲裁庭的组成情况书面通知当事人。

第三十三条　仲裁员有下列情形之一，应当回避，当事人也有权以口头或者书面方式提出回避申请：

（一）是本案当事人或者当事人、代理人的近亲属的；

（二）与本案有利害关系的；

（三）与本案当事人、代理人有其他关系，可能影响公正裁决的；

（四）私自会见当事人、代理人，或者接受当事人、代理人的请客送礼的。

劳动争议仲裁委员会对回避申请应当及时作出决定，并以口头或者书面方式通知当事人。

第三十四条　仲裁员有本法第三十三条第四项规定情形，或者有索贿受贿、徇私舞弊、枉法裁决行为的，应当依法承担法律责任。劳动争议仲裁委员会应当将其解聘。

第三十五条　仲裁庭应当在开庭五日前，将开庭日期、地点书面通知双方当事人。当事人有正当理由的，可以在开庭三日前请求延期开庭。是否延期，由劳动争议仲裁委员会决定。

第三十六条　申请人收到书面通知，无正当理由拒不到庭或者未经仲裁庭同意中途退庭的，可以视为撤回仲裁申请。

被申请人收到书面通知，无正当理由拒不到庭或者未经仲裁庭同意中途退庭的，可以缺席裁决。

第三十七条　仲裁庭对专门性问题认为需要鉴定的，可以交由当事人约定的鉴定机构鉴定；当事人没有约定或者无法达成约定的，由仲裁庭指定的鉴定机构鉴定。

根据当事人的请求或者仲裁庭的要求，鉴定机构应当派鉴定人参加开庭。当事人经仲裁庭许可，可以向鉴定人提问。

第三十八条　当事人在仲裁过程中有权进行质证和辩论。质证和辩论终结时，首席仲裁员或者独任仲裁员应当征询当事人的最后意见。

第三十九条　当事人提供的证据经查证属实的，仲裁庭应当将其作为认定事实的根据。

劳动者无法提供由用人单位掌握管理的与仲裁请求有关的证据，仲裁庭可以要求用人单位在指定期限内提供。用人单位在指定期限内不提供的，应当承担不利后果。

第四十条　仲裁庭应当将开庭情况记入笔录。当事人和其他仲裁参加人认为对自己陈述的记录有遗漏或者差错的，有权申请补正。如果不予补正，应当记录该申请。

笔录由仲裁员、记录人员、当事人和其他仲裁参加人签名或者盖章。

第四十一条　当事人申请劳动争议仲裁后，可以自行和解。达成和解协议的，可以撤回仲裁申请。

第四十二条　仲裁庭在作出裁决前，应当先行调解。

调解达成协议的，仲裁庭应当制作调解书。

调解书应当写明仲裁请求和当事人协议的结果。调解书由仲裁员签名，加盖劳动争议仲裁委员会印章，送达双方当事人。调解书经双方当事人签收后，发生法律效力。

调解不成或者调解书送达前，一方当事人反悔的，仲裁庭应当及时作出裁决。

第四十三条　仲裁庭裁决劳动争议案件，应当自劳动争议仲裁委员会受理仲裁申请之日起四十五日内结束。案情复杂需要延期的，经劳动争议仲裁委员会主任批准，可以延期并书面通知当事人，但是延长期限不得超过十五日。逾期未作出仲裁裁决的，当事人可以就该劳动争议事项向人民法院提起诉讼。

仲裁庭裁决劳动争议案件时，其中一部分事实已经清楚，可以就该部分先行裁决。

第四十四条　仲裁庭对追索劳动报酬、工伤医疗费、经济补偿或者赔偿金的案件，根据当事人的申请，可以裁决先予执行，移送人民法院执行。

仲裁庭裁决先予执行的，应当符合下列条件：

（一）当事人之间权利义务关系明确；

（二）不先予执行将严重影响申请人的生活。

劳动者申请先予执行的，可以不提供担保。

第四十五条 裁决应当按照多数仲裁员的意见作出，少数仲裁员的不同意见应当记入笔录。仲裁庭不能形成多数意见时，裁决应当按照首席仲裁员的意见作出。

第四十六条 裁决书应当载明仲裁请求、争议事实、裁决理由、裁决结果和裁决日期。裁决书由仲裁员签名，加盖劳动争议仲裁委员会印章。对裁决持不同意见的仲裁员，可以签名，也可以不签名。

第四十七条 下列劳动争议，除本法另有规定的外，仲裁裁决为终局裁决，裁决书自作出之日起发生法律效力：

（一）追索劳动报酬、工伤医疗费、经济补偿或者赔偿金，不超过当地月最低工资标准十二个月金额的争议；

（二）因执行国家的劳动标准在工作时间、休息休假、社会保险等方面发生的争议。

第四十八条 劳动者对本法第四十七条规定的仲裁裁决不服的，可以自收到仲裁裁决书之日起十五日内向人民法院提起诉讼。

第四十九条 用人单位有证据证明本法第四十七条规定的仲裁裁决有下列情形之一，可以自收到仲裁裁决书之日起三十日内向劳动争议仲裁委员会所在地的中级人民法院申请撤销裁决：

（一）适用法律、法规确有错误的；

（二）劳动争议仲裁委员会无管辖权的；

（三）违反法定程序的；

（四）裁决所根据的证据是伪造的；

（五）对方当事人隐瞒了足以影响公正裁决的证据的；

（六）仲裁员在仲裁该案时有索贿受贿、徇私舞弊、枉法裁决行为的。

人民法院经组成合议庭审查核实裁决有前款规定情形之一的，应当裁定撤销。

仲裁裁决被人民法院裁定撤销的，当事人可以自收到裁定书之日起十五日内就该劳动争议事项向人民法院提起诉讼。

第五十条 当事人对本法第四十七条规定以外的其他劳动争议案件的仲裁裁决不服的，可以自收到仲裁裁决书之日起十五日内向人民法院提起诉讼；期满不起诉的，裁决书发生法律效力。

第五十一条 当事人对发生法律效力的调解书、裁决书，应当依照规定的期限履行。一方当事人逾期不履行的，另一方当事人可以依照民事诉讼法的有关规定向人民法院申请执行。受理申请的人民法院应当依法执行。

第四章 附 则

第五十二条 事业单位实行聘用制的工作人员与本单位发生劳动争议的，依照本法执行；法律、行政法规或者国务院另有规定的，依照其规定。

第五十三条　劳动争议仲裁不收费。劳动争议仲裁委员会的经费由财政予以保障。

第五十四条　本法自 2008 年 5 月 1 日起施行。

中华人民共和国个人所得税法

中华人民共和国个人所得税法

（1980年9月10日第五届全国人民代表大会第三次会议通过）

根据1993年10月31日第八届全国人民代表大会常务委员会第四次会议《关于修改〈中华人民共和国个人所得税法〉的决定》第一次修正

根据1999年8月30日第九届全国人民代表大会常务委员会第十一次会议《关于修改〈中华人民共和国个人所得税法〉的决定》第二次修正

根据2005年10月27日第十届全国人民代表大会常务委员会第十八次会议《关于修改〈中华人民共和国个人所得税法〉的决定》第三次修正

根据2007年6月29日第十届全国人民代表大会常务委员会第二十八次会议《关于修改〈中华人民共和国个人所得税法〉的决定》第四次修正

根据2007年12月29日第十届全国人民代表大会常务委员会第三十一次会议《关于修改〈中华人民共和国个人所得税法〉的决定》第五次修正

根据2011年6月30日第十一届全国人民代表大会常务委员会第二十一次会议《关于修改〈中华人民共和国个人所得税法〉的决定》第六次修正）

第一条　在中国境内有住所，或者无住所而在境内居住满一年的个人，从中国境内和境外取得的所得，依照本法规定缴纳个人所得税。

在中国境内无住所又不居住或者无住所而在境内居住不满一年的个人，从中国境内取得的所得，依照本法规定缴纳个人所得税。

第二条　下列各项个人所得，应纳个人所得税：

一、工资、薪金所得；

二、个体工商户的生产、经营所得；

三、对企事业单位的承包经营、承租经营所得；

四、劳务报酬所得；

五、稿酬所得；

六、特许权使用费所得；

七、利息、股息、红利所得；

八、财产租赁所得；

九、财产转让所得；

十、偶然所得；

十一、经国务院财政部门确定征税的其他所得。

第三条　个人所得税的税率：

一、工资、薪金所得，适用超额累进税率，税率为百分之三至百分之四十五（税率表附后）。

二、个体工商户的生产、经营所得和对企事业单位的承包经营、承租经营所得，适用百分之五至百分之三十五的超额累进税率（税率表附后）。

三、稿酬所得，适用比例税率，税率为百分之二十，并按应纳税额减征百分之三十。

四、劳务报酬所得，适用比例税率，税率为百分之二十。对劳务报酬所得一次收入畸高的，可以实行加成征收，具体办法由国务院规定。

五、特许权使用费所得，利息、股息、红利所得，财产租赁所得，财产转让所得，偶然所得和其他所得，适用比例税率，税率为百分之二十。

第四条　下列各项个人所得，免纳个人所得税：

一、省级人民政府、国务院部委和中国人民解放军军以上单位，以及外国组织、国际组织颁发的科学、教育、技术、文化、卫生、体育、环境保护等方面的奖金；

二、国债和国家发行的金融债券利息；

三、按照国家统一规定发给的补贴、津贴；

四、福利费、抚恤金、救济金；

五、保险赔款；

六、军人的转业费、复员费；

七、按照国家统一规定发给干部、职工的安家费、退职费、退休工资、离休工资、离休生活补助费；

八、依照我国有关法律规定应予免税的各国驻华使馆、领事馆的外交代表、领事官员和其他人员的所得；

九、中国政府参加的国际公约、签订的协议中规定免税的所得；

十、经国务院财政部门批准免税的所得。

第五条　有下列情形之一的，经批准可以减征个人所得税：

一、残疾、孤老人员和烈属的所得；

二、因严重自然灾害造成重大损失的；

三、其他经国务院财政部门批准减税的。

第六条　应纳税所得额的计算：

一、工资、薪金所得，以每月收入额减除费用三千五百元后的余额，为应纳税所得额。

二、个体工商户的生产、经营所得，以每一纳税年度的收入总额减除成本、费用以及损失后的余额，为应纳税所得额。

三、对企事业单位的承包经营、承租经营所得，以每一纳税年度的收入总额，减除必要费用后的余额，为应纳税所得额。

四、劳务报酬所得、稿酬所得、特许权使用费所得、财产租赁所得，每次收入不超过四千元的，减除费用八百元；四千元以上的，减除百分之二十的费用，其余额为应纳税所得额。

五、财产转让所得，以转让财产的收入额减除财产原值和合理费用后的余额，为应纳税所得额。

六、利息、股息、红利所得，偶然所得和其他所得，以每次收入额为应纳税所得额。

个人将其所得对教育事业和其他公益事业捐赠的部分，按照国务院有关规定从应纳税所得中扣除。

对在中国境内无住所而在中国境内取得工资、薪金所得的纳税义务人和在中国境内有住所而在中国境外取得工资、薪金所得的纳税义务人，可以根据其平均收入水平、生活水平以及汇率变化情况确定附加减除费用，附加减除费用适用的范围和标准由国务院规定。

第七条 纳税义务人从中国境外取得的所得，准予其在应纳税额中扣除已在境外缴纳的个人所得税税额。但扣除额不得超过该纳税义务人境外所得依照本法规定计算的应纳税额。

第八条 个人所得税，以所得人为纳税义务人，以支付所得的单位或者个人为扣缴义务人。个人所得超过国务院规定数额的，在两处以上取得工资、薪金所得或者没有扣缴义务人的，以及具有国务院规定的其他情形的，纳税义务人应当按照国家规定办理纳税申报。扣缴义务人应当按照国家规定办理全员全额扣缴申报。

第九条 扣缴义务人每月所扣的税款，自行申报纳税人每月应纳的税款，都应当在次月十五日内缴入国库，并向税务机关报送纳税申报表。

工资、薪金所得应纳的税款，按月计征，由扣缴义务人或者纳税义务人在次月十五日内缴入国库，并向税务机关报送纳税申报表。特定行业的工资、薪金所得应纳的税款，可以实行按年计算、分月预缴的方式计征，具体办法由国务院规定。

个体工商户的生产、经营所得应纳的税款，按年计算，分月预缴，由纳税义务人在次月十五日内预缴，年度终了后三个月内汇算清缴，多退少补。

对企事业单位的承包经营、承租经营所得应纳的税款，按年计算，由纳税义务人在年度终了后三十日内缴入国库，并向税务机关报送纳税申报表。纳税义务人在一年内分次取得承包经营、承租经营所得的，应当在取得每次所得后的十五日内预缴，年度终了后三个月内汇算清缴，多退少补。

从中国境外取得所得的纳税义务人，应当在年度终了后三十日内，将应纳的税款缴入国库，并向税务机关报送纳税申报表。

第十条 各项所得的计算，以人民币为单位。所得为外国货币的，按照国家外汇管理机关规定的外汇牌价折合成人民币缴纳税款。

第十一条 对扣缴义务人按照所扣缴的税款，付给百分之二的手续费。

第十二条 对储蓄存款利息所得开征、减征、停征个人所得税及其具体办法，由国务院规定。

第十三条 个人所得税的征收管理，依照《中华人民共和国税收征收管理法》的规定执行。

第十四条 国务院根据本法制定实施条例。

第十五条　本法自公布之日起施行。

个人所得税税率表一（工资、薪金所得适用）

级数	全月应纳税所得额	税率（%）
1	不超过1 500元的	3
2	超过1 500元至4 500元的部分	10
3	超过4 500元至9 000元的部分	20
4	超过9 000元至35 000元的部分	25
5	超过35 000元至55 000元的部分	30
6	超过55 000元至80 000元的部分	35
7	超过80 000元的部分	45

（注：本表所称全月应纳税所得额是指依照本法第六条的规定，以每月收入额减除费用三千五百元以及附加减除费用后的余额。）

个人所得税税率表二（个体工商户的生产、经营所得和对企事业单位的承包经营、承租经营所得适用）

级数	全年应纳税所得额	税率（%）
1	不超过15 000元的	5
2	超过15 000元至30 000元的部分	10
3	超过30 000元至60 000元的部分	20
4	超过60 000元至100 000元的部分	30
5	超过100 000元的部分	35

（注：本表所称全年应纳税所得额是指依照本法第六条的规定，以每一纳税年度的收入总额减除成本、费用以及损失后的余额。）

中华人民共和国社会保险法

中华人民共和国社会保险法

（2010年10月28日第十一届全国人民代表大会常务委员会第十七次会议通过）

第一章 总 则

第一条 为了规范社会保险关系，维护公民参加社会保险和享受社会保险待遇的合法权益，使公民共享发展成果，促进社会和谐稳定，根据宪法，制定本法。

第二条 国家建立基本养老保险、基本医疗保险、工伤保险、失业保险、生育保险等社会保险制度，保障公民在年老、疾病、工伤、失业、生育等情况下依法从国家和社会获得物质帮助的权利。

第三条 社会保险制度坚持广覆盖、保基本、多层次、可持续的方针，社会保险水平应当与经济社会发展水平相适应。

第四条 中华人民共和国境内的用人单位和个人依法缴纳社会保险费，有权查询缴费记录、个人权益记录，要求社会保险经办机构提供社会保险咨询等相关服务。

个人依法享受社会保险待遇，有权监督本单位为其缴费情况。

第五条 县级以上人民政府将社会保险事业纳入国民经济和社会发展规划。

国家多渠道筹集社会保险资金。县级以上人民政府对社会保险事业给予必要的经费支持。

国家通过税收优惠政策支持社会保险事业。

第六条 国家对社会保险基金实行严格监管。

国务院和省、自治区、直辖市人民政府建立健全社会保险基金监督管理制度，保障社会保险基金安全、有效运行。

县级以上人民政府采取措施，鼓励和支持社会各方面参与社会保险基金的监督。

第七条 国务院社会保险行政部门负责全国的社会保险管理工作，国务院其他有关部门在各自的职责范围内负责有关的社会保险工作。

县级以上地方人民政府社会保险行政部门负责本行政区域的社会保险管理工作，县级以上地方人民政府其他有关部门在各自的职责范围内负责有关的社会保险工作。

第八条　社会保险经办机构提供社会保险服务，负责社会保险登记、个人权益记录、社会保险待遇支付等工作。

第九条　工会依法维护职工的合法权益，有权参与社会保险重大事项的研究，参加社会保险监督委员会，对与职工社会保险权益有关的事项进行监督。

第二章　基本养老保险

第十条　职工应当参加基本养老保险，由用人单位和职工共同缴纳基本养老保险费。

无雇工的个体工商户、未在用人单位参加基本养老保险的非全日制从业人员以及其他灵活就业人员可以参加基本养老保险，由个人缴纳基本养老保险费。

公务员和参照公务员法管理的工作人员养老保险的办法由国务院规定。

第十一条　基本养老保险实行社会统筹与个人账户相结合。

基本养老保险基金由用人单位和个人缴费以及政府补贴等组成。

第十二条　用人单位应当按照国家规定的本单位职工工资总额的比例缴纳基本养老保险费，记入基本养老保险统筹基金。

职工应当按照国家规定的本人工资的比例缴纳基本养老保险费，记入个人账户。

无雇工的个体工商户、未在用人单位参加基本养老保险的非全日制从业人员以及其他灵活就业人员参加基本养老保险的，应当按照国家规定缴纳基本养老保险费，分别记入基本养老保险统筹基金和个人账户。

第十三条　国有企业、事业单位职工参加基本养老保险前，视同缴费年限期间应当缴纳的基本养老保险费由政府承担。

基本养老保险基金出现支付不足时，政府给予补贴。

第十四条　个人账户不得提前支取，记账利率不得低于银行定期存款利率，免征利息税。个人死亡的，个人账户余额可以继承。

第十五条　基本养老金由统筹养老金和个人账户养老金组成。

基本养老金根据个人累计缴费年限、缴费工资、当地职工平均工资、个人账户金额、城镇人口平均预期寿命等因素确定。

第十六条　参加基本养老保险的个人，达到法定退休年龄时累计缴费满十五年的，按月领取基本养老金。

参加基本养老保险的个人，达到法定退休年龄时累计缴费不足十五年的，可以缴费至满十五年，按月领取基本养老金；也可以转入新型农村社会养老保险或者城镇居民社会养老保险，按照国务院规定享受相应的养老保险待遇。

第十七条　参加基本养老保险的个人，因病或者非因工死亡的，其遗属可以领取丧葬补助金和抚恤金；在未达到法定退休年龄时因病或者非因工致残完全丧失劳动能力的，可以领取病残津贴。所需资金从基本养老保险基金中支付。

第十八条　国家建立基本养老金正常调整机制。根据职工平均工资增长、物价上涨情况，适时提高基本养老保险待遇水平。

第十九条　个人跨统筹地区就业的，其基本养老保险关系随本人转移，缴费年限累计计算。个人达到法定退休年龄时，基本养老金分段计算、统一支付。具体办法由国务院规定。

第二十条　国家建立和完善新型农村社会养老保险制度。

新型农村社会养老保险实行个人缴费、集体补助和政府补贴相结合。

第二十一条　新型农村社会养老保险待遇由基础养老金和个人账户养老金组成。

参加新型农村社会养老保险的农村居民，符合国家规定条件的，按月领取新型农村社会养老保险待遇。

第二十二条　国家建立和完善城镇居民社会养老保险制度。

省、自治区、直辖市人民政府根据实际情况，可以将城镇居民社会养老保险和新型农村社会养老保险合并实施。

第三章　基本医疗保险

第二十三条　职工应当参加职工基本医疗保险，由用人单位和职工按照国家规定共同缴纳基本医疗保险费。

无雇工的个体工商户、未在用人单位参加职工基本医疗保险的非全日制从业人员以及其他灵活就业人员可以参加职工基本医疗保险，由个人按照国家规定缴纳基本医疗保险费。

第二十四条　国家建立和完善新型农村合作医疗制度。

新型农村合作医疗的管理办法，由国务院规定。

第二十五条　国家建立和完善城镇居民基本医疗保险制度。

城镇居民基本医疗保险实行个人缴费和政府补贴相结合。

享受最低生活保障的人、丧失劳动能力的残疾人、低收入家庭六十周岁以上的老年人和未成年人等所需个人缴费部分，由政府给予补贴。

第二十六条　职工基本医疗保险、新型农村合作医疗和城镇居民基本医疗保险的待遇标准按照国家规定执行。

第二十七条　参加职工基本医疗保险的个人，达到法定退休年龄时累计缴费达到国家规定年限的，退休后不再缴纳基本医疗保险费，按照国家规定享受基本医疗保险待遇；未达到国家规定年限的，可以缴费至国家规定年限。

第二十八条　符合基本医疗保险药品目录、诊疗项目、医疗服务设施标准以及急诊、抢救的医疗费用，按照国家规定从基本医疗保险基金中支付。

第二十九条　参保人员医疗费用中应当由基本医疗保险基金支付的部分，由社会保险经办机构与医疗机构、药品经营单位直接结算。

社会保险行政部门和卫生行政部门应当建立异地就医医疗费用结算制度，方便参保人员享受基本医疗保险待遇。

第三十条　下列医疗费用不纳入基本医疗保险基金支付范围：

（一）应当从工伤保险基金中支付的；

（二）应当由第三人负担的；

（三）应当由公共卫生负担的；

（四）在境外就医的。

医疗费用依法应当由第三人负担，第三人不支付或者无法确定第三人的，由基本医疗保险基金先行支付。基本医疗保险基金先行支付后，有权向第三人追偿。

第三十一条　社会保险经办机构根据管理服务的需要，可以与医疗机构、药品经营单位签订服务协议，规范医疗服务行为。

医疗机构应当为参保人员提供合理、必要的医疗服务。

第三十二条　个人跨统筹地区就业的，其基本医疗保险关系随本人转移，缴费年限累计计算。

第四章　工伤保险

第三十三条　职工应当参加工伤保险，由用人单位缴纳工伤保险费，职工不缴纳工伤保险费。

第三十四条　国家根据不同行业的工伤风险程度确定行业的差别费率，并根据使用工伤保险基金、工伤发生率等情况在每个行业内确定费率档次。行业差别费率和行业内费率档次由国务院社会保险行政部门制定，报国务院批准后公布施行。

社会保险经办机构根据用人单位使用工伤保险基金、工伤发生率和所属行业费率档次等情况，确定用人单位缴费费率。

第三十五条　用人单位应当按照本单位职工工资总额，根据社会保险经办机构确定的费率缴纳工伤保险费。

第三十六条　职工因工作原因受到事故伤害或者患职业病，且经工伤认定的，享受工伤保险待遇；其中，经劳动能力鉴定丧失劳动能力的，享受伤残待遇。

工伤认定和劳动能力鉴定应当简捷、方便。

第三十七条　职工因下列情形之一导致本人在工作中伤亡的，不认定为工伤：

（一）故意犯罪；

（二）醉酒或者吸毒；

（三）自残或者自杀；

（四）法律、行政法规规定的其他情形。

第三十八条　因工伤发生的下列费用，按照国家规定从工伤保险基金中支付：

（一）治疗工伤的医疗费用和康复费用；

（二）住院伙食补助费；

（三）到统筹地区以外就医的交通食宿费；

（四）安装配置伤残辅助器具所需费用；

（五）生活不能自理的，经劳动能力鉴定委员会确认的生活护理费；

（六）一次性伤残补助金和一至四级伤残职工按月领取的伤残津贴；

（七）终止或者解除劳动合同时，应当享受的一次性医疗补助金；

（八）因工死亡的，其遗属领取的丧葬补助金、供养亲属抚恤金和因工死亡补助金；

（九）劳动能力鉴定费。

第三十九条　因工伤发生的下列费用，按照国家规定由用人单位支付：

（一）治疗工伤期间的工资福利；

（二）五级、六级伤残职工按月领取的伤残津贴；

（三）终止或者解除劳动合同时，应当享受的一次性伤残就业补助金。

第四十条 工伤职工符合领取基本养老金条件的，停发伤残津贴，享受基本养老保险待遇。基本养老保险待遇低于伤残津贴的，从工伤保险基金中补足差额。

第四十一条 职工所在用人单位未依法缴纳工伤保险费，发生工伤事故的，由用人单位支付工伤保险待遇。用人单位不支付的，从工伤保险基金中先行支付。

从工伤保险基金中先行支付的工伤保险待遇应当由用人单位偿还。用人单位不偿还的，社会保险经办机构可以依照本法第六十三条的规定追偿。

第四十二条 由于第三人的原因造成工伤，第三人不支付工伤医疗费用或者无法确定第三人的，由工伤保险基金先行支付。工伤保险基金先行支付后，有权向第三人追偿。

第四十三条 工伤职工有下列情形之一的，停止享受工伤保险待遇：

（一）丧失享受待遇条件的；

（二）拒不接受劳动能力鉴定的；

（三）拒绝治疗的。

第五章 失业保险

第四十四条 职工应当参加失业保险，由用人单位和职工按照国家规定共同缴纳失业保险费。

第四十五条 失业人员符合下列条件的，从失业保险基金中领取失业保险金：

（一）失业前用人单位和本人已经缴纳失业保险费满一年的；

（二）非因本人意愿中断就业的；

（三）已经进行失业登记，并有求职要求的。

第四十六条 失业人员失业前用人单位和本人累计缴费满一年不足五年的，领取失业保险金的期限最长为十二个月；累计缴费满五年不足十年的，领取失业保险金的期限最长为十八个月；累计缴费十年以上的，领取失业保险金的期限最长为二十四个月。重新就业后，再次失业的，缴费时间重新计算，领取失业保险金的期限与前次失业应当领取而尚未领取的失业保险金的期限合并计算，最长不超过二十四个月。

第四十七条 失业保险金的标准，由省、自治区、直辖市人民政府确定，不得低于城市居民最低生活保障标准。

第四十八条 失业人员在领取失业保险金期间，参加职工基本医疗保险，享受基本医疗保险待遇。

失业人员应当缴纳的基本医疗保险费从失业保险基金中支付，个人不缴纳基本医疗保险费。

第四十九条 失业人员在领取失业保险金期间死亡的，参照当地对在职职工死亡的规定，向其遗属发给一次性丧葬补助金和抚恤金。所需资金从失业保险基金中支付。

个人死亡同时符合领取基本养老保险丧葬补助金、工伤保险丧葬补助金和失业保险丧葬补助金条件的，其遗属只能选择领取其中的一项。

第五十条 用人单位应当及时为失业人员出具终止或者解除劳动关系的证明，并将失业人员的名单自终止或者解除劳动关系之日起十五日内告知社会保险经办机构。

失业人员应当持本单位为其出具的终止或者解除劳动关系的证明，及时到指定的公共就业服务机构办理失业登记。

失业人员凭失业登记证明和个人身份证明，到社会保险经办机构办理领取失业保险金的手续。失业保险金领取期限自办理失业登记之日起计算。

第五十一条　失业人员在领取失业保险金期间有下列情形之一的，停止领取失业保险金，并同时停止享受其他失业保险待遇：

（一）重新就业的；

（二）应征服兵役的；

（三）移居境外的；

（四）享受基本养老保险待遇的；

（五）无正当理由，拒不接受当地人民政府指定部门或者机构介绍的适当工作或者提供的培训的。

第五十二条　职工跨统筹地区就业的，其失业保险关系随本人转移，缴费年限累计计算。

第六章　生育保险

第五十三条　职工应当参加生育保险，由用人单位按照国家规定缴纳生育保险费，职工不缴纳生育保险费。

第五十四条　用人单位已经缴纳生育保险费的，其职工享受生育保险待遇；职工未就业配偶按照国家规定享受生育医疗费用待遇。所需资金从生育保险基金中支付。

生育保险待遇包括生育医疗费用和生育津贴。

第五十五条　生育医疗费用包括下列各项：

（一）生育的医疗费用；

（二）计划生育的医疗费用；

（三）法律、法规规定的其他项目费用。

第五十六条　职工有下列情形之一的，可以按照国家规定享受生育津贴：

（一）女职工生育享受产假；

（二）享受计划生育手术休假；

（三）法律、法规规定的其他情形。

生育津贴按照职工所在用人单位上年度职工月平均工资计发。

第七章　社会保险费征缴

第五十七条　用人单位应当自成立之日起三十日内凭营业执照、登记证书或者单位印章，向当地社会保险经办机构申请办理社会保险登记。社会保险经办机构应当自收到申请之日起十五日内予以审核，发给社会保险登记证件。

用人单位的社会保险登记事项发生变更或者用人单位依法终止的，应当自变更或者终止之日起三十日内，到社会保险经办机构办理变更或者注销社会保险登记。

工商行政管理部门、民政部门和机构编制管理机关应当及时向社会保险经办机构通报用人单位的成立、终止情况，公安机关应当及时向社会保险经办机构通报个人的出生、死亡以及户口登记、迁移、注销等情况。

第五十八条　用人单位应当自用工之日起三十日内为其职工向社会保险经办机构申请办理社会保险登记。未办理社会保险登记的，由社会保险经办机构核定其应当缴纳的社会保险费。

自愿参加社会保险的无雇工的个体工商户、未在用人单位参加社会保险的非全日制从业人员以及其他灵活就业人员，应当向社会保险经办机构申请办理社会保险登记。

国家建立全国统一的个人社会保障号码。个人社会保障号码为公民身份号码。

第五十九条　县级以上人民政府加强社会保险费的征收工作。

社会保险费实行统一征收，实施步骤和具体办法由国务院规定。

第六十条　用人单位应当自行申报、按时足额缴纳社会保险费，非因不可抗力等法定事由不得缓缴、减免。职工应当缴纳的社会保险费由用人单位代扣代缴，用人单位应当按月将缴纳社会保险费的明细情况告知本人。

无雇工的个体工商户、未在用人单位参加社会保险的非全日制从业人员以及其他灵活就业人员，可以直接向社会保险费征收机构缴纳社会保险费。

第六十一条　社会保险费征收机构应当依法按时足额征收社会保险费，并将缴费情况定期告知用人单位和个人。

第六十二条　用人单位未按规定申报应当缴纳的社会保险费数额的，按照该单位上月缴费额的百分之一百一十确定应当缴纳数额；缴费单位补办申报手续后，由社会保险费征收机构按照规定结算。

第六十三条　用人单位未按时足额缴纳社会保险费的，由社会保险费征收机构责令其限期缴纳或者补足。

用人单位逾期仍未缴纳或者补足社会保险费的，社会保险费征收机构可以向银行和其他金融机构查询其存款账户；并可以申请县级以上有关行政部门作出划拨社会保险费的决定，书面通知其开户银行或者其他金融机构划拨社会保险费。用人单位账户余额少于应当缴纳的社会保险费的，社会保险费征收机构可以要求该用人单位提供担保，签订延期缴费协议。

用人单位未足额缴纳社会保险费且未提供担保的，社会保险费征收机构可以申请人民法院扣押、查封、拍卖其价值相当于应当缴纳社会保险费的财产，以拍卖所得抵缴社会保险费。

第八章　社会保险基金

第六十四条　社会保险基金包括基本养老保险基金、基本医疗保险基金、工伤保险基金、失业保险基金和生育保险基金。各项社会保险基金按照社会保险险种分别建账，分账核算，执行国家统一的会计制度。

社会保险基金专款专用，任何组织和个人不得侵占或者挪用。

基本养老保险基金逐步实行全国统筹，其他社会保险基金逐步实行省级统筹，具体时间、步骤由国务院规定。

第六十五条　社会保险基金通过预算实现收支平衡。

县级以上人民政府在社会保险基金出现支付不足时，给予补贴。

第六十六条　社会保险基金按照统筹层次设立预算。社会保险基金预算按照社会保险项目分别编制。

第六十七条　社会保险基金预算、决算草案的编制、审核和批准，依照法律和国务院规定执行。

第六十八条　社会保险基金存入财政专户，具体管理办法由国务院规定。

第六十九条　社会保险基金在保证安全的前提下，按照国务院规定投资运营实现保值增值。

社会保险基金不得违规投资运营，不得用于平衡其他政府预算，不得用于兴建、改建办公场所和支付人员经费、运行费用、管理费用，或者违反法律、行政法规规定挪作其他用途。

第七十条　社会保险经办机构应当定期向社会公布参加社会保险情况以及社会保险基金的收入、支出、结余和收益情况。

第七十一条　国家设立全国社会保障基金，由中央财政预算拨款以及国务院批准的其他方式筹集的资金构成，用于社会保障支出的补充、调剂。全国社会保障基金由全国社会保障基金管理运营机构负责管理运营，在保证安全的前提下实现保值增值。

全国社会保障基金应当定期向社会公布收支、管理和投资运营的情况。国务院财政部门、社会保险行政部门、审计机关对全国社会保障基金的收支、管理和投资运营情况实施监督。

第九章　社会保险经办

第七十二条　统筹地区设立社会保险经办机构。社会保险经办机构根据工作需要，经所在地的社会保险行政部门和机构编制管理机关批准，可以在本统筹地区设立分支机构和服务网点。

社会保险经办机构的人员经费和经办社会保险发生的基本运行费用、管理费用，由同级财政按照国家规定予以保障。

第七十三条　社会保险经办机构应当建立健全业务、财务、安全和风险管理制度。

社会保险经办机构应当按时足额支付社会保险待遇。

第七十四条　社会保险经办机构通过业务经办、统计、调查获取社会保险工作所需的数据，有关单位和个人应当及时、如实提供。

社会保险经办机构应当及时为用人单位建立档案，完整、准确地记录参加社会保险的人员、缴费等社会保险数据，妥善保管登记、申报的原始凭证和支付结算的会计凭证。

社会保险经办机构应当及时、完整、准确地记录参加社会保险的个人缴费和用人单位为其缴费，以及享受社会保险待遇等个人权益记录，定期将个人权益记录单免费寄送本人。

用人单位和个人可以免费向社会保险经办机构查询、核对其缴费和享受社会保险待遇记录，要求社会保险经办机构提供社会保险咨询等相关服务。

第七十五条 全国社会保险信息系统按照国家统一规划，由县级以上人民政府按照分级负责的原则共同建设。

第十章 社会保险监督

第七十六条 各级人民代表大会常务委员会听取和审议本级人民政府对社会保险基金的收支、管理、投资运营以及监督检查情况的专项工作报告，组织对本法实施情况的执法检查等，依法行使监督职权。

第七十七条 县级以上人民政府社会保险行政部门应当加强对用人单位和个人遵守社会保险法律、法规情况的监督检查。

社会保险行政部门实施监督检查时，被检查的用人单位和个人应当如实提供与社会保险有关的资料，不得拒绝检查或者谎报、瞒报。

第七十八条 财政部门、审计机关按照各自职责，对社会保险基金的收支、管理和投资运营情况实施监督。

第七十九条 社会保险行政部门对社会保险基金的收支、管理和投资运营情况进行监督检查，发现存在问题的，应当提出整改建议，依法作出处理决定或者向有关行政部门提出处理建议。社会保险基金检查结果应当定期向社会公布。

社会保险行政部门对社会保险基金实施监督检查，有权采取下列措施：

（一）查阅、记录、复制与社会保险基金收支、管理和投资运营相关的资料，对可能被转移、隐匿或者灭失的资料予以封存；

（二）询问与调查事项有关的单位和个人，要求其对与调查事项有关的问题作出说明、提供有关证明材料；

（三）对隐匿、转移、侵占、挪用社会保险基金的行为予以制止并责令改正。

第八十条 统筹地区人民政府成立由用人单位代表、参保人员代表，以及工会代表、专家等组成的社会保险监督委员会，掌握、分析社会保险基金的收支、管理和投资运营情况，对社会保险工作提出咨询意见和建议，实施社会监督。

社会保险经办机构应当定期向社会保险监督委员会汇报社会保险基金的收支、管理和投资运营情况。社会保险监督委员会可以聘请会计师事务所对社会保险基金的收支、管理和投资运营情况进行年度审计和专项审计。审计结果应当向社会公开。

社会保险监督委员会发现社会保险基金收支、管理和投资运营中存在问题的，有权提出改正建议；对社会保险经办机构及其工作人员的违法行为，有权向有关部门提出依法处理建议。

第八十一条 社会保险行政部门和其他有关行政部门、社会保险经办机构、社会保险费征收机构及其工作人员，应当依法为用人单位和个人的信息保密，不得以任何形式泄露。

第八十二条 任何组织或者个人有权对违反社会保险法律、法规的行为进行举报、投诉。

社会保险行政部门、卫生行政部门、社会保险经办机构、社会保险费征收机构和财政部门、审计机关对属于本部门、本机构职责范围的举报、投诉，应当依法处理；对不属于本部门、本机构职责范围的，应当书面通知并移交有权处理的部门、机构处理。有权处理的部门、机构应当及时处理，不得推诿。

第八十三条　用人单位或者个人认为社会保险费征收机构的行为侵害自己合法权益的，可以依法申请行政复议或者提起行政诉讼。

用人单位或者个人对社会保险经办机构不依法办理社会保险登记、核定社会保险费、支付社会保险待遇、办理社会保险转移接续手续或者侵害其他社会保险权益的行为，可以依法申请行政复议或者提起行政诉讼。

个人与所在用人单位发生社会保险争议的，可以依法申请调解、仲裁，提起诉讼。用人单位侵害个人社会保险权益的，个人也可以要求社会保险行政部门或者社会保险费征收机构依法处理。

第十一章　法律责任

第八十四条　用人单位不办理社会保险登记的，由社会保险行政部门责令限期改正；逾期不改正的，对用人单位处应缴社会保险费数额一倍以上三倍以下的罚款，对其直接负责的主管人员和其他直接责任人员处五百元以上三千元以下的罚款。

第八十五条　用人单位拒不出具终止或者解除劳动关系证明的，依照《中华人民共和国劳动合同法》的规定处理。

第八十六条　用人单位未按时足额缴纳社会保险费的，由社会保险费征收机构责令限期缴纳或者补足，并自欠缴之日起，按日加收万分之五的滞纳金；逾期仍不缴纳的，由有关行政部门处欠缴数额一倍以上三倍以下的罚款。

第八十七条　社会保险经办机构以及医疗机构、药品经营单位等社会保险服务机构以欺诈、伪造证明材料或者其他手段骗取社会保险基金支出的，由社会保险行政部门责令退回骗取的社会保险金，处骗取金额二倍以上五倍以下的罚款；属于社会保险服务机构的，解除服务协议；直接负责的主管人员和其他直接责任人员有执业资格的，依法吊销其执业资格。

第八十八条　以欺诈、伪造证明材料或者其他手段骗取社会保险待遇的，由社会保险行政部门责令退回骗取的社会保险金，处骗取金额二倍以上五倍以下的罚款。

第八十九条　社会保险经办机构及其工作人员有下列行为之一的，由社会保险行政部门责令改正；给社会保险基金、用人单位或者个人造成损失的，依法承担赔偿责任；对直接负责的主管人员和其他直接责任人员依法给予处分：

（一）未履行社会保险法定职责的；

（二）未将社会保险基金存入财政专户的；

（三）克扣或者拒不按时支付社会保险待遇的；

（四）丢失或者篡改缴费记录、享受社会保险待遇记录等社会保险数据、个人权益记录的；

（五）有违反社会保险法律、法规的其他行为的。

第九十条　社会保险费征收机构擅自更改社会保险费缴费基数、费率，导致少收或者多收社会保险费的，由有关行政部门责令其追缴应当缴纳的社会保险费或者退还不应当缴纳的社会保险费；对直接负责的主管人员和其他直接责任人员依法给予处分。

第九十一条 违反本法规定，隐匿、转移、侵占、挪用社会保险基金或者违规投资运营的，由社会保险行政部门、财政部门、审计机关责令追回；有违法所得的，没收违法所得；对直接负责的主管人员和其他直接责任人员依法给予处分。

第九十二条 社会保险行政部门和其他有关行政部门、社会保险经办机构、社会保险费征收机构及其工作人员泄露用人单位和个人信息的，对直接负责的主管人员和其他直接责任人员依法给予处分；给用人单位或者个人造成损失的，应当承担赔偿责任。

第九十三条 国家工作人员在社会保险管理、监督工作中滥用职权、玩忽职守、徇私舞弊的，依法给予处分。

第九十四条 违反本法规定，构成犯罪的，依法追究刑事责任。

第十二章 附 则

第九十五条 进城务工的农村居民依照本法规定参加社会保险。

第九十六条 征收农村集体所有的土地，应当足额安排被征地农民的社会保险费，按照国务院规定将被征地农民纳入相应的社会保险制度。

第九十七条 外国人在中国境内就业的，参照本法规定参加社会保险。

第九十八条 本法自2011年7月1日起施行。

工伤保险条例

工伤保险条例

（2003年4月27日中华人民共和国国务院令第375号公布）
根据2010年12月20日《国务院关于修改〈工伤保险条例〉的决定》修订

第一章 总 则

第一条 为了保障因工作遭受事故伤害或者患职业病的职工获得医疗救治和经济补偿，促进工伤预防和职业康复，分散用人单位的工伤风险，制定本条例。

第二条 中华人民共和国境内的企业、事业单位、社会团体、民办非企业单位、基金会、律师事务所、会计师事务所等组织和有雇工的个体工商户（以下称用人单位）应当依照本条例规定参加工伤保险，为本单位全部职工或者雇工（以下称职工）缴纳工伤保险费。

中华人民共和国境内的企业、事业单位、社会团体、民办非企业单位、基金会、律师事务所、会计师事务所等组织的职工和个体工商户的雇工，均有依照本条例的规定享受工伤保险待遇的权利。

第三条 工伤保险费的征缴按照《社会保险费征缴暂行条例》关于基本养老保险费、基本医疗保险费、失业保险费的征缴规定执行。

第四条 用人单位应当将参加工伤保险的有关情况在本单位内公示。

用人单位和职工应当遵守有关安全生产和职业病防治的法律法规，执行安全卫生规程和标准，预防工伤事故发生，避免和减少职业病危害。

职工发生工伤时，用人单位应当采取措施使工伤职工得到及时救治。

第五条 国务院社会保险行政部门负责全国的工伤保险工作。

县级以上地方各级人民政府社会保险行政部门负责本行政区域内的工伤保险工作。

社会保险行政部门按照国务院有关规定设立的社会保险经办机构（以下称经办机构）具体承办工伤保险事务。

第六条 社会保险行政部门等部门制定工伤保险的政策、标准，应当征求工会组织、用人单位代表的意见。

第二章　工伤保险基金

第七条　工伤保险基金由用人单位缴纳的工伤保险费、工伤保险基金的利息和依法纳入工伤保险基金的其他资金构成。

第八条　工伤保险费根据以支定收、收支平衡的原则，确定费率。

国家根据不同行业的工伤风险程度确定行业的差别费率，并根据工伤保险费使用、工伤发生率等情况在每个行业内确定若干费率档次。行业差别费率及行业内费率档次由国务院社会保险行政部门制定，报国务院批准后公布施行。

统筹地区经办机构根据用人单位工伤保险费使用、工伤发生率等情况，适用所属行业内相应的费率档次确定单位缴费费率。

第九条　国务院社会保险行政部门应当定期了解全国各统筹地区工伤保险基金收支情况，及时提出调整行业差别费率及行业内费率档次的方案，报国务院批准后公布施行。

第十条　用人单位应当按时缴纳工伤保险费。职工个人不缴纳工伤保险费。

用人单位缴纳工伤保险费的数额为本单位职工工资总额乘以单位缴费费率之积。

对难以按照工资总额缴纳工伤保险费的行业，其缴纳工伤保险费的具体方式，由国务院社会保险行政部门规定。

第十一条　工伤保险基金逐步实行省级统筹。

跨地区、生产流动性较大的行业，可以采取相对集中的方式异地参加统筹地区的工伤保险。具体办法由国务院社会保险行政部门会同有关行业的主管部门制定。

第十二条　工伤保险基金存入社会保障基金财政专户，用于本条例规定的工伤保险待遇，劳动能力鉴定，工伤预防的宣传、培训等费用，以及法律、法规规定的用于工伤保险的其他费用的支付。

工伤预防费用的提取比例、使用和管理的具体办法，由国务院社会保险行政部门会同国务院财政、卫生行政、安全生产监督管理等部门规定。

任何单位或者个人不得将工伤保险基金用于投资运营、兴建或者改建办公场所、发放奖金，或者挪作其他用途。

第十三条　工伤保险基金应当留有一定比例的储备金，用于统筹地区重大事故的工伤保险待遇支付；储备金不足支付的，由统筹地区的人民政府垫付。储备金占基金总额的具体比例和储备金的使用办法，由省、自治区、直辖市人民政府规定。

第三章　工伤认定

第十四条　职工有下列情形之一的，应当认定为工伤：

（一）在工作时间和工作场所内，因工作原因受到事故伤害的；

（二）工作时间前后在工作场所内，从事与工作有关的预备性或者收尾性工作受到事故伤害的；

（三）在工作时间和工作场所内，因履行工作职责受到暴力等意外伤害的；

（四）患职业病的；

（五）因工外出期间，由于工作原因受到伤害或者发生事故下落不明的；

（六）在上下班途中，受到非本人主要责任的交通事故或者城市轨道交通、客运轮渡、火车事故伤害的；

（七）法律、行政法规规定应当认定为工伤的其他情形。

第十五条　职工有下列情形之一的，视同工伤：

（一）在工作时间和工作岗位，突发疾病死亡或者在48小时之内经抢救无效死亡的；

（二）在抢险救灾等维护国家利益、公共利益活动中受到伤害的；

（三）职工原在军队服役，因战、因公负伤致残，已取得革命伤残军人证，到用人单位后旧伤复发的。

职工有前款第（一）项、第（二）项情形的，按照本条例的有关规定享受工伤保险待遇；职工有前款第（三）项情形的，按照本条例的有关规定享受除一次性伤残补助金以外的工伤保险待遇。

第十六条　职工符合本条例第十四条、第十五条的规定，但是有下列情形之一的，不得认定为工伤或者视同工伤：

（一）故意犯罪的；

（二）醉酒或者吸毒的；

（三）自残或者自杀的。

第十七条　职工发生事故伤害或者按照职业病防治法规定被诊断、鉴定为职业病，所在单位应当自事故伤害发生之日或者被诊断、鉴定为职业病之日起30日内，向统筹地区社会保险行政部门提出工伤认定申请。遇有特殊情况，经报社会保险行政部门同意，申请时限可以适当延长。

用人单位未按前款规定提出工伤认定申请的，工伤职工或者其近亲属、工会组织在事故伤害发生之日或者被诊断、鉴定为职业病之日起1年内，可以直接向用人单位所在地统筹地区社会保险行政部门提出工伤认定申请。

按照本条第一款规定应当由省级社会保险行政部门进行工伤认定的事项，根据属地原则由用人单位所在地的设区的市级社会保险行政部门办理。

用人单位未在本条第一款规定的时限内提交工伤认定申请，在此期间发生符合本条例规定的工伤待遇等有关费用由该用人单位负担。

第十八条　提出工伤认定申请应当提交下列材料：

（一）工伤认定申请表；

（二）与用人单位存在劳动关系（包括事实劳动关系）的证明材料；

（三）医疗诊断证明或者职业病诊断证明书（或者职业病诊断鉴定书）。

工伤认定申请表应当包括事故发生的时间、地点、原因以及职工伤害程度等基本情况。

工伤认定申请人提供材料不完整的，社会保险行政部门应当一次性书面告知工伤认定申请人需要补正的全部材料。申请人按照书面告知要求补正材料后，社会保险行政部门应当受理。

第十九条　社会保险行政部门受理工伤认定申请后，根据审核需要可以对事故伤害进行调查核实，用人单位、职工、工会组织、医疗机构以及有关部门应当予以协助。职业病诊断和诊断争议的鉴定，依照职业病防治法的有关规定执行。对依法取得职业病诊断证明书或者职业病诊断鉴定书的，社会保险行政部门不再进行调查核实。

职工或者其近亲属认为是工伤，用人单位不认为是工伤的，由用人单位承担举证责任。

第二十条 社会保险行政部门应当自受理工伤认定申请之日起60日内作出工伤认定的决定，并书面通知申请工伤认定的职工或者其近亲属和该职工所在单位。

社会保险行政部门对受理的事实清楚、权利义务明确的工伤认定申请，应当在15日内作出工伤认定的决定。

作出工伤认定决定需要以司法机关或者有关行政主管部门的结论为依据的，在司法机关或者有关行政主管部门尚未作出结论期间，作出工伤认定决定的时限中止。

社会保险行政部门工作人员与工伤认定申请人有利害关系的，应当回避。

第四章 劳动能力鉴定

第二十一条 职工发生工伤，经治疗伤情相对稳定后存在残疾、影响劳动能力的，应当进行劳动能力鉴定。

第二十二条 劳动能力鉴定是指劳动功能障碍程度和生活自理障碍程度的等级鉴定。

劳动功能障碍分为十个伤残等级，最重的为一级，最轻的为十级。

生活自理障碍分为三个等级：生活完全不能自理、生活大部分不能自理和生活部分不能自理。

劳动能力鉴定标准由国务院社会保险行政部门会同国务院卫生行政部门等部门制定。

第二十三条 劳动能力鉴定由用人单位、工伤职工或者其近亲属向设区的市级劳动能力鉴定委员会提出申请，并提供工伤认定决定和职工工伤医疗的有关资料。

第二十四条 省、自治区、直辖市劳动能力鉴定委员会和设区的市级劳动能力鉴定委员会分别由省、自治区、直辖市和设区的市级社会保险行政部门、卫生行政部门、工会组织、经办机构代表以及用人单位代表组成。

劳动能力鉴定委员会建立医疗卫生专家库。列入专家库的医疗卫生专业技术人员应当具备下列条件：

（一）具有医疗卫生高级专业技术职务任职资格；

（二）掌握劳动能力鉴定的相关知识；

（三）具有良好的职业品德。

第二十五条 设区的市级劳动能力鉴定委员会收到劳动能力鉴定申请后，应当从其建立的医疗卫生专家库中随机抽取3名或者5名相关专家组成专家组，由专家组提出鉴定意见。设区的市级劳动能力鉴定委员会根据专家组的鉴定意见作出工伤职工劳动能力鉴定结论；必要时，可以委托具备资格的医疗机构协助进行有关的诊断。

设区的市级劳动能力鉴定委员会应当自收到劳动能力鉴定申请之日起60日内作出劳动能力鉴定结论，必要时，作出劳动能力鉴定结论的期限可以延长30日。劳动能力鉴定结论应当及时送达申请鉴定的单位和个人。

第二十六条 申请鉴定的单位或者个人对设区的市级劳动能力鉴定委员会作出的鉴定

结论不服的，可以在收到该鉴定结论之日起15日内向省、自治区、直辖市劳动能力鉴定委员会提出再次鉴定申请。省、自治区、直辖市劳动能力鉴定委员会作出的劳动能力鉴定结论为最终结论。

第二十七条　劳动能力鉴定工作应当客观、公正。劳动能力鉴定委员会组成人员或者参加鉴定的专家与当事人有利害关系的，应当回避。

第二十八条　自劳动能力鉴定结论作出之日起1年后，工伤职工或者其近亲属、所在单位或者经办机构认为伤残情况发生变化的，可以申请劳动能力复查鉴定。

第二十九条　劳动能力鉴定委员会依照本条例第二十六条和第二十八条的规定进行再次鉴定和复查鉴定的期限，依照本条例第二十五条第二款的规定执行。

第五章　工伤保险待遇

第三十条　职工因工作遭受事故伤害或者患职业病进行治疗，享受工伤医疗待遇。

职工治疗工伤应当在签订服务协议的医疗机构就医，情况紧急时可以先到就近的医疗机构急救。

治疗工伤所需费用符合工伤保险诊疗项目目录、工伤保险药品目录、工伤保险住院服务标准的，从工伤保险基金支付。工伤保险诊疗项目目录、工伤保险药品目录、工伤保险住院服务标准，由国务院社会保险行政部门会同国务院卫生行政部门、食品药品监督管理部门等部门规定。

职工住院治疗工伤的伙食补助费，以及经医疗机构出具证明，报经办机构同意，工伤职工到统筹地区以外就医所需的交通、食宿费用从工伤保险基金支付，基金支付的具体标准由统筹地区人民政府规定。

工伤职工治疗非工伤引发的疾病，不享受工伤医疗待遇，按照基本医疗保险办法处理。

工伤职工到签订服务协议的医疗机构进行工伤康复的费用，符合规定的，从工伤保险基金支付。

第三十一条　社会保险行政部门作出认定为工伤的决定后发生行政复议、行政诉讼的，行政复议和行政诉讼期间不停止支付工伤职工治疗工伤的医疗费用。

第三十二条　工伤职工因日常生活或者就业需要，经劳动能力鉴定委员会确认，可以安装假肢、矫形器、假眼、假牙和配置轮椅等辅助器具，所需费用按照国家规定的标准从工伤保险基金支付。

第三十三条　职工因工作遭受事故伤害或者患职业病需要暂停工作接受工伤医疗的，在停工留薪期内，原工资福利待遇不变，由所在单位按月支付。

停工留薪期一般不超过12个月。伤情严重或者情况特殊，经设区的市级劳动能力鉴定委员会确认，可以适当延长，但延长不得超过12个月。工伤职工评定伤残等级后，停发原待遇，按照本章的有关规定享受伤残待遇。工伤职工在停工留薪期满后仍需治疗的，继续享受工伤医疗待遇。

生活不能自理的工伤职工在停工留薪期需要护理的，由所在单位负责。

第三十四条　工伤职工已经评定伤残等级并经劳动能力鉴定委员会确认需要生活护理

的，从工伤保险基金按月支付生活护理费。

生活护理费按照生活完全不能自理、生活大部分不能自理或者生活部分不能自理3个不同等级支付，其标准分别为统筹地区上年度职工月平均工资的50%、40%或者30%。

第三十五条　职工因工致残被鉴定为一级至四级伤残的，保留劳动关系，退出工作岗位，享受以下待遇：

（一）从工伤保险基金按伤残等级支付一次性伤残补助金，标准为：一级伤残为27个月的本人工资，二级伤残为25个月的本人工资，三级伤残为23个月的本人工资，四级伤残为21个月的本人工资；

（二）从工伤保险基金按月支付伤残津贴，标准为：一级伤残为本人工资的90%，二级伤残为本人工资的85%，三级伤残为本人工资的80%，四级伤残为本人工资的75%。伤残津贴实际金额低于当地最低工资标准的，由工伤保险基金补足差额；

（三）工伤职工达到退休年龄并办理退休手续后，停发伤残津贴，按照国家有关规定享受基本养老保险待遇。基本养老保险待遇低于伤残津贴的，由工伤保险基金补足差额。

职工因工致残被鉴定为一级至四级伤残的，由用人单位和职工个人以伤残津贴为基数，缴纳基本医疗保险费。

第三十六条　职工因工致残被鉴定为五级、六级伤残的，享受以下待遇：

（一）从工伤保险基金按伤残等级支付一次性伤残补助金，标准为：五级伤残为18个月的本人工资，六级伤残为16个月的本人工资；

（二）保留与用人单位的劳动关系，由用人单位安排适当工作。难以安排工作的，由用人单位按月发给伤残津贴，标准为：五级伤残为本人工资的70%，六级伤残为本人工资的60%，并由用人单位按照规定为其缴纳应缴纳的各项社会保险费。伤残津贴实际金额低于当地最低工资标准的，由用人单位补足差额。

经工伤职工本人提出，该职工可以与用人单位解除或者终止劳动关系，由工伤保险基金支付一次性工伤医疗补助金，由用人单位支付一次性伤残就业补助金。一次性工伤医疗补助金和一次性伤残就业补助金的具体标准由省、自治区、直辖市人民政府规定。

第三十七条　职工因工致残被鉴定为七级至十级伤残的，享受以下待遇：

（一）从工伤保险基金按伤残等级支付一次性伤残补助金，标准为：七级伤残为13个月的本人工资，八级伤残为11个月的本人工资，九级伤残为9个月的本人工资，十级伤残为7个月的本人工资；

（二）劳动、聘用合同期满终止，或者职工本人提出解除劳动、聘用合同的，由工伤保险基金支付一次性工伤医疗补助金，由用人单位支付一次性伤残就业补助金。一次性工伤医疗补助金和一次性伤残就业补助金的具体标准由省、自治区、直辖市人民政府规定。

第三十八条　工伤职工工伤复发，确认需要治疗的，享受本条例第三十条、第三十二条和第三十三条规定的工伤待遇。

第三十九条　职工因工死亡，其近亲属按照下列规定从工伤保险基金领取丧葬补助金、供养亲属抚恤金和一次性工亡补助金：

（一）丧葬补助金为6个月的统筹地区上年度职工月平均工资；

（二）供养亲属抚恤金按照职工本人工资的一定比例发给由因工死亡职工生前提供主要生活来源、无劳动能力的亲属。标准为：配偶每月40%，其他亲属每人每月30%，孤寡老人或者孤儿每人每月在上述标准的基础上增加10%。核定的各供养亲属的抚恤金之和不应高于因工死亡职工生前的工资。供养亲属的具体范围由国务院社会保险行政部门规定；

（三）一次性工亡补助金标准为上一年度全国城镇居民人均可支配收入（2011年城镇居民人均可支配收入 21 810 元）的20倍。

伤残职工在停工留薪期内因工伤导致死亡的，其近亲属享受本条第一款规定的待遇。

一级至四级伤残职工在停工留薪期满后死亡的，其近亲属可以享受本条第一款第（一）项、第（二）项规定的待遇。

第四十条　伤残津贴、供养亲属抚恤金、生活护理费由统筹地区社会保险行政部门根据职工平均工资和生活费用变化等情况适时调整。调整办法由省、自治区、直辖市人民政府规定。

第四十一条　职工因工外出期间发生事故或者在抢险救灾中下落不明的，从事故发生当月起3个月内照发工资，从第4个月起停发工资，由工伤保险基金向其供养亲属按月支付供养亲属抚恤金。生活有困难的，可以预支一次性工亡补助金的50%。职工被人民法院宣告死亡的，按照本条例第三十九条职工因工死亡的规定处理。

第四十二条　工伤职工有下列情形之一的，停止享受工伤保险待遇：

（一）丧失享受待遇条件的；

（二）拒不接受劳动能力鉴定的；

（三）拒绝治疗的。

第四十三条　用人单位分立、合并、转让的，承继单位应当承担原用人单位的工伤保险责任；原用人单位已经参加工伤保险的，承继单位应当到当地经办机构办理工伤保险变更登记。

用人单位实行承包经营的，工伤保险责任由职工劳动关系所在单位承担。

职工被借调期间受到工伤事故伤害的，由原用人单位承担工伤保险责任，但原用人单位与借调单位可以约定补偿办法。

企业破产的，在破产清算时依法拨付应当由单位支付的工伤保险待遇费用。

第四十四条　职工被派遣出境工作，依据前往国家或者地区的法律应当参加当地工伤保险的，参加当地工伤保险，其国内工伤保险关系中止；不能参加当地工伤保险的，其国内工伤保险关系不中止。

第四十五条　职工再次发生工伤，根据规定应当享受伤残津贴的，按照新认定的伤残等级享受伤残津贴待遇。

第六章　监督管理

第四十六条　经办机构具体承办工伤保险事务，履行下列职责：

（一）根据省、自治区、直辖市人民政府规定，征收工伤保险费；

（二）核查用人单位的工资总额和职工人数，办理工伤保险登记，并负责保存月人单位缴费和职工享受工伤保险待遇情况的记录；

（三）进行工伤保险的调查、统计；

（四）按照规定管理工伤保险基金的支出；

（五）按照规定核定工伤保险待遇；

（六）为工伤职工或者其近亲属免费提供咨询服务。

第四十七条　经办机构与医疗机构、辅助器具配置机构在平等协商的基础上签订服务协议，并公布签订服务协议的医疗机构、辅助器具配置机构的名单。具体办法由国务院社会保险行政部门分别会同国务院卫生行政部门、民政部门等部门制定。

第四十八条　经办机构按照协议和国家有关目录、标准对工伤职工医疗费用、康复费用、辅助器具费用的使用情况进行核查，并按时足额结算费用。

第四十九条　经办机构应当定期公布工伤保险基金的收支情况，及时向社会保险行政部门提出调整费率的建议。

第五十条　社会保险行政部门、经办机构应当定期听取工伤职工、医疗机构、辅助器具配置机构以及社会各界对改进工伤保险工作的意见。

第五十一条　社会保险行政部门依法对工伤保险费的征缴和工伤保险基金的支付情况进行监督检查。

财政部门和审计机关依法对工伤保险基金的收支、管理情况进行监督。

第五十二条　任何组织和个人对有关工伤保险的违法行为，有权举报。社会保险行政部门对举报应当及时调查，按照规定处理，并为举报人保密。

第五十三条　工会组织依法维护工伤职工的合法权益，对用人单位的工伤保险工作实行监督。

第五十四条　职工与用人单位发生工伤待遇方面的争议，按照处理劳动争议的有关规定处理。

第五十五条　有下列情形之一的，有关单位或者个人可以依法申请行政复议，也可以依法向人民法院提起行政诉讼：

（一）申请工伤认定的职工或者其近亲属、该职工所在单位对工伤认定申请不予受理的决定不服的；

（二）申请工伤认定的职工或者其近亲属、该职工所在单位对工伤认定结论不服的；

（三）用人单位对经办机构确定的单位缴费费率不服的；

（四）签订服务协议的医疗机构、辅助器具配置机构认为经办机构未履行有关协议或者规定的；

（五）工伤职工或者其近亲属对经办机构核定的工伤保险待遇有异议的。

第七章　法律责任

第五十六条　单位或者个人违反本条例第十二条规定挪用工伤保险基金，构成犯罪的，依法追究刑事责任；尚不构成犯罪的，依法给予处分或者纪律处分。被挪用的基金由社会保险行政部门追回，并入工伤保险基金；没收的违法所得依法上缴国库。

第五十七条　社会保险行政部门工作人员有下列情形之一的，依法给予处分；情节严重，构成犯罪的，依法追究刑事责任：

（一）无正当理由不受理工伤认定申请，或者弄虚作假将不符合工伤条件的人员认定为工伤职工的；

（二）未妥善保管申请工伤认定的证据材料，致使有关证据灭失的；

（三）收受当事人财物的。

第五十八条　经办机构有下列行为之一的，由社会保险行政部门责令改正，对直接负责的主管人员和其他责任人员依法给予纪律处分；情节严重，构成犯罪的，依法追究刑事责任；造成当事人经济损失的，由经办机构依法承担赔偿责任：

（一）未按规定保存用人单位缴费和职工享受工伤保险待遇情况记录的；

（二）不按规定核定工伤保险待遇的；

（三）收受当事人财物的。

第五十九条　医疗机构、辅助器具配置机构不按服务协议提供服务的，经办机构可以解除服务协议。

经办机构不按时足额结算费用的，由社会保险行政部门责令改正；医疗机构、辅助器具配置机构可以解除服务协议。

第六十条　用人单位、工伤职工或者其近亲属骗取工伤保险待遇，医疗机构、辅助器具配置机构骗取工伤保险基金支出的，由社会保险行政部门责令退还，处骗取金额2倍以上5倍以下的罚款；情节严重，构成犯罪的，依法追究刑事责任。

第六十一条　从事劳动能力鉴定的组织或者个人有下列情形之一的，由社会保险行政部门责令改正，处2000元以上1万元以下的罚款；情节严重，构成犯罪的，依法追究刑事责任：

（一）提供虚假鉴定意见的；

（二）提供虚假诊断证明的；

（三）收受当事人财物的。

第六十二条　用人单位依照本条例规定应当参加工伤保险而未参加的，由社会保险行政部门责令限期参加，补缴应当缴纳的工伤保险费，并自欠缴之日起，按日加收万分之五的滞纳金；逾期仍不缴纳的，处欠缴数额1倍以上3倍以下的罚款。

依照本条例规定应当参加工伤保险而未参加工伤保险的用人单位职工发生工伤的，由该用人单位按照本条例规定的工伤保险待遇项目和标准支付费用。

用人单位参加工伤保险并补缴应当缴纳的工伤保险费、滞纳金后，由工伤保险基金和用人单位依照本条例的规定支付新发生的费用。

第六十三条　用人单位违反本条例第十九条的规定，拒不协助社会保险行政部门对事故进行调查核实的，由社会保险行政部门责令改正，处2000元以上2万元以下的罚款。

第八章　附　则

第六十四条　本条例所称工资总额，是指用人单位直接支付给本单位全部职工的劳动报酬总额。

本条例所称本人工资，是指工伤职工因工作遭受事故伤害或者患职业病前12个月平均月缴费工资。本人工资高于统筹地区职工平均工资300%的，按照统筹地区职工平均工资的300%计算；本人工资低于统筹地区职工平均工资60%的，按照统筹地区职工平均工资的60%计算。

第六十五条　公务员和参照公务员法管理的事业单位、社会团体的工作人员因工作遭受事故伤害或者患职业病的，由所在单位支付费用。具体办法由国务院社会保险行政部门会同国务院财政部门规定。

第六十六条　无营业执照或者未经依法登记、备案的单位以及被依法吊销营业执照或者撤销登记、备案的单位的职工受到事故伤害或者患职业病的，由该单位向伤残职工或者死亡职工的近亲属给予一次性赔偿，赔偿标准不得低于本条例规定的工伤保险待遇；用人单位不得使用童工，用人单位使用童工造成童工伤残、死亡的，由该单位向童工或者童工的近亲属给予一次性赔偿，赔偿标准不得低于本条例规定的工伤保险待遇。具体办法由国务院社会保险行政部门规定。

前款规定的伤残职工或者死亡职工的近亲属就赔偿数额与单位发生争议的，以及前款规定的童工或者童工的近亲属就赔偿数额与单位发生争议的，按照处理劳动争议的有关规定处理。

第六十七条　本条例自2004年1月1日起施行。本条例施行前已受到事故伤害或者患职业病的职工尚未完成工伤认定的，按照本条例的规定执行。

职工带薪年休假条例

职工带薪年休假条例

（2007年12月14日中华人民共和国国务院令第514号公布）

第一条　为了维护职工休息休假权利，调动职工工作积极性，根据劳动法和公务员法，制定本条例。

第二条　机关、团体、企业、事业单位、民办非企业单位、有雇工的个体工商户等单位的职工连续工作1年以上的，享受带薪年休假（以下简称年休假）。单位应当保证职工享受年休假。职工在年休假期间享受与正常工作期间相同的工资收入。

第三条　职工累计工作已满1年不满10年的，年休假5天；已满10年不满20年的，年休假10天；已满20年的，年休假15天。

国家法定休假日、休息日不计入年休假的假期。

第四条　职工有下列情形之一的，不享受当年的年休假：

（一）职工依法享受寒暑假，其休假天数多于年休假天数的；

（二）职工请事假累计20天以上且单位按照规定不扣工资的；

（三）累计工作满1年不满10年的职工，请病假累计2个月以上的；

（四）累计工作满10年不满20年的职工，请病假累计3个月以上的；

（五）累计工作满20年以上的职工，请病假累计4个月以上的。

第五条　单位根据生产、工作的具体情况，并考虑职工本人意愿，统筹安排职工年休假。

年休假在1个年度内可以集中安排，也可以分段安排，一般不跨年度安排。单位因生产、工作特点确有必要跨年度安排职工年休假的，可以跨1个年度安排。

单位确因工作需要不能安排职工休年休假的，经职工本人同意，可以不安排职工休年休假。对职工应休未休的年休假天数，单位应当按照该职工日工资收入的300%支付年休假工资报酬。

第六条　县级以上地方人民政府人事部门、劳动保障部门应当依据职权对单位执行本条例的情况主动进行监督检查。

工会组织依法维护职工的年休假权利。

　　第七条　单位不安排职工休年休假又不依照本条例规定给予年休假工资报酬的，由县级以上地方人民政府人事部门或者劳动保障部门依据职权责令限期改正；对逾期不改正的，除责令该单位支付年休假工资报酬外，单位还应当按照年休假工资报酬的数额向职工加付赔偿金；对拒不支付年休假工资报酬、赔偿金的，属于公务员和参照公务员法管理的人员所在单位的，对直接负责的主管人员以及其他直接责任人员依法给予处分；属于其他单位的，由劳动保障部门、人事部门或者职工申请人民法院强制执行。

　　第八条　职工与单位因年休假发生的争议，依照国家有关法律、行政法规的规定处理。

　　第九条　国务院人事部门、国务院劳动保障部门依据职权，分别制定本条例的实施办法。

　　第十条　本条例自2008年1月1日起施行。

主要参考文献

[1] 彭剑锋. 人力资源管理概论 [M]. 上海：复旦大学出版社，2005.

[2] 卿涛. 人力资源管理概论 [M]. 北京：清华大学出版社，北京交通大学出版社，2006.

[3] 夏兆敢. 人力资源管理 [M]. 上海：上海财经大学出版社，2006.

[4] 叶龙，史振磊. 人力资源开发与管理 [M]. 北京：清华大学出版社，北京交通大学出版社，2006.

[5] 中国就业培训技术指导中心. 企业人力资源管理师（二级）[M]. 北京：中国劳动社会保障出版社，2015.

[6] 中国就业培训技术指导中心. 企业人力资源管理师（三级）[M]. 北京：中国劳动社会保障出版社，2014.

[7] 中国就业培训技术指导中心. 企业人力资源管理师（四级）[M]. 北京：中国劳动社会保障出版社，2015.

[8] 刘星. 人力资源管理实验教材 [M]. 重庆：重庆大学出版社，2007.

[9] 李宝元. 人力资源管理学 [M]. 北京：北京师范大学出版社，2007.

[10] 董克用. 人力资源管理概论 [M]. 北京：中国人民大学出版社，2007.

[11] 宋长生，韩淼. 人力资源管理实验教材 [M]. 北京：中国经济出版社，2010.

[12] 赵曙明，张正堂，程德俊. 人力资源管理与开发 [M]. 北京：高等教育出版社，2009.

[13] 陈维政，余凯成，程文文. 人力资源管理 [M]. 北京：高等教育出版社，2009.

[14] 秦志华. 人力资源管理 [M]. 北京：中国人民大学出版社，2009.

[15] 刘浇，支海宇. 人力资源管理实训教程 [M]. 大连：东北财经大学出版社，2009.

[16] 张小兵. 人力资源管理 [M]. 北京：机械工业出版社，2010.

[17] 张剑. 现代人力资源管理理论与实务 [M]. 北京：清华大学出版社，北京交通大学出版社，2010.

[18] 萧鸣政. 人员测评与选拔 [M]. 上海：复旦大学出版社，2005.

[19] 唐宁玉. 人事测评理论与方法 [M]. 大连：东北财经大学出版社，2016.

[20] 王重鸣. 招聘与录用 [M]. 北京：北京师范大学出版社，2007.

[21] 李中斌，卢冰，郑文智. 招聘管理 [M]. 北京：中国社会科学出版社，2008.

[22] 孙健敏，高日光. 人力资源测评理论与技术 [M]. 北京：首都经济贸易大学出版社，2010.

［23］颜世富. 培训与开发［M］. 北京：北京师范大学出版社，2007.

［24］赵曙明. 绩效管理与评估［M］. 北京：高等教育出版社，2004.

［25］付亚和，许亚林. 绩效管理［M］. 上海：复旦大学出版社，2006.

［26］石金涛. 绩效管理［M］. 北京：北京师范大学出版社，2007.

［27］武欣. 绩效管理实务手册［M］. 北京：机械工业出版社，2007.

［28］王丽娟，何妍. 绩效管理［M］. 北京：清华大学出版社，北京交通大学出版社，2009.

［29］王长城，姚德裕. 薪酬制度与管理［M］. 北京：高等教育出版社，2005.

［30］张正堂，刘宁. 薪酬管理［M］. 北京：北京大学出版社，2007.

［31］刘洪. 薪酬管理［M］. 北京：北京师范大学出版社，2007.

［32］姚凯. 企业薪酬系统设计与制定［M］. 成都：四川人民出版社，2008.

［33］刘军胜. 薪酬管理实务手册［M］. 北京：机械工业出版社，2007.

［34］刘爱军. 薪酬管理理论与实务［M］. 北京：机械工业出版社，2008.

［35］李宝元. 薪酬管理原理、方法、实践［M］. 北京：清华大学出版社，北京交通大学出版社，2009.

［36］唐廣. 企业劳动关系管理［M］. 北京：首都经济贸易大学出版社，2011.

［37］吴慈生，等. 人力资源管理——理论与实践［M］. 北京：高等教育出版社，2017.

［38］杨河清. 人力资源管理［M］. 北京：高等教育出版社，2017.

［39］钟凯. 人力资源管理实务［M］. 北京：北京理工大学出版社，2017.

［40］常志军，兰玲. 人力资源管理实务［M］. 北京：经济管理出版社，2017.